常州统计年鉴

STATISTICAL YEARBOOK OF CHANGZHOU

1 9 9 4

常 州 市 统 计 局 编

中国统计出版社

（京）新登字 041 号

图书在版编目(CIP)数据
常州统计年鉴　1994/常州市统计局编。——北京：中国统计出版社，1994.8.
Ⅰ.常…
Ⅱ.常…
Ⅲ.统计资料—常州—1994—年鉴
Ⅳ.ISBN　7—5037—1586—3

*
中国统计出版社出版
（北京复外三里河月坛南街 38 号）
武进县第三印刷厂印刷
*
787×1092 毫米　16 开本　25.5 印张　60 万字
1994 年 8 月第 1 版　1994 年 8 月第 1 次印刷
印数：1—1000
ISBN 7－5037－1586－3/c・927
定价：50.00 元

编 辑 说 明

《常州统计年鉴——1994》是由常州市统计局编辑的一本综合性统计资料汇编，它较全面、系统地反映了1993年常州市国民经济和社会发展概况，为社会各界了解常州、研究常州、建设常州提供了翔实的数据。

本年鉴总体内容按国家的规范作了调整，主要有三篇，第一篇为统计资料篇，有15个部分：(1)综合；(2)人口；(3)劳动力和职工工资；(4)固定资产投资和建筑业；(5)能源原材料消费与库存；(6)财政和金融、保险；(7)物价和人民生活；(8)城乡建设；(9)农业；(10)工业；(11)交通运输邮电通讯业；(12)批发零售贸易和餐饮业；(13)对外经济贸易和旅游业；(14)教育、科技及文化事业；(15)体育、卫生及其他事业；第二篇为乡(镇)篇；第三篇为基层篇。书末附有“主要统计指标解释”。

年鉴中部分指标的合计数或相对数，由于计算单位取舍而产生的误差未作调整。

表中符号使用的说明：“…”表示数据不足本表最小单位数；“空格”表示该项统计指标数据不详或无该项数据；“#”表示其中的主要项；“*”表示本表下有注解。

《常州统计年鉴》编辑委员会

《常州统计年鉴》编辑部

目　　录

第一篇　统计资料篇

一、综　　合

二、人　　口

三、劳动力和职工工资

四、固定资产投资和建筑业

五、能源原材料消费与库存

六、财政和金融、保险

七、物价和人民生活

八、城乡建设

九、农　　业

十、工　业

十一、交通运输邮电通讯业

十二、批发零售贸易和餐饮业

十三、对外经济贸易和旅游业

十四、教育、科技及文化事业

十五、体育、卫生及其他事业

第二篇 乡(镇)篇

第三篇 基层篇

企业简介

第一篇
统计资料篇
STATISTICAL DATA

一
综　合
GENERAL SURVEY

1993年常州市国民经济和社会发展概况

1993年,全市人民继续贯彻邓小平同志南巡重要谈话和党的十四大精神,进一步加快改革开放步伐,加强和改善宏观调控的各项措施,国民经济在上年高速发展的基础上,保持了持续、健康、快速发展势头,各项社会事业取得了新的成绩,人民生活水平又有新提高。全年实现国民生产总值224亿元,比上年增长55.2%,第一次超过200亿元,提前10年实现了第二个翻番目标。其中第三产业增加值51亿元,比上年增长56.6%,占国民生产总值比重22.6%,比上年提高0.2个百分点。在经济运行中还存在着一些困难和问题,农业基础比较薄弱,调整工业结构、培育优势产品、发展规模经济步伐不快,物价上涨幅度较大。

一、第一产业

|农业| 全市农业和农村经济,开始步入以调整结构、提高效益为主要特征的新阶段,全年农业增加值25亿元,比上年增长31.6%。粮食生产总产量稳定,在播种面积较上年减少8.5%的情况下,单产创历史最好水平,总产量超过预期目标。

主要农产品产量:粮食154.24万吨,比上年下降4.4%,其中谷物150.4万吨,下降2.8%;大豆9438吨,增长22.0%,棉花1628吨,下降35.6%;油料61480吨,下降9.6%;蔬菜58.08万吨,增长5.9%。

多种经营全面发展。1993年是农副产品放开经营的第一年,广大农民发展多种经营的积极性空前高涨,多种经营呈现勃勃生机。蚕茧、茶叶、水产品、水果、人工育珠等均创历史最高水平,多种经营产值(不变价)达22.39亿元,比上年增长16.2%,占农业总产值的比重较上年上升4.1个百分点。

多种经营产品产量:水产品69603吨,比上年增长35.0%;蚕茧10983吨,增长16.1%;茶叶4091吨,增长9.8%;水果13733吨,增长36.1%;人工育珠185.18吨,增长83.4%;猪牛羊肉84569吨,增长1.0%。

乡镇工业再上台阶,1993年,全市乡镇工业的生产、销售高速增长,乡镇工业总产值完成492.23亿元,实现销售收入328.97亿元,实现利税23.07亿元,分别较上年增长62.6%、82.1%、98.7%,出口产品交货值49.66亿元,较上年增长80.1%。

农业生产条件继续得到改善。年底拥有农业机械总动力125.24万千瓦,比上年增长2.5%,其中:农用排灌动力机械23.73万千瓦,比上年增长2.3%。全年农用化肥施用量(折纯)9.64万吨,比上年下降2.3%;农村用电量16.64亿千瓦小时,比上年增长21.6%。

二、第二产业

|工业| 工业经济圆满地实现了全市经济增长的目标,工业生产继续快速发展,全年完成工业增加值136亿元,比上年增长59.1%;其中国有工业增长4.6%,集体工业增长85.3%,其他经济类型增长91.7%。主要工业产品产量大部分比上年均有不同程度的增长:发电量23.29亿千瓦时增长1.2倍;成品钢材45.42万吨增长16.2%;铜材6.15万吨增长16.5%;柴油机743.10万千瓦增长21.6%;手扶拖拉机6.12万台下降32.7%;自行车232.60万辆增长1.2%;摩托车8.66万辆增长84.6%;变压器917.24万千伏安增长83.4%;干电池10700万只增长52.9%;收录机249.59万台,增长13.4%;电视机42.02万台增长12.6%;化学纤维3.46万吨增长53.8%;布11373万米下降1.9%;塑料制品13.39万吨增长0.4%;服装6069.22万件增长41.9%。

工业经济效益有所提高,全市乡及乡以上工业销售、利税同步增长,全年实现销售收入399.13亿元,比上年增长51.11%,实现利税24.64亿元,比上年增长38.37%,万元产值综

合能耗0.99吨，比上年下降10.81%，产品销售率95.63%，比上年提高2.09个百分点；资金利税率9.10%，比上年提高0.07个百分点；成本费用利润率2.58%，流动资产周转2.26次，比上年增加0.16次；工业增加值率19.59%，比上年提高0.76个百分点。在全市工业经济中三项资金占用仍偏高，部分企业亏损情况尚需改善。

|建筑业| 全市建筑施工企业生产经营持续高速发展。全年建筑业增加值12亿元，比上年增长62.5%，城镇集体及以上建筑施工企业劳动生产率比上年增长61.8%。

三、第三产业

|交通和邮电| 交通部门充分发挥运输潜力，运量不断扩大，促进经济建设高速运行。全年增加值8.33亿元，比上年增长66.6%。全市货运量达5916.3万吨，其中铁路运量157.6万吨，公路运量3637.2万吨，水运2121.4万吨，空运0.1万吨；客运量达6486.2万人，其中铁路运量700.4万人，公路运量5760.7万人，水运792.2万人，空运5.9万人；内河港口货物吞吐量为678.1万吨。

邮电通信事业又取得新成绩，常州邮电局进入全国50强，全市拥有邮电局所167个，市话交换机总容量达12.13万门，比上年增长79.7%，长途程控交换设备7290路端，比上年增长1.74倍，可自动接通市内电话、国内长途电话以及与世界上180多个国家(地区)直拨的国际电话。常武地区已全面实现了交换程控化和传输数字化。全年邮电业务总量达2.77亿元。比上年增长71.43%；年底全市拥有电话机15.28万户，比上年增长51.3%；国内直拨电话用户6.55万户，比上年增长1.11倍，国际港澳直拨电话用户5568户，比上年增长2.68倍；无线寻呼用户2.57万户，比上年增长1.33倍；新开通了移动电话用户2068户。电话纷纷进入居民家庭，全市住宅电话用户达3.23万户，比上年增长88.4%。

|国内商业| 全市各级充分发挥市场机制的作用，大力搞活流通，各类市场正沿着上规模、上档次、有特色方向发展。全市共建有各类市场近350个，其中：农副产品专业市场和批发市场75个，工业品专业市场14个，生产资料专业市场16个，生产要素市场17个。在各类市场中，苏浙皖边界市场，武进县生产资料市场被分别列入省农副产品和生产资料十大市场行列；全市年销售额超亿元的商品市场已有11个，销售额最高的达9.03亿元；凌家塘农副产品批发市场的商品价格已成为全市蔬菜副食品市场的基准价格。全年批发和零售贸易、餐饮业增加值15.47亿元，比上年增长73.0%。全年社会商品零售总额达85.95亿元，比上年增长38.7%。其中对居民的消费品零售额70.27亿元，增长39.3%；对社会集团的消费品零售额7.96亿元，增长46.4%；农业生产资料零售额7.72亿元，增长27.2%。在各种经济类型的消费品零售额中，国有经济零售额20.01亿元，增长8.3%；集体经济零售额26.53亿元，增长42.5%；个体经济零售额15.29亿元，增长48.7%。

|财政、金融和保险| 全年金融保险业增加值10.22亿元，比上年增长22.6%，财政状况良好。全年财政收入19.89亿元，比上年增长45.7%，创历史最好水平，其中工商税收18.42亿元，增长53.8%；地方预算内财政支出9.94亿元，比上年增长67.8%。

金融形势稳定。年底全市各项存款余额达126.99亿元，比上年增长21.1%，其中城乡储蓄存款达67.23亿元，比上年增长18.2%；各项贷款余额131.58亿元，比上年增长17%。全年投放货币12.28亿元。

保险事业继续发展。全年各类财产承保总额390.51亿元，比上年增长94.6%，保险公司共处理国内赔(结)案1.64万件，比上年下降81.4%；赔(结)案款5588万元，比上年减少6.4%；赔付率43%，比上年减少12个百分点。

|社会事业| 社会发展综合实验区工作稳步进展，各项社会事业取得了新的发展，全市社

会事业增加值17亿元，比上年增长65.4%。

“科技兴市”计划实施步伐加快。全市科技投入成倍增加，一年中科技经费投入13354万元，比上年增长1.04倍；完成了奥美拉唑缓解释胶工艺技术等6项重点科研攻关项目，调速变频器等10项重点新产品开发项目，蓄电池叉车电机等3项重大科技成果中试项目；实施了24项火炬计划，15项星火计划；获得了132项科技成果奖，其中“桑树水平压条速成丰年栽培法的研究及其应用”获为国家星火科技奖，21项为省科技进步奖；创建了13家科研型工厂；科学技术队伍不断扩大，年底拥有各级各类科学技术人员13.19万人，比上年增长2.6%。

教育事业进一步得到加强。九年义务制教育已基本实施，高级中等教育和成人教育健康发展。全市拥有各级各类全日制学校1758所，比上年减少64所；教职工3.59万人，比上年增长2.2%，其中专任教师2.62万人，增长2.5%；在校学生45.95万人，比上年增长1.6%，其中大学生0.8万人，增长45.5%，中专、技工、农业、职业学生4.14万人，增长16.8%，普通中学生15.35万人，减少2.2%，小学生25.58万人，增长1%；学龄儿童入学率99.56%，小学生毕业率99.03%，小学毕业升学率97.41%。在幼儿园的幼儿10.12万人，幼儿入园率65.5%。成人学校在校学生25.62万人，比上年增长11.7%，其中成人大学生0.4万人，增长21.6%；成人学校教职工3178人，比上年增长32%，其中专任教师1463人，增长37%。

文化事业发展较快。年底拥有电影放映单位187个。全年电影观众1494万人次；发行《常州日报》2698万份，比上年增长0.8%；发行《常州广播电视报》1665万份。广播电视中心土建工程已经完成。全市拥有11个电视播、转频道，有线电视有了快速发展，筹建了市有线电视台、部分地段已开通使用。市人民广播电台已发展为人民台、经济台和交通台。

卫生事业进一步发展。年底拥有卫生机构855个，比上年减少2.1%；医疗床位1.12万张，比上年增长3.1%；卫生技术人员1.4万人，比上年增长3.9%，其中医生0.64万人，减少1.5%。全市传染病发病数比上年减少11.5%。

体育事业成绩显著。积极推行《国家体育锻炼标准施行办法》，大力推进职工体育和社区体育的发展，农村体育活动蓬勃开展。全市体育锻炼达标率95.3%，职工体育组织网络已初步形成，各级各类群众体育协会达15个，有上万名农民参加了“亿万农民健身活动”，武进县湖塘镇评为全国“亿万农民健身活动”先进乡(镇)。全市开展了两次国际体育交往活动，有44人参加，常州市运动员在参加省级及以上体育竞赛中取得了优异成绩；世界及洲际比赛获金牌6枚、银牌1枚、铜牌2枚；全国比赛获金牌1枚，银牌1枚，铜牌4枚；省级比赛获金牌32枚，银牌44枚，铜牌39枚。

四、对外经济

对外经济贸易按照大外贸、大市场、大发展的总目标，大力扩大出口创汇，“三外”(外贸、外资、外经)工作取得新成绩。全年外贸收购总值达96亿元，比上年增长68.2%；外贸自营出口额达3.29亿美元，比上年增长85.8%，全市已有18家生产企业获准进出口经营自主权，出口商品结构有所改善，开发新出口商品60只，机电产品出口比重已达26.2%。全年新批三资企业810家，比上年增长45.9%，累计达1570家；全年新开业投产的三资企业达361家，年底开业投产的三资企业已有657家；实际利用外资达1.44亿美元，比上年增长68.8%，新批总投资500万美元以上的外商投资项目59个，其中总投资1000万美元以上的项目31个。全市三资企业出口创汇2.03亿美元，比上年增长76%。国有大中型企业兴办合资企业面已达到63.5%。一年中新办境外企业26家，总投资额达1122万美元，新签境外项目合同金额达3076万美元。国际旅游业继续发展。全年接待外国、华侨、港澳台同胞来常旅游者和参观、访问等从事各项交流活动的人员16606人，比上年增长25%；旅游收入外汇券1628万元，比上年下降7%。

全市对外开放、开发力度进一步加大。市开发区被国家正式批准为高新技术产业开发区。区内新建道路16.05公里，各类建筑面积41.2万平方米，竣工各类建筑面积15万平方米，基础设施投入2.7亿元。新批外商投资企业63家，其中高新技术企业10家，开发区实现财政收入2647万元。溧阳市昆仑开发区、金坛市华罗庚科技城、郊区东南开发区和戚墅堰开发区被江苏省人民政府批准为省级经济技术开发区。

五、固定资产投资

固定资产投资规模继续扩大，结构继续改善。全社会固定资产投资完成额82.56亿元，比上年增长91.8%，城镇集体及以上固定资产投资额达41.59亿元，比上年增长1.01倍。其中国有单位投资24.2亿元，增长85.5%；集体所有制单位投资5.53亿元，增长33.6%；房地产开发投资10.71亿元，增长2.09倍。在国有单位投资中，基本建设投资13.38亿元，增长1.11倍；更新改造投资10.83亿元，增长61.5%。在投资总额中，第二产业投资10.09亿元，比上年增长48.6%，第三产业投资12.92亿元，增长1.59倍，其中商业运输邮电业投资3.2亿元，增长39.1%，文化教育部门投资0.71亿元，增长22.4%。

全部或部分建成投产的重点项目及新增生产能力主要有：戚墅堰发电厂2台20万千瓦发电机组，新增装机容量40万千瓦；建成了220KV金坛、魏村变电所等一批电网配套工程；东方线材有限公司，新增线材生产能力1075吨，等等。

七、城市建设和环境保护

城市建设步伐加快，基础设施建设继续加强。金坛县经国务院批准撤县建市；常州市区中心地段的南大街改造工程已经动工。一批城市基础设施工程建设相继完成。沪宁高速公路常州段九个标段已全面开工。常焦线、常新路、火车站高架桥、中凉亭立交桥已建成通车，同济立交桥和清凉路拓宽工程已完成工程量的60%，炼焦制气厂的一期工程和长江引水工程均基本完成土建任务，剑湖垃圾处理厂已基本建成。

环境保护工作取得了新的成果。一年中，强化了环境监督管理，全面深入地开展环保执法检查，主要完成了环境污染治理、搬迁项目76个，完成环保投资2614万元，其中：完成废水治理项目6个，新增工业废水日处理能力1344吨，废水日处理能力累计达15.15万吨，工业废水处理率达55.2%，比上年提高5.8个百分点；完成废气治理及工业粉尘综合治理项目16个，年削减工业粉尘排放量3759吨；治理工业固定噪声污染源54个，新建噪声达标区12.5平方公里，环境噪声达标区覆盖率达47.6%，提前两年实现省要求的目标；巩固和扩充烟尘控制区成果，烟尘控制区覆盖率保持在100%；建设项目“三同时”执行率保持100%；进一步深化了水污染总量控制许可证制度，使工业废水中的主要污染COD和酚的排放量比上年分别削减7.9%和5.4%。

七、人口和人民生活

人口增长继续得到控制。据户籍人口统计，年底全市总人口329.33万人，比上年增长0.2%，人口出生率11.29‰，比上年减少0.82个千分点；人口死亡率6.13‰，比上年减少0.27个千分点，人口自然增长率5.16‰，比上年减少0.55个千分点。

在经济快速发展、效益有所提高的基础上，人民群众的生活继续得到改善。年底全市职工人数57.76万人，比上年增长2.9%；全部职工工资总额达24.27亿元，比上年增长35.7%；全部职工年平均工资4215元，比上年增长33.9%。据抽样调查，城市住户人均年生活费收入3029元，比上年增长30.1%；农村住户人均年纯收入2041元，比上年增长28.5%。扣除物价上涨因素实际收入均有不同程度的提高。城乡居民年平均储蓄存款2045元，比上年增长18.1%。

从统计数字看1993年的常州

常州在全省的地位

国民生产总值	223.9亿元	占全省	8.1%
第一产业	25.1亿元	占全省	5.1%
第二产业	148.2亿元	占全省	9.3%
第三产业	50.7亿元	占全省	7.6%
粮食总产量	154.2万吨	占全省	4.7%
外贸收购总值(实际价)	93.1亿元	占全省	10.2%
财政收入	19.9亿元	占全省	9.0%

常州的人口

年底人口	329.33万人		
出生人口	37130人	平均每天出生	102人
死亡人口	20176人	平均每天出生	55人
结婚人数	27197对	平均每天结婚	75对
离婚人数	1153对	平均每天离婚	3对

常州的经济发展

国民生产总值	223.9亿元	比1978年增长	11.7倍
工农业总产值	740.4亿元	比1978年增长	11.0倍
工业总产值	712.2亿元	比1978年增长	14.0倍
农业总产值	34.3亿元	比1978年增长	1.3倍
社会消费品零售总额	78.2亿元	比1978年增长	16.0倍
外贸收购总值(计划价)	96.3亿元	比1978年增长	36.6倍
财政收入	19.9亿元	比1978年增长	2.2倍

常州市区的市政建设和公用事业

年底城市道路长度	415 公里
年底城市道路面积	359 万平方米
年底城市桥梁数	259 座
年底城区实有住宅建筑面积	811.6 万平方米
年底公共自来水日生产能力	26.5 万吨
年底煤气和液化气家庭用气人数	53.8 万人
年底建成区绿化覆盖面积	1622 公顷

常州的一天

国民生产总值	6134 万元
工农业总产值	20450 万元
#工业总产值	19511 万元
财政收入	545 万元
社会消费品零售总额	2143 万元
外贸收购总值(计划价)	2638 万元
固定资产投资总额	1140 万元
竣工住宅建筑面积	2834 平方米
旅客发送量	18 万人
市区公共汽车乘客人数	25 万人次
交寄函件	8 万件
交发电报	2642 份
全社会用电量	1162 万千瓦小时

1—1 全市土地面积

(1993 年)　　单位:万亩

指 标	全 市				
		全 市	溧阳市	金坛市	武进县
平方公里	**4 375**	**190**	**1 535**	**976**	**1 674**
总面积	**656.32**	**28.5**	**230.29**	**146.40**	**251.13**
#丘陵山区	185.19		150.07	35.12	
占总面积%	28.2		65.2	24.0	
总面积中:陆　地	542.43	25.45	200.48	116.76	199.74
占总面积%	82.6	89.3	87.1	79.8	79.5
#耕地面积	304.85	10.75	95.70	64.52	133.88
占陆地%	56.2	42.2	47.7	55.3	67.0
水　面	109.85	2.97	28.22	29.14	49.52
占总面积%	16.7	10.4	12.3	19.9	19.7

1—2 全市行政区划

(1993 年底)　　单位:个

地 区	街道办事处	居民委员会	镇人民政府	乡人民政府	村民委员会
全 市	**20**	**414**	**65**	**72**	**1 913**
一、市　区	18	304	2	11	124
城　区	18	299	1	2	34
天宁区	8	133			
钟楼区	8	132			
戚墅堰区	2	33	1	1	19
开发区		1		1	15
郊　区		5	1	9	90
二、三县(市)	2	110	63	61	1 789
溧阳市	1	38	14	22	563
金坛市		24	11	17	426
武进县	1	48	38	22	800

注:本表资料来自民政年报。

1—3 全市行政区划街道、乡(镇)名单

(1993年底)

项 目	街道、乡、(镇)数(个)	街道、乡(镇)名称
市 区		
街 道	18	
天宁区	8	新丰街,北环路,水门桥,朝阳桥,清 凉,兰 陵,古 村,局前街。
钟楼区	8	马公桥,清 潭,广化街,南大街,荷花池,怀德路,西新桥,西仓桥。
戚墅堰区	2	先 行,戚墅堰。
乡	11	
戚墅堰区	1	潞 城。
开发区	1	三井。
郊 区	9	茶 山,永 红,五 星,红 梅,雕 庄,西 林,北 港,青 龙,太 湖。
镇	2	
戚墅堰区	1	丁 堰。
郊 区	1	新 闸。
溧阳市		
街 道	1	溧城镇街道办事处
乡	22	城南,清安,马垫,杨庄,泓口,埭头,后六,横涧,平桥,茶亭,古渎,绸缪,余桥,汤桥,永和,前马,旧县,蒋店,大溪,殷桥,河口,河心。
镇	14	溧城,上黄,戴埠,天目湖,别桥,上兴,上沛,竹箦,后周,南渡,新昌,强埠,社渚,周城。
金坛市		
乡	17	城东,涑渎,后阳,城西,白塔,登冠,西旸,茅麓,花山,罗村,西岗,唐王,洮西,五叶,汤庄,岸头,白龙荡。
镇	11	河头,直溪,建昌,朱林,薛埠,社头,指前,水北,儒林,尧塘,金城。
武进县		
街道	1	湖塘镇街道办公室。
乡	22	南宅,运村,政平,坊前,南夏墅,戴溪,崔桥,剑湖,新安,三河口,安家,孝都,百丈,浦河,吕墅,九里,万绥,泰村,厚余,嘉泽,成章,村前。
镇	38	雪堰,潘家,漕桥,前黄,礼嘉,寨桥,鸣凰,马杭,湖塘,牛塘,庙桥,卢家巷,坂上,洛阳,遥观,横林,横山桥,芙蓉,焦溪,郑陆,东青,龙虎塘,新桥,魏村,薛家,圩塘,奔牛,汤庄桥,罗溪,西夏墅,小河,孟城,邹区,卜弋,夏溪,礼河,湟里,东安。

1—4 全市气象情况

(1993 年)

项 目	单位	常州市(武进县)	溧阳市	金坛市
一、温 度				
年平均气温	摄氏度	15.7	15.3	15.2
最高气温	摄氏度	36.2	36.4	36.0
出现日期	日/月	12/7	12/7	13/7
最低气温	度	−7.1	−6.6	−6.6
出现日期	日/月	17/1	18/1	17/1
二、风 力				
年最多风向	方位	东南偏东	东风	东北偏东
最大风速	米/秒	8.7	10.7	11.7
出现日期	日/月	16/2	3/8	3/1
三、降 水				
年降水总量	毫米	1 136.8	1 414.2	1 169.3
日最大降水量	毫米	72.1	64.2	79.3
出现日期	日/月	29/6	18/8	29/6
最长连续降水天数	天	12	12	12
起止日期	日/月	3—14/1	3—14/1	3—14/1
四、年日照时数	**小时**	**1 786.6**	**1 798.9**	**1 677.4**
五、天气状况				
雨天	天	170	168	169
雪天	天	7	9	5
六、无霜期天数	**天**	**223**	**202**	**201**

1—5 全市月平均气温

(1993 年)

单位:摄氏度

项 目	常 州 市(武进县)	溧阳市	金坛市
全 年	**15.7**	**15.3**	**15.2**
1 月	2.2	1.8	1.8
2 月	6.6	6.4	5.9
3 月	8.8	8.6	8.4
4 月	15.3	15.0	14.7
5 月	19.3	19.0	18.8
6 月	25.3	25.0	25.0
7 月	26.9	26.8	26.6
8 月	25.9	25.6	25.5
9 月	24.0	23.0	23.1
10 月	17.7	16.8	16.9
11 月	12.0	11.1	11.3
12 月	4.7	4.3	4.1

1—6 全市月降水量

(1993 年) 单位:毫米

月 份	常州市(武进县)	溧阳市	金坛市
全 年	1 136.8	1 414.2	1 169.3
1月	94.9	120.8	102.9
2月	59.2	70.9	62.7
3月	142.3	153.2	134.6
4月	16.0	27.1	13.9
5月	112.6	129.2	105.5
6月	196.7	150.2	205.9
7月	78.3	172.9	55.8
8月	183.8	270.7	200.3
9月	90.6	124.9	97.8
10月	59.5	70.6	62.5
11月	81.8	101.9	102.0
12月	21.1	21.8	25.4

1—7 全市月日照时数

(1993 年) 单位:小时

月 份	常州市(武进县)	溧阳市	金坛市
全 年	1 786.6	1 798.9	1 677.4
1月	131.4	132.0	131.0
2月	135.5	140.2	130.9
3月	154.3	156.7	146.8
4月	169.1	172.5	163.7
5月	129.8	116.2	99.5
6月	166.2	197.3	186.4
7月	132.3	151.3	103.7
8月	101.6	88.2	85.0
9月	206.5	183.8	191.1
10月	181.1	174.6	172.3
11月	118.6	118.5	109.4
12月	160.2	167.6	167.6

1—8　全市主要年份社会经济主要指标

指　　标	单位	1978年	1980年	1985年	1990年	1992年	1993年
一、年底总人口	**万人**	**291.00**	**295.92**	**306.87**	**324.85**	**328.57**	**329.33**
二、社会劳动者	**万人**	**149.35**	**155.46**	**178.65**	**186.06**	**194.08**	**199.84**
三、全民所有制职工人数	**万人**	**22.13**	**24.54**	**28.53**	**31.78**	**32.11**	**32.02**
四、国民生产总值(当年价格)	**万元**	**175 707**	**227 642**	**495 896**	**948 687**	**1 443 961**	**2 238 962**
五、工农业总产值(当年价格)	**万元**	**408 052**	**552 061**	**1 170 515**	**2 921 885**	**4 924 081**	**7 580 947**
工业总产值	万元	338 437	470 840	1 019 475	2 631 312	4 571 871	7 121 423
农业总产值	万元	69 615	81 221	151 040	290 573	352 210	459 524
六、全部独立核算工业企业							
固定资产原价	万元	118 173	160 369	334 123	804 202	1 152 830	1 459 575
全部资金总额	万元		214 941	411 137	1 053 373	1 971 514	2 706 892
产品销售收入	万元			750 122	1 608 536	2 641 239	3 991 254
实现利税	万元		81 267	141 422	132 050	178 047	246 367
七、主要农副产品产量							
粮　　食	万吨	150.24	139.42	153.24	164.50	158.62	154.24
棉　　花	吨	2 045	5 509	7 240	2 255	2 840	1 828
油　　料	吨	13 515	17 724	69 961	63 899	68 040	61 498
年底生猪存栏数	万头	117.43	117.45	89.13	96.30	118.02	104.78
肉猪出栏数	万头	87.26	134.03	94.53	104.78	112.28	118.91
水产品	吨	13 054	14 353	26 848	53 149	51 544	69 604
八、交通和邮电							
货物运输量	万吨	911	941	3 753	3 383	6 117	5 916
旅客发送量	万人	2147	2 740	4 056	4 115	10 742	6 486
邮电业务总量(1990年不变价格)	万元	1 094	1 328	2 393	7 477	16 184	27 740
九、固定资产投资完成额	**万元**	**8 852**	**23 699**	**61 486**	**86 804**	**206 525**	**415 947**
十、商　　业							
社会消费品零售额	万元	48 857	72 238	181 737	381 931	558 904	782 257
十一、对外贸易							
外贸收购总值(计划价格)	万元	25 617	40 851	67 870	174 989	570 569	962 907
十二、教育和卫生							
在校学生数	人	598 917	539 645	491 522	461 007	452 175	459 359
#高等学校	人	434	481	3 161	5 085	5 469	7 960
床位数	张	8 222	8 422	9 405	10 460	10 607	11 190
专业卫生技术人员	人	7 499	8 615	10 458	12 942	13 695	13 971
#医　生	人	3 021	3 238	4 437	6 144	6 511	6 411
十三、财　　政							
财政收入	万元	62 128	66 960	100 364	130 953	136 516	198 857
财政支出	万元	9 259	11 603	25 231	51 082	59 228	99 387
十四、人民生活							
职工工资总额	万元	19 255	27 222	58 411	128 995	178 846	242 714
职工年平均工资	元	534	690	1 196	2 333	3 147	4 216
城乡居民储蓄存款	万元	7 182	16 337	67 304	342 914	568 705	673 404

1—9 市区主要年份社会经济主要指标

	单位	1978年	1980年	1985年	1990年	1992年	1993年
一、年底总人口	**万人**	**41.75**	**46.87**	**52.27**	**66.77**	**69.08**	**69.39**
二、社会劳动者	**万人**	**27.04**	**29.56**	**36.16**	**44.59**	**44.08**	**46.65**
三、全民所有制职工人数	**万人**	**14.49**	**16.24**	**19.77**	**21.47**	**21.06**	**20.72**
四、国民生产总值(当年价格)	**万元**	**90 801**	**112 320**	**202 668**	**395 293**	**520 677**	**721 906**
五、工农业总产值(当年价格)	**万元**	**254 483**	**334 669**	**559 376**	**1 250 595**	**1 778 543**	**2 509 516**
工业总产值	万元	252 807	332 918	556 224	1 236 764	1 761 968	2 486 063
农业总产值	万元	1 676	1 751	3 152	13 831	16 575	23 453
六、全部独立核算工业企业							
固定资产原价	万元	93 325	122 950	241 155	520 910	718 232	1 459 575
全部资金总额	万元	132 235	158 819	277 168	641 073	1 111 482	1 507 597
产品销售收入	万元	238 128	314 944	500 481	978 370	1 402 564	3 991 254
实现利税	万元	54 463	64 513	98 751	87 392	95 768	246 367
七、主要农副产品产量							
粮　　食	万吨	1.94	1.78	1.77	6.41	6.23	5.30
油　　料	万吨	240	115	116	833	744	715
年底生猪存栏数	万头	4.27	3.11	1.94	3.33	3.80	3.11
肉猪出栏数	万头	4.69	4.25	2.22	5.30	5.93	5.73
水产品	吨	1 852	1 627	2 948	4 359	4 294	4 626
八、交通和邮电							
货物运输量	万吨	555	577	1 256	1 406	1 466	
旅客发送量	万人	1431	1 623	1 721	2 061	5 966	
邮电业务总量(1990年不变价格)	万元	813	990	1 817	6 170	13 322	22 753
九、固定资产投资完成额	**万元**	**6 018**	**18 917**	**49 400**	**66 248**	**153 582**	**287 228**
十、商　　业							
社会消费品零售额	万元	19 360	31 046	70 944	171 632	267 794	356 844
十一、对外贸易							
外贸收购总值(计划价格)	万元	21 020	35 265	54 773	98 192	178 633	194 384
十二、教育和卫生							
在校学生数	人	89 577	81 413	86 360	112 230	115 412	122 983
#高等学校	人	434	147	3 161	5 085	5 469	7 960
床位数	张	3 431	3 569	4 561	5 004	5 032	5 334
专业卫生技术人员	人	3 579	4 535	5 419	6 769	6 990	6 840
#医　　生	人	1 101	1 511	2 456	3 312	3 472	3 280
十三、财　　政							
财政收入	万元	51 260	54 964	72 063	82 291	80 088	115 668
财政支出	万元	4 751	5 954	13 750	24 344	26 114	44 009
十四、人民生活							
职工工资总额	万元	12 476	17 698	38 915	89 330	124 799	166 522
职工年平均工资	元	606	708	1 256	2 502	3 442	4 551
城乡居民储蓄存款	万元	4 457	8 760	30 703	145 481	244 985	293 207

1—10　全市主要年份社会经济主要指标增长速度

指　　标	1993年比下列各年增长%					平均每年增长%		
	1978年	1980年	1985年	1990年	1992年	1979—1993年	1981—1993年	1986—1993年
一、年底总人口	13.2	11.3	7.3	1.4	0.2	0.8	0.8	0.9
二、社会劳动者	33.8	28.5	11.9	7.4	3.0	2.0	2.0	1.4
三、全民所有制职工人数	44.7	30.5	12.2	0.8	−0.3	2.5	2.1	1.5
四、国民生产总值	1 174.3	883.5	3 515	136.0	55.1	18.5	19.2	20.7
五、工农业总产值(1990年不变价格)	1 102.2	822.7	360.9	147.3	43.9	18.0	18.6	21.0
工业总产值	1 399.5	991.1	414.2	160.1	46.2	19.8	20.2	22.7
农业总产值	134.6	119.2	46.2	22.5	8.9	5.9	6.2	4.9
六、全部独立核算工业企业								
固定资产原价	1 135.1	810.1	336.8	81.5	26.6	18.2	18.5	20.2
全部资金总额		1 159.4	558.4	157.0	37.3		21.5	26.6
产品销售收入			432.1	148.1	51.1			23.2
实现利税		203.2	74.2	86.6	38.4		8.9	7.2
七、主要农副产品产量								
粮　　食	2.6	10.6	0.7	−6.2	−2.8	0.2	0.8	0.1
棉　　花	−10.6	−66.8	−74.8	−18.9	−35.6	−0.8	−8.1	−15.8
油　　料	355.0	247.0	−12.1	−3.8	−9.6	10.6	10.0	−1.6
年底生猪存栏数	−10.8	−10.8	17.6	8.8	−11.2	−0.8	−0.9	2.0
肉猪出栏数	36.3	−11.3	25.8	13.5	5.9	2.1	−0.9	2.9
水产品	433.2	384.9	159.3	31.0	35.0	11.8	12.9	12.6
八、交通和邮电								
货物运输量	549.4	528.7	57.6	74.9	−3.3	13.3	15.2	5.9
旅客发送量	202.1	136.7	59.9	57.6	−39.6	7.6	6.9	6.0
邮电业务总量(1990年不变价格)	2 435.6	1 988.9	1 059.2	271.0	71.4	24.1	26.3	35.8
九、固定资产投资完成额	45.99	16.55	576.5	379.2	101.4	29.3	24.7	27.0
十、商　　业								
社会消费品零售额	1 501.1	982.9	330.4	104.8	40.0	20.3	20.1	20.0
十一、对外贸易								
外贸收购总值(计划价格)	3 658.9	2257.1	1 318.8	450.3	68.8	27.4	27.5	39.3
十二、教育和卫生								
在校学生数	−23.3	−14.9	−6.5	−0.4	1.6	−1.8	−1.2	−0.8
#高等学校	1 734.1	1 554.9	151.8	56.5	45.5	21.4	24.1	12.2
床位数	36.1	32.9	19.0	7.0	5.5	2.1	2.2	2.2
专业卫生技术人员	86.3	62.2	33.6	8.0	2.0	4.2	3.8	3.7
#医生	112.2	98.0	44.5	4.3	−1.5	5.1	5.4	4.7
十三、财　　政								
财政收入	220.1	197.0	98.1	51.9	45.7	8.1	8.7	8.9
财政支出	973.4	756.6	293.9	94.6	67.8	17.1	18.0	18.7
十四、人民生活								
职工工资总额	1 160.5	791.6	315.5	88.2	35.7	18.4	18.3	19.5
职工年平均工资	689.5	511.0	252.5	80.7	34.0	14.8	14.9	17.1
城乡居民储蓄存款	9 276.2	4 022.0	900.5	96.4	18.4	35.4	33.4	33.3

1—11 市区主要年份社会经济主要指标增长速度

指 标	1993年比下列各年增长%					平均每年增长%		
	1978年	1980年	1985年	1990年	1992年	1979—1993年	1981—1993年	1986—1993年
一、年底总人口	**66.2**	**48.0**	**32.8**	**3.9**	**0.4**	**3.4**	**3.1**	**3.6**
二、社会劳动者	**72.5**	**57.8**	**29.0**	**4.6**	**5.8**	**3.7**	**3.6**	**3.2**
三、全民所有制职工人数	**43.0**	**27.6**	**4.8**	**−3.5**	**−1.6**	**2.4**	**1.9**	**0.6**
四、国民生产总值	**695.0**	**542.7**	**256.2**	**82.6**	**38.6**	**14.8**	**15.4**	**17.2**
五、工农业总产值(1990年不变价格)	**540.8**	**391.6**	**186.5**	**80.4**	**30.0**	**13.2**	**13.0**	**14.1**
工业总产值	544.0	392.3	186.2	81.3	30.2	13.2	13.0	14.0
农业总产值	257.6	292.7	242.0	4.5	−0.3	8.9	11.1	16.6
六、全部独立核算工业企业								
固定资产原价	1 464.0	1087.1	505.2	180.2	103.2	20.1	21.0	25.2
全部资金总额	1 040.1	849.3	443.9	135.2	35.6	17.6	18.9	23.6
产品销售收入	1 576.1	1 167.3	697.5	307.9	184.6	20.7	21.6	29.6
实现利税	352.4	281.9	149.5	181.9	157.3	10.6	10.9	12.1
七、主要农副产品产量								
粮 食	173.2	197.8	199.4	−17.3	−14.9	6.9	8.8	14.7
油 料	198.0	521.7	516.4	−14.2	−3.9	7.5	15.1	25.5
年底生猪存栏数	−27.1	平	60.3	−6.6	−18.2	−2.1		6.1
肉猪出栏数	22.2	34.8	158.1	8.1	−3.4	1.3	2.3	12.6
水产品	149.8	184.3	56.9	6.1	7.7	6.3	8.4	5.8
八、交通和邮电								
货物运输量								
旅客发送量								
邮电业务总量(1990年不变价格)	2 698.6	2 198.3	1 152.2	268.8	70.8	24.9	27.3	37.2
九、固定资产投资完成额	**4 672.8**	**1 418.4**	**481.4**	**333.6**	**87.0**	**29.4**	**23.3**	**24.6**
十、商 业								
社会消费品零售额	1 743.2	1 049.4	403.0	107.9	33.3	21.4	20.7	22.4
十一、对外贸易								
外贸收购总值(计划价格)	824.8	451.2	254.9	98.0	8.8	16.0	14.0	17.2
十二、教育和卫生								
在校学生数	37.3	51.1	42.4	9.6	6.6	2.1	3.2	4.5
#高等学校	1 734.1	5315.0	151.8	56.5	45.5	21.4	35.9	12.2
床位数	55.5	49.5	16.9	6.6	6.0	3.0	3.1	2.0
专业卫生技术人员	91.1	50.8	26.2	1.0	−2.1	4.4	3.2	3.0
#医 生	197.9	117.1	33.6	−1.0	−0.6	7.5	6.1	3.7
十三、财 政								
财政收入	125.6	110.4	60.5	40.6	44.4	5.6	5.9	6.1
财政支出	826.3	639.2	220.0	80.8	68.5	16.0	16.6	15.7
十四、人民生活								
职工工资总额	1234.7	840.9	327.9	86.4	33.4	18.9	18.8	19.9
职工年平均工资	651.0	542.8	262.3	81.9	32.2	14.4	15.4	17.5
城乡居民储蓄存款	6 478.6	3 247.1	855.0	101.5	19.7	32.2	31.0	32.6

1—12 全市国民经济主要比例情况

(1993年) 单位:%

指标	全市	市区	溧阳市	金坛市	武进县
一、国民生产总值中三次产业比例					
第一产业	11.2	2.0	19.3	24.2	12.4
第二产业	66.2	71.8	59.7	52.2	67.3
第三产业	22.6	26.2	21.0	23.6	20.3
二、工农业产值中农、轻、重比例					
(1990年不变价格)					
农业	4.6	0.6	9.3	10.2	5.0
轻工业	43.3	46.5	34.0	48.0	42.7
重工业	52.1	52.9	56.7	41.8	52.3
三、工业总产值中轻、重工业比例					
(1990年不变价格)					
轻工业	45.4	46.8	37.6	53.4	44.9
重工业	54.6	53.2	62.4	46.6	55.1
四、农业总产值中四业比例					
(1990年不变价格)					
农业	58.6	48.4	59.5	51.1	61.8
林业	0.6	0.2	1.5	0.5	0.2
牧业	25.0	29.5	29.2	30.8	20.6
渔业	15.8	21.9	29.8	17.6	17.4
五、固定资产投资额中三次产业比例					
第一产业					
第二产业	43.5	44.0	46.9	31.0	43.4
第三产业	31.1	32.3	37.3	32.2	21.6
住宅	25.4	23.7	15.8	36.8	35.0
六、财政收入占国民生产总值比例	8.9	16.0	5.1	5.3	5.7

1—13 全市社会经济主要指标每人平均水平

(1993年)

指 标	单 位	全 市	#市 区
一、国民生产总值(当年价格)	元	6 806	10 428
二、主要工业产品产量			
发电量	千瓦小时	708	2 954
成品钢材	公斤	138.1	83.6
纱	公斤	23.0	68.5
布	米	125.8	411
化学纤维	公斤	10.5	14.3
印染布	米	137.2	257.3
柴油机	千瓦	1.5	5.9
手扶拖拉机	台/百人	2.1	9.2
烧 碱	公斤	15.3	64.0
自行车	辆/百人	71	336
照相机	架/百人	5	26
录音机	台/百人	76	95
三、主要农副产品产量			
粮 食	公斤	468.9	76.6
棉 花	公斤	0.6	
油 料	公斤	18.7	1.0
猪 肉	公斤	24.0	4.9
水产品	公斤	21.2	6.7
四、固定资产投资完成额	元	1 264	4 149
#基 建	元	407	1 344
五、社会消费品零售额	元	2 278	5 154
六、外贸收购总值(实际价)	元	2 830	2 926
七、财政收入	元	605	1 671
八、职工年平均工资	元	4 216	4 551
九、农民年平均纯收入	元	2 041	
十、年底城乡居民储蓄存款	元	2 045	4 225
十一、各类专业技术人员	人/万人	401	1 063
十二、在校学生数	人/万人	1395	1 772
十三、年底医疗床位数	张/万人	3.0	6.4
十四、年底卫生技术人员数	人/千人	4.2	9.9
#医 生	人/千人	1.9	4.7

1—14 全市重点年份国民生产总值

单位:万元

年 份	总 计	第一产业	第二产业	第三产业
1952	34 493	21 086	6 620	6 787
1957	41 120	20 269	11 410	9 441
1965	62 909	29 268	21 549	12 092
1970	81 090	27 892	39 166	14 032
1975	131 084	30 945	78 314	21 825
1978	175 707	38 525	112 468	24 714
1980	227 642	48 897	142 729	36 016
1983	298 476	70 682	180 162	47 632
1984	387 700	97 530	218 908	71 262
1985	495 896	105 195	304 811	85 890
1986	547 374	117 724	328 039	101 611
1987	664 549	125 279	412 259	127 011
1988	821 138	153 477	505 986	161 675
1989	872 397	165 070	521 667	185 660
1990	948 687	176 805	579 610	192 272
1991	1 021 751	160 573	656 120	205 058
1992	1 443 961	190 338	929 968	323 655
1993	2 238 962	250 531	1 481 661	506 770

1—15 市区重点年份国民生产总值

单位:万元

年 份	总 计	第一产业	第二产业	第三产业
1952	9 064	538	4 754	3 772
1957	14 017	434	8 415	5 168
1965	23 845	1 133	16 387	6 325
1970	36 956	925	29 449	6 582
1975	67 348	1 053	55 668	10 627
1978	90 801	1 136	78 273	11 392
1980	112 320	1 277	94 107	16 936
1983	133 214	1 772	110 826	20 616
1984	164 853	1 925	126 687	36 241
1985	202 668	1 875	158 298	42 495
1986	224 093	2 580	169 311	52 202
1987	293 863	7 141	220 518	66 204
1988	328 906	7 572	239 595	81 739
1989	349 368	8 210	249 904	91 254
1990	395 293	8 662	287 603	99 028
1991	420 608	7 585	311 862	101 161
1992	520 677	9 674	371 296	139 707
1993	721 906	14 302	518 424	189 180

1—16 溧阳市重点年份国民生产总值

单位:万元

年份	总计	第一产业	第二产业	第三产业
1952	4 504	3 135	585	784
1957	5 352	3 493	854	1 005
1965	7 365	4 605	1 219	1 541
1970	7 816	4 125	1 927	1 764
1975	14 913	7 115	4 939	2 859
1978	21 314	11 420	6 937	2 957
1980	27 998	15 420	8 225	4 353
1983	36 939	20 500	10 521	5 918
1984	53 742	29 713	14 366	9 663
1985	64 884	29 646	22 857	12 381
1986	72 739	29 451	29 277	14 011
1987	89 465	32 932	39 320	17 213
1988	117 000	38 088	57 538	21 374
1989	120 017	40 576	55 387	24 054
1990	124 756	45 990	54 604	24 162
1991	131 673	37 928	64 434	29 311
1992	190 382	44 748	104 200	41 434
1993	311 667	60 165	186 019	654 83

1—17 金坛市重点年份国民生产总值

单位:万元

年份	总计	第一产业	第二产业	第三产业
1952	3 158	2 704	110	344
1957	3 639	2 843	314	482
1965	6 243	4 916	584	743
1970	6 873	4 438	1 016	1 419
1975	8 120	3 358	2 334	2 428
1978	15 044	7 738	4 297	3 009
1980	23 382	11 457	7 249	4 676
1983	30 403	15 008	9 314	6 081
1984	39 652	19 926	12 447	7 279
1985	46 094	19 947	17 089	9 058
1986	54 899	23 722	20103	11 074
1987	65 865	27 603	25 001	13 261
1988	93 098	35 862	38 663	18 573
1989	98 878	38 322	37 689	22 867
1990	103 346	40 077	39 572	23 697
1991	106 119	32 864	46 871	26 384
1992	154 500	46 659	72 254	35 587
1993	227 768	55 006	119 076	53 686

1—18 武进县重点年份国民生产总值

单位:万元

年 份	总 计	第一产业	第二产业	第三产业
1952	17 767	14 709	1 171	1 887
1957	18 112	13 499	1 827	2 786
1965	25 456	18 614	3 359	3 483
1970	29 445	18 404	6 774	4 267
1975	40 703	19 419	15 373	5 911
1978	48 548	18 231	22 961	7 356
1980	63 942	20 743	33 148	10 051
1983	97 920	33 402	49 501	15 017
1984	129 453	45 966	65 408	18 079
1985	182 250	53 727	106 567	21 956
1986	195 643	61 971	109 348	24 324
1987	215 356	57 603	127 420	30 333
1988	282 134	71 955	170 190	39 989
1989	304 134	77 962	178 687	47 485
1990	325 292	82 076	197 831	45 385
1991	363 351	82 196	232 953	48 202
1992	578 402	89 257	382 218	106 927
1993	977 621	121 058	658 142	198 421

1—19 全市重点年份人均国民生产总值

(当年价格)

单位:元

年 份	全 市	市 区	溧阳市	金坛市	武进县
1952	190	341	117	105	206
1957	205	481	119	106	195
1965	264	685	139	151	233
1970	308	1 090	126	147	244
1975	462	1 675	221	166	320
1978	605	2 225	309	305	373
1980	771	2 416	405	470	493
1983	985	2 667	518	599	747
1984	1 272	3 241	748	781	986
1985	1 620	3 915	901	905	1 386
1986	1 775	4 226	1 007	1 071	1 484
1987	2 134	4 690	1 231	1 273	1 731
1988	2 606	5 145	1 597	1 778	2 247
1989	2 732	5 360	1 618	1 859	2 398
1990	2 935	5 962	1 662	1 917	2 542
1991	3 136	6 257	1 739	1 959	2 822
1992	4 404	7 616	2 493	2 853	4 483
1993	6 806	10 428	4 075	4 208	7 571

1—20 全市分行业国民生产总值

(1993年,当年价格) 单位:万元

行 业	全 市	市 区	溧阳市	金坛市	武进县
总 计	**2 238 962**	**721 906**	**311 667**	**227 768**	**977 621**
一、按三次产业分					
第一产业	250 531	14 302	60 165	55 006	121 058
第二产业	1 481 661	518 424	186 019	119 076	658 142
第三产业	506 770	189 180	65 483	53 686	198 421
二、按国民经济行业分					
1.农 业	250 531	14 302	60 165	55 006	121 058
2.工 业	1 366 806	492 830	154 480	102 561	616 935
3.建筑业	114 855	25 594	31 539	16 515	41 207
4.农林牧渔服务业	5 599	65	30	382	5 122
5.地质勘查业、水利管理业	9 560	5 115	408	637	3 400
6.交通运输、仓储及邮电通讯业	83 259	29 753	13 065	9 467	30 974
交通运输业和仓储业	66 179	19 775	11 598	7 431	27 375
邮电通讯业	17 080	9 978	1 467	2 036	3 599
7.批发和零售贸易、餐饮业	154 726	44 640	25 591	18 334	66 161
批发和零售贸易业	138 046	41 844	21 105	16 056	59 041
餐饮业	16 680	2 796	4 486	2 278	7 120
8.金融、保险业	102 203	51 864	8 568	8 354	33 417
金融业	44 329	30 083	2 406	3 425	8 415
保险业	8 490	7 407	162	138	783
其 他	49 384	14 374	6 000	4 791	24 219
9.房地产业	43 347	10 364	7 368	3 608	22 007
房地产管理业	2 125	1 688	30	186	221
房地产开发业	9 506	5 184	1 326	312	2 684
城市居民自有住房	2 791	785	1 559	28	419
农村居民自有住房	28 925	2 707	4 453	3 082	18 683
10.社会服务业	28 185	13 420	605	3 104	11 056
11.卫生、体育、社会福利业	14 750	5 177	2 559	1 203	5 811
12.教育、文化艺术和广播电影电视业	27 175	11 681	3 633	2 667	9 194
13.科学研究和综合技术服务业	9 136	3 922	1 159	3 039	1 016
14.国家机关政党机关和社会团体	28 830	13 179	2 497	2 891	10 263

二
人　口
POPULATION

2—1　全市重点年份人口数

单位:万人

年　份	全　市	市　区	溧阳市	金坛市	武进县
1952	183.34	27.04	39.14	30.38	86.78
1957	203.70	30.04	45.43	34.84	93.39
1965	240.79	35.10	53.64	41.84	110.21
1970	266.82	33.29	63.23	47.43	122.87
1975	284.69	40.48	67.34	49.02	127.85
1978	291.00	41.75	69.40	49.30	130.54
1980	295.92	46.87	69.42	49.83	129.80
1983	304.26	50.46	71.76	50.80	131.24
1984	305.48	51.26	71.99	50.81	131.42
1985	306.87	52.27	72.00	51.05	131.55
1986	309.74	53.80	72.40	51.46	132.08
1987	313.22	63.31	72.95	52.00	124.95
1988	317.06	64.54	73.62	52.72	126.18
1989	321.65	65.82	74.72	53.67	127.45
1990	324.85	66.77	75.44	54.17	128.47
1991	326.87	67.66	75.99	54.15	129.08
1992	328.57	69.08	76.36	54.15	128.97
1993	329.33	69.39	76.59	54.10	129.25

2—2　全市重点年份户数和平均人口

年　份	户　数 (万户)	平均每户人口 (人)	年平均人口 (万人)	#非农业人口
1952	44.23	4.15	181.61	30.88
1957	47.94	4.25	201.02	38.12
1965	55.78	4.32	238.09	39.16
1970	61.93	4.31	263.51	37.20
1975	68.01	4.19	283.65	40.80
1978	73.23	3.97	290.32	43.99
1980	77.19	3.83	295.17	52.61
1983	83.73	3.63	303.12	58.58
1984	85.60	3.57	304.87	60.47
1985	88.21	3.48	306.18	62.86
1986	91.06	3.40	308.31	66.09
1987	93.67	3.34	311.48	68.57
1988	100.32	3.16	315.14	72.15
1989	104.80	3.07	319.36	77.20
1990	106.91	3.04	323.25	80.37
1991	108.61	3.01	325.86	82.11
1992	110.41	2.98	327.72	90.19
1993	111.63	2.95	328.95	106.34

2—3 市区重点年份户数和平均人口

年 份	户 数（万户）	平均每户人口（人）	年平均人口（万人）	#非农业人口
1952	5.55	4.87	26.57	21.20
1957	6.46	4.65	29.12	23.27
1965	7.46	4.71	34.79	27.97
1970	7.90	4.21	33.92	26.67
1975	9.76	4.15	40.21	28.50
1978	10.52	3.97	41.89	30.53
1980	12.15	3.86	46.49	37.45
1983	14.60	3.46	49.95	40.98
1984	15.44	3.32	50.86	41.88
1985	16.20	3.23	51.77	43.11
1986	17.00	3.16	53.04	45.09
1987	20.24	3.13	50.56	47.36
1988	21.36	3.02	63.93	49.33
1989	22.43	2.93	65.18	51.04
1990	23.00	2.90	66.30	52.53
1991	23.52	2.88	67.22	53.65
1992	24.16	2.86	68.37	60.74
1993	24.44	2.84	69.24	68.09

2—4 全市户数和人口数

(1993年底)　　单位:人

地 区	总户数(户)	总人口	按性别分		按农业、非农业分	
			男	女	农业人口	非农业人口
总 计	**1 116 310**	**3 293 336**	**1 693 236**	**1 600 100**	**2 142 268**	**1 151 068**
一、市区	**244 382**	**693 855**	**357 715**	**336 140**	**5 232**	**688 623**
城 区	188 539	546 219	287 093	259 126	4 018	542 201
天宁区	81 130	233 145	121 226	111 919		233 145
钟楼区	74 048	213 786	114 739	99 047		213 786
戚墅堰区	25 397	75 721	39 844	35 877	2 560	73 161
开发区	7 964	23 567	11 284	12 283	1 458	22 109
郊 区	55 843	147 636	70 622	77 014	1 214	14 6422
二、三县(市)	**871 928**	**2 599 481**	**1 335 521**	**1 263 960**	**2 137 036**	**462 445**
溧阳市	250 406	765 920	403 827	362 093	494 623	271 297
金坛市	203 188	541 014	276 573	264 441	472 816	68 198
武进县	418 334	1 292 547	655 121	637 426	1 169 597	122 950

2—5 全市人口自然增长和机械增长数

(1993年底)

地 区	出生人数(人)	死亡人数(人)	出生率(‰)	死亡率(‰)	自然增长率(‰)	机械增长人数(人)	机械增长率(‰)
总计	**37 130**	**20 176**	**11.29**	**6.13**	**5.16**	**−9311**	**−2.83**
一、市区	**7 736**	**3 765**	**11.17**	**5.44**	**5.73**	**−965**	**−1.39**
城 区	4 950	2 740	9.08	5.03	4.05	112	0.21
天宁区	1 745	1 083	7.53	4.67	2.86	2237	9.65
钟楼区	1 623	1 110	7.59	5.19	2.40	−850	−3.97
戚墅堰区	1 090	494	14.36	6.51	7.85	−934	−12.31
开发区	492	53	20.92	2.25	18.67	−341	−14.50
郊 区	2 786	1 025	18.91	6.96	11.96	−1077	−7.31
二、三县(市)	**29 394**	**16 411**	**11.32**	**6.32**	**5.00**	**−8346**	**−3.21**
溧阳市	9 285	4 239	12.14	5.54	6.60	−2737	−3.58
金坛市	5 534	3 574	10.22	6.60	3.62	−2434	−4.50
武进县	14 575	8 598	11.29	6.66	4.63	−3175	−2.44

2—6 生命表

单位:岁

年 代	平均预期寿命	男 性	女 性
全市 80 年代(1982 年)	67.8	66.5	73.2
全市 90 年代(1990 年)	72.15	70.12	74.32
市区 50 年代(1957 年)	63.3	62.9	66.6
市区 60 年代(1960 年)	57.1	54.3	60.7
市区 80 年代(1982 年)	71.6	69.1	74.4
市区 90 年代(1990 年)	74.75	72.67	76.57

2—7 全市计划生育情况

(1993 年)

指 标	单 位	全 市	市 区	三县(市)
一、计划内出生数	人	33987	5193	28794
#女 孩	人	16 213	2 591	13 622
一孩人数	人	31 746	5 031	26 715
#女 性	人	15 378	2 511	12 867
二孩人数	人	2 227	159	2 068
#女 性	人	831	79	752
照顾特殊情况数	人	14	3	11
二、计划生育率	%	97.26	99.73	96.83
三、晚婚率	%	70.70	94.55	67.41
四、已婚育龄妇女数	人	760 470	149 686	610 784
五、节育率	%	92.74	92.56	92.78
六、领独生子女证人数	人	431 894	99 677	332217

三

劳动力和职工工资

LABOR FORCE AND WAGE

3—1 全市重点年份从业人员人数

单位:万人

年份	从业人员	第一产业	第二产业	第三产业
1952	78.04	65.81	6.44	5.79
1957	84.80	71.32	7.41	6.07
1965	106.33	85.77	11.35	9.21
1970	127.24	100.81	16.10	10.33
1975	138.69	97.10	27.79	13.80
1978	149.35	90.36	40.20	18.79
1980	155.46	90.24	49.19	16.03
1983	168.92	87.09	59.26	22.57
1984	173.73	78.25	67.98	27.50
1985	178.65	70.20	77.50	30.95
1986	181.69	67.82	80.63	33.24
1987	182.50	65.96	85.10	31.44
1988	185.58	65.23	86.89	33.46
1989	189.26	66.13	86.19	36.94
1990	190.13	66.40	86.72	37.01
1991	192.06	66.93	87.73	37.40
1992	194.08	65.03	79.91	49.14
1993	199.84	63.70	83.99	52.15

3—2 市区重点年份从业人员人数

单位:万人

年 份	从业人员	第一产业	第二产业	第三产业
1952	10.52	2.10	4.56	3.86
1957	10.64	2.29	5.38	2.97
1965	14.96	2.34	8.50	4.12
1970	17.74	2.26	11.12	4.36
1975	22.79	3.70	14.19	4.90
1978	27.04	3.05	17.91	6.07
1980	29.56	2.59	20.57	6.40
1983	33.37	2.14	23.57	7.66
1984	34.59	1.87	24.32	8.40
1985	36.16	0.91	26.26	8.99
1986	36.89	0.83	26.74	9.32
1987	43.19	2.14	30.74	10.31
1988	44.51	1.90	31.44	11.17
1989	44.07	1.89	30.56	11.62
1990	44.59	1.84	31.08	11.67
1991	45.10	1.76	30.84	12.50
1992	44.48	1.61	29.26	13.61
1993	46.65	1.46	30.28	14.91

3—3 全市全部职工人数

(1993年底)

单位：人

行业	全市	市区	溧阳市	金坛市	武进县
总计	575 321	363 282	63 710	53 834	94 495
一、按经济类型分					
国有经济	320 193	207 193	38 192	27 948	46 860
集体经济	189 758	91 732	25 518	25 886	46 622
其他经济	65 370	64 357			1 013
二、按国民经济行业分					
农、林、牧、渔业	10 847	126	3 476	2 487	4 758
采掘业	5 125	2 520	2 384	221	
制造业	315 691	231 285	23 762	19 227	41 417
电力、煤气及水的生产和供应业	7 448	5 830	563	487	568
建筑业	19 902	11 609	1 825	2 626	3 842
地质勘查业、水利管理业	6 609	3 804	573	1 327	905
交通运输、仓储及邮电通讯业	25 888	16 917	2 868	2 757	3 346
批发和零售贸易、餐饮业	70 648	34 223	10 800	10 522	15 103
金融、保险业	9 620	4 528	1 298	1 215	2 579
房地产业	3 372	2 514	443	176	239
社会服务业	14 104	11 362	956	1 069	717
卫生、体育和社会福利业	15 539	7 259	2 267	2 116	3 897
教育、文化艺术和广播电影电视业	41 570	16 025	8 254	5 746	11 545
科学研究和综合技术服务业	6 000	4 786	94	999	121
国家机关、政党机关和社会团体	22 958	10 494	4 147	2 859	5458

3—4 全市全部职工平均人数

(1993年)

单位:人

行业	全市	市区	溧阳市	金坛市	武进县
总计	575 674	365 902	62 258	53 570	93944
一、按经济类型分					
国有经济	321 032	209 649	37 180	27 849	46 354
集体经济	190 152	92 738	25 078	25 721	46 615
其他经济	64 490	63 515			975
二、按国民经济行业分					
农、林、牧、渔业	10 811	127	3 452	2 516	4 716
采掘业	5 352	2 761	2 374	217	
制造业	318545	234922	22 976	19 005	41 642
电力、煤气及水的生产和供应业	7 302	5 727	541	476	558
建筑业	19 844	11 843	1 780	2 581	3 640
地质勘查业、水利管理业	6 586	3 826	562	1 324	874
交通运输、仓储及邮电通讯业	25 741	16 976	2 704	2 725	3 336
批发和零售贸易、餐饮业	69 884	33 681	10 837	10 524	14 842
金融、保险业	8 931	4 169	1 260	1 151	2 351
房地产业	3 232	2 425	420	170	217
社会服务业	13 735	11 102	918	1 040	675
卫生、体育和社会福利业	15 070	7 076	2 144	2 066	3 784
教育、文化艺术和广播电影电视业	41 577	15 862	8 137	5 752	11 826
科学研究和综合技术服务业	6 099	4 894	86	992	127
国家机关、政党机关和社会团体	22 965	10 511	4 067	3 031	5 356

3—5 全市全部职工工资总额

(1993年) 单位:万元

行业	全市	市区	溧阳市	金坛市	武进县
总计	**242 714**	**166 522**	**22 044**	**17 257**	**36 891**
一、按经济类型分					
国有经济	143 357	101 145	13 471	9 571	19 170
集体经济	69 115	35 471	8 573	7 686	17 385
其他经济	30 242	29 906			336
二、按国民经济行业分					
农、林、牧、渔业	3 163	46	1 230	582	1 305
采掘业	1 989	1 065	846	78	
制造业	140 067	108 596	9 501	6 087	15 883
电力、煤气及水的生产和供应业	3 926	3 163	182	269	312
建筑业	8 391	5 227	604	820	1 740
地质勘查业、水利管理业	2 549	1 796	182	332	239
交通运输、仓储及邮电通讯业	11 759	8 339	854	1 178	1 388
批发和零售贸易、餐饮业	26 577	15 058	2 998	3 154	5 367
金融、保险业	3 587	1 686	446	387	1 068
房地产业	1 499	1 182	151	64	102
社会服务业	5 426	4 559	312	287	268
卫生、体育和社会福利业	6 514	3 211	739	783	1 781
教育、文化艺术和广播电影电视业	15 663	6 356	2 470	1 915	4 922
科学研究和综合技术服务业	2 373	2 037	31	259	46
国家机关、政党机关和社会团体	9 231	4 201	1 498	1 062	2 470

3—6 全市全部职工平均工资

(1993 年) 单位:元

行业	全市	#市区
总计	4 216	4 551
#溧阳市	3 541	
金坛市	3 221	
武进县	3 927	
一、按经济类型分		
国有经济	4 466	4 824
集体经济	3 635	3 825
其他经济	4 689	4 708
二、按国民经济行业分		
农、林、牧、渔业	2 926	3 622
采掘业	3 716	3 857
制造业	4 397	4 623
电力、煤气及水的生产和供应业	5 377	5 523
建筑业	4 228	4 414
地质勘查业、水利管理业	3 870	4 694
交通运输、仓储及邮电通讯业	4 568	4 912
批发和零售贸易、餐饮业	3 803	4 471
金融、保险业	4 016	4 044
房地产业	4 638	4 874
社会服务业	3 950	4 106
卫生、体育和社会福利业	4 322	4 538
教育、文化艺术和广播电影电视业	3 767	4 007
科学研究和综合技术服务业	3 891	4 162
国家机关、政党机关和社会团体	4 020	3 997

3—7 全市全部职工工资总额构成

(1993年) 单位:万元

行业	合计	计时和计件标准工资	奖金和计件超额工资	津贴和补贴	年功津贴	物价补贴
总计	**242 714**	**115 776**	**66 440**	**53 760**	**3 247**	**29 088**
市区	166 522	79 301	48 242	34 624	1 715	18 882
溧阳市	22 044	10 832	4 512	5 784	330	2 357
金坛市	17 257	8 989	3 625	4 204	396	2 906
武进县	36 891	16 654	10 061	9 148	806	4 943
一、按经济类型分						
国有经济	143 357	64 721	42 139	33 181	2 754	16 644
集体经济	69 115	36 211	15 568	14 739	445	8 807
其他经济	30 242	14 844	8 733	5 840	48	3 637
二、按国民经济行业分						
农、林、牧、渔业	3 163	1 640	577	879	169	369
采掘业	1 989	957	437	552	55	242
制造业	140 067	70 696	38 129	27 513	465	17 016
电力、煤气及水的生产和供应业	3 926	2 186	890	816	14	467
建筑业	8 391	3 969	2 792	1 362	32	929
地质勘查业、水利管理业	2 549	952	575	938	114	157
交通运输、仓储及邮电通讯业	11 759	5 879	2 443	3 180	175	1 439
批发和零售贸易、餐饮业	26 577	13 120	7 338	5 232	40	3 308
金融、保险业	3 587	1 196	1 091	1 128	149	516
房地产业	1 499	624	480	352	52	161
社会服务业	5 426	2 204	1 901	1 170	94	597
卫生、体育和社会福利业	6 514	2 187	1 983	1 957	263	670
教育、文化艺术和广播电影电视业	15 663	5 819	4 301	5 263	996	1 882
科学研究和综合技术服务业	2 373	926	597	816	114	348
国家机关、政党机关和社会团体	9 231	3 421	2 906	2 602	515	987

3—8 全市离休、退休及退职职工人数

(1993 年底)　　单位:人

项目	全市	市区	溧阳市	金坛市	武进县
总计	**118 486**	**79 012**	**12 083**	**8 004**	**19 387**
离休	4 262	2 566	520	318	858
退休	109 957	74 267	10 752	7 351	17 587
退职	4 267	2 179	811	335	942
一、全民所有制	**68 438**	**47 412**	**7 159**	**4421**	**9446**
离休	3 596	2 065	479	291	761
退休	62 981	44 643	6 170	3 929	8 239
退职	1 861	704	510	201	446
二、集体所有制	**39 176**	**20 728**	**4 924**	**3 583**	**9 941**
离休	511	346	41	27	97
退休	36 453	19 101	4 582	3 422	9 348
退职	2 212	1 281	301	134	496
三、其他所有制	**10 872**	**10 872**			
离休	155	155			
退休	10 523	10 523			
退职	194	194			

四

固定资产投资和建筑业

INVESTMENT IN FIXED ASSETS AND CONSTRUCTION

4—1 全市全社会固定资产投资完成额

(1993 年) 单位:万元

指标	全市	市区	溧阳市	金坛市	武进县
总计	**825 585**	**375 966**	**74 134**	**70 848**	**304 637**
一、城镇集体及以上投资	**415 947**	**287 228**	**38 888**	**21 192**	**68 639**
1.国有经济	242 279	178 307	23 668	10 618	29 686
基本建设	133 760	93 034	11 361	7 398	2 1967
#大中型项目	18 806	18 806			
更新改造	108 519	85 273	12 307	3 220	7 719
#限额以上项目	1 990	1 990			
2.集体经济	55 311	29 607	6 401	5 046	14 257
3.房地产开发	106 860	70 532	6 227	5 528	24 573
4.其他经济	11 479	8 782	2 592		123
二、农村集体投资	**381 637**	**77 745**	**33 687**	**44 475**	**225 730**
三、城镇私人建房投资	**28 001**	**10 993**	**1 559**	**5 181**	**10 268**

4—2 全市城镇集体及以上固定资产投资完成额

(1993 年)

单位:万元

指　　标	总 计	国 有 经 济			集体经济	其他经济	房地产开发
			基本建设	更新改造			
总　　计	**415 947**	**242 279**	**133 760**	**108 519**	**55 311**	**11 497**	**106 860**
#溧阳市	38 888	23 668	11 361	12 307	6 401	5 892	6 227
金坛市	21 192	10 618	7 398	3 220	5 046		5 528
武进县	68 369	29 686	21 967	7 719	14 257	123	24 573
一、按隶属关系分							
部属(中央)	37 194	36 294	28 052	8 242			900
地方	378 753	205 985	105 708	100 277	55 311	11 497	105 960
二、按构成分							
建筑工程	213 755	117 908	81 524	36 384	23 768	1 461	70 168
安装工程	21 836	16 201	9 116	7 085	1 841	136	3 658
设备投资	104 693	70 779	18 275	52 504	24 164	9 750	
其它费用	75 663	37 391	24 845	12 546	5 538	150	32 584
三、按工程用途分							
第二产业	18 0887	121 604	41 737	79 867	44 766	11 256	3 261
第三产业	129 168	111 758	83 855	27 903	8 535	238	8 637
#商业、运输、邮电业	32 044	27 537	19 828	7 709	34210	65	1 022
住　宅	105 892	8 917	8 168	749	2 010	3	94 962
四、按建设性质分							
#新　建	87 557	72 966	58 851	14 115		5 772	8 819
扩　建	138 090	106 341	61 847	44 494	30 538	1 211	
改　建	73 720	54 733	9 332	45 401	14 785	4 202	
五、按行业分							
农、林、牧、渔业	325	325	325				
采掘业	400	400		400			
制造业	145 780	85 414	16 933	68 481	45 596	9 917	4 853
电力、煤气及水的生产和供应业	38 164	38 164	23 115	15 049			
建筑业	7 399	7 268	6 749	519			
地质勘查业、水利管理业	172	172		172			
交通运输业、仓储及邮电通讯业	26 187	24 481	18 366	6 115	1 706		
批发和零售贸易、餐饮业	25 170	21 839	20 034	1 805	3 266	65	
金融、保险业	5 254	4 662	4 624	38	592		
房地产业	106 187	4 180	4 180				102 007
社会服务业	6 835	6 401	3 906	2 495	434		
卫生、体育和社会福利业	5 470	4 930	4 930		540		
教育、文化艺术及广播电影电视业	7 092	7 004	6 469	555	88		
科学研究和综合技术服务业	970	507	507				463
国家机关、政党机关和社会团体	39 379	36 161	23 271	12 890	1 703	1 515	
其他行业	1 163	371	371		792		
六、按投资规模分							
100 万元以下	10 742	7 177	4 609	2 568	3 043	435	87
100—500 万元	60 764	39 683	21 065	18 618	17 885	2 092	1 104
500—1000 万元	46 104	27 354	14 040	13 314	8 634	2 286	7 830
1000—3000 万元	130 158	84 379	48 318	36 061	18 014	2 561	25 204
3000—5000 万元	73 986	24 264	7 922	16 342	7 735	4 123	37 864
5000—1 亿元	59 497	35 155	25 353	9 802			24 342
1 亿元—5 亿元	34 696	24 267	12 453	11 814			10 429
七、按建设阶段分							
本年正式施工	415 947	242 279	133 760	108 519	55 311	11 497	106 860
八、本年新增固定资产	**276 558**	**173 339**	**102 636**	**70 703**	**37 640**	**8 922**	**56 657**

4—3 市区城镇集体及以上固定资产投资完成额

（1993年）

单位：万元

指标	总计	国有经济			集体经济	其他经济	房地产开发
			基本建设	更新改造			
总计	**287 228**	**178 307**	**93 034**	**85 273**	**29 607**	**8 782**	**70 532**
一、按隶属关系分							
部属（中央）	36 192	35 292	27 263	8 029			900
地方	251 036	143 015	65 771	77 244	29 607	8 782	69 632
二、按构成分							
建筑工程	128 260	77 208	50 756	26 452	9 502	727	40 823
安装工程	15 060	12 298	6 678	5 620	766	136	1 860
设备投资	77 062	54 781	13 191	41 590	14 510	7 771	
其它费用	66 846	34 020	22 409	11 611	4 829	148	27 849
三、按工程用途分							
第二产业	126 305	86 315	27 418	58 897	28 120	8 609	3 261
第三产业	92 964	86 854	61 077	25 777	1 321	173	4 616
#商业、运输、邮电业	22 636	22 235	15 000	7 235			401
住宅	67 959	5 138	4 539	599	166		62 655
四、按性质分							
#新建	39 800	34 975	31 319	3 656	1 563	3 262	
扩建	114 475	93 658	54 899	38 759	19 746	1 071	
改建	54 637	42 953	3 136	39 817	7 482	4 202	
五、按行业分							
采掘业	400	400		400			
制造业	103 783	62 225	9 330	52 895	27 923	8 782	4 853
电力煤气及水的生产和供应	30 296	30 296	20 348	9 948			
建筑业	2 236	2 236	2 000	236			
交通运输业、仓储及邮电通讯业	23 915	23 915	18 102	5 813			
批发和零售贸易、餐饮业	16 977	16 743	15 260	1 483	234		
金融、保险业	3 896	3 869	3 896				
房地产业	67 179	1 500	1 500				65 679
社会服务业	6 289	5 855	3 726	2 129	434		
卫生、体育和社会福利业	4 455	4 175	4 175		280		
教育文化艺术及广播电影电视业	6 555	6 467	5 912	555	88		
科学研究和综合技术服务业	970	507	507		463		
国家机关、政党机关和社会团体	19 721	19 721	7 907	11 814			
其他行业	556	371	371		185		
六、按投资规模分							
100万元以下	4 068	2 671	1 469	1 202	998	312	87
100—500万元	34 854	23 520	11 943	11 577	8 671	1 772	891
500—1000万元	27 051	19 192	8 672	10 520	2 742	1 389	3 728
1000—3000万元	88 364	64 304	35 314	28 990	9 461	1 186	13 413
3000—5000万元	53 875	15 118	3 750	11 368	7 735	4 123	26 899
5000—1亿元	44 320	29 235	19 433	9 802			15 085
1亿元—5亿元	34 696	24 267	12 453	11 814			10 429
七、按建设阶段分							
本年正式施工	287 228	178 307	93 034	85 273	29 607	8 782	70 532
八、本年新增固定资产	**192 248**	**135 542**	**76 192**	**59 350**	**18 585**	**7 820**	**30 301**

4—4 溧阳市城镇集体及以上固定资产投资完成额

(1993年)　　　　单位:万元

指　　标	总　计	国有经济			集体经济	其他经济	房地产开发
			基本建设	更新改造			
总　　计	**38 888**	**23 668**	**11 361**	**12 307**	**6 401**	**2 592**	**6 227**
一、按构成分							
建筑工程	27 039	16 772	10 849	5 923	3 854	688	5 725
安装工程	2 251	1 416	151	1 265	397		438
设备投资	8 394	4 377	50	4 327	2 113	1 904	
其它费用	1 204	1 103	311	792	37		64
二、按工程用途分							
第二产业	18 232	11 885	280	11 605	3 755	2 592	
第三产业	14 531	10 039	9 337	702	2 237		2 255
#商业、运输、邮电业	986	626	451	175	305		55
住　宅	6 125	1 744	1 744		409		3 972
三、按性质分							
#新　建	24 023	20 121	10 423	9 698	1 450	2 452	
扩　建	5 318	1 529	717	812	3 649	140	
改　建	2 953	1 651	221	1 430	1 302		
四、按行业分							
农、林、牧、渔业	156	156	156				
制造业	12 195	7 165	661	6 504	3 953	1 077	
电力、煤气及水的生产和供应业	5 261	5 261	160	5 101			
地质勘查业、水利管理业	172	172		172			
交通运输业、仓储及邮电通讯业	603	246	71	175	357		
批发和零售贸易、餐饮业	1 105	975	975		130		
金融、保险业	463				463		
房地产业	6 319	92	92				6 227
社会服务	80	80	80				
教育文化艺术及广播电影电视业	130	130	130				
国家机关、政党机关和社会团体	12 404	9 391	9 036	355	1 498	1 515	
五、按投资规模分							
100万元以下	1 486	1 289	1 177	112	197		
100—500万元	8 727	6 291	4 047	2 244	2 116	320	
500—1000万元	4 368	2 895	1 425	1 470		897	576
1000—3000万元	16 268	8 219	4 712	3 507	4 088	1 375	2 586
3000—5000万元	8 039	4 974		4 974			3 065
六、按建设阶段分							
本年正式施工	38 888	23 668	11 361	12 307	6 401	2 592	6 227
七、本年新增固定资产	**22 355**	**9 843**	**5 923**	**3 920**	**5 744**	**1 037**	**5 731**

4—5 金坛市城镇集体及以上固定资产投资完成额

(1993年)　　　　单位:万元

指　　标	总 计	国有经济			集体经济	其他经济	房地产开发
			基本建设	更新改造			
总　　计	**21 192**	**10 618**	**7 398**	**3 220**	**5 046**		**5 528**
一、按构成分							
建筑工程	16 863	7 714	5 802	1 912	3 621		5 528
安装工程	1 009	901	841	60	108		
设备投资	2 884	1 624	386	1 238	1 260		
其它费用	436	379	369	10	57		
二、按工程用途分							
第二产业	6 572	3 471	731	2 740	3 101		
第三产业	6 825	5 780	5 300	480	1 045		
#商业、运输、邮电业	1 072	1 000	920	80	72		
住　宅	7 795	1 367	1 367		900		5 528
三、按性质分							
#新　建	3 584	3 118	3 118		466		
扩　建	10 726	6 146	4 280	1 866	4 580		
改　建	1 354	1 354		1 354			
四、按行业分							
制造业	6 718	2 962	222	2 740	3 756		
电力、煤气及水的生产和供应业	818	818	818				
建筑业	131				131		
交通运输业、仓储及邮电通讯业	263	263	193	70			
批发和零售贸易、餐饮业	1 046	352	342	10	694		
房地产业	5 713	185	185				5 528
社会服务业	100	100	100				
卫生、体育和社会福利业	860	600	600	260			
教育、文化艺术及广播电影电视业	66	66	66				
国家机关、政党机关和社会团体	5 477	5 272	4 872	400	205		
五、按投资规模分							
100万元以下	2 142	1 234	920	314	908		
100—500万元	5 879	4 166	2 510	1 656	1 713		
500—1000万元	5 147	1 568	1 568		1 188		2 391
1000—3000万元	8 024	3 650	2 400	1 250	1 237		3 137
六、按建设阶段分							
本年正式施工	21 192	10 618	7 398	3 220	5 046		5 528
七、本年新增固定资产	**16 538**	**8 574**	**5 908**	**2 666**	**3 773**		**4 191**

4—6 武进县城镇集体及以上固定资产投资完成额

(1993年)　　单位:万元

指标	总计	国有经济			集体经济	其他经济	房地产开发
			基本建设	更新改造			
总计	**68 639**	**29 686**	**21 967**	**7 719**	**14 257**	**123**	**24 573**
一、按构成分							
建筑工程	41 593	16 214	14 117	2 097	6 791	46	18 542
安装工程	3 516	1 586	1 446	140	570		1 360
设备投资	16 353	9 997	4 648	5 349	6 281	75	
其它费用	7 177	1 889	1 756	133	615	2	4 671
二、按工程用途分							
第二产业	29 778	19 933	13 308	6 625	9 790	55	
第三产业	14 848	9 085	8 141	944	3 932	65	1 766
#商业、运输、邮电业	7 350	3 676	3 457	219	3 043	65	566
住宅	24 013	668	518	150	535	3	22 807
三、按性质分							
#新建	20 150	14 752	13 991	761	5 340	58	
扩建	7 571	5 008	1 951	3 057	2 563		
改建	14 776	8 775	5 975	2 800	6 001		
四、按行业分							
农、林、牧、渔业	169	169	169				
制造业	23 084	13 062	6 720	6 342	9 964	58	
电力、煤气及水的生产和供应业	1 789	1 789	1 789				
建筑业	5 032	5 032	4 749	283			
交通运输业、仓储及邮电通讯业	1 406	57		57	1 349		
批发和零售贸易、餐饮业	6 042	3 769	3 457	312	2 208	65	
金融、保险业	895	766	728	38	129		
房地产业	26 976	2 403	2 403				24 573
社会服务业	366	366		366			
卫生、体育和社会福利业	155	155	155				
教育、文化艺术及广播电影电视业	341	341	341				
国家机关、政党机关和社会团体	1 777	1 777	1 456	321			
其他行业	607				607		
五、按投资规模分							
100万元以下	3 046	1 983	1 043	940	940	123	
100—500万元	11 304	5 706	2 565	3 141	5 385		213
500—1000万元	9 538	3 699	2 375	1 324	4 704		1 135
1000—3000万元	17 502	8 206	5 892	2 314	3 228		6 068
3000—5000万元	12 072	4 172	4 172				7 900
5000—1亿元	15 177	5 920	5 920				9 257
六、按建设阶段分							
本年正式施工	68 639	29 686	21 967	7 719	14 257	123	24 573
七、本年新增固定资产	**45 417**	**19 380**	**14 613**	**4 767**	**9 538**	**65**	**16 434**

4—7 全市城镇集体及以上固定资产投资基本情况

(1993 年)

单位:金额:万 元
面积:平方米

指　　标	总 计	国有经济			集体经济	其他经济	房地产开发
			基本建设	更新改造			
一、个数(个)							
报表数	618	386	215	171	166	23	43
填报单位个数	617	385	215	170	166	23	43
本年施工项目个数	816	526	213	313	229	18	43
#全投项目个数	438	270	98	172	158	10	
新开工项目个数	420	273	111	162	133	14	
二、投资额和新增固定资产							
计划总投资	917 355	618 340	357 155	261 185	99 807	23 006	176 202
实际需要的总投资	980 047	633 922	373 286	260 636	104 871	22 862	218 392
累计完成投资	645 698	421 038	267 048	153 990	71 247	11 497	141 916
累计新增固定资产	406 893	273 726	178 265	95 461	47 352	9 137	76 678
未完工程累计投资	238 805	147 312	887 883	58 529	23 895	2 360	65 238
本年计划投资	468 092	271 202	135 216	135 986	64 429	8 118	124 343
本年完成投资	415 947	242 279	133 760	108 519	55 311	11 497	106 860
三、固定资产投资资金来源							
(一)本年资金来源合计	474 075	270 780	154 170	116 610	57 174	10 457	135 664
1.上年末结余资金	34 641	22 408	15 860	6 548	1 622	1 519	9 092
2.本年资金来源小计	439 434	248 372	138 310	110 062	55 552	8 938	126 572
①国家预算内资金	8 000	7 605	5 890	1 715	195		200
②国内贷款	111 739	62 933	19 687	43 246	1 4357	800	33 649
③股票	3 000	3 000	3 000				
④债券	16 149	11 297	6 837	4 460	150		4 702
⑤利用外资	22 184	13 481	11 190	2 291	2 713	4 106	1 884
#统借统还	5 515	2 943	2 552	391	2 113		459
⑥自筹资金	236 651	135 588	84 976	50 612	28 769	3 872	68 422
中央各部门自筹	1 731	1 711	1 510	201	20		
省自筹	8 247	8 215	7 865	350	5	27	
市自筹	30 112	26 980	11 009	15 971	3 032		100
县(市)自筹	5 352	4 525	4 265	260	487		340
企事业单位自筹	191 209	94 157	60 327	33 830	25 225	3 845	67 982
⑦其他资金来源	41 711	14 468	6 730	7 738	9 368	160	17 715
(二)本年各项应付款合计	59 173	32 237	14 249	17 988	9 766	903	16 267
#工程款	39 483	19 788	11 737	8 051	6 563	65	13 067
设备器材款	15 424	9 868	1 001	8 867	2 733	838	1 985
四、房屋建筑面积							
本年施工房屋面积	4 110 263	1 564 188	1 217 664	346 524	439 852	42 289	2 063 934
#住　宅	2 087 090	265 842	254 245	11 597	69 727	800	1 750 721
本年竣工房屋面积	1 972 537	669 890	485 137	184 753	297 834	14 037	990 776
#住　宅	1 034 501	157 949	146 352	11 597	47 162	800	828 590
本年竣工房屋价值	131 373	49 596	35 015	14 581	19 148	753	61 876
#住宅	54 569	6 483	5 734	749	1 868	3	46 215
五、补充资料							
土地开发投资额	29 201						29 201
土地开发面积	1 720 362						1 720 362
商品房屋销售额	43 008						43 008
商品房屋销售建筑面积	449 537						449 537

4—8　市区城镇集体及以上固定资产投资基本情况

（1993 年）

单位：金额：万　元
面积：平方米

指　　标	总　计	国　有　经　济			集　体 经　济	其　他 经　济	房地产 开　发
			基本建设	更新改造			
一、个数（个）							
报表数	321	207	106	101	71	17	26
填报单位个数	320	206	106	100	71	17	26
本年施工项目个数	459	331	104	227	89	13	26
#全投项目个数	227	163	33	130	56	8	
新开工项目个数	202	152	37	115	41	9	
二、投资额和新增固定资产							
计划总投资	688 801	499 483	291 030	208 453	51 521	15 106	122 691
实际需要的总投资	745 691	513 012	306 292	206 720	53 236	14 962	164 481
累计完成投资	491 072	346 254	221 111	125 143	39 111	8 782	96 925
累计新增固定资产	314 984	231 656	151 034	80 622	26 285	8 035	49 008
未完工程累计投资	176 088	114 598	70 077	44 521	12 826	747	47 917
本年计划投资	314 629	193 837	91 506	102 331	34 222	4 776	81 794
本年完成投资	287 228	178 307	93 034	85 273	29 607	8 782	70 532
三、固定资产投资资金来源							
（一）本年资金来源合计	340 261	204 541	112 054	92 487	30 772	8 099	96 849
1. 上年末结余资金	32 448	21 598	15 445	6 153	613	1 519	8 718
2. 本年资金来源小计	307 813	182 943	96 609	86 334	30 159	6 580	88 131
①国家预算内资金	7 570	7 255	5 560	1 695	115		200
②国内贷款	86 973	47 166	11 534	35 632	8 536	770	30 501
③股票	3 000	3 000	3 000				
④债券	13 199	8 797	6 837	1 960			4 402
⑤利用外资	15 887	10 127	8 336	1 791	1 635	2 906	1 219
#统借统还	4 437	2 943	2 552	391	1 035		459
⑥自筹资金	154 881	98 110	58 198	39 912	11 322	2 744	42 705
中央各部门自筹	1 731	1 711	1 510	201	20		
省自筹	8 208	8 181	7 831	350		27	
市自筹	30 017	26 889	10 935	15 954	3 028		100
县（市）自筹	445	105	105				340
企事业单位自筹	114 480	61 224	37 817	23 407	8 274	2 717	42 265
⑦其他资金来源	26 303	8 488	3 144	5 344	8 551	160	9 104
（二）本年各项应付款合计	24 898	14 475	5 010	9 465	1 509	868	8 046
#工程款	13 502	6 661	3 195	3 466	874	30	5 937
设备器材款	8 039	5 810	585	5 225	316	838	1 075
四、房屋建筑面积							
本年施工房屋面积	2 455 735	1 022 354	788 522	233 832	151 840	24 389	1 257 152
#住　宅	1 187 930	141 181	131 604	9 577	3 500		1 043 249
本年竣工房屋面积	1 036 759	382 309	247 814	134 495	89 626	2 137	562 687
#住宅	544 263	74 890	65 313	9 577	3 500		465 873
本年竣工房屋价值	71 838	28 300	17 614	10 686	6 360	105	37 073
#住　宅	27 456	3 584	2 985	599	170		23 702
五、补充资料							
1. 土地开发投资额	22 985						22 985
2. 土地开发面积	939 833						939 833
3. 商品房屋销售额	25 054						25 054
4. 商品房屋销售建筑面积	228 389						228 389

4—9 溧阳市城镇集体及以上固定资产投资基本情况

(1993年)

单位：金额：万 元
面积：平方米

指 标	总 计	国 有 经 济			集 体 经 济	其 他 经 济	房地产 开 发
			基本建设	更新改造			
一、个数(个)							
报表数	79	56	37	19	16	4	3
填报单位个数	79	56	37	19	16	4	3
本年施工项目个数	106	68	37	31	31	4	3
#全投项目个数	61	37	23	14	22	2	
新开工项目个数	60	42	25	17	14	4	
二、投资额和新增固定资产							
计划总投资	77 930	44 060	20 836	23 224	13 010	7 675	13 185
实际需要的总投资	78 772	45 026	21 807	23 219	12 486	7 675	13 585
累计完成投资	45 996	25 884	12 258	13 626	7 938	2 592	9 582
累计新增固定资产	26 935	12 084	6 710	5 374	6 769	1 037	7 045
未完工程累计投资	19 061	13 800	5 548	8 252	1 169	1 555	2 537
本年计划投资	46 669	27 302	12 147	15 155	7 048	3 215	9 104
本年完成投资	38 888	23 668	11 361	12 307	6 401	2 592	6 227
三、固定资产投资资金来源							
(一)本年资金来源合计	45 082	26 694	13 955	12 739	6 645	2 235	9 508
1.上年末结余资金	400	235	115	120			165
2.本年资金来源小计	44 682	26 459	13 840	12 619	6 645	2 235	9 343
①国家预算内资金	420	340	320	20	80		
②国内贷款	12 370	9 557	3 944	5 613	2 195	30	588
③股票							
④债券	2 750	2 500		2 500	150		100
⑤利用外资	1 700	500		500		1 200	
⑥自筹资金	27 172	13 292	9 485	3 807	4 220	1 005	8 655
中央各部门自筹							
省自筹							
市自筹	74	74	74				
县(市)自筹	509	482	360	122	27		
企事业单位自筹	26 589	12 736	9 051	3 685	4 193	1 005	8 655
⑦其他资金来源	270	270	91	179			
(二)本年各项应付款合计	8 120	5 719	1 631	4 088	1 768	35	598
#工程款	4 998	3 609	1 450	2 159	1 316	35	38
设备器材款	2 593	1 633		1 633	400		560
四、房屋建筑面积							
本年施工房屋面积	593 577	195 440	159 805	35 635	92 511	16 380	289 246
#住 宅	302 446	56 767	56 767		21 613		224 066
本年竣工房屋面积	337 610	127 160	103 825	23 335	67 951	10 380	132 119
#住 宅	160 774	45 637	45 637		17 413		97 724
本年竣工房屋价值	18 398	7 615	6 112	1 503	4 440	612	5 731
#住 宅	5 813	1 574	1 574		685		3 554
五、补充资料							
土地开发投资额	396						396
土地开发面积	178 300						178 300
商品房屋销售额	3 850						3 850
商品房屋销售建筑面积	59 508						59 508

4—10 金坛市城镇集体及以上固定资产投资基本情况

(1993年)

单位：金额：万　元
　　　面积：平方米

指　　标	总　计	国　有　经　济			集　体 经　济	其　他 经　济	房地产 开　发
			基本建设	更新改造			
一、个数(个)							
报表数	80	47	33	14	28		5
填报单位个数	80	47	33	14	28		5
本年施工项目个数	93	56	33	23	32		5
#全投项目个数	58	35	21	14	23		
新开工项目个数	62	38	25	13	24		
二、投资额和新增固定资产							
计划总投资	33 552	19 173	11 500	7 673	7 266		7 113
实际需要的总投资	33 132	18 962	11 400	7 562	7 057		7 113
累计完成投资	24 254	12 256	7 814	4 442	6 165		5 883
累计新增固定资产	16 733	8 769	5 908	2 861	3 773		4 191
未完工程累计投资	7 521	3 487	1 906	1 581	2 392		1 642
本年计划投资	25 672	13 387	8 732	4 655	6 132		6 153
本年完成投资	21 192	10 618	7 398	3 220	5 046		5 528
三、固定资产投资资金来源							
(一)本年资金来源合计	21 192	10 618	7 398	3 220	5 046		5 528
1.上年末结余资金							
2.本年资金来源小计	21 192	10 618	7 398	3 220	5 046		5 528
①国内贷款	2 617	1 210	400	810	1 347		60
②自筹资金	15 341	9 211	6 801	2 410	3 523		2 607
中央各部门自筹							
省自筹	39	34	34		5		
市自筹	4				4		
县(市)自筹	2 446	2 416	2 416		30		
企事业单位自筹	12 852	6 761	4 351	2 410	3 484		2 607
③其他资金来源	3 234	197	197		176		2 861
(二)本年各项应付款合计	21 192	10 618	7 398	3 220	5 046		5 528
#工程款	18 069	8 854	6 882	1 972	3 687		5 528
设备器材款	2 924	1 664	416	1 248	1 260		
四、房屋建筑面积							
本年施工房屋面积	388 025	147 920	124 580	23 340	76 350		163 755
#住　宅	244 518	50 758	50 758		30 005		163 755
本年竣工房屋面积	259 943	95 348	86 125	9 223	45 989		118 606
#住　宅	164 631	33 202	33 202		12 823		118 606
本年竣工房屋价值	13 129	6 374	4 928	1 446	2 564		4 194
#住　宅	5 733	1 099	1 099		443		4 191
五、补充资料							
土地开发投资额	731						731
土地开发面积	71 584						71 584
商品房屋销售额	3 307						3 307
商品房屋销售建筑面积	51 546						51 546

4—11 武进县城镇集体及以上固定资产投资基本情况

(1993 年)

单位:金额:万 元
面积:平方米

指 标	总 计	国 有 经 济			集 体 经 济	其 他 经 济	房地产 开 发
			基本建设	更新改造			
一、个数(个)							
报表数	138	76	39	37	51	2	9
填报单位个数	138	76	39	37	51	2	9
本年施工项目个数	158	71	39	32	77	1	9
#全投项目个数	92	35	21	14	57		
新开工项目个数	96	41	24	17	54	1	
二、投资额和新增固定资产							
计划总投资	117 072	55 624	33 789	21 835	28 010	225	33 213
实际需要的总投资	122 452	56 922	33 787	23 135	32 092	225	33 213
累计完成投资	84 376	36 644	25 865	10 779	18 033	123	29 576
累计新增固定资产	48 241	21 217	14 613	6 604	10 525	65	16 434
未完工程累计投资	36 135	15 427	11 252	4 175	7 508	58	13 142
本年计划投资	81 122	36 676	22 831	13 845	17 027	127	27 292
本年完成投资	68 639	29 686	21 967	7 719	14 257	123	24 573
三、固定资产投资资金来源							
(一)本年资金来源合计	67 540	28 927	20 763	8 164	14 711	123	23 779
1.上年末结余资金	1 793	575	300	275	1 009		209
2.本年资金来源小计	65 747	28 352	20 463	7 889	13 702	123	23 570
①国家预算内资金	10	10	10				
②国内货款	9 779	5 000	3 809	1 191	2 279		2 500
③债券	200						200
④利用外资	4 597	2 854	2 854		1 078		665
#统借统还	1 078				1 078		
⑤自筹资金	39 257	14 975	10 492	4 483	9 704	123	14 455
市自筹	17	17		17			
县(市)自筹	1 952	1 522	1 384	138	430		
企事业单位自筹	37 288	13 436	9 108	4 328	9 274	123	14 455
⑥其他资金来源	11 904	5 513	3 298	2 215	641		5 750
(二)本年各项应付款合计	4 963	1 425	210	1 215	1 443		2 095
#工程款	2 914	664	210	454	686		1 564
设备器材款	1 868	701		701	757		350
四、房屋建筑面积							
本年施工房屋面积	672 926	198 474	144 757	53 717	119 151	1 520	353 781
#住 宅	352 196	17 136	15 116	2 020	14 609	800	319 651
本年竣工房屋面积	338 225	65 073	47 373	17 700	94 268	1 520	177 364
#住 宅	164 833	4 220	2 200	2 020	13 426	800	146 387
本年竣工房屋价值	28 008	7 307	6 361	946	5 784	36	14 881
#住 宅	15 567	226	76	150	570	3	14 768
五、补充资料							
土地开发投资额	5 089						5 089
土地开发面积	530 645						530 645
商品房屋销售额	10 797						10 797
商品房屋销售建筑面积	110 094						110 094

4—12 全市城镇私人建房

(1993 年)

指　标	单　位	全　市	市　区	溧阳市	金坛市	武进县
建房户数	户	6 981	3 537	501	848	2 095
竣工房屋建筑面积	平方米	896 153	369 762	52 525	123 844	350 022
#住　宅	平方米	784 505	369 762	52 525	86 564	275 654
竣工房屋价值	万元	28 001	10 993	1 559	5 181	10 268
#住　宅	万元	24 287	10 993	1 559	3 648	8 087

4—13 全市农村集体固定资产投资完成额

(1993 年)

单位:万元

指　标	全市	戚墅堰区	郊　区	溧阳市	金坛市	武进县
总　计	**381 637**	**35 065**	**42 680**	**33 687**	**44 475**	**225 730**
一、按构成分						
建筑工程	146 497	14 193	18 173	12 049	21 126	80 956
安装工程	24 493	1 012	1 794	1 644	561	19 482
设备购置	197 415	17 799	21 925	18 383	22 287	117 021
其他投资	13 232	2 061	788	1 611	501	8 271
二、按性质分						
新　建	193 186	13 546	12 120	20 206	8 664	138 740
扩　建	156 846	21 389	25 229	11 636	34 254	64 338
改　建	23 147	220	5 331	1 845	1 557	14 194
其　他	8 458					8 458
三、按行业分						
农、林、牧、渔业	1 350			38		1 312
采掘业	453		34		117	302
制造业	361 403	35 011	42 324	29 846	42 950	211 272
电力、煤气及水的生产和供应业	942			308	121	513
建筑业	2 547		87	446	200	1 814
地质勘查业、水利管理业	75	54				21
交通运输业、仓储及邮电通信业	869		235		431	203
批发和零售贸易、餐饮业	539			7	135	397
金融、保险业	968					968
房地产业	2 228					2 228
社会服务业	374			160		214
卫生、体育和社会福利业	1 366					1 366
教育、文化艺术及广播电影电视业	2 698				85	2 613
科学研究和综合技术服务业	88				60	28
国家机关、政党机关和社会团体	4 517			2 731	362	1 424
其他行业	1 220			151	14	1 055

4—14 全市农村集体固定资产投资基本情况

(1993年)

单位：万元
平方米

指标	全市	戚墅堰区	郊区	溧阳市	金坛市	武进县
一、个数(个)						
本年施工项目个数	2 977	49	211	264	417	2 036
#本年建成投产个数	2 507	40	169	235	346	1 717
本年新开工个数	2 445	49	165	215	379	1 637
二、计划总投资	476 338	54 637	49 905	32 449	51 231	288 116
三、本年新增固定资产	297 332	25 053	32 012	27 921	28 120	184 226
四、本年投资资金来源	381 637	35 065	42 680	33 687	44 475	225 730
国家资金	3 194		120	39		3 035
国内贷款	109 451	15 934	14 087	4 772	9 800	64 858
引进外资	38 414	9 490	357	3 155	6 952	18 460
自筹资金	170 207	8 152	23 235	23 258	19 331	96 231
群众集资	18 352	566	1 087	1 393		15 306
其他资金	42 019	923	3 794	1 070	8 392	27 840
五、房屋建筑面积						
施工面积	2 691 482	160 502	341 670	210 212	288 257	1 690 841
#住宅	176 200	13 063	4 910	15 155		143 072
竣工面积	2 247 232	156 974	311 705	195 508	188 486	1 394 559
#住宅	110 030	13 063	4 110	13 655		79 202

4—15 全市建成投产(交付使用)项目新增生产能力(或效益)

(1993 年)

建设单位	项目名称	新增生产能力(或效益)
常州滚针轴承厂	技　　改	轴承 2430000 套/年
常州供电局	戚电厂配套	输电线路长度(11 万伏及以上)49 公里
常州供电局	戚电厂配套	变电设备能力 24 万千伏安
铁道部戚墅堰机车车辆工厂	大中型项目	内燃机车制造 7 台/年
常州锦华绸厂	引进 60 台喷水织机	丝织机 60 台
戚墅堰发电厂	2×20 万发电机组改扩工程	火力发电 20 万千瓦
常州供电局	常熟电厂配套	变电设备能力 12 万千伏安输电线路长度(11 万伏及以上)6.9 公里
常州合成化工总厂	唑芽威	化学原料药 100 吨/年
常州市建设委员会	城市道路桥梁建设工程	城市道路扩建长度 4 公里
常州市建设委员会	城市道路桥梁建设工程	城市永久性桥梁 1 座
火车站客运站改建办公室	火车站桥梁	城市永久性桥梁 1 座
常州技术师范学院	校　　舍	高等院校学生席位 400 个,建筑面积 5143 平方米
常州农行中专	教学楼	中等学校学生席位 300 个,建筑面积 2245 平方米
常州兰陵商业集团公司	扩建工程	商业饮食服务网点 4950 平方米
武进县交通局	道路改建	新建公路 14 公里
武进县交通局	道路改建	改建公路 64 公里
武进县教委	进修学校综合楼	中等学校学生席位 300 个,建筑面积 1050 平方米
溧阳市供销总社	综合楼	商业饮食服务网点 26400 平方米

4—16 全市城镇集体及以上固定资产投资效果

(1993年)

项目	单位	全市	市区	溧阳市	金坛市	武进县
建设项目投产率	%	53.7	49.5	57.5	62.4	58.2
建设周期	年	2.2	2.4	2.0	1.6	1.7
固定资产交付使用率	%	66.5	66.9	57.5	78.0	66.2
未完工程占用率	%	57.4	61.3	49.0	35.5	52.6
房屋建筑面积竣工率	%	48.0	42.2	56.9	67.0	50.3
平均投资规模	万元	1 124	1 501	735	361	741

4—17 全市建工系统建筑业生产情况

(1993年)

指标	单位	合计	市区		溧阳市	金坛市	武进县
			国有	集体			
一、建筑业总产值	**万元**	**127 667**	**20 703**	**3 336**	**53 963**	**16 910**	**32 755**
#建筑工程	万元	113 472	20 564	3 336	41 125	16 510	31 937
安装工程	万元	11 431	139		10 124	350	818
房屋构筑物修理	万元	2 096			2 046	50	
非标准设备制造	万元	668			668		
二、竣工产值	**万元**	**88 081**	**13 106**	**3 369**	**40 686**	**12 395**	**18 525**
三、全部职工平均人数	**人**	**41 223**	**7 790**	**1 466**	**16 278**	**5 619**	**10 070**
#计算建筑业劳动生产率的平均人数	人	39 511	7 307	1 388	16 065	5 365	9 386
四、附营总产值合计	**万元**	**10 417**	**3 331**	**971**	**1 805**	**1 525**	**2 785**
#对内销售产值	万元	5 083	1 978	813	1 224	375	693
五、工资总额	**万元**	**16 565**	**2 909**	**397**	**7 706**	**2 379**	**3 174**

4—18 全市建工系统建筑业技术装备及经营情况

(1993 年)

指标	单位	合计	市区		溧阳市	金坛市	武进县
			国有	集体			
一、年底自有机械设备总台数	**台**	**7 945**	**940**	**126**	**3 669**	**2 128**	**1 082**
二、年底自有机械设备价值							
原值	万元	12 658	2 897	395	5 850	2 075	1 441
净值	万元	9 741	1 819	236	5 051	1 561	1 074
三、年底自有机械设备总功率	**千瓦**	**94 480**	**20 021**	**2 047**	**46 186**	**13 464**	**12 762**
#施工机械功率	千瓦	65 215	5 834	842	39 225	11 156	8 158
四、年底机械设备增加原值	**万元**	**2 800**	**578**	**49**	**1 337**	**547**	**289**
五、年底机械设备减少原值	**万元**	**247**	**121**	**1**		**22**	**103**
六、全年机械设备维修费用支出	**万元**	**664**	**279**	**25**	**196**	**81**	**83**
#大修费支出	万元	270	101	6	110	23	30
七、年底全部职工实有人数	**人**	**40 281**	**6 357**	**985**	**17 752**	**5 513**	**9 674**
#工人	人	33 606	4 471	631	15 399	4 620	8 485
八、技术装备率							
(按设备净值计算)							
全部职工	(元/人)	2 418	2 861	2 396	2 845	2 831	1 110
#工人	(元/人)	2 899	4 068	3 740	3 280	3 379	1 266
九、动力装备率							
全部职工	(千瓦/人)	2	3	2	3	2	1
#工人	(千瓦/人)	3	4	3	3	3	2

4—19 全市建工系统建筑业竣工房屋建筑工程工期及造价

(1993 年)

指标	本年竣工的房屋建筑工程			工期定额规定的施工日历天数(天)	实际施工的日历天数(天)	工期定额平均达到水平(%)
	面积(平方米)	总造价(万元)	每平方米平均造价(元/平方米)			
总计	**129 159**	**9 201**	**712**	**15 313**	**17 397**	**113.61**
#10层及以上建筑	14 312	1 419	991	648	648	100
一、厂房	**46 046**	**2 950**	**641**	**7 836**	**8 594**	**109.67**
二、仓库	**6 415**	**424**	**661**	**775**	**583**	**75.23**
三、商业服务业用房	**46 675**	**4 560**	**977**	**2 294**	**2 341**	**102.05**
四、办公室	**2 525**	**139**	**550**	**315**	**377**	**119.68**
五、住宅	**22 561**	**847**	**375**	**2 371**	**3 473**	**146.48**
#家属宿舍	22 561	847	375	2 371	3 473	146.48
六、文化教育用房	**2 257**	**131**	**580**	**554**	**658**	**118.77**
七、科研用房	**2 292**	**135**	**589**	**330**	**533**	**161.52**
八、其他用房	**388**	**15**	**387**	**838**	**838**	**100**

4—20 全市建工系统建筑业开、竣工及质量、承包情况

(1993年)

指标	单位	合计	市区		溧阳市	金坛市	武进县
			国有	集体			
一、施工的单位工程	个	941	97	29	438	139	238
#新开工	个	561	35	10	249	116	151
投标承包	个	158	70	29	31	11	17
二、竣工的单位工程	个	582	41	15	267	100	159
#优良工程	个	153	11	7	60	41	34
三、房屋建筑施工面积	平方米	2 908 738	521 089	143 690	1 163 390	355 236	725 353
#新开工面积	平方米	1 720 488	243 657	50 756	804 692	218 448	402 935
投标承包面积	平方米	689 851	316 587	143 690	117 688	37 444	74 442
四、房屋建筑竣工面积	平方米	1 344 304	129 159	53 630	550 628	189 915	420 972
#优良面积	平方米	495 836	69 653	31 185	198 222	84 785	111 991
住宅面积	平方米	481 682	22 561	5 086	271 855	101 904	80 276
五、验收鉴定的投标承包工程							
工程个数	个	90	28	15	17	10	20
实际造价	万元	16 903	7 051	3 022	2 047	1 116	3 667
中标合同价	万元	15 485	6 760	2 908	1 922	1 104	2 791
合同工期	天	30 431	11 514	5 383	4 854	2 460	6 220
实际工期	天	34 849	13 723	5 504	5 328	2 447	7 847
六、报告期末实行承包责任制的企业个数	个	12	5	1	2	2	2
七、报告期末实行万元产值工资含量包干的企业个数	个	9	5	1	1	1	1

4—21 全市建工系统建筑业财务情况

(1993年) 单位:万元

指标	合计	市区		溧阳市	金坛市	武进县
		国有	集体			
一、资本金总计	18 074	2 853	756	6 507	3 302	4 656
二、年末资产总计	131 759	26 150	10 102	42 859	19 324	33 324
三、年末流动资产	112 408	20 936	9 598	36 383	16 134	29 357
#在建工程	40 749	1 669	3 384	16 318	7 589	11 789
四、长期投资	1 649	832	8	332	55	422
五、年末固定资产原值	20 072	4 885	763	6 908	3 342	4 174
#生产经营用	17 155	4 153	705	5 859	2 695	3 743
六、年末固定资产净值	15 393	3 470	463	5 639	2 571	3 250
七、本年固定资产折旧	825	210	46	247	171	151
八、年末流动负债合计	105 871	20 592	9 270	34 688	15 629	25 692
九、年末长期负债合计	3 955	2 429	11	252	22	1 241
十、所有者权益合计	21 933	3 129	821	7 919	3 673	6 391
十一、企业总收入	136 336	26 421	4 450	52 443	22 997	30 025
十二、工程结算收入	125 812	23 235	3 743	49 080	22 511	27 243
十三、工程预算成本	119 016	22 008	3 618	45 350	21 616	26 424
十四、工程结算成本	114 266	20 782	3 401	44 345	20 717	25 021
十五、管理费用	5 670	1 769	92	2 202	891	716
十六、财务费用	223	96	14	77	16	20
十七、实现利润(或亏损)	2 197	264	3	1 120	342	468
十八、工程结算利润	7 861	1 928	218	3 129	1 222	1 364
十九、上缴所得税	827	35	1	608	58	125
二十、利税总额	6 304	815	141	2 735	968	1 645
廿一、增加值	31 922	6 400	836	15 094	2 249	7 343
#建筑业	29 855	6 137	836	14 633	2 249	6 000

4—22 全市建工系统建筑业外出施工生产情况

(1993年)

省、市、区	自年初累计自行完成总产值(万元)		自年初累计房屋建筑面积(平方米)				期末全部实有职工人数(人)	全部职工年平均人数(人)
			施工面积		竣工面积			
		#施工产值	合计	#本年新开工	合计	#住宅		
总计	**94 283**	**94 283**	**2 212 107**	**1 353 604**	**920 849**	**374 564**	**30 394**	**31 224**
1.北京	639	639					237	225
2.上海	21 267	21 267	542 682	420 203	190 433	124 590	6 691	6 698
3.天津	1 573	1 573					447	440
4.内蒙古	67	67					20	20
5.河北	229	229					108	108
6.河南	45	45					55	52
7.山西	317	317					188	155
8.甘肃	55	55					48	38
9.四川	44	44					46	42
10.安徽	1 113	1 113	4 900	4 900	4 900	3 100	289	264
11.浙江	147	147					48	45
12.江西	46	46					41	33
13.山东	75	75					76	45
14.广东	451	451					100	90
#深圳	40	40					20	25
15.海南	3 868	3 868	15 000	5 000	10 000		982	987
16.湖北	319	319					110	123
17.江苏	64 028	64 028	1 649 525	923 501	715 516	246 874	20 908	21 859
#南京	12 171	12 171	279 452	235 303	161 303	73 952	3 934	3 733
无锡	7 366	7 366	152 228	86 947	95 122	34 350	2 141	1 905
苏州	7 429	7 429	159 557	71 211	77 352	28 727	2 357	1 901
连云港	130	130					26	20
淮阴	77	77					49	53
扬州	35	35					14	14
镇江	2 802	2 802	53 929	39 672	35 456	24 260	1 102	1 065

五

能源原材料消费与库存

CONSUMPTION OF ENERGY, RAW MATERIAL AND INVENJORY

5—1 全市主要物资消费量

(1993 年)

名 称	单 位	总 计	主营活动用	附营活动用
生 铁	吨	54194	49461	4733
钢 材	吨	362 676	343 006	19 670
#普通中型钢材	吨	22 434	21 470	964
普通小型钢材	吨	46 780	40 909	5 871
钢 带	吨	31 459	31 440	19
线 材	吨	31 375	30 010	1 365
中厚钢板	吨	61 300	58 721	2 579
薄钢板	吨	43 180	41 680	1 500
硅钢片	吨	11 004	11 003	1
焊接钢管	吨	10 394	9 797	597
铜	吨	44 598	44 477	121
铝	吨	9 574	9 560	14
铅	吨	95	93	2
锌	吨	609	425	184
锡	吨	62	62	
铜 材	吨	11 035	10 722	313
铝 材	吨	2 317	2 313	4
硫 酸	吨	34 616	34 548	68
烧 碱	吨	27 467	26 810	657
纯 碱	吨	8078	8 055	23
天然橡胶	吨	3 765	3 765	
合成橡胶	吨	1 408	1 388	20
水 泥	吨	254 667	240 659	14 008
原 木	立方米	41 112	38 622	2 490
#原木直接消费	立方米	10 011	8 730	1 281
锯 材	立方米	28 377	26 961	1 416
煤 炭	吨	2 545 977	2 468 389	77 588
焦 炭	吨	87 491	86 523	968
汽 油	吨	41 032	38 796	2 236
煤 油	吨	969	919	50
柴 油	吨	46 712	44 514	2 198
燃料油	吨	67 270	67 270	

5—2 市区主要物资消费量

(1993 年)

名　　称	单　位	总　计	主营活动用	附营活动用
生　铁	吨	29 029	27 611	1418
钢　材	吨	270 947	258 041	12 906
#普通中型钢材	吨	15 801	14 925	876
普通小型钢材	吨	32 676	28 661	4 015
钢　带	吨	24 047	24 040	7
线　材	吨	18 444	17 434	1 010
中厚钢板	吨	51 969	49 679	2 290
薄钢板	吨	31 274	30 477	797
硅钢片	吨	8 089	8 088	1
焊接钢管	吨	8 036	7 557	479
铜	吨	42 974	42 969	5
铝	吨	8 502	8 500	2
铅	吨	81	80	1
锌	吨	424	424	
锡	吨	57	57	
铜　材	吨	6 734	6 708	26
铝　材	吨	1 097	1 093	4
硫　酸	吨	28 290	28 222	68
烧　碱	吨	20 031	19 374	657
纯　碱	吨	7 735	7 712	23
天然橡胶	吨	3 462	3 462	
合成橡胶	吨	1 041	1 021	20
水　泥	吨	176 836	169 144	7 692
原　木	立方米	16 500	16 001	499
#原木直接消费	立方米	3 843	3 601	242
锯　材	立方米	17 722	16 910	812
煤　炭	吨	1 876 686	183 8524	3 8162
焦　炭	吨	25 452	25 329	123
汽　油	吨	30 251	28 213	2 038
煤　油	吨	799	777	22
柴　油	吨	39 273	37 258	2 015
燃料油	吨	53 161	53 161	

5—3 三县(市)主要物资消费量

(1993年)

名称	单位	总计	溧阳市	金坛市	武进县
生铁	吨	25 165	5 335	7 424	12 406
钢材	吨	91 729	33 818	14 857	43 054
#普通中型钢材	吨	6 633	2 168	1 655	2 810
普通小型钢材	吨	14 104	4 162	2 297	7 645
钢带	吨	7 412	326	4 053	3 033
线材	吨	12 931	4 642	1 336	6 953
中厚钢板	吨	9 331	4 982	767	3 582
薄钢板	吨	11 906	4 457	3 052	4 397
硅钢板	吨	2 915	2 779	30	106
焊接钢管	吨	2 358	735	1 175	448
铜	吨	1 624	1 181	7	436
铝	吨	1 072	317	35	720
铅	吨	14	2		12
锌	吨	185	184		1
锡	吨	5		3	2
铜材	吨	4 301	3 228	326	747
铝材	吨	1 220	291	732	197
硫酸	吨	6 326	1	370	5 955
烧碱	吨	7 436	1 360	476	5 600
纯碱	吨	343	11	257	75
天然橡胶	吨	303	236	18	49
合成橡胶	吨	367	270	69	28
水泥	吨	77 831	37 509	10 854	29 468
原木	立方米	24 612	10 025	3 096	11 491
#原木直接消费	立方米	6 168	2 314	1 709	2 145
锯材	立方米	10 655	4 205	633	5 817
煤炭	吨	669 291	238 279	153 388	277 624
焦炭	吨	62 039	23 364	3 587	35 088
汽油	吨	10 781	4 478	1 873	4 430
煤油	吨	170	83	18	69
柴油	吨	7 439	1 706	1 915	3 818
燃料油	吨	14 109	39	62	14 008

5—4 全市各行业生产用主要物资消费量

(1993年)

行业	钢材(吨)	木材(立方米)	成品油(吨)	煤炭(吨)
总计	**343 005**	**47 223**	**155 984**	**2 545 977**
一、农、林、牧、渔业	**1 142**	**90**	**1 017**	**17 066**
农业	1 142	90	1 017	17 066
二、采掘业	**98**	**1 832**	**152**	**2 131**
煤炭采选业	97	1 832	117	2 131
非金属矿采选业	1		35	
三、制造业	**304 688**	**35 841**	**107 222**	**1 328 375**
食品加工业	676	73	343	21 824
食品制造业	315	153	270	16 613
饮料制造业	80	16	120	18 192
纺织业	1 248	723	4 614	310 816
服装及其他纤维制品制造业	171	44	511	4 208
皮革、毛皮、羽绒及其制品业	20		58	595
木材加工及竹、藤、棕、草制品业	31	10 632	28	102
家具制造业	1 282	3 073	60	209
造纸及纸制品业	162	3	149	5 455
印刷业	24	1	169	385
文教体育用品制造业	1 530	1 295	105	374
化学原料及化学制品制造业	2 779	511	24 748	336 009
医药制造业	381	144	4 073	20 776
化学纤维制造业	61		69	2 109
橡胶制品业	101	4	884	16 244
塑料制品业	3 718	123	709	23 929
非金属矿物制品业	9 928	1 889	6 014	247 499
黑色金属冶炼及压延加工业	3 228	167	12 347	57 468
有色金属冶炼及压延加工业	1 170	53	10 547	7 445
金属制品业	30 719	752	1 500	8 457
普通机械制造业	68 553	2 882	16 912	33 198
专用设备制造业	64 373	2 977	5 288	22 859
交通运输设备制造业	84 555	7 423	11 529	49 680
电气机械及器材制造业	20 404	1 373	5 174	21 782
电子及通信设备制造业	2 544	530	560	3 647
仪器仪表及文化、办公用机械制造业	6 500	406	264	2 608
其他制造业	135	594	177	95 892
四、电力、煤气及水的生产和供应业	**3 403**	**362**	**15 013**	**1 174 042**
电力、蒸汽、热水的生产和供应业	1 509	337	14 647	1 079 521
煤气生产和供应业	740	1	149	94 521
自来水的生产和供应业	1 154	24	217	
五、建筑业	**24 806**	**5 790**	**1 319**	**803**
土木工程建筑业	23 942	5 790	1 247	708
线路、管道和设备安装业	864		72	95
七、交通运输、仓储及邮电通信业	**1 604**	**222**	**23 179**	**1 014**
公路运输业	699	78	11 356	780
水上运输业	766	128	7 981	135
交通运输辅助业	82	16	3 470	99
邮电通信业	57		372	
八、批发和零售贸易、餐饮业	**78**	**3**	**872**	**4 268**
食品、饮料、烟草和家庭用品批发商业	78	3	569	2 671
能源、材料和机械电子设备批发业			50	
其他批发业			10	
零售业			218	445
餐饮业			25	1 152
十、房地产业	**6 585**	**2 697**		
房地产开发与经营业	6 585	2 697		
十一、社会服务业			**2 795**	**607**
公共服务业			2 795	607
十二、国家机关、政党机关和社会团体	**601**	**385**	**4 415**	**17 671**
国家机关	601	385	4 415	17 671

六

财政和金融保险

PUBLIC FINANCE, BANKING AND INSURANCE

6—1 全市重点年份财政收入

单位:万元

年份	全市	市区	溧阳市	金坛市	武进县
1952	3 750	2 492	660	366	232
1957	6 532	4 845	744	468	475
1965	16 044	12 640	813	592	1 999
1970	31 837	27 269	1 099	780	2 689
1975	49 437	41 587	1 666	1 106	5 078
1978	62 128	51 260	1 954	1 614	7 300
1980	66 960	54 964	2 100	1 738	8 158
1983	73 628	54 122	3 082	2 704	13 720
1984	80 543	58 119	3 358	2 957	16 109
1985	100 364	70 713	4 185	3 600	21 866
1986	103 337	70 521	4 876	4 108	23 832
1987	109 850	75 374	5 660	4 674	24 142
1988	115 680	75 699	6 585	5 567	27 829
1989	126 680	81 635	7 161	6 078	31 806
1990	130 953	82 291	7 674	6 635	34 353
1991	117 190	70 821	7 376	6 080	32 913
1992	136 516	80 088	9 328	7 804	39 296
1993	198 857	115 668	15 811	12 043	55 335

6—2 全市重点年份财政支出

单位:万元

年份	全市	市区	溧阳市	金坛市	武进县
1952	736	336	78	120	202
1957	2 025	1 040	269	199	517
1965	2 533	1 042	407	294	790
1965	2 533	1 042	407	294	790
1970	3 917	1 844	679	532	862
1975	5 470	2 614	823	655	1 378
1978	9 259	4 751	1 583	1 093	1 832
1980	11 603	5 954	2 074	1 236	2 339
1983	16 885	9 452	2 382	1 704	3 347
1984	21 601	11 857	2 639	2 168	4 937
1985	25 231	13 750	3 183	2 388	5 910
1986	31 333	16 357	3 924	2 896	8 156
1987	32 565	17 393	4 144	3 183	7 845
1988	38 331	20 352	4 917	3 854	9 208
1989	47 647	23 185	6 083	5 029	13 350
1990	51 082	24 344	6 735	5 649	14 354
1991	55 849	25 360	7 924	6 209	16 356
1992	59 228	26 114	8 843	6 666	17 605
1993	99 387	44 009	14 333	10 356	30 689

6—3 全市分项目财政收入

(1933 年) 单位:万元

项目	全市	市区	溧阳市	金坛市	武进县
总计	**198 857**	**115 668**	**15 811**	**12 043**	**55 335**
工商税收	184 224	106 905	14 631	11 013	51 675
#产品税	17 754	10 524	1 504	1 120	4 606
增值税	89 992	49 745	7 908	5 045	27 294
营业税	47 629	27 818	4 131	3 937	11 743
农业税和耕地占用税	5 474	681	1 072	891	2 830
国有企业所得税	7 073	5 243	503	288	1 039
国有企业调节税	220	220			
国有企业上缴利润	38	10	6	6	16
国有企业计划亏损补贴	—3962	—1395	—741	—531	—1295
专款收入	4 451	3 389	245	260	557
其他收入	443	81	34	50	278
国家预算调节基金	896	534	61	66	235

6—4 全市分项目财政支出

(1993 年) 单位:万元

项目	全市	市区	溧阳市	金坛市	武进县
总计	**99 387**	**44 009**	**14 333**	**10 356**	**30 689**
#基本建设	3 138	1 197	231	425	1 285
企业挖潜改造	15 995	12 405	200	1 133	2 257
简易建筑费	20	1	1	17	1
科技三项费	1 814	237	1 307	52	218
支援农村生产	12 609	944	3 069	1 223	7 373
农林水利气象事业费	1 858	384	368	276	830
工业交通事业费	553	500	10	12	31
商业部门事业费	6	6			
城市维护费	7 304	4 928	423	490	1 463
城镇青年就业经费	42	24	5	4	9
文教卫生事业费	28 512	10 026	4 773	3 368	10 345
#文化事业费	621	394	88	50	89
教育事业经费	16 366	5 299	3 293	2 254	5 520
卫生事业费	5 116	1 439	415	512	2 750
科技事业费	196	111	39	8	38
其他部门事业费	3 208	1 736	333	409	730
抚恤和社会福利救济费	2 411	931	470	320	690
行政管理费	8 410	3 450	1 309	1 397	2 254
价格补贴支出	1 834	384	379	301	770
专款支出	3 446	2 455	328	198	465

6—5 全市重点年份年底城乡居民储蓄存款余额

单位:万元

年份	总计	城镇居民储蓄存款	农村居民储蓄存款	城乡居民人均储蓄存款(元)
1952	598	552	46	3
1957	1 666	1 276	390	8
1965	2 829	2 287	542	7
1970	2 566	2 040	526	10
1975	4 960	3 851	1 109	17
1978	7 182	5 347	1 835	25
1980	16 337	10 175	6 162	55
1983	36 154	20 056	16 098	119
1984	48 512	26 338	22 174	159
1985	67 304	41 172	26 132	219
1986	92 511	56 958	35 553	300
1987	134 174	83 406	50 768	428
1988	157 915	102 727	55 188	498
1989	230 962	157 210	73 752	718
1990	342 914	232 416	110 498	1 056
1991	462 939	323 615	139 324	1 416
1992	568 704	401 502	167 202	1 731
1993	673 404	488 279	185 125	2 045

6—6 市区重点年份年底城乡居民储蓄存款余额

单位:万元

年份	总计	城镇居民储蓄存款	农村居民储蓄存款	城乡居民人均储蓄存款(元)
1952	407	407		15
1957	1 094	1 076	18	36
1965	1 959	1 942	17	56
1970	1 684	1 658	26	51
1975	3 205	3 136	69	79
1978	4 457	4 341	116	107
1980	8 760	8 390	370	187
1983	16 851	15 518	1 333	334
1984	22 062	20 019	2 043	430
1985	30 703	27 458	3 245	587
1986	41 060	36 128	4 932	763
1987	57 896	49 270	8 626	914
1988	70 588	60 257	10 331	1 094
1989	102 560	88 097	14 463	1 558
1990	145 484	124 740	20 744	2 179
1991	201 232	176 820	24 412	2 974
1992	244 984	217 011	27 973	3 546
1993	293 207	260 160	33 047	4 225

6—7 溧阳市重点年份年底城乡居民储蓄存款余额

单位:万元

年份	总计	城镇居民储蓄存款	农村居民储蓄存款	城乡居民人均储蓄存款(元)
1952	37	37		1
1957	250	80	170	6
1965	232	115	117	4
1970	208	154	54	3
1975	464	295	169	7
1978	652	394	258	9
1980	1 960	838	1 122	28
1983	5 139	2 047	3 092	72
1984	7 328	2 893	4 435	102
1985	10 596	5 110	5 486	147
1986	13 841	7 427	6 414	191
1987	21 849	11 280	10 569	300
1988	22 716	12 348	10 368	309
1989	34 123	20 360	13 763	457
1990	52 128	31 068	21 060	691
1991	67 370	42 732	24 638	887
1992	83 516	54 682	28 834	1 094
1993	115 022	76 838	38 184	1 502

6—8 金坛市重点年份年底城乡居民储蓄存款余额

单位:万元

年份	总计	城镇居民储蓄存款	农村居民储蓄存款	城乡居民人均储蓄存款(元)
1952	17	17		1
1957	87	47	40	2
1965	144	72	72	3
1970	161	87	74	3
1975	348	171	177	7
1978	522	240	282	11
1980	1 673	479	1 194	34
1983	4 329	1 232	3 097	85
1984	6 358	1 746	4 612	125
1985	7 739	3 327	4 412	152
1986	11 144	5 151	5 993	217
1987	15 768	7 770	7 998	303
1988	17 805	9 629	8 176	338
1989	25 924	15 355	10 569	483
1990	36 307	22 480	13 827	670
1991	47 425	30 779	16 646	876
1992	56 210	37 639	18 571	1 038
1993	62 206	42 761	19 445	1 150

6—9 武进县重点年份年底城乡居民储蓄存款余额

单位:万元

年 份	总 计	城镇居民储蓄存款	农村居民储蓄存款	城乡居民人均储蓄存款(元)
1952	137	91	46	2
1957	235	73	162	3
1965	494	158	336	4
1970	513	141	372	4
1975	943	249	694	7
1978	1 551	372	1 179	12
1980	3 944	468	3 476	30
1983	9 835	1 259	8 576	75
1984	12 764	1 680	11 084	97
1985	18 266	5 277	12 989	139
1986	26 466	8 252	18 214	200
1987	38 661	15 086	23 575	309
1988	46 806	20 493	26 313	371
1989	68 355	33 398	34 957	536
1990	108 995	54 128	54 867	848
1991	146 912	73 284	73 628	1138
1992	183 994	92 170	91 824	1427
1993	202 969	108 520	94 449	1 570

6—10 全市金融机构存贷款余额

(1993年底) 单位:万元

项目	全市	#银行系统	市区	#银行系统
一、金融机构存款余额	**1 277 261**	**959 518**	**654 528**	**498 200**
#企业存款	441 295	355 811	287 262	213 613
城镇居民储蓄存款	488 279	449 161	260 160	229 738
农村居民储蓄存款	185 125		33 047	
二、金融机构贷款余额	**1 321 569**	**1 020 221**	**738 744**	**621 735**
#短期贷款	1 086 026	829 451	565 144	472 340
#工业	370 263	368 351	266 588	264 915
商业	275 455	275 455	131 925	131 925
农业贷款	33 125	19 488	8 359	4 340
乡镇企业贷款	228 371	68 765	44 524	8 648
中长期贷款	181 019	163 149	129 067	125 719

6—11 全市银行现金收支

(1993年) 单位:万元

项目	全市	#市区
一、现金收入	**2 731 554**	**1 214 115**
二、现金支出	**2 854 313**	**1 127 942**
#国家工资支出	125 491	80 472
国家职工奖金支出	47 017	37 460
国家对个人其他支出	68 642	44 815
城镇集体单位工资奖金支出	105 040	56 093
城镇集体单位对个人其他支出	34 011	16 744
乡镇企事业工资性支出	49 699	3 093
三、现金净投放(+)或净回笼(—)	**122 758**	**—86174**

6—12 全市保险业务概况

(1993 年)

项目	单位	全市	市区	溧阳市	金坛市	武进县
一、国内业务						
1.承保金额	万元	3 448 397	1 912 561	188 470	182 542	1 164 824
企业财产	万元	2 581 630	1 304 807	118 428	141 856	1 016 540
运输工具	万元	148 038	70 384	17 153	17 135	43 366
货物运输	万元	470 538	437 841	1 404	3 054	28 239
家庭财产	万元	248 190	99 530	51 485	20 497	76 679
2.保　　费	万元	28 780	14 503	2 209	1 985	10 083
企业财产险	万元	5 008	2 389	260	313	2 045
运输工具险	万元	4 189	1 640	520	496	1533
货物运输险	万元	1 236	1 124	3	12	96
家庭财产险	万元	1 999	1 368	194	170	267
团体人身险	万元	836	423	74	34	305
养老险	万元	6 549	786	635	461	4 666
简身险	万元	3 054	2 628	51	375	
子女婚嫁金	万元	996	939	39	14	5
农业险	万元	406	11	175	40	180
其他	万元	4 507	3 194	258	69	985
3.赔(结)案件数	件	16 461	6 887	1 381	1 514	6 679
4.赔(结)款金额	万元	8 401	4 348	642	483	2 928
企业财产	万元	1 536	406	38	106	986
运输工具	万元	2 655	864	413	266	1 111
货物运输	万元	510	459	5	4	43
家庭财产	万元	181	67	43	18	53
团体人身	万元	370	164	19	14	174
农　　业	万元	34	17	2	2	14
其　　他	万元	3 116	2 371	124	74	547
5.赔付率	%	43	38	46	45	56
二、国际业务						
1.承保额	万元	651 236	560 976	10 021	8 115	72 124
2.保费收入	万元	1 247	843	60	48	296
3.赔(结)案件数	件	123	71	10	6	36

七

物价和人民生活

PRICE AND PEOPLE'S LIVELIHOOD

7—1 市区职工生活费用价格和零售物价分类指数

(1993年,以上年同期为100)

项目	指数	涨(+)跌(—)构成%	项目	指数	涨(+)跌(—)构成%
生活费用价格指数	**121.7**	**21.700**	呢绒	100.0	0.000
零售物价总指数	**119.9**	**19.900**	绸缎	99.5	—0.025
一、消费品价格指数	**119.9**	**18.129**	针纺织品	113.9	1.460
(一)食品类	123.0	13.685	服装	114.3	5.849
1.粮食类	153.1	4.779	鞋	119.0	3.401
细粮	149.6	45.632	其它衣着	107.5	0.750
粗粮	193.9	7.512	(三)日用品类	112.2	1.464
2.副食品	122.7	45.632	一般日用品	112.3	4.293
食用植物油	119.1	0.898	日用机电消费品	110.5	4.305
鲜菜	138.8	7.411	家具	114.1	1.791
干菜	110.7	0.449	日用杂品	115.8	1.801
肉禽蛋	112.6	6.413	(四)文化娱乐用品类	102.3	0.156
水产品	142.0	6.804	纸张文具	105.2	0.333
调味品	116.4	0.476	文娱用机电消费品	101.0	0.700
食糖	111.8	0.236	其它文娱用品	105.5	1.298
3.烟酒茶	107.8	0.858	(五)书报杂志类	105.9	0.035
烟	107.5	5.168	(六)药及医疗用品类	108.9	0.089
酒	109.5	2.365	中药	113.0	6.084
茶	103.7	0.229	西药及医疗用品	105.3	2.820
4.其它食品	116.2	2.106	(七)建筑装璜材料类	125.8	0.645
鲜果	117.2	7.654	(八)燃料类	201.9	2.038
干果	117.5	2.362	**二、服务项目价格指数**	**140.3**	**3.587**
糖果	111.1	0.599	1.房租	128.8	4.752
糕点	121.5	3.096	2.水电费	128.7	7.692
奶及奶制品	106.9	0.897	3.交通费	114.6	0.861
罐头	103.7	0.074	4.邮电费	111.5	0.103
饮料类	120.5	1.476	5.医疗保健费	231.5	2.761
(二)衣着类	111.6	1.810	6.学杂保育费	130.1	3.702
棉布	106.8	0.102	7.文娱费	186.7	7.456
棉花化纤混纺布	98.1	—0.023	8.修理及其它服务费	148.2	12.966
化纤布	102.0	0.120			

7—2 市区集市贸易价格分类指数

(1993年以上年同期为100)

项目	指数
总指数	123.8
消费品价格指数	123.8
粮食	177.1
食用植物油	133.3
鲜菜	129.4
干菜	107.1
肉禽蛋	111.7
水产品	136.0
鲜果	116.4
干果	141.8

7—3 市区主要商品零售物价指数

(1993年,以上年同期为100)

品名	规格等级牌号	计算期平均价格(元)	指数
电饭煲	三角牌700W24cm带蒸	120.583	101.1
缝纫机	家用一级品蝴蝶JA1—1	300.333	103.5
自行车	22型一级品金狮车	322.906	120.1
洗衣机	普通双缸威力 新水流	606.785	112.6
机械手表	国产19钻一级品上海牌	55.741	111.5
闹钟	统一机芯沪197双铃	25.965	125.9
电风扇	400mm落地苏州长城	302.027	104.9
电冰箱	苏州香雪海Bed—165升	1 760.604	104.4
挂钟	中档石英钟地产双喜	59.150	100.6
电熨斗	500W自动调温沪红心牌	46.040	118.9
大衣柜	135×58×185(300～500元)	381.300	100.0
写字台	120×60×78一级品	263.250	133.8
沙发	三人麻绒面料	411.037	105.5
折椅	电镀拉簧软折椅地产	45.417	100.9
折叠饭桌	圆面电镀腿地产	59.050	105.1
木床	192×150×70双人	184.833	95.3
席梦思床垫	150×192尼龙面双人	484.000	130.2
茶几	110×42钢架双层茶玻璃	143.278	108.8
折叠钢丝床	190×73两折	100.167	144.1
彩色电视机	21寸苏州孔雀54—39—6	2 349.072	100.0
收录机	地产星球185	538.000	103.8
照相机	海鸥DFB5—104带测光	628.500	102.7

7—4 市区居民家庭基本情况

(1993 年)

项目	单位	数量
调查户数	户	100
家庭人口数	人	302.33
#就业人口	人	174.58
平均每一就业者负担人数	人	1.73
平均每人年实际收入	元	3 204.78
#生活费收年	元	3 029.22
平均每人年实际支出	元	2 707.38
#生活费支出	元	2 455.60
年底平均每人手存现金	元	353.03
年底平均每人居住面积	平方米	8.86
每百户拥有耐用消费品		
大衣柜	个	101
沙　发	个	123
写字台	张	76
组合家具	套	17
沙发床	个	11
自行车	辆	227
摩托车	辆	5
缝纫机	架	80
电风扇	台	244
洗衣机	台	93
录音机	台	88
电视机	台	117
其中:彩电	台	88
录放像机	台	11
电冰箱	台	76
照相机	架	20
空调器	台	3
淋浴热水器	台	19
脱排油烟机	台	26

7—5 农民家庭基本情况

(1993年)

项目	单位	全市	溧阳市	金坛市	武进县
一、调查户数	**户**	**280**	**100**	**80**	**100**
二、调查人数	**人**	**1 035**	**400**	**252**	**383**
三、年末人均住房面积	**平方米**	**32.66**	**25.93**	**28.47**	**42.44**
四、全年人均纯收入	**元**	**2 041.02**	**1 754.32**	**1 974.60**	**2 384.15**
五、全年人均总收入	**元**	**2 752.99**	**2 173.23**	**2 773.40**	**3 345.04**
1.基本收入	元	2 696.58	2 152.76	2 728.96	3 243.24
#劳动者的报酬收入	元	868.68	599.66	745.36	1 230.80
家庭经营收入	元	1 827.90	1 553.10	1 983.60	2 012.44
2.转移性收入	元	46.62	20.47	39.14	79.51
3.财产性收入	元	9.78		6.30	22.29
六、全年人均总支出	**元**	**2 467.62**	**1 651.3**	**2 716.79**	**3 156.24**
1.家庭经营费用支出	元	613.27	324.29	693.33	862.40
2.购置生产用固定资产支出	元	11.82	2.61	25.44	12.47
3.缴纳税金	元	16.72	14.38	12.85	21.70
4.上交集体承包任务	元	36.02	52.77	30.91	21.89
5.集体提留和摊派	元	3.56	5.12	5.15	0.88
6.生活消费支出	元	1 762.20	1 234.11	1 922.21	2 208.46
#食品支出	元	807.20	624.79	896.21	939.14
主食	元	225.79	207.56	275.20	212.31
副食	元	383.63	275.83	419.31	472.60
其他食品	元	165.33	125.88	151.11	215.90
衣着	元	127.84	92.54	114.16	173.69
居住	元	338.09	200.90	529.42	355.48
家庭设备、用品及服务	元	190.91	121.78	93.25	327.37
医疗保健	元	60.74	42.23	51.71	86.00
交通和通讯	元	45.03	24.20	30.77	76.17
文教娱乐用品	元	142.49	80.63	157.58	197.16
其他商品和服务	元	49.90	47.04	49.11	53.45
7.其他非借贷性支出	元	24.03	18.02	26.90	28.44
七、期末人均手存现金	**元**	**449.18**	**391.93**	**394.35**	**545.16**
八、期末人均存款	**元**	**418.08**	**623.77**	**282.46**	**292.50**

八
城乡建设
CONSTRUCTION IN URBAN AND RURAL AREA

8—1 城市建设基本情况

(1993年)

项　　目	单位	市区	#建委系统	溧阳市	金坛市
一、用　地					
城市建设用地面积	平方公里	54.8	54.8	16.7	5.1
#工业用地	平方公里	23.4	23.4	4.1	2
居住用地	平方公里	15.1	15.1	5.8	0.9
二、住　宅					
年底实有房屋建筑面积	万平方米	1 923.2	1 923.2	507	15
#住宅建筑面积	万平方米	811.6	811.6	277	14
全年竣工房屋建筑面积	万平方米	69.2	69.2	130.8	10
#住宅建筑面积	万平方米	63.58	63.58	21.7	10
年底住宅使用面积	万平方米	568.1	568.1	209.4	10
人均使用面积	平方米	10.9	10.9	17.2	18.3
年底住宅居住面积	万平方米	370.9	370.9	130.3	6.4
人均居住面积	平方米	7.1	7.1	10.7	14.2
三、公用自来水					
年底水厂个数	个	5	5	3	2
年底水厂综合生产能力	万吨/日	110.7	26.5	5.3	7.5
年底供水管道总长度	公里	602	602	68	167
全年供水总量	万吨	26 240	8 750	1 589	813
全年售水总量	万吨	8 750	8 750	1 375	711
#生产用水量	万吨	5 032	5 032	547	421
生活用水量	万吨	3 801	3 038	547	289
人均日生活用水量	升	150.5	145.8	78.1	98.5
四、公共交通					
年底营运车辆数	辆	283	283	49	
年底营运线路条数	条	31	31	6	
年底营运线路长度	公里	266	266	104	
全年客运总量	万人次	9 129	9 129	350	
年底营运出租汽车	辆	356	106	100	
五、人工煤气和液化气					

8—1 续表　　(1993 年)

项　　目	单 位	市　区	#建委系统	溧阳市	金坛市
1.人工煤气					
综合生产能力	万立方米/日	11.4	11.4		
储气能力	万立方米/日	12.3	12.3		
煤气管道长度	公里	205	205		
全年供气总量	万立方米	1 667	1 667		
#家庭用量	万立方米	1 439	1 439		
用气人口	万人	8.6	8.6		
2.液化气					
供气总量	吨	20 802	16 822	2 487	1 459
#家庭用量	吨	19 802	16 822	2 430	1 459
用气人口	万人	45.2	35.5	5.4	3.9
六、市政工程					
年底实有道路长度	公里	415	203	36	34
#高级、次高级	公里	268	164		27
年底实有道路面积	万平方米	359	182	49	36
#高级、次高级	万平方米	259	153	33	27
城市下水道长度	公里	271	250	33	39
城市桥梁数	座	259	83	22	7
城市路灯盏数	盏	13 059	11 747	1 291	872
七、绿　化					
年底园林绿地面积	公顷	920	338	283	39
#公共绿地面积	公顷	223	180	42	13
公园个数	个	11	9	3	2
公园面积	公顷	100	93	42	11
八、环境卫生					
清扫、保洁面积	万平方米	168	168	43	22
生活垃圾清运量	万 吨	19	19	3	4
粪便清运量	万 吨	8	8	2	3
公 共 厕 所	座	457	457	44	64
城市清洁卫生人员	人	1 438	1 438	217	180

8—2 全市用电量

(1993年) 单位:万千瓦时

项目	全市	市区	溧阳市	金坛市	武进县
全社会用电量	**424 120**	**193 898**	**49 511**	**36 102**	**144 609**
一、农、林、牧、渔水利业	**51 949**	**3 911**	**9 023**	**7 654**	**31 361**
#排灌	20 259	459	5 465	2 920	11 415
农副业	24 112	794	356	4 609	18 353
1.农业	46 900	2 764	6 784	7 529	29823
2.林业	341	20	171	21	129
3.畜牧业	739	387	203	40	109
4.渔业	983	59	432	28	464
5.水利业	1 098	131	201	17	749
6.其它	1 888	550	1 232	19	87
二、工业	**310 357**	**162 335**	**28 791**	**23 770**	**95 461**
#乡村工业	69 917	13 914	13 215	9 602	33 186
1.采掘业	12 623	6 165	4 121	552	1 785
矿业	5 429	2 177	2 067	299	886
自来水生产和供应	7 194	3 988	2 054	253	899
2.制造业	297 734	156 170	24 670	23 218	93 676
食品、饮料和烟草制造业	10 743	4 573	925	1 228	4 017
纺织业	44 071	32 921	1 906	1 753	7 491
造纸及纸制品业	1 278	429	252	109	488
电力、蒸汽、热水生产和供应业	33 257	16 110	4 029	2 343	10 775
石油加工业	199	11			188
炼焦、煤气及煤制品业	1 157	611	80	36	430
化学工业	34 955	20 153	5 650	2 643	6 509
医药工业	8 518	2 215	43	355	5 905
化学纤维工业	6 217	3 010			3 207
橡胶及塑料制品业	14 102	10 079	501	679	2 843
建筑材料及其它非金属矿制品业	30 565	7 731	7 079	8 990	6 765
黑色金属冶炼及压延加工业	30 831	4 760	1 883	490	23 698
有色金属冶炼及压延加工业	7 960	3 038		251	4 671
金属制品业	10 075	3 827	984	1 058	4 206
机械工业	36 228	25 335	753	2 053	8 087
交通运输、电气、电子设备制造业	21 179	17 106	427	492	3 154
其他工业	6 399	4 261	158	738	1 242
三、地质普查和勘探业	**134**	**87**	**47**		
四、建筑业	**3 367**	**1 402**	**905**	**159**	**901**
五、交通运输、邮电通讯业	**2 627**	**768**	**530**	**174**	**1 155**
六、商业、公共饮食业、物资供销和仓储业	**8 113**	**4 108**	**2 284**	**594**	**1 127**
七、其它事业	**13 605**	**8 487**	**2 496**	**690**	**1 932**
1.房地产管理、公用事业、居民服务、咨询业	4 471	2 886	1 069	210	306
2.卫生、体育和社会福利事业	3 532	2 162	690	185	495
3.教育、文化艺术和广播电视业	2 993	1391	649	187	766
4.科学研究和综合技术服务业	627	281	64	27	255
5.国家、党政机关和社会团体	1 573	1 414	21	54	84
6.其它	409	353	3	27	26
八、城乡居民生活用电	**33 968**	**12 800**	**5 435**	**3 061**	**12 672**
#乡村	17 801	4 308	3 303	2 318	7 872
城市	16 167	8 492	2 132	743	4 800

8—3 全市环境保护基本情况

(1993年)

项目	单位	全市	市区	溧阳市	金坛市	武进县
一、废水排放总量	**万吨**	**17 731**	**10 099**	**2 284**	**1 048**	**4 300**
#工业废水	万吨	12 070	7 927	1 427	793	1 923
#经过处理的	万吨	2 895	2 146	76	83	590
二、废气排放总量	**万标立方米**	**4 306 342**	**1 884 905**	**339 616**	**496 171**	**1 585 650**
#工业废气排放总量	万标立方米	2 608 058	1 668 905	213 836	336 170	389 147
生产工艺中排放的	万标立方米	691 194	244 483	58 703	304 948	83 060
#经过净化处理的	万标立方米	538288	189165	1325	272768	75030
废气中排放的污染物:						
二氧化硫	吨	82 687	33 715	7 765	12 247	28 960
烟尘	吨	60 930	22 052	8 832	5 196	24 850
三、工业固体废物产生量	**万吨**	**110**	**66**	**11**	**3**	**30**
工业固体废物处置量	万吨	9	8	1	0.06	0.12
工业粉尘排放量	吨	18 952	780	76	13 621	4 475
工业粉尘回收量	吨	71 810	17 948	5	46 279	7 578
历年工业固体废物堆存量	万吨	161	161			
四、工业锅炉	**台/蒸吨**	**551/4124**	**399/3468**	**55/235**	**30/82**	**67/339**
烟尘排放达标	台/蒸吨	512/3642	387/3018	38/221	23/67	64/336
五、"三废"治理						
竣工治理项目数	个	118	79	13	11	15
治理项目总投资	万元	4199	3490	164	154	391
竣工项目新增废水处理能力	吨/日	10 717	8 348	389		1 980
竣工项目新增废气处理能力	万标立方米/时	175 410	70 400	105 000		10
工业"三废"综合利用产品产值	万元	7766	4539	891	207	2129
工业"三废"综合利用利润	万元	1172	591	104	96	381

8—4 全市集镇建设基本情况

(1993年)

项目	单位	全市	戚墅堰区	郊区	溧阳市	金坛市	武进县
一、集镇住户及人口							
1.集镇	个	66	1	3	20	15	27
#乡(镇)政府	个	66	1	3	20	15	27
2.镇区现状用地	公顷	2 382	38	96	595	463	1 190
3.住户	万户	5.44	0.07	0.30	1.51	1.18	2.38
#农业户	万户	2.86	0.04	0.10	1.18	0.62	0.92
非农业户	万户	2.58	0.03	0.20	0.33	0.56	1.46
4.人口	万人	12.61	0.26	0.67	3.88	2.74	5.06
二、集镇住宅							
1.本年建房产	万户	0.11	0.001	0.01	0.03	0.02	0.05
2.占集镇总户比率	%	2.21	1.39	3.00	2.12	1.96	2.10
3.本年竣工住宅面积	万平方米	16.54	0.23	1.26	4.62	2.79	7.64
#混合结构	万平方米	16.28	0.23	1.26	4.36	2.79	7.64
4.本年减少住宅面积	万平方米	2.59			1.3	0.69	0.60
5.本年实有住宅面积	万平方米	578.09	8.47	29.06	118.96	106.62	314.98
#混合结构	万平方米	399.77	7.23	23.24	65.81	82.04	221.45
6.年末住宅使用面积	万平方米	450.46	6.78	23.24	89.18	79.28	251.98
7.年末住宅居住面积	万平方米	310.13	4.66	15.98	71.46	54.24	163.79
8.居住人口	万人	12.91	0.26	0.67	3.88	3.04	5.06
9.人均使用面积	平方米	34.92	26.48	34.60	22.98	26.08	49.83
#居住面积	平方米	24.04	18.20	23.85	18.42	17.84	32.09
三、集镇公共建筑及生产性建筑							
1.年末实有公共建筑面积	万平方米	188.01	4.77	8.29	52.75	35.89	86.31
#混合结构	万平方米	142.72	4.77	8.29	31.31	25.95	72.40
2.本年竣工公共建筑面积	万平方米	18.68	0.96	0.80	2.19	1.26	13.47
#混合结构	万平方米	18.53	0.96	0.80	2.04	1.26	13.47
3.年末实有生产性建筑面积	万平方米	237.35	4.29	29.40	44.96	56.36	102.34
#混合结构	万平方米	170.90	3.72	29.40	22.66	30.64	84.48
4.本年竣工生产性建筑面积	万平方米	24.75	0.85	1.40	1.38	1.01	20.11

注:本表资料来自市建设委员会村镇建设年报,下同。

8—4 续表 1

项　　目	单　位	全　市	戚墅堰区	郊区	溧阳市	金坛市	武进县
#混合结构	万平方米	24.73	0.85	1.40	1.36	1.01	20.11
四、集镇自来水							
1.自来水受益镇数	个	39	1	3	9	12	14
2.有供水设施的镇数	个	37	1	3	7	12	14
3.水厂个数	个	32			7	12	13
4.水厂日供水能力	吨	29 910			4 810	14 900	10 200
5.自备水源日供水能力	吨	20 892	600	920	1 692	4 370	13 310
6.供水管道长度	公里	273	2		37	60	174
7.年供水总量	万吨	1 213	25	34	134	162	858
#生产用水	万吨	1 071	21	22	84	132	812
生活用水	万吨	143	4	12	51	30	46
8.用水人口	万人	7.69	0.26	0.67	2.17	1.82	2.78
9.用水普及率	%	61.03	100	100	55.93	67.66	54.9
10.人均日生活用水量	升	48	20	48	64	45	45
五、集镇公用设施							
1.实有道路长度	公里	333.80	5.20	8.00	68.10	58.60	193.90
#普通道路	公里	130.34			41.14	31.40	57.80
高级、次高级道路	公里	203.46	5.20	8.00	26.96	27.20	136.10
2.实有道路面积	万平方米	301.75	3.80	6.40	72.08	52.92	166.55
#普通道路	万平方米	117.95			42.55	23.61	51.79
高级、次高级道路	万平方米	183.80	3.80	6.40	29.53	29.31	114.76
3.桥梁数	座	190	5	4	39	36	106
4.防洪堤长度	公里	35		1	15	19	
5.通电镇数	个	66	1	3	20	15	27
6.路灯盏数	盏	1 868	30	78	435	375	950
7.排水管长度	公里	323	8	8	26	31	250
8.污水年排放量	万吨	993.54	3.60	29.05	84.25	109.00	767.64
#生活污水	万吨	119.86	1.20	9.36	48.83	24.00	36.47
六、集镇园林绿化及环境卫生							
1.绿化覆盖面积	公顷	121.29	2.10	4.80	29.89	25.00	59.50

8—4 续 2

项　　目	单 位	全 市	戚墅堰区	郊区	溧阳市	金坛市	武进县
2.园林绿地面积	公顷	1.49				1.49	
3.公共绿化面积	公顷	4.20				4.20	
4.人均公共绿地面积	平方米	0.33				1.56	
5.全年植树量	万株	37.08	0.20	1.80	8.58	6.00	20.50
6.环卫机械数量	辆	6		3		3	
7.公共厕所	座	170	3	5	28	44	90
8.清运垃圾粪便量	吨	55 570	300	3 200	18 500	3570	30 000
七、集镇建设投资及建筑材料投入							
1.本年完成投资额	万元	24 107	917	1 258	2 784	2 023	17 125
#住　宅	万元	4 818	69	378	1 294	784	2 293
公用建筑	万元	7 271	478	320	657	428	5 388
生产性建筑	万元	9 820	340	560	483	393	8 044
公用设施	万元	2 198	30		350	418	1 400
#自来水	万元	640			150	90	400
道　路	万元	1 558	30		200	328	1 000
2.本年主要建筑材料实际投入							
钢　材	吨	9 971	320	554	964	485	7 648
木　材	立方米	15 835	540	934	2 211	1 020	11 130
水　泥	吨	65 694	2 260	3 910	8 897	4 046	46 581
玻　璃	重量箱	6 554	200	346	819	1 067	4 122
八、集镇建设用地							
本年建筑用地	公顷	128.60	2.00	3.10	14.74	4.76	104.00
#耕地	公顷	106.81	1.38		12.20	2.03	91.20
住宅用地	公顷	21.92	0.20	0.60	1.95	2.77	16.40
公共建筑	公顷	45.88	0.95	0.50	6.02	0.91	37.50
生产性建筑	公顷	59.23	0.85	2.00	5.60	0.68	50.10
其　它	公顷	1.57			1.17	0.40	
九、集镇总体规划							
累计编制	个	84	1	10	29	17	27
完成比率	%	100	100	100	100	100	100

8—5 全市建制镇建设基本情况

(1993年)

项 目	单 位	全 市	戚墅堰区	郊区	溧阳市	金坛市	武进县
一、建制镇住户及人口							
1.建制镇个数	个	54	1	1	10	10	32
2.已实行镇管村体制的镇数	个	54	1	1	10	10	32
3.镇区现状用地面积	公顷	4 496	22	41	727	641	3 065
4.住 户	万户	10.30	0.03	0.05	1.97	1.69	6.56
#农业户	万户	4.29	0.01	0.02	0.95	0.92	2.40
非农业户	万户	6.01	0.03	0.03	1.02	0.77	4.16
5.人 口	万人	25.46	0.20	0.08	5.18	4.21	15.79
二、建制镇住宅							
1.本年建房户	万户	0.30	0.001	0.003	0.04	0.02	0.23
2.占建制镇总户比率	%	2.9	4.0	6.0	2.03	1.44	3.5
3.本年竣工建筑面积	万平方米	36.98	0.10	0.36	3.99	2.91	29.62
#混合结构	万平方米	36.87	0.10	0.36	3.88	2.91	29.62
4.本年减少建筑面积	万平方米	7.44	0.29	0.16	5.65	0.33	1.02
5.年末实有建筑面积	万平方米	994.22	7.94	10.95	155.41	131.52	688.4
#混合结构	万平方米	742.01	7.94	8.76	100.04	120.92	504.35
6.年末住房使用面积	万平方米	787.23	6.36	8.76	116.16	105.23	550.72
7.年末住房居住面积	万平方米	516.64	4.37	6.02	74.2	74.08	357.97
8.居住人口	万人	25.83	0.20	0.08	5.18	4.58	15.79
9.人均使用面积	平方米	30.48	31.15	109.5	25.34	22.98	34.88
#居住面积	平方米	20.0	21.88	25.3	17.71	16.17	22.67
三、建制镇公共建筑及生产性建筑							
1.本年竣工公共建筑面积	万平方米	24.28	1.78	0.47	2.37	2.46	17.20
#混合结构	万平方米	23.69	1.78	0.47	2.37	1.87	17.20
2.年末实有公共建筑面积	万平方米	398.21	6.04	2.76	50.35	43.47	295.59
#混合结构	万平方米	292.18	6.04	2.76	34.81	28.02	220.55
3.本年竣工生产性建筑面积	万平方米	45.27	1.45	0.58	2.62	2.81	37.81
#混合结构	万平方米	44.64	1.45	0.58	2.62	2.18	37.81
4.年末实有生产性建筑面积	万平方米	555.53	7.98	12.24	59.83	50.91	424.57
#混合结构	万平方米	399.81	7.45	12.24	33.46	28.81	317.85
四、建制镇自来水							
1.自来水受益镇数	个	47	1	1	10	10	25

8—5 续表 1

项　　目	单 位	全 市	戚墅堰区	郊区	溧阳市	金坛市	武进县
2. 有供水设施的镇数	个	45		1	10	10	24
3. 水厂个数	个	45		1	10	10	24
4. 自来水厂日供水能力	吨	115 035		250	15 555	14 750	84 480
5. 自备水源日供水能力	吨	47 715	880	800	345	5 730	39 960
6. 供水管道长度	公里	1 133	2	15	237	60	819
7. 年供水总量	万吨	5 176	27	39	320	248	4 542
#生产用量	万吨	4 746	24	35	192	176	4 320
生活用量	万吨	430	3	4	128	72	222
8. 用水人口	万人	23.13	0.20	0.08	4.94	4.38	13.53
9. 用水普及率	%	90.85	100	100	95.4	100	85.66
10. 人均日生活用水量	升	50.90	44.18	36.9	46	45	45
五、建制镇公用设施							
1. 实有道路长度	公里	680.7	5.7	1	124.75	68.55	480.7
#普通道路	公里	211.26			70.21	30.75	110.3
高级、次高级道路	公里	469.44	5.7	1	54.54	37.8	370.4
2. 实有道路面积	万平方米	705.21	3.42	1.74	106.65	47.5	545.9
#普通道路	万平方米	163.74			57.29	20.75	85.7
高级、次高级道路	万平方米	541.47	3.42	1.74	49.36	26.75	460.2
3. 桥梁数	座	354	2	2	92	33	225
4. 防洪堤长度	公里	101.27	2		71.27	28	
5. 通电镇数	个	54	1	1	10	10	32
6. 路灯盏数	盏	4910	68	9	634	441	3758
7. 排水管道长度	公里	612.67	4.62	1	39.75	29.9	567.4
8. 污水年排放量	万吨	4 781.79	3.45	200	314.4	198.34	4 065.6
#生活污水	万吨	537.12	2.12	50	250.48	56.82	177.7
六、建制镇园林绿化及环境卫生							
1. 绿化覆盖面积	公顷	255.12	1.76	2.00	36.49	31.00	183.87
2. 园林绿地面积	公顷	16				10	6.0
3. 公共绿地面积	公顷	16				10	6.0

8—5 续表 2

项　　目	单 位	全 市	戚墅堰区	郊 区	溧阳市	金坛市	武进县
4.公园个数	个	3				1	2
5.公园面积	公顷	6.5				5	1.5
6.人均公共绿地面积	平方米	2.75				2.37	0.38
7.全年植树量	万株	53.42	0.14	0.10	3.68	8	41.5
8.环卫机械数量	辆	15		1	1	13	
9.公共厕所	座	374	3	1	66	45	259
10.清运垃圾粪便量	万吨	18.86	0.12	0.08	3.36	2	13.3
七、建制镇建设投资及建筑材料投入							
1.本年完成投资额	万元	42 977	1 580	528	2 915	3 364	34 590
#住　宅	万元	10 919	30	108	1 117	777	8 887
公共建筑	万元	9 665	890	188	711	997	6 879
生产性建筑	万元	18 049	580	232	917	1 196	15 124
公用设施	万元	4 344	80		170	394	3 700
#自来水	万元	871			70	101	700
道　路	万元	3 472	80		100	292	3 000
2.本年主要建筑材料实际投入							
钢　材	吨	17 328	533	225	1 088	867	1 4615
木　材	立方米	31 872	899	3 807	2 425	1 893	22 848
水　泥	吨	119 049	2 762	1 593	1 0067	9 003	95 624
玻　璃	重量箱	11 692	333	140	898	1 859	8 462
八、建制镇建设用地							
本年建设用地	公顷	112.93	0.94	1.00	11.99	24.20	74.80
#耕　地	公顷	93.65			10.54	15.91	67.20
住宅用地	公顷	32.42	0.05	0.10	2.83	3.74	25.70
公共建筑	公顷	23.97	0.89	0.40	1.48	2.60	18.60
生产性建筑	公顷	45.19		0.50	5.33	8.86	30.50
其　他	公顷	11.35			2.35	9.00	
九、建制镇总体规划和建设试点							
累计编制	个	54	1	1	10	10	32
完成比率	%	100	100	100	100	100	100
年末实有规划建设试　点	个	6				3	3
#县级	个	6				3	3

8—6 全市村庄建设基本情况

(1993年)

项目	单位	全市	戚墅堰区	郊区	溧阳市	金坛市	武进县
一、村庄住户及人口							
1.村庄个数	个	16 538	113	900	2 973	2 396	10 156
#村民委员会	个	1 888	20	89	541	433	805
2.村庄现状用地面积	公顷	30 667	228	1 334	10 219	4 949	13 937
3.住户	万户	71.71	0.83	5.00	18.83	15.07	31.98
#农业户	万户	68.93	0.69	3.11	18.60	14.99	31.54
非农业户	万户	2.78	0.13	1.91	0.23	0.08	0.43
4.人口	万人	231.03	2.73	13.36	60.72	41.85	112.37
二、村庄住宅							
1.本年建房户	万户	1.80	0.02	0.28	0.49	0.29	0.72
2.占村庄总户比率	%	2.51	2.41	5.60	2.60	1.97	2.25
3.本年竣工住宅面积	万平方米	192.84	2.65	31.22	53.18	35.99	69.80
#混合结构	万平方米	186.52	2.65	31.22	49.69	33.16	69.80
4.本年减少住宅面积	万平方米	40.63	0.49	6.24	22.17	7.21	4.52
5.年末实有住宅面积	万平方米	10 770.20	193.14	817.00	2 442.21	1 581.00	5 736.85
#混合结构	万平方米	7 845.86	191.79	653.00	1 305.55	1 027.47	4 668.05
6.年末住房使用面积	万平方米	8 450.59	154.52	653.00	1 831.66	1 221.93	4 589.48
7.年末住房居住面积	万平方米	5 856.30	106.23	467.00	1 465.33	834.58	2 983.16
8.居住人口	万人	232.40	2.73	13.36	60.72	43.22	112.37
9.人均使用面积	平方米	36.36	57.00	48.88	30.17	28.27	40.84
#居住面积	平方米	25.20	39.00	35.00	24.13	19.31	26.55
三、村庄公共建筑及生产性建筑							
1.年末实有公共建筑面积	万平方米	213.53	5.50	51.36	59.69	7.21	89.77
#混合结构	万平方米	155.60	5.50	51.36	25.48	3.25	70.01
2.本年竣工公共建筑面积	万平方米	27.68	1.73	8.48	2.35	0.69	14.43
#混合结构	万平方米	27.68	1.73	8.48	2.35	0.69	14.43
3.年末实有生产性建筑面积	万平方米	642.33	17.20	176.00	45.05	196.10	207.98
#混合结构	万平方米	462.11	17.20	176.00	23.28	70.06	175.57
4.本年竣工生产性建筑面积	万平方米	82.74	5.91	16.99	1.12	2.75	55.97
#混合结构	万平方米	82.63	5.91	16.99	1.03	2.73	55.97
四、村庄自来水							
1.自来水受益村庄数	个	3986	51	630	184	275	2846
2.有供水设施的村庄数	个	75	11	7	6	6	45
3.受益人口	万人	88.3	1.8	9.4	11.2	12.9	53.0

8—6 续表

项目	单位	全市	戚墅堰区	郊区	溧阳市	金坛市	武进县
五、村庄公有设施							
1.实有道路长度	公里	8 325.40	88.00	355.80	1 995.10	888.50	4 998.00
#普通道路	公里	6 868.00	54.00	40.80	1 857.70	705.50	4 210.00
高级、次高级道路	公里	1 457.40	34.00	315.00	137.40	183.00	788.00
2.实有道路面积	万平方米	6 723.46	34.60	177.90	1 220.43	487.53	4 803.00
#普通道路	万平方米	4 331.10	19.50	20.40	1 079.87	373.33	2 838.00
高级、次高级道路	万平方米	2 392.36	15.10	157.50	140.56	114.20	1 965.00
3.桥梁数	座	2 154	51	100	677	388	938
4.防洪堤长度	公里	2 591	11	24	231	625	1 700
5.通电村庄数	个	16 566	113	900	3 001	2 396	10 156
6.路灯盏数	盏	3 564	124	692	170	278	2 300
六、村庄建设投资及建筑材料投入							
1.本年完成投资额	万元	91 749	4 362	20 467	4 230	11 618	51 072
#住宅	万元	43 117	793	9 364	1 391	10 626	20 943
公共建筑	万元	11 999	1 965	3 390	705	167	5 772
生产性建筑	万元	31 553	1 484	6 795	392	494	22 388
公用设施	万元	5 080	120	918	1 742	331	1 969
#自来水	万元	607	10	20	69	123	385
道路	万元	4 473	110	898	1 673	208	1 584
2.本年主要建筑材料实际投入	-						
钢材	吨	35 067	1 620	768	6 660	3 423	22 596
木材	立方米	76 967	2 700	12 960	15 296	8 155	37 856
水泥	吨	317 552	11 300	54 240	61 467	32 108	158 437
玻璃	重量箱	31 937	1 000	4 800	5 665	6 451	14 021
七、村庄建设用地							
本年建设用地	公顷	150.92	10.46	14.39	49.56	27.58	48.93
#耕地	公顷	57.57	8.56		15.94	7.84	25.23
住宅用地	公顷	75.31	2.35	2.39	31.21	24.05	15.31
公用建筑用地	公顷	20.28	1.80	5.00	1.02	0.35	12.11
生产性建筑用地	公顷	42.56	6.31	7.00	4.56	3.18	21.51
其它用地	公顷	12.77			12.77		
八、村庄建设规划和建设试点							
累计编制	个	16 670	113	1 036	2 969	2 396	10 156
完成比率	%	100	100	100	100	100	100
年底实有规划建设试点	个	3		1		1	1
#县级试点	个	3		1		1	1

九
农　业
AGRICULTURE

9—1 全市重点年份年底耕地面积

单位:万亩

年 份	全 市	市 区	溧阳市	金坛市	武进县
1952	353.12	6.64	113.30	76.45	156.73
1957	347.00	5.95	112.88	74.83	153.34
1965	327.38	5.07	103.29	69.15	149.87
1970	314.39	4.87	98.42	64.62	146.48
1975	318.32	8.93	98.32	65.04	146.03
1978	315.23	5.64	98.04	65.93	145.62
1980	313.69	5.13	97.84	65.49	145.23
1983	310.71	4.77	97.48	65.31	143.15
1984	310.19	4.59	97.39	65.23	142.98
1985	309.85	4.44	97.30	65.18	142.93
1986	309.24	4.36	97.02	65.10	142.76
1987	309.07	12.21	96.97	65.04	134.85
1988	307.97	11.42	96.94	64.96	134.65
1989	307.45	11.24	96.75	64.92	134.54
1990	306.81	11.12	96.51	64.78	134.40
1991	306.40	10.98	96.39	64.72	134.31
1992	305.40	10.87	95.91	64.60	134.02
1993	304.85	10.75	95.70	64.52	133.88

9—2 全市重点年份农业劳动力

单位:万人

年 份	全 市	市 区	溧阳市	金坛市	武进县
1952	67.17	2.10	10.27	14.30	40.50
1957	72.89	2.29	14.09	16.02	40.49
1965	85.70	2.31	19.34	17.69	46.36
1970	100.48	2.21	21.92	19.31	57.04
1975	98.86	3.51	24.19	18.62	52.54
1978	87.58	2.73	22.44	17.30	45.11
1980	88.83	2.58	23.97	18.70	43.58
1983	85.62	2.13	23.01	17.44	43.04
1984	78.38	1.86	21.75	16.90	37.87
1985	68.79	0.90	18.73	15.85	33.31
1986	66.21	0.82	18.44	15.00	31.95
1987	64.50	2.13	18.42	14.56	29.39
1988	63.69	1.89	18.33	14.54	29.93
1989	65.51	1.87	18.53	15.29	29.82
1990	65.45	1.82	19.18	15.26	29.19
1991	66.02	1.74	20.15	15.00	29.13
1992	63.67	1.59	19.68	14.36	28.04
1993	62.62	1.45	20.42	13.61	27.14

9—3 全市重点年份粮食总产量

单位:吨

年 份	全 市	市 区	溧阳市	金坛市	武进县
1952	784 100	16 694	198 715	157 730	410 961
1957	715 169	13 937	183 445	155 744	362 043
1965	1 169 346	22 526	291 980	224 253	630 587
1970	1 144 832	17 843	291 095	235 591	600 303
1975	1 212 323	35 943	308 990	213 735	653 655
1978	1 502 462	19 369	400 285	282 590	800 218
1980	1 394 203	17 845	373 775	267 881	734 702
1983	1 647 250	18 475	484 715	304 900	829 160
1984	1 777 500	198 00	531 170	328 400	898 130
1985	1 533 448	17 728	444 990	283 888	786 842
1986	1 621 268	18 633	450 900	312 168	839 567
1987	1 541 453	61 411	429 221	298 000	752 821
1988	1 576 308	62 912	415 639	306 980	790 777
1989	1 605 970	62 069	431 742	315 527	796 632
1990	1 645 028	64 050	419 790	334 559	826 629
1991	1 383 891	52 609	351 467	256 974	722 841
1992	1 586 158	62 306	405 337	300 200	818 315
1993	1 542 449	53 016	405 169	315 614	768 650

9—4 全市重点年份棉花产量

单位:吨

年 份	全 市	溧 阳 市	金 坛 市	武 进 县
1952	390		301	89
1957	50		4	46
1965	112	19	51	42
1970	34		7	27
1975	503	1	502	
1978	2 045	366	1 679	
1980	5 509	1 831	3 678	
1983	11 973	2 937	8 122	914
1984	12 860	3 729	7 933	1 198
1985	7 240	2 444	4 237	559
1986	3 464	1 591	1 646	227
1987	2 954	1 518	1 184	252
1988	3 325	1 819	1 291	215
1989	2 259	1 273	861	125
1990	2 255	1 193	984	78
1991	1 956	1 170	700	86
1992	2 840	2 031	735	74
1993	1 828	1 497	304	27

9—5 全市重点年份油料产量

单位:吨

年 份	全 市	市 区	溧阳市	金坛市	武进县
1952	5 027	7	3 538	553	929
1957	4 146	10	3 130	466	540
1965	2 493	15	1 795	580	103
1970	7 195	15	2 209	2 017	2 954
1975	10 586	325	3 382	2 242	4 637
1978	13 515	240	6 046	2 756	4 473
1980	17 724	115	9 473	2 504	5 632
1983	38 895	145	22 205	6 112	10 433
1984	38 175	130	22 780	5 315	9 950
1985	69 961	116	43 870	12 708	13 267
1986	55 603	102	32 795	10 791	11 915
1987	57 063	859	35 544	9 993	10 667
1988	46 657	713	27 518	8 792	9 634
1989	54 054	845	33 295	10 418	9 496
1990	63 899	833	38 899	13 290	10 877
1991	53 931	722	31 126	11 926	10 157
1992	68 040	744	42 774	14 672	9 850
1993	61 498	715	26 942	1 442	9 399

9—6 全市重点年份水产品产量

单位:吨

年 份	全 市	市 区	溧阳市	金坛市	武进县
1952	7 444	75	1 520	1 689	4 160
1957	10 101	125	2 883	3 008	4 085
1965	10 253	1 353	1 250	2 900	4 750
1970	10 040	1 174	1 219	2 147	5 500
1975	12 754	1 329	2 025	3 200	6 200
1978	13 054	1 852	2 402	3 800	5 000
1980	14 353	1 627	3 000	4 226	5 500
1983	18 277	2 277	5 000	4 200	6 800
1984	19 623	2 361	4 962	5 000	7 300
1985	28 301	2 948	6 529	5 366	13 458
1986	37 211	3 167	9 278	7 820	16 946
1987	40 732	5 056	10 857	10 319	14 500
1988	49 882	4 235	11 194	12 529	21 924
1989	51 265	4 284	10 891	13 090	23 000
1990	53 149	4 359	11 690	13 100	24 000
1991	37 396	3 864	7 700	8 866	16 966
1992	51 544	4 294	10 831	12 319	24 100
1993	69 604	4 626	16 357	18 624	29 997

9—7 全市重点年份肉猪出栏数

单位:万头

年　份	全　市	市　区	溧阳市	金坛市	武进县
1952	11.81	0.69	1.10	2.30	7.72
1957	36.99	1.20	3.04	5.30	27.45
1965	69.11	1.67	17.72	11.60	38.12
1970	79.19	1.79	34.27	12.80	30.33
1975	96.00	3.31	29.97	14.00	48.72
1978	87.26	4.69	25.65	14.50	42.42
1980	134.03	4.25	38.20	21.40	70.18
1983	102.13	3.95	26.61	12.90	58.67
1984	99.78	3.30	27.54	12.60	56.34
1985	94.53	2.22	28.04	11.70	52.57
1986	98.91	2.53	29.96	13.30	53.12
1987	95.59	3.82	28.91	13.21	49.65
1988	93.70	4.06	24.39	14.02	51.23
1989	96.79	4.64	23.86	15.47	52.82
1990	104.78	5.30	29.41	16.62	53.45
1991	106.00	5.15	28.13	17.05	55.67
1992	112.28	5.93	31.83	17.01	57.51
1993	118.91	5.73	30.63	17.50	65.05

9—8 全市重点年份年底生猪存栏数

单位:万头

年　份	全　市	市　区	溧阳市	金坛市	武进县
1952	34.32	2.20	4.17	4.50	23.45
1957	69.26	1.52	16.23	14.30	37.21
1965	85.39	1.84	22.18	17.80	43.57
1970	87.31	2.03	28.19	18.30	38.79
1975	111.37	4.59	29.03	21.70	56.05
1978	117.43	4.27	28.64	22.00	62.52
1980	117.45	3.11	29.56	23.10	61.68
1983	95.12	2.94	20.18	20.10	51.90
1984	86.23	2.27	19.77	18.80	45.39
1985	89.13	1.94	20.64	24.80	41.75
1986	89.16	1.85	20.07	27.20	40.04
1987	85.70	2.78	17.68	26.73	38.51
1988	90.03	2.90	18.76	27.49	40.88
1989	93.36	3.28	17.08	29.50	43.50
1990	96.30	3.33	17.67	31.53	43.77
1991	102.45	3.11	17.36	32.32	49.66
1992	118.02	3.80	16.38	41.78	56.06
1993	104.78	3.11	14.66	34.01	53.00

9—9 全市农村基本情况

(1993年底)

项 目	单位	合 计	郊 区	戚墅堰区	开发区	溧阳市	金坛市	武进县
一、农村基层组织情况								
1.乡镇政府个数	个	137	10	2	1	36	28	60
乡政府	个	72	9	1	1	22	17	22
镇政府	个	65	1	1		14	11	38
2.村民委员会	个	1928	90	19	11	567	437	804
3.村民小组	个	21587	992	222	104	5278	4747	10244
二、乡村户数、人口								
乡村总户数	万户	76.22	2.91	0.85	0.41	20.34	16.18	35.53
乡村总人口	万人	240.74	8.20	2.40	1.33	64.45	46.53	117.83
三、乡村劳动力人数	**万人**	**136.06**	**5.94**	**1.26**	**0.82**	**34.48**	**26.21**	**67.35**
(一)按性别分								
男劳动力	万人	70.66	2.87	0.61	0.40	18.17	14.07	34.54
女劳动力	万人	65.40	3.07	0.65	0.42	16.31	12.14	32.81
(二)按行业分								
1.农林牧渔劳动力	万人	62.62	0.90	0.30	0.25	20.42	13.61	27.14
#农业劳动力	万人	53.81	0.77	0.29	0.23	17.42	12.45	22.65
2.工业劳动力	万人	40.20	3.64	0.68	0.30	5.33	6.13	24.12
#乡办工业劳动力	万人	21.86	2.07	0.36	0.11	3.46	3.90	11.96
3.交通运输业、仓储业和邮电通讯业劳动力	万人	4.61	0.12	0.01	0.01	1.41	0.84	2.22
4.批发零售贸易餐饮业劳动力	万人	3.21	0.17	0.02	0.03	0.76	1.71	0.52
5.金融保险业劳动力	万人	0.12	0.02			0.03	0.02	0.05
6.其他行业劳动力	万人	14.15	0.96	0.24	0.20	2.54	2.09	8.12
#外出合同工、临时工	万人	7.08	0.36	0.12	0.10	1.31	1.19	4.00

9—10 全市耕地面积

(1993年底) 单位:千公顷

项 目	合 计	郊 区	戚墅堰区	开发区	溧阳市	金坛市	武进县
一、上年年末耕地面积	**203.61**	**4.70**	**1.37**	**1.18**	**63.94**	**43.07**	**89.35**
二、当年经批准减少地耕地面积	**0.38**	**0.07**		**0.01**	**0.14**	**0.06**	**0.10**
#国家基建占地	0.30	0.07		0.01	0.11	0.04	0.07
乡村集体占地	0.06				0.03	0.01	0.02
个人建房占地	0.02					0.01	0.01
三、年末实有耕地面积	**203.23**	**4.63**	**1.37**	**1.17**	**63.80**	**43.01**	**89.25**
水田	180.26	3.44	1.16	1.04	56.78	38.30	79.54
旱田	22.97	1.19	0.21	0.13	7.02	4.71	9.71
四、当年未经批准减少耕地	**6.54**	**0.29**	**0.03**	**0.01**	**1.33**	**1.28**	**3.60**
#国家基建占地	0.66	0.12		0.01	0.01	0.01	0.51
乡村集体占地	1.35	0.17	0.03		0.03	0.06	1.06
农民建房占地	0.10				0.01	0.01	0.08
退耕还林、渔	4.10				1.28	1.20	1.62

9—11 全市农业和非农行业总产值

（1993 年当年价格）　　　　单位：万元

项　　目	合　计	郊　区	戚墅堰区	开发区	溧阳市	金坛市	武进县
农业和非农行业总产值	**5 564 918**	**624 559**	**142 103**	**69 716**	**793 876**	**569 406**	**3 365 258**
一、农业总产值	**459 524**	**18 232**	**3 337**	**1 884**	**106 533**	**92 481**	**237 057**
二、农村工业总产值	**4 682 402**	**560 975**	**133 858**	**56 500**	**614 253**	**427 800**	**288 9016**
乡办工业总产值	2 547 983	294 480	83 170	22 700	382 813	273 195	1 491 625
村办工业总产值	1 915 342	260 040	47 394	33 800	165 091	133 429	1 275 588
村以下办工业总产值	219 077	6 455	3 294		66 349	21 176	121 803
三、农村建筑业总产值	**231 182**	**32 847**	**1 407**	**600**	**48 460**	**33 178**	**114 690**
建筑安装工程产值	227 555	32 847	1 407	600	47 074	30 937	114 690
#兴建房屋产值	144 007	32 755	700	60	44 522	20 784	45 186
农田水利工程产值	8 668	92	15	40	1 352	5 719	1 450
其他建筑安装工程产值	74 880		692	500	1 200	4 434	68 054
其他基本建设产值	3 627				1 386	2 241	
四、农村运输业总产值	**63 433**	**3 339**	**1 538**	**65**	**11 860**	**7 226**	**39 405**
乡办运输业货运产值	17 453	1 893	1 412		350	895	12 903
村办运输业货运产值	579	68			472	39	
村以下办运输企业货运产值	45 401	1 378	126	65	11 038	6 292	36 502
五、农村批发、零售、餐饮业总产值	**128 377**	**9 166**	**1 963**	**10 667**	**12 770**	**8 721**	**85 090**
批发零售贸易业产值	95 358	6 879	1 885	10 500	8 975	6 592	60 527
#农村供销社产值	40 671	975	650	3 368	3 762	4 679	27 237
餐饮业产值	33 019	2 287	78	167	3 795	2 129	24 563
#农村供销社餐饮业产值	3 787	4			30	69	3 684
附：农民在城里办工业产值	13 762	30	245	50	8 560	1 109	3 768
农民在城里办建筑业产值	61 163	353		30	43 480	3 001	14 299
农民在城里办运输业产值	3 552	38	11	23	593	534	2 353
农民在城里办零售批发贸易业产值	10 683	224	5	65	2 475	395	7 519
农民在城里办餐饮业产值	2 572	274	47	5	679	301	1 266

9—12 全市农、林、牧、渔业总产值

(1993 年当年价格)　　单位:万元

项　　目	合 计	郊 区	戚墅堰区	开发区	溧阳市	金坛市	武进县
农、林、牧、渔业总产值	459 524	18 232	3 337	1 884	106 533	92 481	237 057
一、农业产值	**271 079**	**9 705**	**1 784**	**1 057**	**64 145**	**48 750**	**145 638**
种植业	231 904	9 230	1 485	893	59 489	47 185	113 622
其他农业	39 175	475	299	164	4 656	1 565	32 016
#农民家庭兼营商品性工业	38 169	472	298	164	3 784	1 509	31 942
二、林业产值	**2 744**	**27**	**12**	**18**	**1 532**	**701**	**454**
林木生产	602	27	9	18	163	215	170
林产品	285					275	10
村及村以下竹木采伐	1 857		3		1 094	476	284
三、牧业产值	**112 660**	**5 460**	**1 096**	**332**	**28 562**	**22 899**	**54 311**
牲　畜	69 497	2 598	452	290	14 374	13 340	38 443
家　禽	15 777	1 679	402	36	4 880	2 627	6 153
活的畜、禽产品	13 128	843	131	6	3 215	3 729	5 204
其他动物产品	14 136	340	110		6 041	3 188	4 457
捕　猎	122		1		52	15	54
四、渔业产值	**73 041**	**3 040**	**445**	**477**	**12 294**	**20 131**	**36 654**
淡水产品	51 629	2 497	190	155	10 381	17 194	21 212
#养　殖	41 847	1 572	184	155	9 065	11 302	19 569
人工育珠	18 915	398	255	322	1 012	2 490	14438
其　他	2 497	145			901	447	1 004

9—13 全市农、林、牧、渔业总产值

(1993 年,1990 年不变价格)　　单位:万元

项　　目	合 计	郊 区	戚墅堰区	开发区	溧阳市	金坛市	武进县
农、林、牧、渔业总产值	342 690	10 899	2 238	1 463	82 195	66 381	179 514
一、农业产值	**200 782**	**5 074**	**1 249**	**754**	**48 894**	**33 943**	**110 868**
种植业产值	161 900	4 601	950	590	44 497	32 405	78 857
其他农业	38 882	473	299	164	4 397	1 538	32 011
#农民家庭兼营商品性工业	38 169	472	298	164	3 784	1 509	31 942
二、林业产值	**1 971**	**14**	**8**	**1**	**1 226**	**333**	**389**
林木生长产值	475	14	6	1	183	123	148
林产品产值	170				165	5	
村及村以下竹木采伐	1 326		2		878	205	241
三、牧业产值	**85 694**	**3 487**	**597**	**224**	**23 984**	**20 477**	**36 925**
牲　畜	49 242	1 745	254	195	11 998	11 986	23 064
家　禽	11 584	1 126	176	24	3 092	1 987	5 179
活的畜、禽产品	11 772	503	96	5	3 071	3 296	4 801
其他动物产品	13 027	113	70		5 785	3 200	3 859
捕　猎	69		1		38	8	22
四、渔业产值	**5 4243**	**2 324**	**384**	**484**	**8 091**	**11 628**	**31 332**
淡水产品	30 952	1 806	129	133	6 864	8 424	13 596
#养　殖	25 144	870	126	133	5 442	5 815	12 758
人工育珠	22 222	434	255	351	868	2 988	17 326
其　他	1 069	84			359	216	410

9—14 全市农、林、牧、渔商品产值

(1993年当年价格)　　单位:万元

项 目	合 计	郊 区	戚墅堰区	开发区	溧阳市	金坛市	武进县
农、林、牧、渔商品产值	287 893	13 600	1 901	1 899	63 220	54 677	152 596
一、农业商品产值	**125 953**	**5 162**	**799**	**1 072**	**29 561**	**18 335**	**71 024**
1.种植业	87 594	4 690	501	908	25 603	16 820	39 072
主产品	86 991	4 566	500	839	25 347	16 793	38 946
#谷物	41 145	83	142	606	13 250	10 008	17 056
副产品	603	124	1	69	256	27	126
2.其他农业	38 359	472	298	164	3 958	1 515	31 952
#农民家庭兼营	38 169	472	298	164	3 784	1 509	31 942
二、林业商品产值	**1 577**			**18**	**1 080**	**271**	**208**
林产品	270			18	244	8	
村及村以下竹木采伐	1307				836	263	208
三、牧业商品产值	**95 232**	**5 398**	**862**	**332**	**22 753**	**19 432**	**46 455**
牲 畜	61 856	2 598	378	290	13 446	12 688	32 456
#肉用牛	12					12	
肥 猪	57 084	2 549	369	286	12 447	11 911	29 522
羊	4 760	49	9	4	999	765	2 934
家 禽	10 302	1 679	302	36	1 951	1 309	5 025
活的畜、禽产品	9 054	781	73	6	1 288	2 239	4 667
其他动物产品	13 924	340	109		6 039	3 183	4 253
捕 猎	96				29	13	54
四、渔业商品产值	**65 131**	**3 040**	**240**	**477**	**9 826**	**16 639**	**34 909**
淡水产品	44 066	2 497	168	155	7 947	13 746	19 553
人工育珠	18 732	398	72	322	1 012	2 490	14 438
其 他	2 333	145			867	403	918

9—15 全市农作物播种面积与产量

(1993年)

项 目	单位	合 计	郊 区	戚墅堰区	开发区	溧阳市	金坛市	武进县
农作物总播种面积	千公顷	341.26	8.59	1.77	1.45	111.72	72.07	145.66
一、谷物播种面积	**千公顷**	**242.64**	**5.61**	**1.55**	**1.29**	**65.56**	**49.94**	**118.69**
谷物单产	公斤/公顷	6 199	6 350	6 245	5 601	6 007	6 124	6 334
谷物总产量	吨	1 504 006	35 626	9 680	7 225	393 835	305 845	751 795
1.夏收谷物播种面积	千公顷	93.22	2.63	0.57	0.71	17.28	18.48	53.55
夏收谷物单产	公斤/公顷	3 581	3 981	3 561	3 536	3 179	3 215	3 862
夏收谷物总产量	吨	333 796	10 471	2 030	2 440	54 723	58 941	205 191
小麦播种面积	千公顷	87.23	2.52	0.57	0.69	16.43	16.81	50.21
小麦单产	公斤/公顷	3 609	4 010	3 561	3 536	3 179	3 215	3 862
小麦总产量	吨	314 780	10 106	2 030	2 440	52 237	54 043	193 924
元麦播种面积	千公顷	3.19	0.11		0.01	0.07	0.01	2.99
元麦单产	公斤/公顷	3 404	3 318			2 914	3 800	3 428
元麦总产量	吨	10 858	365			204	38	10 251
大麦播种面积	千公顷	2.80			0.01	0.78	1.66	0.35
大麦单产	公斤/公顷	2 914				2 926	2 928	2 903
大麦总产量	吨	8 158				2282	4 860	1 016
2.秋收谷物播种面积	千公顷	149.42	2.98	0.98	0.58	48.28	31.46	65.14
秋收谷物单产	公斤/公顷	7 832	8 441	7 806	8 250	7 024	7 848	8 391
秋收谷物总产量	吨	1 170 210	25 155	7 650	4 785	339 112	246 904	546 604
稻谷播种面积	千公顷	148.80	2.96	0.98	0.58	47.86	31.29	65.13
稻谷单产	公斤/公顷	7 845	8 473	7 806	8 250	7 050	7 858	8 392
稻谷总产量	吨	1 167 371	25 079	7 650	4 785	337 392	245 876	546 589
#中稻播种面积	千公顷	20.08				15.36	3.53	1.19
中稻单产	公斤/公顷	7 024				6 800	7 625	8 137
中稻总产量	吨	141 041				104 442	26 916	9 683

9—15 续表 1

项 目	单位	合 计	郊 区	戚墅堰区	开 发 区	溧 阳 市	金 坛 市	武 进 县
单季晚稻播种面积	千公顷	128.72	2.96	0.98	0.58	32.50	27.76	63.94
单季晚稻单产	公斤/公顷	7 973	8 473	7 806	8 250	7 168	7 888	8 397
单季晚稻总产量	吨	1 026 330	25 079	7 650	4 785	232 950	218 960	536 906
在稻谷中，杂交稻播种面积	千公顷	11.22				9.54	0.49	1.19
杂交稻单产	公斤/公顷	7 175				7 022	7 824	8 137
杂交稻总产量	吨	80 505				66 988	3 834	9 683
玉米播种面积	千公顷	0.60				0.42	0.17	0.01
玉米单产	公斤/公顷	4 605				4 095	6 047	1 500
玉米总产量	吨	2 763				1720	1 028	15
其他谷物播种面积	千公顷	0.02	0.02					
其他谷物单产	公斤/公顷	3 800	3 800					
其他谷物总产量	吨	76	76					
二、豆类播种面积	**千公顷**	**6.53**	**0.18**		**0.02**	**1.98**	**1.47**	**2.88**
豆类单产	公斤/公顷	2 126	1 900		1 200	1 820	2 078	2 383
豆类总产量	吨	13 886	342		24	3 604	3 054	6 862
大豆播种面积	千公顷	4.44	0.14		0.01	0.89	1.11	2.29
大豆单产	公斤/公顷	2 126	1 593		2 400	1 806	1 934	2 374
大豆总产量	吨	9 438	223		24	1 607	2 147	5 437
杂豆播种面积	千公顷	2.09	0.04		0.01	1.09	0.36	0.59
杂豆单产	公斤/公顷	2 128	2 975			1 832	2 519	2 415
杂豆总产量	吨	4 448	119			1 997	907	1 425
#蚕豌豆播种面积	千公顷	1.42	0.03		0.01	0.84	0.25	0.29
蚕豌豆单产	公斤/公顷	1 978	2 767			1 799	2 404	2 117
蚕豌豆总产量	吨	2 810	83			1 512	601	614
三、薯类(鲜品)播种面积	**千公顷**	**5.89**	**0.03**		**0.01**	**1.76**	**1.60**	**2.49**
薯类单产	公斤/公顷	20 847	13 200		20 000	21 960	20 984	20 066
薯类总产量	吨	122 786	396		200	38 650	33 575	49 965

9—15 续表 2

项 目	单位	合 计	郊 区	戚墅堰区	开发区	溧阳市	金坛市	武进县
四、油料播种面积	**千公顷**	**39.40**	**0.26**	**0.14**	**0.06**	**23.86**	**9.64**	**5.44**
油料单产	公斤/公顷	1 561	1 477	1 579	1 833	1 548	1 498	1 728
油料总产量	吨	61 498	384	221	110	36 942	14 442	9 399
花生播种面积	千公顷	0.73				0.30	0.27	0.16
花生单产	公斤/公顷	1 681				1 587	1 711	1 806
花生总产量	吨	1227				476	462	289
油菜籽播种面积	千公顷	38.20	0.26	0.14	0.06	23.33	9.22	5.19
油菜籽单产	公斤/公顷	1 564	1 477	1 579	1 833	1 553	1 498	1 732
油菜籽总产量	吨	59 744	384	221	110	36 224	13 815	8 990
芝麻播种面积	千公顷	0.47				0.23	0.15	0.09
芝麻单产	公斤/公顷	1 119				1 048	1 100	1 333
芝麻总产量	吨	526				241	165	120
其他油料总产量	吨	1				1		
五、棉花播种面积	**千公顷**	**2.77**				**2.27**	**0.47**	**0.03**
棉花单产	公斤/公顷	560				659	647	900
棉花总产量	吨	1 828				1 497	304	27
六、麻类播种面积	**千公顷**	**0.06**				**0.01**	**0.03**	**0.02**
麻类单产	公斤/公顷	3 317				3 500	2 367	4 650
麻类总产量	吨	199				35	71	93
黄麻播种面积	千公顷	0.03					0.03	
黄麻单产	公斤/公顷	2 333					2 333	
黄麻总产量	吨	70					69	1
红麻播种面积	千公顷	0.03				0.01		0.02
红麻单产	公斤/公顷	4 033				3 500		4 300
红麻总产量	吨	121				35		86
苎麻总产量	吨	8					2	6
七、糖料播种面积	**千公顷**	**0.40**				**0.29**	**0.11**	
糖料单产	公斤/公顷	46 795				47 131	45 473	
糖料总产量	吨	18 718				13 668	5 002	48
八、药材播种面积	**千公顷**	**0.03**				**0.01**	**0.02**	
九、蔬菜瓜类播种面积	**千公顷**	**29.12**	**2.49**	**0.08**	**0.06**	**10.07**	**3.57**	**12.85**
蔬菜(含菜用瓜)播种面积	千公顷	25.86	2.46	0.08	0.06	7.85	3.17	12.24
果用瓜播种面积	千公顷	3.26	0.03			2.22	0.40	0.61
十、其他农作物播种面积	**千公顷**	**14.42**	**0.02**		**0.01**	**5.91**	**5.22**	**3.26**
#青饲料播种面积	千公顷	3.34	0.02		0.01	0.25	1.41	1.65
绿肥播种面积	千公顷	1.69				3.57	2.33	0.79
附:常年种蔬菜面积	千公顷	8.51	0.62			2.42	1.23	4.24

9—16 全市林业、蚕茧、茶叶、水果生产情况

(1993年)

项　　目	单 位	合 计	郊 区	戚墅堰区	溧阳市	金坛市	武进县
一、林业生产情况							
造林面积	公顷	1 089	13.4		373	217.6	485
木材产量	万立方米	1.6			1.02	0.22	0.36
板栗产量	吨	257			241		16
二、蚕桑生产情况							
年末桑园面积	公顷	8 629	7	5	3 210	3 163	2 244
蚕茧产量	吨	10 981	5	1	5 571	3 250	2 154
三、茶叶生产情况							
茶叶产量	吨	4 091			1 975	1 903	213
#红毛茶	吨	894			425	469	
绿毛茶	吨	3 167			1 520	1 434	213
其它茶	吨	30			30		
年末茶园面积	公顷	4 210			2 424	1 500	286
四、水果生产情况							
水果产量	吨	13 739	205	56	2 763	831	9 884
#苹　果	吨	27			4		23
柑　桔	吨	147	70		7	1	69
梨	吨	2 558	10	32	611	158	1 747
葡　萄	吨	5 048	85	17	123	70	4 753
年末果园面积	公顷	1 563	21	5	372	158	1 007
#苹果园	公顷	13			13		
柑桔园	公顷	79	4		1	1	73
梨　园	公顷	227		2	95	30	100
葡萄园	公顷	361	2	1	13	10	335

9—17 全市畜牧业生产情况

(1993年)

项 目	单 位	合 计	郊 区	戚墅堰区	溧阳市	金坛市	武进县
一、大牲畜年末存栏头数	**万头**	**0.49**	**0.06**	**0.01**	**0.30**	**0.09**	**0.03**
#从事劳役的	万头	0.26			0.24	0.02	
牛	万头	0.48	0.07	0.01	0.29	0.09	0.03
#黄 牛	万头	0.01			0.01		
水 牛	万头	0.39			0.28	0.09	0.02
良种及改良种牛	万头	0.08	0.06	0.01			0.01
驴	万头	0.01			0.01		
二、猪年末存栏数	**万头**	**104.78**	**2.78**	**0.33**	**14.66**	**34.01**	**53**
#能繁殖母猪	万头	8.86	0.09	0.01	1.02	3.39	4.35
三、羊年末存栏数	**万头**	**60.27**	**0.46**	**0.04**	**18.13**	**19.50**	**22.14**
#能繁殖母羊	万头	26.21	0.20		9.34	8.59	8.08
山羊	万头	59.94	0.46	0.04	18.00	19.45	21.99
#能繁殖母羊	万头	26.12	0.20		9.28	8.56	8.08
绵羊	万头	0.33			0.13	0.05	0.15
#能繁殖母羊	万头	0.09			0.06	0.03	
四、牲畜出栏头数							
猪	万头	118.91	5.02	0.71	30.63	17.50	65.05
牛	万头	0.13	0.02		0.01	0.10	
五、猪牛羊肉产量							
猪 肉	吨	78 982	3 012	389	21 924	11 375	42 282
牛 肉	吨	94	40		19	35	
羊 肉	吨	5 505	68	12	1 363	1 910	2 152
六、牛奶产量	**吨**	**2 412**	**2 035**	**204**	**28**	**23**	**122**
七、蜂蜜产量	**吨**	**968**		**200**	**10**		**758**
八、禽蛋产量	**吨**	**26 170**	**785**	**181**	**6 825**	**7 291**	**11 088**
九、绵羊毛产量	**吨**	**10 012**			**1 012**		**9 000**

9—18 全市淡水产品生产情况

(1993年)

项 目	单位	合 计	郊 区	戚墅堰区	开发区	溧阳市	金坛市	武进县
一、淡水产品产量	**吨**	**69 604**	**3 996**	**308**	**322**	**16 357**	**18 624**	**29 997**
#养 殖	吨	62 305	2 416	306	322	15 109	16 145	28 007
鱼 类	吨	67 414	3 929	306	322	15 655	17 621	29 581
#青 鱼	吨	2 728	162	3		729	550	1 284
草 鱼	吨	18 202	768	94		5 930	3 200	8 210
鲢 鱼	吨	21 830	1 205	81		6 143	5 450	8 951
鲫 鱼	吨	4 453	295	13		1 545	2 600	
鲤 鱼	吨	5 889	253	11		345	2 400	2 880
罗非鱼	吨	2					2	
其他鱼	吨	14 310	1 246	104	322	963	3 419	8 256
虾蟹类	吨	1 204	67	2		267	452	416
#河 蟹	吨	387	67			66	170	84
贝 类	吨	986				435	551	
珍 珠	公斤	185 182	3 617	2 125	2 927	7 232	24 900	144 381
二、淡水养殖面积	**万亩**	**39.24**	**0.87**	**0.18**		**9.69**	**12.5**	**16**
池 塘	万亩	22	0.87	0.18		5.99	4.25	10.8
#精 养	万亩	11.54	0.48	0.06		2	1.5	7.5
湖 泊	万亩	7.23				0.4	3.43	3.4
水 库	万亩	2.99				2.8	0.19	
#精 养	万亩	0.07					0.07	
河 沟	万亩	5.57		0.09		0.5	3.18	1.8
#精 养	万亩	1.17		0.04			0.33	0.8
其 他	万亩	1.45					1.45	

9—19 全市农业机械拥有量

（1993 年底）

项　目	单位	合 计	郊 区	戚墅堰区	开 发 区	溧 阳 市	金 坛 市	武 进 县
农业机械总动力	万千瓦	125.24	4.54	1.01	0.86	35.95	20.37	62.51
一、耕作机械								
大中型拖拉机	台	1 148	122	17	17	91	21	880
	千瓦	42 049	4 397	624	624	3 016	719	32 669
#轮式拖拉机	台	1134	122	17	17	88	21	869
	千瓦	41 336	4 397	624	624	2 906	719	32 066
小型拖拉机	台	31 096	953	296	169	10 353	6 368	12 957
	千瓦	275 227	8 406	2 611	1 489	92 108	56 166	114 447
#小四轮拖拉机	台	13				8		5
	千瓦	133				88		45
二、农用排灌动力机械	台	**18 828**	**702**	**119**	**59**	**6 773**	**4 164**	**7 011**
	千瓦	237 299	9 597	2 070	729	87 071	54 053	83 779
#柴油机	台	4 245	17			2 399	674	1 155
	千瓦	55 984	365			28 585	10 158	16 876
电动机	台	14 553	685	119	59	4 362	3 472	5 856
	千瓦	180 939	9 232	2 070	729	58 354	43 651	66 903
农用水泵	台	22 693	702	119	59	8 633	4 401	8 779
喷灌机械	千瓦	96	25			3	66	2
三、收获机械								
联合收割机	台	833	63	13	6	28	12	711
	千瓦	1842	60	478		538	165	601
机动收割机	台	28				16	5	7
	千瓦	127				67	35	25
机动脱粒机	台	91 273	2 822	950	668	13 867	13 540	59 426
种子精选机	台	32				6		26
谷物烘干机	台	8					6	2
四、植保机械								
机动喷雾(粉)机	部	8 068	617	101	125	1 396	1 397	4432
	千瓦	10369	1131	93	150	2080	1560	5355

9—19续表 (1993年底)

项 目	单位	合 计	郊 区	戚墅堰区	开发区	溧阳市	金坛市	武进县
五、渔业机械								
渔用机动船	艘	1 696	302			298	295	801
	吨	9 542	2 168			1 486	2 049	3 839
	千瓦	15 950	4 610			2 501	3 045	5 794
增氧机	台	1 010	198	32		277	310	193
池塘挖掘机	台	46		1		25	6	14
六、农产品加工机械								
农产品加工动力机械	千瓦	84 393	2 004	220	307	27 128	17 196	37 538
#柴油机	千瓦	6 859				4 647	956	1 256
碾米机	台	5 161	128	25	19	1 588	1 021	2 380
磨面机	台	2 522	75	12		732	507	1 196
轧花机	台	165				77	54	34
榨油机	台	409	4			110	74	221
淀粉加工机械	台	559	5			197	30	327
七、运输机械								
农用载重汽车	辆	1 351	16			322	45	968
	千瓦	83 165	977			21 150	1 835	59 203
#柴油汽车	辆	159	1			39	31	88
机动运输船	艘	8 049	97	5		2 402	2 167	3 378
	吨	149 683	1 797	97	5	50 157	45 606	52 026
	千瓦	74 611	1 452	44		23 719	19 187	30 209
农用运输车	辆	2 493	19	14		485	149	1 826
	千瓦	21 122	169	123		3 589	1 122	16 119
大中型拖车	辆	65				30		35
小型拖车	辆	24 158	772	236	177	8 513	4 294	10 166
八、其他机械								
推土机	台	181	2	5		15	12	147
	千瓦	10 078	129	275		825	1 010	7 839
水稻工厂化育秧设备	套	6			1	1		4
化肥深施器	台	3034				1 121		1 913

9—20 全市农业现代化情况

(1993年)

项 目	单位	合 计	郊 区	戚墅堰区	开发区	溧阳市	金坛市	武进县
一、农业机械化情况								
1.机耕地面积	千公顷	158.87	3.13	1.04	1.10	54.81	34.12	64.67
占耕地面积	%	78.17	69.76	75.91	94.02	85.91	79.33	72.46
2.机播面积	千公顷	15.60	0.08	0.01		3.6	2.67	9.24
3.机械植保面积	千公顷	79.16	3.63	0.33		21.28	7.33	46.59
4.机收面积	千公顷	18.85	1.56	0.21	0.16	1.42	0.30	15.2
5.机械脱粒粮食	万吨	174.94	2.61	0.90	0.08	41.19	33.31	96.85
二、农村电气化情况								
农村用电量	万千瓦小时	166 388	22 714	4 338	577	24 379	19 594	94 786
三、农村化学化情况								
1.化肥施用量(折纯量)	吨	96 385	2 120	657	1 637	27 030	22 061	42 880
#氮 肥	吨	65 341	1 184	522	1 242	18 921	12 389	31 083
磷 肥	吨	4 495	24	1	117	2 027	481	1 845
钾 肥	吨	3 513	81		22	648	1 543	1 219
复合肥	吨	23 036	831	134	256	5 434	7 648	8 733
2.农药使用量	吨	19 383	1 173	79	30	2 053	4 143	11 905
3.农用薄膜使用量	吨	1 035	84	48	2	155	181	565
4.地膜使用量	吨	356	32	8	2	67	21	226
5.地膜覆盖面积	公顷	17 654	189		6	16 971	45	443
6.农用柴油	吨	19 383	1 173	79	30	2 053	4 143	11 905
四、农田水利情况								
1.有效灌溉面积	千公顷	174.98	5.11	0.98		55.68	36.09	77.12
#机电排灌面积	千公顷	157.95	5.11	0.98		41.7	34.24	75.92
2.机电排灌面积占有效灌溉面积的比重	%	90.26	100	100		74.89	94.87	98.44
五、通汽车村数	个	1 509	83	19	7	322	324	754
六、通电话村数	个	1 329	83	19	11	148	277	791

9—21 全市农村固定资产拥有量

（1993年底）　　单位：万元

项　目	合 计	郊 区	戚墅堰区	开发区	溧阳市	金坛市	武进县
一、年末生产性固定资产原值	1 018 232	126 200	33 280	10 528	132 858	90 391	624 975
生产用房屋及建筑物	394 232	58 178	15 300	3 534	44 663	34 547	238 010
役畜及产品畜	4 711	72	2	2	870	1 507	2 258
铁木农具	7 052	168	35	10	1 972	312	4 555
农林牧渔业机械	22 848	4 496	155	22	4 332	2 116	11 727
工业机器设备	453 352	51 499	15 282	5 930	53 426	40 637	286 578
建筑业机械	20 944	953	68	232	9 359	2 060	8 272
运输工具	68 407	6 294	1 405	498	14 127	6 704	39 379
其他固定资产	46 686	4 540	1 033	300	4 109	2 508	34196
二、年末非生产用房屋及建筑物原值	1 125 598	87 403	13 769	14 348	254 875	14 3730	611 473

9—22 全市农村分级固定资产拥有量

单位：万元

项　目	合 计	乡级所有	村级所有	村以下所有
一、年末生产性固定资产原值	1 018 232	527 245	328 081	162 906
生产用房屋及建筑物	394 232	178 537	135 196	80 499
役畜及产品畜	4 711	100	122	4 489
铁木农具	7 052	390	835	5 827
农林牧渔业机械	22 848	4 641	5 783	12 424
工业机器设备	453 352	285 326	156 918	11 108
建筑业机械	20 944	15 327	1 695	3 922
运输工具	68 407	24 656	16 276	27 475
其他固定资产	46 686	18 268	11 256	17 162
二、年末非生产用房及建筑物原值	1 125 598	75 860	41 137	1 008 601

十
工　业
INDUSTRY

10－1 全市重点年份工业总产值

(1990年不变价格)　　单位:万元

年 份	全 市	市 区	溧阳市	金坛市	武进县
1952	34 195	27 457	1 019	573	5 146
1957	48 103	36 496	2 953	1 346	7 308
1965	90 999	75 462	4 518	2 738	8 281
1970	171 979	143 624	6 212	4 384	17 759
1975	341 227	272 508	16 959	8 549	43 211
1978	474 917	364 995	23 253	15 280	71 389
1980	652 674	477 391	34 188	23 829	117 266
1983	875 676	614 724	47 240	36 212	177 500
1984	1 049 803	688 161	68 389	45 841	247 412
1985	1 385 047	821 268	98 966	64 604	400 209
1986	1 540 879	892 095	119 443	77 718	451 623
1987	1 867 622	1 047 731	166 748	111 860	541 283
1988	2 321 358	1 154 758	235 520	176 212	754 868
1989	2 468 361	1 184 130	254 821	191 130	838 280
1990	2 738 306	1 296 788	272 635	207 727	961 156
1991	3 170 749	1 397 529	311 792	245 025	1 216 403
1992	4 872 348	1 805 139	481 616	373 552	2 212 041
1993	7 121 569	2 350 621	804 899	586 421	3 379 628

10—2 全市乡及以上工业企业单位数

(1993年底)　　　　单位:个

项目	全市	#市区
总计	**3 570**	**755**
#溧阳市	554	
金坛市	701	
武进县	1 560	
一、按经济类型分		
国有经济	290	143
集体经济	3 045	451
其他经济	235	161
#三资企业	183	118
在总计中:乡办企业	2 435	244
二、按轻重工业分		
轻工业	1 636	404
以农产品为原料	862	217
以非农产品为原料	774	187
重工业	1 934	351
采掘工业	38	3
原材料工业	338	51
加工工业	1 558	297
三、按企业规模分		
大型企业	32	30
中型企业	175	102
小型企业	3 363	623
四、按工业行业分		
煤炭采选业	4	3
非金属矿采选业	35	
食品加工业	95	12
食品制造业	57	18
饮料制造业	33	6
纺织业	311	78

项目	全市	#市区
服装及其他纤维制品制造业	153	50
皮革、毛皮、羽绒及其制品业	31	5
木材加工及竹、藤、棕、草制品业	24	5
家具制造业	22	3
造纸及纸制品业	42	12
印刷业、记录媒介的复制	94	23
文教体育用品制造业	31	4
石油加工及炼焦业	3	—
化学原料及化学制品制造业	297	43
医药制造业	40	11
化学纤维制造业	14	1
橡胶制品业	41	8
塑料制品业	211	63
非金属矿物制品业	348	30
黑色金属冶炼及压延加工业	34	3
有色金属冶炼及压延加工业	44	8
金属制品业	314	57
普通机械制造业	317	49
专用设备制造业	260	52
交通运输设备制造业	113	39
电气机械及器材制造业	221	72
电子及通信设备制造业	147	41
仪器仪表及文化、办公用机械制造业	74	33
其他制造业	116	21
电力、蒸汽、热水的生产和供应业	6	2
煤气生产和供应业	2	1
自来水的生产和供应业	36	2

10—3 全市工业总产值

(1993 年,1990 年不变价格) 单位:万元

指标	全市	#市区	指标	全市	#市区
总计(含村及以下工业)	7 121 569	2 350 622	**四、按工业行业分**		
#溧阳市	804 899		煤炭采选业	3 450	3 441
金坛市	586 421		非金属矿采选业	17 823	
武进县	3 379 628		食品加工业	65 301	18 166
在总计中:乡及乡村以下工业	4 890 040	788 961	食品制造业	55 143	19 151
#溧阳市	604 424		饮料制造业	21 436	9 346
金坛市	449 194		纺织业	881 625	408 546
武进县	3 047 461		服装及其他纤维制品制造业	170 627	63 391
总计(不含村及以下工业)	4 956 535	1 968 969	皮革、毛皮、羽绒及其制品业	22 463	5 129
#溧阳市	573 459		木材加工及竹、藤、棕、草、制品业	14 360	1 454
金坛市	431 816		家具制造业	5 555	1 640
武进县	1 982 292		造纸及纸制品业	20 021	7 632
在总计中:乡办工业	2 725 006	407 308	印刷业、记录媒介的复制	30 532	10 033
#溧阳市	372 984		文教体育用品制造业	37 680	14 221
金坛市	294 589		石油加工及炼焦业	8 032	
武进县	1 650 125		化学原料及化学制品制造业	356 178	79 388
乡及以上工业分组:			医药制造业	98 040	41 224
一、按经济类型分			化学纤维制造业	75 443	20 784
国有经济	1 162 932	910 010	橡胶制品业	40 863	25 875
集体经济	3 129 050	581 481	塑料制品业	234 276	130 835
其它经济	664 553	477 479	非金属矿物制品业	230 921	48 207
#三资企业	354 084	210 462	黑色金属冶炼及压延加工业	142 321	18 190
二、按轻重工业分			有色金属冶炼及压延加工业	185 748	83 047
轻工业	2 281 341	942 094	金属制品业	246 960	50 130
以农产品为原料	1 286 686	550 990	普通机械制造业	472 710	154 844
以非农产品为原料	994 655	391 104	专用设备制造业	389 639	163 587
重工业	2 675 194	1 026 875	交通运输设备制造业	258 882	184 638
采掘工业	17 343	3 441	电气机械及器材制造业	311 488	171 692
原材料工业	690 297	214 663	电子及通信设备制造业	416 936	154 808
加工工业	1 967 554	808 771	仪器仪表及文化、办公用机械制造业	52 634	37 140
三、按企业规模分			其他制造业	53 359	12 378
大型企业	692 099	644 820	电力、蒸汽、热水的生产和供应业	28 086	25 341
中型企业	1 326 902	667 489	煤气生产和供应业	2 923	2 566
小型企业	2 937 534	656 660	自来水的生产和供应业	5 082	2 144

10—4 全市乡及以上全部独立核算工业企业主要指标之一

(1993年)

项目	企业单位数(个)	#亏损企业	全部职工平均人数(人)	工业总产值(万元) 1990年不变价格	当年价格
总计	**2 871**	**565**	**612 623**	**4 623 259**	**4 640 217**
#溧阳市	488	52	70 357	511 427	508 351
金坛市	502	103	64 644	403 742	383 283
武进县	1 174	205	202 131	1 752 400	1 658 430
在总计中:乡办工业	2 086	377	311 370	2 509 261	2 295 727
#溧阳市	400	39	46 693	352 486	332 463
金坛市	416	76	45 934	294 454	273 059
武进县	1 026	177	164 644	1 455 013	1 298 950
一、按经济类型分					
国有经济	225	42	158 922	1 124 580	1 290 210
集体经济	2 420	441	380 057	2 843 384	2 723 207
其他经济	226	82	73 644	655 295	626 800
#三资企业	177	67	30 557	350 103	309 297
二、按轻重工业分					
轻工业	1 349	301	289 330	2 165 308	2 012 157
重工业	1 522	264	323 293	2 457 951	2 628 060
三、按企业规模分					
大型企业	32	4	80 041	692 099	787 227
中型企业	175	35	164 223	1 326 902	1 358 912
小型企业	2 664	526	368 359	2 604 258	2 494 077
四、按工业行业分					
煤炭采选业	4		2 763	3 450	4 670
非金属矿采选业	32	2	7 082	13 451	13 006
食品加工业	84	19	7 300	60 924	72 796
食品制造业	41	17	5 537	48 349	46 520
饮料制造业	24	9	3 113	17 910	17 416
纺织业	290	74	128 387	873 389	820 862
服装及其他纤维制品制造业	134	29	23 875	162 023	154 714
皮革、毛皮、羽绒及其制品业	25	9	4 133	19 778	19 979
木材加工及竹、藤、棕、草制品业	20	4	1 506	12 968	11 450
家具制造业	16	4	859	4 896	4 922
造纸及纸制品业	36	12	4 029	18 332	16 580
印刷业、记录媒介的复制	60	7	5 591	24 035	24 841
文教体育用品制造业	23	5	3 055	31 142	29 800
石油加工及炼焦业	2		355	7 409	8 026
化学原料及化学制品制造业	238	74	36 454	322 090	290 050
医药制造业	36	7	8 487	96 006	75 323
化学纤维制造业	11	3	4 931	73 492	52 859
橡胶制品业	31	10	7 150	35 665	35 392
塑料制品业	161	42	25 703	219 203	192 095
非金属矿物制品业	279	31	49 245	194 817	226 320
黑色金属冶炼及压延加工业	33	3	12 752	142 141	261 583
有色金属冶炼及压延加工业	39	10	6 567	179 242	186 307
金属制品业	246	34	29 023	215 822	218 550
普通机械制造业	230	31	52 069	412 325	442 137
专用设备制造业	212	27	54 618	366 984	395 997
交通运输设备制造业	86	12	40 319	247 722	297 898
电气机械及器材制造业	180	31	31 174	291 211	294 578
电子及通信设备制造业	122	25	31 128	402 482	278 419
仪器仪表及文化、办公用机械制造业	53	14	10 608	48 125	46 241
其他制造业	82	12	7 972	41 968	42 815
电力、蒸汽、热水的生产和供应业	6	2	4 406	28 086	47 959
煤气生产和供应业	2	2	782	2 923	3 842
自来水的生产和供应业	33	4	1 650	4 899	6 271

10—5 全市乡及以上全部独立核算工业企业主要指标之二

(1993 年) 单位:万元

项 目	工 业 增加值	产品销售 收 入	实现利税 总 额	#利 润 总 额	#产品销 售税金
总 计	**908 969**	**3 991 254**	**246 367**	**96 281**	**150 086**
#溧阳市	97 706	434 213	32 471	15 953	16 518
金坛市	83 876	297 319	18 598	6 578	12 020
武进县	313 041	1 322 999	86 095	34 840	51 255
在总计中:乡办工业	467 677	1 812 098	11 5111	44 636	70 475
#溧阳市	58 649	262 180	21 245	11 107	10 138
金坛市	60 051	203 049	13 508	4 915	8 594
武进县	254 811	1 032 159	68 085	26 231	41 854
一、按经济类型分					
国有经济	216 853	1 176 350	66 498	30 952	35 546
集体经济	556 665	2 209 297	140 322	49 070	91 253
其他经济	135 451	605 607	39 548	16 260	23 289
#三资企业	71 926	270 219	22 612	15 000	7 612
二、按轻重工业分					
轻工业	408 184	1 798 600	88 320	18 779	69 541
重工业	500 785	2 192 653	158 047	77 502	80 545
三、按企业规模分					
大型企业	122 803	695 886	37 642	11 364	26 278
中型企业	263 855	1 258 295	78 358	32 401	45 957
小型企业	522 310	2 037 073	130 367	52 516	77 851
四、按工业行业分					
煤炭采选业	1 193	4 819	189	94	95
非金属矿采选业	4 094	10 509	1 169	579	590
食品加工业	9 124	52 527	917	457	460
食品制造业	8 295	43 958	2 634	617	2 017
饮料制造业	4 208	16 975	2 326	12	2 314
纺织业	161 998	687 066	25 560	794	24 765

10—5 续表

单位:万元

项 目	工业增加值	产品销售收入	实现利税总额	#利润总额	#产品销售税金
服装及其他纤维制品制造业	43 048	134 486	9 577	6 317	3 260
皮革、毛皮、羽绒及其制品业	4 172	14 503	236	—315	551
木材加工及竹、藤、棕、草制品业	1 839	9 868	706	352	354
家具制造业	1 114	4 314	25	—137	162
造纸及纸制品业	3 878	15 027	625	—14	639
印刷业、记录媒介的复制	6 188	22 663	1 250	483	767
文教体育用品制造业	4 417	26 880	1 100	577	523
石油加工及炼焦业	631	4 327	421	148	273
化学原料及化学制品制造业	59 352	232 898	16 706	1 622	15 085
医药制造业	15 565	78 010	4 596	1 813	2 783
化学纤维制造业	10 122	45 644	2 709	1 128	1 581
橡胶制品业	9 311	31 306	362	—1 087	1 449
塑料制品业	40 674	175 784	10 967	4 326	6 640
非金属矿物制品业	55 464	205 054	25 578	14 510	11 068
黑色金属冶炼及压延加工业	34 713	185 064	12 253	5 954	6 300
有色金属冶炼及压延加工业	16 681	64 914	4 509	1 529	2 980
金属制品业	48 262	189 771	11 271	4 358	6 912
普通机械制造业	78 894	425 709	22 262	13 400	8 863
专用设备制造业	78 290	359 381	24 589	13 870	10 718
交通运输设备制造业	64 300	290 915	19 744	7 018	12 726
电气机械及器材制造业	61 037	264 762	22 000	9 241	12 759
电子及通信设备制造业	49 495	292 089	15 247	5 856	9 391
仪器仪表及文化、办公用机械制造业	14 959	46 120	4 413	2 359	2 054
其他制造业	7 977	39 369	2 183	736	1 447
电力、蒸汽、热水的生产和供应业	8 712	7 326	584	204	379
煤气生产和供应业	—487	4 201	—627	—651	24
自来水的生产和供应业	1 448	5 014	286	128	158

10—6 全市乡及以上全部独立核算工业企业主要指标之三

(1993 年)

单位:万元

项 目	亏损企业的亏损总额	三项资金合计	#产成品存货	#应收帐款净额	#分期收款发出商品
总 计	**34 721**	**868 666**	**260 031**	**564 648**	**43 987**
#溧阳市	1 698	76 379	22 531	50 343	3 505
金坛市	3 763	71 750	25 210	43 571	2 969
武进县	6 094	301 866	79 351	216 891	5 624
在总计中:乡办工业	10 171	398 010	121 394	265 202	11 414
#溧阳市	478	44 551	12 200	29 026	3 325
金坛市	1 414	47 287	19 283	26 099	1 905
武进县	4 660	245 082	67 689	172 139	5 254
一、按经济类型分					
国有经济	9 782	240 420	68 160	157 523	14 737
集体经济	15 703	488 851	146 980	323 630	18 241
其他经济	9 236	139 394	44 890	83 496	11 008
#三资企业	3 094	69 385	23 802	44 162	1 421
二、按轻重工业分					
轻工业	21 010	378 160	114 405	246 419	17 336
重工业	13 711	490 506	145 626	318 229	26 651
三、按企业规模分					
大型企业	4 411	131 251	31 900	87 213	12 138
中型企业	12 017	249 172	84 972	148 166	16 034
小型企业	18 293	488 241	143 158	329 269	15 814
四、按工业行业分					
煤炭采选业		1 228	351	847	30
非金属矿采选业	1	2 146	481	1 573	92
食品加工业	476	7 589	853	6 677	59
食品制造业	1 021	12 148	1 635	9 218	1 295
饮料制造业	352	2 946	984	1 931	31
纺织业	10 985	115 160	39 055	72 997	3 108

10—6 续表

单位:万元

项 目	亏损企业的亏损总额	三项资金合计	#产成品存货	#应收帐款净额	#分期收款发出商品
服装及其他纤维制品制造业	706	25 366	9 480	15 428	458
皮革、毛皮、羽绒及其制品业	446	4 797	1 246	3 435	116
木材加工及竹、藤、棕、草制品业	34	2 043	632	1 406	5
家具制造业	183	1 434	555	876	3
造纸及纸制品业	260	4 206	925	3 217	64
印刷业、记录媒介的复制	265	6 441	1 127	5 259	55
文教体育用品制造业	159	4 321	2 248	2 011	62
石油加工及炼焦业		617	157	460	
化学原料及化学制品制造业	4 230	56 803	17 016	38 007	1 780
医药制造业	453	24 508	6 661	14 687	3 160
化学纤维制造业	108	5 410	2 352	2 908	150
橡胶制品业	1 754	11 252	4 979	5 336	937
塑料制品业	1 878	47 943	12 908	33 402	1 633
非金属矿物制品业	899	37 774	10 874	26 307	593
黑色金属冶炼及压延加工业	320	26 200	8 284	15 574	2 342
有色金属冶炼及压延加工业	646	12 289	3 718	7 460	1 111
金属制品业	742	42 625	13 474	28 027	1 124
普通机械制造业	1 278	82 540	19 786	60 216	2 538
专用设备制造业	1 859	79 945	27 156	48 445	4 344
交通运输设备制造业	566	59 241	17 118	41 412	711
电气机械及器材制造业	1 067	83 679	29 722	45 693	8 264
电子及通信设备制造业	924	79 191	16 268	54 732	8 191
仪器仪表及文化、办公用机械制造业	1 776	16 965	7 544	7 912	1 509
其他制造业	511	7 910	2 351	5 338	221
电力、蒸汽、热水的生产和供应业	164	2 662	45	2 617	
煤气生产和供应业	651	368	27	341	
自来水的生产和供应业	8	920	21	899	

10—7 全市乡及以上全部独立核算工业企业主要指标之四

(1993 年) 单位:万元

项 目	资本金	年底固定资产原价	年底固定资产净值	流动资产全年平均余额
总 计	**929 053**	**1 459 575**	**1 052 360**	**1 767 073**
#溧阳市	80 913	118 848	88 746	153 576
金坛市	55 913	82 580	58 658	127 082
武进县	276 102	393 579	290 290	548 426
在总计中:乡办工业	351 192	510 489	377 645	706 428
#溧阳市	47 518	64 739	47 012	84 245
金坛市	35 706	50 983	37 183	78 792
武进县	216 530	307 486	229 651	433 409
一、按经济类型分				
国有经济	326 262	613 922	441 639	579 443
集体经济	440 069	643 012	461 034	890 622
其他经济	162 723	202 641	149 687	297 009
#三资企业	86 048	90 398	73 745	145 529
二、按轻重工业分				
轻工业	381 005	602 605	434 238	746 477
重工业	548 048	856 970	618 122	1 020 596
三、按企业规模分				
大型企业	201 708	393 582	279 822	322 854
中型企业	286 191	489 008	350 165	556 634
小型企业	441 155	576 986	422 374	887 584
四、按工业行业分				
煤炭采选业	1 618	2 786	1 417	3 280
非金属矿采选业	2 475	3 632	2 038	3 574
食品加工业	8 335	12 443	9 143	16 802
食品制造业	9 341	12 653	9 577	20 212
饮料制造业	5 378	8 018	5 254	8 296
纺织业	140 314	257 977	180 075	267 830

10—7 续表

单位:万元

项 目	资本金	年底固定资产原价	年底固定资产净值	流动资产全年平均余额
服装及其他纤维制品制造业	25 773	32 037	25 929	51 042
皮革、毛皮、羽绒及其制品业	2 877	5 333	4 294	9 587
木材加工及竹、藤、棕、草制品业	1 655	2 836	2 278	3 498
家具制造业	1 070	1 862	1 323	2 740
造纸及纸制品业	2 802	5 511	4 101	6 639
印刷业、记录媒介的复制	6 536	11 164	8 108	9 886
文教体育用品制造业	2 841	3 143	2 597	9 068
石油加工及炼焦业	802	425	256	2 053
化学原料及化学制品制造业	67 865	103 478	74 327	109 964
医药制造业	17 321	23 444	14 302	38 871
化学纤维制造业	13 072	42 951	35 236	15 175
橡胶制品业	7 995	11 658	8 109	18 349
塑料制品业	54 677	75 401	53 497	87 310
非金属矿物制品业	48 084	72 332	49 640	81 321
黑色金属冶炼及压延加工业	24 134	45 063	32 734	62 591
有色金属冶炼及压延加工业	17 175	15 817	11 563	32 856
金属制品业	35 644	51 566	37 213	81 276
普通机械制造业	76 127	106 182	74 879	152 256
专用设备制造业	80 895	113 873	78 635	162 962
交通运输设备制造业	74 702	88 488	61 579	119 447
电气机械及器材制造业	60 198	91 923	68 411	147 033
电子及通信设备制造业	59 719	60 830	44 107	136 609
仪器仪表及文化、办公用机械制造业	16 587	19 624	12 674	33 922
其他制造业	7 473	9 858	7 417	13 076
电力、蒸汽、热水的生产和供应业	35 120	142 995	111 197	48 388
煤气生产和供应业	4 764	6 480	4 959	6 210
自来水的生产和供应业	15 688	17 792	15 491	4 952

10—8 市区乡及以上全部独立核算工业企业主要指标之一

(1993年)

项目	企业单位数(个)	#亏损企业	全部职工平均人数(人)	工业总产值(万元)	
				1990年不变价格	当年价格
总计	**707**	**205**	**275 491**	**1 955 689**	**2 090 153**
一、按经济类型分					
国有经济	130	21	126 662	901 554	1 041 432
集体经济	421	120	91 573	578 593	569 955
其他经济	156	64	57 256	475 542	478 766
#三资企业	115	51	17 518	209 689	197 940
二、按轻重工业分					
轻工业	378	121	140 032	939 732	937 112
重工业	329	84	135 459	1 015 957	1 153 041
三、按企业规模分					
大型企业	30	4	75 515	644 820	737 323
中型企业	102	24	99 350	667 488	708 283
小型企业	575	177	100 626	643 380	644 547
四、按工业行业分					
煤炭采选业	3		2 738	3 441	4 662
食品加工业	11	5	2 675	17 866	21 332
食品制造业	16	12	3 237	19 022	18 280
饮料制造业	5	1	1 343	9 198	9 395
纺织业	76	25	67 424	408 159	412 516
服装及其他纤维制品制造业	46	14	7 634	62 798	66 787
皮革、毛皮、羽绒及其制品业	4	2	1 184	5 078	4 434
木材加工及竹、藤、棕、草制品业	4	2	170	496	537
家具制造业	3	2	228	1 640	1 758
造纸及纸制品业	12	5	1 745	7 632	7 357
印刷业、记录媒介的复制	17	3	2 268	9 854	11 524
文教体育用品制造业	4		796	14 221	13 551
化学原料及化学制品制造业	41	16	11 875	79 325	77 448
医药制造业	11	2	4 593	41 224	32 789

10—8续表

项 目	企业单位数(个)	#亏损企业	全部职工平均人数(人)	工业总产值(万元) 1990年不变价格	当年价格
化学纤维制造业	1		1 081	20 784	17 027
橡胶制品业	8	6	5 162	25 875	26 515
塑料制品业	60	21	14 357	130 756	116 342
非金属矿物制品业	30	4	9 059	48 207	56 002
黑色金属冶炼及压延加工业	3	1	2 985	18 190	33 395
有色金属冶炼及压延加工业	8	3	2 269	83 047	104 259
金属制品业	54	12	9 503	50 059	58 505
普通机械制造业	43	8	19 088	150 690	179 975
专用设备制造业	49	10	23 980	162 338	195 055
交通运输设备制造业	33	5	32 328	180 656	234 744
电气机械及器材制造业	71	16	18 858	171 614	181 489
电子及通信设备制造业	40	11	13 874	154 756	107 646
仪器仪表及文化、办公用机械制造业	29	10	7 896	36 340	35 146
其他制造业	20	7	2 506	12 375	14 981
电力、蒸汽、热水的生产和供应业	2		3 088	25 341	40 330
煤气生产和供应业	1	1	721	2 566	3 485
自来水的生产和供应业	2	1	826	2 144	2 888
五、按主要工业主管系统分					
#纺 工	43	9	48 333	278 345	287 790
丝 绸	5	2	2 410	13 421	13 380
轻 工	40	13	14 533	85 361	85 744
金狮集团	1		8 888	78 025	96 585
服 装	20	6	5 211	40 050	44 408
塑 料	16	8	5 703	60742	61 423
电 子	46	11	19 682	196 356	150 067
机械冶金	41	11	41 111	378 218	497 012
化 工	23	8	15 107	97 591	99 742
医 药	7	2	4 772	37 227	29 881
建 材	9	1	6 640	48 012	49 483
矿 务	10		4 581	9 188	10 990
包 装	5	1	638	3 166	2 838

10－9 市区乡及以上全部独立核算工业企业主要指标之二

(1993年)

单位:万元

项 目	工 业 增加值	产品销售 收 入	实现利税 总 额	#利 润 总 额	#产品销 售税金
总 计	**414 345**	**1 936 722**	**109 203**	**38 910**	**70 294**
一、按经济类型分					
国有经济	171 653	942 219	53 029	23 497	29 533
集体经济	135 088	512 867	25 308	4 639	20 668
其他经济	107 605	481 637	30 867	10 773	20 093
#三资企业	48 704	181 851	15 570	10 727	4 843
二、按轻重工业分					
轻工业	197 015	926 948	42 258	5 744	36 514
重工业	217 330	1 009 774	66 945	33 166	33 779
三、按企业规模分					
大型企业	115 031	638 605	35 960	10 742	25 218
中型企业	140 373	713 759	42 574	16 388	26 186
小型企业	158 941	584 358	30 669	11 780	18 890
四、按工业行业分					
煤炭采选业	1 190	4 811	189	94	94
食品加工业	2 202	19 223	－34	－144	111
食品制造业	3 461	17 826	19	－766	785
饮料制造业	2 702	9 368	1 601	190	1 411
纺织业	82 933	393 992	11 540	－1 577	13 117
服装及其他纤维制品制造业	23 387	66 290	5 916	4 841	1 075
皮革、毛皮、羽绒及其制品业	215	4 427	－95	－287	192
木材加工及竹、藤、棕、草制品业	17	515	28	7	21
家具制造业	284	1 922	－103	－177	74
造纸及纸制品业	1 834	6 723	297	36	261
印刷业、记录媒介的复制	2 479	11 042	419	99	320
文教体育用品制造业	1 323	13 070	573	543	30
化学原料及化学制品制造业	15 975	76 026	6 000	－977	6 976
医药制造业	6 770	32 734	1 748	528	1 219
化学纤维制造业	3 776	16 890	1 553	1 081	471

10—9续表

单位:万元

项 目	工 业 增加值	产品销售 收 入	实现利税 总 额	#利 润 总 额	#产品销 售税金
橡胶制品业	7 296	25 298	−209	−1 168	959
塑料制品业	24 886	115 602	7 049	2 900	4 149
非金属矿物制品业	13 942	52 595	4 538	1 181	3 357
黑色金属冶炼及压延加工业	3 562	33 321	2 332	2 040	292
有色金属冶炼及压延加工业	4 970	18 782	1 682	1 145	537
金属制品业	12 729	53 008	3 101	1 134	1 966
普通机械制造业	28 540	192 808	7 537	4 823	2 714
专用设备制造业	39 234	186 640	11 341	6 334	5 007
交通运输设备制造业	50 901	243 136	16 418	5 389	11 029
电气机械及器材制造业	37 402	161 913	13 582	6 290	7 291
电子及通信设备制造业	21 145	120 124	8 078	3 587	4 491
仪器仪表及文化、办公用机械制造业	12 025	36 361	4 055	2 390	1 665
其他制造业	2 716	15 713	570	−12	582
电力、蒸汽、热水的生产和供应业	6 418				
煤气生产和供应业	−522	3 775	−604	−617	13
自来水的生产和供应业	493	2 786	84	2	82
五、按主要工业主管系统分					
#纺 工	54 065	293 698	14 469	3 705	10 764
丝 绸	2 243	14 449	−1621	−1888	267
轻 工	20 336	87 603	7 945	2 794	5 150
金狮集团	18 990	108 465	7 444	151	7 293
服 装	17 741	46 645	3 518	2 823	694
塑 料	12 802	63 315	4 026	1 549	2 477
电 子	29 271	162 429	11 792	5 618	6 175
机械冶金	69 184	410 021	21 486	12 759	8 727
化 工	22 510	102 403	7 178	−359	7 537
医 药	5 041	31 019	1 096	−54	1 150
建 材	10 978	52 583	5 108	1 787	3 321
矿 务	2 593	12 133	1 050	471	578
包 装	520	2 817	79	−28	107

10—10 市区乡及以上全部独立核算工业企业主要指标之三

(1993年) 单位:万元

项目	亏损企业的亏损总额	三项资金合计	#产成品存货	#应收帐款净额	#分期收款发出商品
总计	**23 165**	**418 672**	**132 939**	**253 843**	**31 890**
一、按经济类型分					
国有经济	7 321	194 102	59 925	119 440	14 737
集体经济	7 349	113 587	38 721	67 690	7 176
其他经济	8 496	110 984	34 293	66 714	9 977
#三资企业	2 377	46 178	15 064	30 419	695
二、按轻重工业分					
轻工业	15 976	190 284	62 719	115 943	11 622
重工业	7 189	228 388	70 220	137 900	20 268
三、按企业规模分					
大型企业	4 411	120 848	31 558	77 152	12 138
中型企业	9 910	155 481	56 112	86 073	13 296
小型企业	8 844	142 345	45 269	90 618	6 456
四、按工业行业分					
煤炭采选业		1 228	351	847	30
食品加工业	283	3 474	473	3 001	
食品制造业	768	4 540	748	2 592	1 200
饮料制造业	25	1 098	579	519	
纺织业	8 509	64 303	24 140	38 736	1 427
服装及其他纤维制品制造业	521	12 428	3 337	9 065	26
皮革、毛皮、羽绒及其制品业	293	1 338	432	906	
木材加工及竹、藤、棕、草制品业	8	158	46	112	
家具制造业	177	448	195	253	1
造纸及纸制品业	152	1 710	297	1 413	
印刷业、记录媒介的复制	239	2 483	190	2 293	
文教体育用品制造业		1 730	709	1 021	
化学原料及化学制品制造业	2 311	16 806	4 388	11 406	1 012
医药制造业	333	12 859	3 952	6 689	2 218
化学纤维制造业		1 436	455	981	
橡胶制品业	1 676	8 424	4 014	3 649	761
塑料制品业	1 244	29 989	8 048	20 701	1 240

10—10续表 单位:万元

项 目	亏损企业的亏损总额	三项资金合计	#产成品存货	#应收帐款净额	#分期收款发出商品
非金属矿物制品业	714	9 627	3 215	6 332	80
黑色金属冶炼及压延加工业	22	10 146	3 880	3 925	2 341
有色金属冶炼及压延加工业	153	1 184	488	577	119
金属制品业	329	11 692	2 883	8 496	313
普通机械制造业	551	30 845	7 119	22 652	1 074
专用设备制造业	1 407	38 739	15 472	19 921	3 346
交通运输设备制造业	410	44 910	12 544	32 204	162
电气机械及器材制造业	576	53 747	19 340	27 023	7 384
电子及通信设备制造业	403	35 200	7 991	19 456	7 753
仪器仪表及文化、办公用机械制造业	1 022	14 184	6 841	6 046	1 297
其他制造业	420	2 304	780	1 418	106
电力、蒸汽、热水的生产和供应业		960		960	
煤气生产和供应业	617	265	27	238	
自来水的生产和供应业	5	418	4	414	
五、按主要工业主管系统分					
#纺 工	5 809	54 306	21 395	31 444	1 467
丝 绸	2 200	2 389	254	1 964	171
轻 工	1 954	27 321	7 165	15 655	4 501
金狮集团		16 492	3 680	12 656	156
服 装	440	8 902	2 438	6 464	
塑 料	591	15 200	4 649	9 503	1 048
电 子	446	49 248	12 837	27 414	8 997
机械冶金	2 258	92 652	31 182	51 454	10 016
化 工	2 594	21 764	8 286	12 298	1 180
医 药	333	11 462	3 488	5 556	2 418
建 材	127	6 612	1 723	4 889	
矿 务		2 948	630	2 288	30
包 装	29	806	236	383	187

10—11 市区乡及以上全部独立核算工业企业主要指标之四

(1993年) 单位:万元

项 目	资本金	年底固定资产原价	年底固定资产净值	流动资产全年平均余额
总 计	**516 125**	**864 568**	**614 666**	**937 989**
一、按经济类型分				
国有经济	277 639	535 462	382 117	482 393
集体经济	105 388	166 290	115 051	215 895
其他经济	133 099	162 817	117 498	239 702
#三资企业	61 124	56 984	49 961	97 146
二、按轻重工业分				
轻工业	216 603	355 815	250 347	403 693
重工业	299 523	508 753	364 319	534 296
三、按企业规模分				
大型企业	191 836	377 218	267 821	302 827
中型企业	184 966	306 550	213 239	360 111
小型企业	139 323	180 801	132 706	275 051
四、按工业行业分				
煤炭采选业	1 615	2 770	1 404	3 254
食品加工业	3 788	5 071	3 601	7 061
食品制造业	4 729	8 846	6 436	8 873
饮料制造业	3 619	5 172	3 361	4 569
纺织业	82 981	160 685	108 609	153 819
服装及其他纤维制品制造业	15 624	18 970	15 675	29 298
皮革、毛皮、羽绒及其制品业	719	1 669	1 199	2 939
木材加工及竹、藤、棕、草制品业	102	138	92	361
家具制造业	640	1 089	706	1 279
造纸及纸制品业	1 162	3 231	2 410	2 887
印刷业、记录媒介的复制	4 150	6 204	4 403	5 843
文教体育用品制造业	700	474	400	3 665
化学原料及化学制品制造业	19 751	38 525	26 263	36 294
医药制造业	9 508	11 482	7 571	19 088
化学纤维制造业	7 111	16 199	12 924	4 711

10—11 续表

单位:万元

项 目	资本金	年底固定资产原价	年底固定资产净值	流动资产全年平均余额
橡胶制品业	6 479	9 415	6 615	14 794
塑料制品业	37 535	53 746	37 974	57 988
非金属矿物制品业	12 943	22 536	16 318	19 351
黑色金属冶炼及压延加工业	8 751	15 434	11 174	19 545
有色金属冶炼及压延加工业	8 057	4 592	3 306	8 850
金属制品业	13 786	20 563	14 429	24 983
普通机械制造业	34 031	51 646	34 965	65 080
专用设备制造业	40 909	65 443	43 784	89 984
交通运输设备制造业	64 323	74 403	50 420	97 786
电气机械及器材制造业	39 037	60 152	42 990	99 695
电子及通信设备制造业	29 311	32 203	22 077	69 513
仪器仪表及文化、办公用机械制造业	14 294	16 889	10 746	29 072
其他制造业	3 226	3 788	2 609	5 211
电力、蒸汽、热水的生产和供应业	30 673	133 753	105 581	44 649
煤气生产和供应业	4 764	6 219	4 698	5 975
自来水的生产和供应业	11 811	13 262	11 926	1 573
五、按主要工业主管系统分				
#纺　　工	75 212	150 619	101 727	138 717
丝　　绸	3 651	8 600	7 176	7 062
轻　　工	26 076	49 079	34 290	54 979
金狮集团	13 446	15 064	9 644	35 162
服　　装	9 975	12 840	10 045	20 276
塑　　料	22 201	27 475	17 936	33 808
电　　子	43 371	50 755	35 451	98 357
机械冶金	97 832	131 655	88 891	189 776
化　　工	25 322	46 717	31 468	48 396
医　　药	8 488	10 613	6 796	17 239
建　　材	16 926	22 451	16 124	17 683
矿　　务	4 070	6 217	3 843	6 771
包　　装	601	1 288	955	1 770

10—12 市区国有经济独立核算工业企业主要指标之一

(1993年)

项目	企业单位数(个)	#亏损企业	全部职工平均人数(人)	工业总产值(万元) 1990年不变价格	当年价格
总计	**130**	**21**	**126 662**	**901 554**	**1 041 432**
一、按轻重工业分					
轻工业	55	13	44 865	309 502	299 002
重工业	75	8	81 797	592 053	742 430
二、按企业规模分					
大型企业	20	2	52 424	458 703	541 003
中型企业	56	12	58 753	384 190	433 530
小型企业	54	7	15 485	58 661	66 900
三、按工业行业分					
煤炭采选业	3		2 738	3 441	4 662
食品加工业	6	1	2 476	16 650	20 066
食品制造业	8	4	2 199	14 289	13 058
饮料制造业	1		939	5 852	6 323
纺织业	20	5	28 624	151 856	161 407
印刷业、记录媒介的复制	4	1	672	1 416	1 747
化学原料及化学制品制造业	8	1	6 558	44 676	44 402
医药制造业	4	1	2 809	26 520	19 797
化学纤维制造业	1		1 081	20 784	17 027
橡胶制品业	1	1	1 042	5 708	4 283
塑料制品业	4	1	1 705	17 927	13 350
非金属矿物制品业	5	—	4 593	26 042	30 758
黑色金属冶炼及压延加工业	1	—	2 708	15 781	30 857
有色金属冶炼及压延加工业	1	—	1 496	77 475	98 743
金属制品业	6	—	2 623	12 680	17 496
普通机械制造业	8	—	12 071	106 660	138 364
专用设备制造业	17	3	15 138	105 478	136 706
交通运输设备制造业	9		19 725	88 757	121 671
电气机械及器材制造业	10		5 899	53 774	56 403
电子及通信设备制造业	3		3 478	65 363	47 233
仪器仪表及文化、办公用机械制造业	5	1	3 453	10 344	10 378
电力、蒸汽、热水的生产和供应业	2		3 088	25 341	40 330
煤气生产和供应业	1	1	721	2 566	3 485
自来水的生产和供应业	2	1	826	2 144	2 888

10—13 市区国有经济独立核算工业企业主要指标之二

(1993 年)

单位:万元

项 目	工 业 增加值	产品销售 收 入	实现利税 总 额	#利 润 总 额	#产品销 售税金
总 计	**171 653**	**942 219**	**53 029**	**23 497**	**29 533**
一、按轻重工业分					
轻工业	44 667	305 968	11 886	902	10 984
重工业	126 985	636 251	41 143	22 595	18 549
二、按企业规模分					
大型企业	75 841	425 786	23 976	10 897	13 079
中型企业	83 812	448 283	26 174	11 529	14 645
小型企业	12 000	68 149	2 879	1 071	1 809
三、按工业行业分					
煤炭采选业	1 190	4 811	189	94	94
食品加工业	2 015	18 370	57	—31	88
食品制造业	2 167	13 426	27	—604	632
饮料制造业	1 875	6 533	1 423	207	1 216
纺织业	23 535	163 407	3 506	—946	4 452
印刷业、记录媒介的复制	403	1 398	—90	—122	32
化学原料及化学制品制造业	8 485	45 874	4 107	111	3 995
医药制造业	3 289	20 035	701	—126	827
化学纤维制造业	3 776	16 890	1 553	1 081	471
橡胶制品业	735	5 784	142	—148	290
塑料制品业	2 724	14 557	1 187	540	647
非金属矿物制品业	7 065	32 525	3 470	1 189	2 281
黑色金属冶炼及压延加工业	3 247	31 908	2 311	2 056	255
有色金属冶炼及压延加工业	3 629	14 989	1 669	1 214	456
金属制品业	3 022	16 579	1 055	431	623
普通机械制造业	18 709	142 540	5 649	4 050	1 598
专用设备制造业	25 420	141 271	8 115	4 560	3 555
交通运输设备制造业	28 490	122 271	8 394	5 213	3 181
电气机械及器材制造业	13 663	57 756	5 604	3 461	2 144
电子及通信设备制造业	8 156	53 728	3 578	1 601	1 977
仪器仪表及文化、办公用机械制造业	3 607	11 006	903	279	624
电力、蒸汽、热水的生产和供应业	6 481				
煤气生产和供应业	—522	3 775	—604	—617	13
自来水的生产和供应业	493	2 786	84	2	82

10—14 市区国有经济独立核算工业企业主要指标之三

(1993年)

单位:万元

项目	亏损企业的亏损总额	三项资金合计	#产成品存货	#应收帐款净额	#分期收款发出商品
总计	**7 321**	**194 102**	**59 925**	**119 440**	**14 737**
一、按轻重工业分					
轻工业	4 401	67 524	23 102	38 083	6 339
重工业	2 919	126 578	36 823	81 357	8 398
二、按企业规模分					
大型企业	1 474	79 782	20 626	53 819	5 337
中型企业	4 842	98 590	35 595	54 182	8 813
小型企业	1 004	15 730	3 704	11 439	587
三、按工业行业分					
煤炭采选业		1 228	351	847	30
食品加工业	169	3 231	414	2 817	
食品制造业	607	3 408	410	1 894	1 104
饮料制造业		394	121	273	
纺织业	3 183	31 911	13 221	17 890	800
印刷业、记录媒介的复制	204	247	12	235	
化学原料及化学制品制造业	684	11 123	2 752	7 924	447
医药制造业	234	7 242	2 552	3 756	934
化学纤维制造业		1 436	455	981	
橡胶制品业	148	1 871	439	1 432	
塑料制品业	127	3 451	419	2 990	42
非金属矿物制品业		4 202	1 531	2 671	
黑色金属冶炼及压延加工业		9 881	3 860	3 680	2 341
有色金属冶炼及压延加工业		119	48	71	
金属制品业		3 719	534	3 112	73
普通机械制造业		23 263	4 804	17 726	733
专用设备制造业	1 212	28 260	9 787	15 604	2 869
交通运输设备制造业		22 470	5 326	17 144	
电气机械及器材制造业		19 957	7 842	7 889	4 226
电子及通信设备制造业		11 335	3 008	7 528	799
仪器仪表及文化、办公用机械制造业	132	3 711	2 007	1 364	340
电力、蒸汽、热水的生产和供应业		960		960	
煤气生产和供应业	617	265	27	238	
自来水的生产和供应业	5	418	4	414	

10—15 市区国有经济独立核算工业企业主要指标之四

(1993 年) 单位:万元

项 目	资本金	年底固定资产原价	年底固定资产净值	流动资产全年平均余额
总 计	**277 639**	**535 462**	**382 117**	**482 393**
一、按轻重工业分				
轻工业	77 945	149 342	104 779	143 012
重工业	199 694	386 120	277 338	339 380
二、按企业规模分				
大型企业	146 371	309 500	223 450	214 767
中型企业	110 799	199 341	140 520	231 124
小型企业	20 469	26 622	18 148	36 502
三、按工业行业分				
煤炭采选业	1 615	2 770	1 404	3 254
食品加工业	3 503	4 621	3 296	6 287
食品制造业	3 475	6 449	4 699	6 099
饮料制造业	2 822	4 015	2 447	3 313
纺织业	34 611	73 834	48 612	71 468
印刷业、记录媒介的复制	1 135	1 901	1 296	1 458
化学原料及化学制品制造业	10 216	27 979	19 273	21 558
医药制造业	4 746	5 741	3 563	10 707
化学纤维制造业	7 111	16 199	12 924	4 711
橡胶制品业	1 117	1 936	1 017	4 136
塑料制品业	5 658	6 690	5 118	6 029
非金属矿物制品业	10 028	14 325	10 549	9 851
黑色金属冶炼及压延加工业	8 254	14 746	10 721	18 929
有色金属冶炼及压延加工业	7 039	2 949	2 000	6 111
金属制品业	5 713	8 603	5 705	9 764
普通机械制造业	24 305	39 435	26 310	50 678
专用设备制造业	29 853	48 257	32 741	68 400
交通运输设备制造业	44 254	53 919	36 743	51 647
电气机械及器材制造业	13 375	29 095	19 452	39 972
电子及通信设备制造业	6 594	11 310	7 782	25 346
仪器仪表及文化、办公用机械制造业	4 969	7 455	4 261	10 478
电力、蒸汽、热水的生产和供应业	30 673	133 753	105 581	4 4649
煤气生产和供应业	4 764	6 219	4 698	5 975
自来水的生产和供应业	11 811	13 262	11 926	1 573

10—16 市区乡及以上集体经济独立核算工业企业主要指标之一

(1993 年)

项 目	企业单位数(个)	#亏损企业	全部职工平均人数(人)	工业总产值(万元) 1990年不变价格	当年价格
总 计	**421**	**120**	**91 573**	**578 593**	**569 955**
一、按轻重工业分					
轻工业	228	70	56 541	339 318	326 103
重工业	193	50	35 032	239 275	243 852
二、按企业规模分					
大型企业	3		3 264	22 091	25 821
中型企业	28	7	23 313	154 139	143 342
小型企业	390	113	64 996	402 362	400 791
三、按工业行业分					
食品加工业	5	4	199	1 186	1 266
食品制造业	6	6	481	3 691	3 988
饮料制造业	3		403	3 279	3 005
纺织业	44	17	26 449	172 180	166 440
服装及其他纤维制品制造业	18	4	2 382	12 869	14 190
皮革、毛皮、羽绒及其制品业	2	1	402	450	437
木材加工及竹、藤、棕、草制品业	4	2	170	496	537
家具制造业	3	2	228	1 640	1 758
造纸及纸制品业	12	5	1 745	7 632	7 357
印刷业、记录媒介的复制	12	2	1 488	8 196	9 193
文教体育用品制造业	1		253	156	156
化学原料及化学制品制造业	29	12	4 229	28 909	27 055
医药制造业	5	1	1 648	11 770	10 036
橡胶制品业	4	3	2 407	9 060	9 197
塑料制品业	34	8	8 782	69 884	60 942
非金属矿物制品业	23	4	4 041	20 201	22 426
黑色金属冶炼及压延加工业	2	1	277	2 409	2 538
有色金属冶炼及压延加工业	7	3	773	5 572	5 516
金属制品业	43	10	5 886	39 908	33 736
普通机械制造业	30	4	5 009	32 658	30 499
专用设备制造业	26	5	6 484	45 572	44 678
交通运输设备制造业	20	4	3 195	10 242	10 334
电气机械及器材制造业	39	10	6 827	65 959	73 082
电子及通信设备制造业	20	5	3 911	15 312	10 795
仪器仪表及文化、办公用机械制造业	13	2	2 301	8 264	8 783
其他制造业	16	5	1 603	11 101	11 712

10—17 市区乡及以上集体经济独立核算工业企业主要指标之二

（1993 年）　　单位：万元

项目	工业增加值	产品销售收入	实现利税总额	#利润总额	#产品销售税金
总计	**135 088**	**512 867**	**25 308**	**4 639**	**20 668**
一、按轻重工业分					
轻工业	80 870	298 442	12 991	656	12 335
重工业	54 219	214 425	12 317	3 983	8 334
二、按企业规模分					
大型企业	6 059	26 117	1 512	107	1 405
中型企业	28 839	136 956	7 618	1 172	6 446
小型企业	100 190	349 794	16 178	3 360	12 817
三、按工业行业分					
食品加工业	187	854	—91	—113	22
食品制造业	1 027	3 328	31	—78	108
饮料制造业	831	2 819	202	8	194
纺织业	43 814	144 653	6 943	690	6 253
服装及其他纤维制品制造业	3 247	14 627	800	449	352
皮革、毛皮、羽绒及其制品业	23	326	—159	—165	6
木材加工及竹、藤、棕、草制品业	17	515	28	7	21
家具制造业	284	1 922	—103	—177	74
造纸及纸制品业	1 834	6 723	297	36	261
印刷业、记录媒介的复制	1 980	9 361	494	220	274
文教体育用品制造业	34	156	9		9
化学原料及化学制品制造业	7 226	24 056	1 794	—625	2 419
医药制造业	2 125	9 919	433	114	319
橡胶制品业	3 088	6 900	—1000	—1259	260
塑料制品业	11 352	59 250	2 627	944	1 683
非金属矿物制品业	6 182	17 113	769	—185	954
黑色金属冶炼及压延加工业	315	1 413	21	—16	37
有色金属冶炼及压延加工业	1 341	3 794	12	—69	81
金属制品业	8 112	29 742	1 503	471	1 032
普通机械制造业	7 980	41 354	1 945	1 104	842
专用设备制造业	8 793	32 340	1 865	1 015	849
交通运输设备制造业	3 067	10 319	771	320	451
电气机械及器材制造业	15 140	56 120	3 864	843	3 022
电子及通信设备制造业	1 926	14 090	1 189	804	385
仪器仪表及文化、办公用机械制造业	3 102	8 737	452	238	214
其他制造业	2 061	12 437	612	65	547

10—18 市区乡及以上集体经济独立核算工业企业主要指标之三

(1993年)　　单位:万元

项 目	亏损企业的亏损总额	三项资金合计	#产成品存货	#应收帐款净额	#分期收款发出商品
总 计	**7 349**	**113 587**	**38 721**	**67 690**	**7 176**
一、按轻重工业分					
轻工业	4 950	62 019	21 113	38 407	2 499
重工业	2 399	51 567	17 608	29 282	4 677
二、按企业规模分					
大型企业		5 763	3 175	2 341	247
中型企业	2 577	28 115	9 872	15 525	2 718
小型企业	4 772	79 708	25 674	49 823	4 211
三、按工业行业分					
食品加工业	114	243	59	184	
食品制造业	78	455	68	291	96
饮料制造业		674	434	240	
纺织业	1 191	20 552	7 165	13 079	308
服装及其他纤维制品制造业	95	3 349	998	2 351	
皮革、毛皮、羽绒及其制品业	171	230	121	109	
木材加工及竹、藤、棕、草制品业	8	158	46	112	
家具制造业	177	448	195	253	1
造纸及纸制品业	152	1 710	297	1 413	
印刷业、记录媒介的复制	35	2 199	172	2 027	
化学原料及化学制品制造业	1 026	4 806	1 389	2 851	566
医药制造业	99	4 663	1 243	2 136	1 284
橡胶制品业	1 310	4 847	1 974	2 112	761
塑料制品业	320	14 178	4 670	9 231	277
非金属矿物制品业	714	4 843	1 460	3 303	80
黑色金属冶炼及压延加工业	22	265	20	245	
有色金属冶炼及压延加工业	153	1 064	440	505	119
金属制品业	287	5 284	1503	3 541	240
普通机械制造业	216	5 311	1 532	3 437	342
专用设备制造业	189	8 068	4 190	3 568	310
交通运输设备制造业	69	2 185	651	1 528	6
电气机械及器材制造业	493	15 305	5 492	8 258	1 555
电子及通信设备制造业	65	6 442	1 454	4 092	896
仪器仪表及文化、办公用机械制造业	80	4 285	2 515	1 548	222
其他制造业	286	2 029	637	1 277	115

10—19 市区乡及以上集体经济独立核算工业企业主要指标之四

(1993年)

单位:万元

项目	资本金	年底固定资产原价	年底固定资产净值	流动资产全年平均余额
总计	**105 388**	**166 290**	**115 051**	**215 895**
一、按轻重工业分				
轻工业	59 603	99 974	69 719	117 838
重工业	45 785	66 316	45 331	98 056
二、按企业规模分				
大型企业	5 630	11 328	6 771	10 295
中型企业	33 876	54 949	37 351	61 059
小型企业	65 882	100 013	70 929	144 542
三、按工业行业分				
食品加工业	285	449	304	774
食品制造业	495	1 569	1 147	1 406
饮料制造业	569	995	759	1 100
纺织业	19 951	41 452	28 504	42 158
服装及其他纤维制品制造业	5 037	4 753	3 509	6 034
皮革、毛皮、羽绒及其制品业	185	123	66	605
木材加工及竹、藤、棕、草制品业	102	138	92	361
家具制造业	640	1 089	706	1 279
造纸及纸制品业	1 162	3 231	2 410	2 887
印刷业、记录媒介的复制	2 905	4 090	2 920	4 264
文教体育用品制造业	4	1	1	4
化学原料及化学制品制造业	7 656	8 619	5 945	11 554
医药制造业	3 793	4 715	3 304	6 666
橡胶制品业	2 167	3 527	2 379	6 586
塑料制品业	16 705	28 238	19 713	26 521
非金属矿物制品业	2 363	7 241	5 157	8 511
黑色金属冶炼及压延加工业	49 7	688	453	616
有色金属冶炼及压延加工业	1 018	1 642	1 306	2 738
金属制品业	5 340	8 955	6 436	11 004
普通机械制造业	4 651	7 581	5 300	9 545
专用设备制造业	6 044	10 953	6 616	15 768
交通运输设备制造业	2 742	3 913	2 609	5 713
电气机械及器材制造业	8 596	10 623	7 839	26 861
电子及通信设备制造业	7 156	53 50	3 321	12 242
仪器仪表及文化、办公用机械制造业	2 856	3 396	2 196	6 615
其他制造业	2 470	2 959	2 058	4 084

10—20　全市乡及以上全部独立核算工业企业主要经济效益指标

（1993年）　　单位：%

项　　目	工业产品销售率	全部资金利税率	工业成本费用利润率	工业增加值率	全员劳动生产率（按增加值计算，元）	全部流动资产周转率（次）
总　　计	95.63	9.10	2.58	19.59	14 837	2.26
＃溧阳市	93.96	14.32	3.96	19.22	13 887	2.83
金坛市	93.19	10.29	2.37	21.88	12 975	2.34
武进县	95.75	10.87	2.83	18.88	15 487	2.41
在总计中：乡办工业	93.47	11.25	2.65	20.37	15 020	2.57
＃溧阳市	90.10	17.19	4.59	17.64	12 561	3.11
金坛市	94.35	12.14	2.60	21.99	13 073	2.58
武进县	94.99	10.92	2.77	19.62	15 476	2.36
一、按经济类型分						
国有经济	97.75	6.75	2.80	16.81	13 645	2.03
集体经济	94.59	10.90	2.39	20.44	14 647	2.48
其他经济	96.07	9.09	2.88	21.61	18 393	2.04
＃三资企业	92.90	10.53	6.10	23.25	23 538	1.86
二、按轻重工业分						
轻工业	96.06	7.76	1.11	20.29	14 108	2.41
重工业	95.30	10.07	3.82	19.06	15 490	2.15
三、按企业规模分						
大型企业	97.76	6.44	1.73	15.60	15 343	2.16
中型企业	97.81	9.03	2.77	19.42	16 067	2.26
小型企业	93.98	10.39	2.76	20.94	14 179	2.30
四、按工业行业分						
煤炭采选业	98.82	3.90	1.78	25.55	4 318	1.47
非金属矿采选业	97.26	22.44	6.31	31.48	5 781	2.94
食品加工业	97.53	3.66	0.87	12.53	12 499	3.13
食品制造业	96.26	9.22	1.50	17.83	14 981	2.17
饮料制造业	97.95	17.27	0.08	24.16	13 518	2.05
纺织业	96.85	5.94	0.12	19.74	12 618	2.57

10－20续表

单位：%

项 目	工业产品销售率	全部资金利税率	工业成本费用利润率	工业增加值率	全员劳动生产率(按增加值计算，元)	全部流动资产周转率(次)
服装及其他纤维制品制造业	93.52	12.86	5.10	27.82	18 031	2.63
皮革、毛皮、羽绒及其制品业	95.80	1.71	－2.18	20.88	10 094	1.51
木材加工及竹、藤、棕、草制品业	83.14	14.62	3.76	16.06	12 211	2.82
家具制造业	86.79	0.63	－3.20	22.63	12 969	1.57
造纸及纸制品业	96.33	6.16	－0.10	23.39	9 625	2.26
印刷业、记录媒介的复制	96.40	7.45	2.27	24.91	11 068	2.29
文教体育用品制造业	92.95	9.67	2.23	14.82	14 458	2.96
石油加工及炼焦业	96.89	18.20	3.88	7.86	17 775	2.11
化学原料及化学制品制造业	94.92	9.45	0.75	20.46	16 281	2.12
医药制造业	95.62	8.60	2.49	20.66	18 340	2.01
化学纤维制造业	95.00	6.30	2.64	19.15	20 527	3.01
橡胶制品业	92.36	1.38	3.56	26.31	13 022	1.71
塑料制品业	94.54	8.08	2.63	21.17	15 825	2.01
非金属矿物制品业	94.57	20.65	8.16	24.51	11 263	2.52
黑色金属冶炼及压延加工业	100.05	13.30	3.44	13.27	27 222	2.96
有色金属冶炼及压延加工业	93.38	9.89	2.53	8.95	25 401	1.98
金属制品业	94.46	9.74	2.44	22.08	16 629	2.33
普通机械制造业	95.05	10.29	3.33	17.84	15 152	2.80
专用设备制造业	95.39	10.69	4.17	19.77	14 334	2.21
交通运输设备制造业	94.53	11.21	2.61	21.58	15 948	2.44
电气机械及器材制造业	93.79	10.71	3.82	20.72	19 579	1.80
电子及通信设备制造业	98.44	8.64	2.12	17.78	15 900	2.14
仪器仪表及文化、办公用机械制造业	94.78	9.58	5.67	32.35	14 102	1.36
其他制造业	98.66	11.02	1.98	18.63	10 006	3.01
电力、蒸汽、热水的生产和供应业	98.40	0.39	2.95	18.17	19 773	0.15
煤气生产和供应业	99.50	－5.57	－11.74	－12.68	－6228	0.68
自来水的生产和供应业	94.86	1.51	2.63	23.09	8 776	1.01

10—21 市区乡及以上全部独立核算工业企业主要经济效益指标

(1993年)

单位:%

项 目	工业产品销售率	全部资金利税率	工业成本费用利润率	工业增加值率	全员劳动生产率(按增加值计算,元)	全部流动资产周转率(次)
总 计	**96.45**	**7.24**	**2.14**	**19.82**	**15 040**	**2.06**
一、按经济类型分						
国有经济	97.47	6.32	2.65	16.48	13 552	1.95
集体经济	94.01	7.91	0.96	23.70	14 752	2.38
其他经济	97.10	8.85	2.40	22.48	18 794	2.01
#三资企业	93.73	11.01	6.52	24.61	27 802	1.87
二、按轻重工业分						
轻工业	97.29	6.67	0.66	21.02	14 069	2.30
重工业	95.76	7.66	3.52	18.85	16 044	1.89
三、按企业规模分						
大型企业	97.57	6.48	1.79	15.60	15 233	2.11
中型企业	98.23	7.68	2.47	19.82	14 129	1.98
小型企业	93.27	7.70	2.13	24.66	15 795	2.12
四、按工业行业分						
煤炭采选业	98.82	3.93	1.78	25.53	4 346	1.48
食品加工业	99.13	—0.32	—0.74	10.32	8 232	2.72
食品制造业	95.55	0.13	—4.30	18.93	10 692	2.01
饮料制造业	102.00	19.97	2.37	28.76	20 119	2.05
纺织业	98.21	4.56	—0.42	20.10	12 300	2.56
服装及其他纤维制品制造业	97.82	13.55	8.15	35.02	30 635	2.26
皮革、毛皮、羽绒及其制品业	100.34	—2.32	—6.30	4.85	1 816	1.51
木材加工及竹、藤、棕、草制品业	87.68	6.15	1.44	3.17	1 000	1.43
家具制造业	100.69	—5.33	—8.69	16.15	12 456	1.50
造纸及纸制品业	94.84	6.09	0.56	24.93	10 510	2.33
印刷业、记录媒介的复制	97.20	4.35	0.94	21.51	10 930	1.89
文教体育用品制造业	92.80	14.21	4.28	9.76	16 621	3.57
化学原料及化学制品制造业	100.72	9.62	—1.39	20.63	13 453	2.09

10—21 续表

单位：%

项　　目	工业产品销售率	全部资金利税率	工业成本费用利润率	工业增加值率	全员劳动生产率（按增加值计算，元）	全部流动资产周转率（次）
医药制造业	93.45	6.97	1.72	20.65	14 740	1.71
化学纤维制造业	99.20	10.93	7.10	22.18	34 931	3.59
橡胶制品业	93.28	—0.98	—4.64	27.52	14 134	1.71
塑料制品业	97.37	7.47	2.67	21.39	17 334	1.99
非金属矿物制品业	94.11	13.40	2.50	24.90	15 390	2.72
黑色金属冶炼及压延加工业	92.99	7.59	6.51	10.67	11 933	1.70
有色金属冶炼及压延加工业	91.68	11.84	6.69	4.77	21 904	2.12
金属制品业	97.14	8.20	2.27	21.76	13 395	2.12
普通机械制造业	97.15	7.77	2.60	15.86	14 952	2.96
专用设备制造业	95.26	8.82	3.64	20.11	16 361	2.07
交通运输设备制造业	95.05	11.18	2.40	21.68	15 745	2.49
电气机械及器材制造业	92.88	9.69	4.25	20.61	19 833	1.62
电子及通信设备制造业	100.89	8.91	3.19	19.64	15 241	1.73
仪器仪表及文化、办公用机械制造业	93.46	10.29	7.39	34.21	15 229	1.25
其他制造业	105.01	7.36	—0.08	18.13	10 838	3.02
电力、蒸汽、热水的生产和供应业	98.30			16.07	20 988	
煤气生产和供应业	99.45	—5.61	—12.11	—14.98	—7240	0.63
自来水的生产和供应业	100.00	0.68	0.07	17.07	5 969	1.77
五、按主要工业主管系统分						
#纺　　工	100.25	6.25	1.34	18.79	11 186	2.12
丝　　绸	105.06	—11.29	—11.87	16.76	9 307	2.05
轻　　工	99.88	9.16	3.52	23.72	13 993	1.59
金狮集团	97.26	16.61	0.15	19.66	21 366	3.08
服　　装	99.56	11.95	6.74	39.95	34 045	2.30
塑　　料	100.13	7.74	2.62	20.84	22 448	1.87
电　　子	98.81	8.90	3.71	19.51	14 872	1.65
机械冶金	95.17	7.88	3.30	13.92	16 829	2.16
化　　工	99.95	9.01	—0.38	22.57	14 900	2.12
医　　药	95.75	4.86	—0.18	16.87	10 564	1.80
建　　材	99.74	15.88	3.78	22.19	16 533	2.97
矿　　务	102.64	9.70	3.98	23.59	5 660	1.79
包　　装	94.90	2.87	—0.98	18.32	8 150	1.59

10—22 市区国有经济独立核算工业企业主要经济效益指标

(1993年) 单位:%

项目	工业产品销售率	全部资金利税率	工业成本费用利润率	工业增加值率	全员劳动生产率(按增加值计算,元)	全部流动资产周转率(次)
总计	**97.47**	**6.32**	**2.65**	**16.48**	**13 552**	**1.95**
一、按轻重工业分						
轻工业	99.19	4.91	0.31	14.94	9 956	2.14
重工业	96.79	6.90	3.81	17.10	15 524	1.87
二、按企业规模分						
大型企业	97.07	5.65	2.73	14.02	14 467	1.98
中型企业	97.50	7.25	2.74	19.33	14 265	1.94
小型企业	100.24	5.37	1.62	17.94	7 749	1.87
三、按工业行业分						
煤炭采选业	98.82	3.93	1.78	25.53	4 346	1.48
食品加工业	100.39	0.59	—0.17	10.04	8 138	2.92
食品制造业	97.61	0.26	—4.52	16.60	9 854	2.20
饮料制造业	102.91	24.20	3.87	29.65	19 968	1.97
纺织业	100.21	2.93	—0.60	14.58	8 222	2.29
印刷业、记录媒介的复制	85.65	—3.65	—7.74	23.07	5 997	0.96
化学原料及化学制品制造业	99.70	10.06	0.26	19.11	12 938	2.13
医药制造业	93.31	4.90	—0.66	16.61	11 709	1.87
化学纤维制造业	99.20	10.93	7.10	22.18	34 931	3.59
橡胶制品业	113.86	2.76	—2.54	17.16	7 054	1.40
塑料制品业	105.42	10.62	4.02	20.40	15 977	2.41
非金属矿物制品业	98.66	18.24	4.16	22.97	15 382	3.30
黑色金属冶炼及压延加工业	93.75	7.78	6.87	10.52	11 990	1.69
有色金属冶炼及压延加工业	91.73	16.27	9.16	3.68	24 258	2.45
金属制品业	106.23	7.29	2.76	17.27	11 521	1.70
普通机械制造业	97.86	7.60	2.96	13.52	15 499	2.81
专用设备制造业	97.34	8.42	3.47	18.59	16 792	2.07
交通运输设备制造业	96.04	9.61	4.64	23.42	14 444	2.37
电气机械及器材制造业	94.41	9.59	6.70	24.22	23 162	1.44
电子及通信设备制造业	98.45	10.99	3.20	17.27	23 450	2.12
仪器仪表及文化、办公用机械制造业	94.84	6.19	2.78	34.76	10 446	1.05
电力、蒸汽、热水的生产和供应业	98.30			16.07	20 988	
煤气生产和供应业	99.45	—5.61	—12.11	—14.98	—7240	0.63
自来水的生产和供应业	100.00	0.68	0.07	17.07	5 969	1.77

10—23 市区乡及以上集体经济独立核算工业企业主要经济效益指标

(1993年)　　单位：%

项　　目	工业产品销售率	全部资金利税率	工业成本费用利润率	工业增加值率	全员劳动生产率(按增加值计算,元)	全部流动资产周转率(次)
总　　计	**94.01**	**7.91**	**0.96**	**23.70**	**14 752**	**2.38**
一、按轻重工业分						
轻工业	95.25	7.29	0.23	24.80	14 303	2.53
重工业	92.37	8.68	1.98	22.23	15 477	2.19
二、按企业规模分						
大型企业	98.65	8.50	0.44	23.47	18 563	2.54
中型企业	98.19	8.19	0.95	20.12	12 370	2.24
小型企业	92.23	7.73	1.01	25.00	15 412	2.42
三、按工业行业分						
食品加工业	78.89	-8.59	-12.12	14.77	9 397	1.10
食品制造业	92.46	1.30	-2.35	25.75	21 351	2.37
饮料制造业	101.29	11.08	0.30	27.65	20 620	2.56
纺织业	94.57	10.49	0.52	26.32	16 565	3.43
服装及其他纤维制品制造业	103.74	8.57	3.10	22.88	13 631	2.42
皮革、毛皮、羽绒及其制品业	94.50	-23.45	-32.80	5.26	572	0.54
木材加工及竹、藤、棕、草制品业	89.21	6.15	1.44	3.17	1 000	1.43
家具制造业	100.69	-5.33	8.69	16.15	12 456	1.50
造纸及纸制品业	94.84	6.09	0.56	24.93	10 510	2.33
印刷业、记录媒介的复制	99.25	7.18	2.52	20.86	13 306	2.20
文教体育用品制造业	100.00	180.00	-	21.79	1 344	39.00
化学原料及化学制品制造业	103.00	10.39	-2.84	26.71	17 087	2.08
医药制造业	95.62	5.21	1.21	21.17	12 894	1.49
橡胶制品业	78.00	11.11	-16.81	33.58	12 829	1.05
塑料制品业	94.56	5.81	1.67	18.63	12 926	2.23
非金属矿物制品业	86.79	5.79	-1.15	27.57	15 298	2.01
黑色金属冶炼及压延加工业	83.74	2.02	-1.16	12.41	11 372	2.29
有色金属冶炼及压延加工业	90.69	0.30	-1.79	24.31	17 348	1.39
金属制品业	93.42	8.97	1.67	24.05	13 782	2.70
普通机械制造业	93.82	13.43	2.81	26.16	15 931	4.33
专用设备制造业	90.65	8.35	3.33	19.68	13 561	2.05
交通运输设备制造业	94.22	9.32	3.43	29.68	9 599	1.81
电气机械及器材制造业	90.54	11.53	1.62	20.72	22 177	2.09
电子及通信设备制造业	101.25	7.44	5.99	17.84	4 925	1.15
仪器仪表及文化、办公用机械制造业	91.07	5.06	2.90	35.32	13 481	1.32
其他制造业	106.04	9.96	0.55	17.60	12 857	3.05

10—24 全市主要工业产品产量

(1993 年)

产品名称	单位	全市	#市区	产品名称	单位	全市	#市区
纱	吨	75 759	47 431	#啤酒	万吨	4.80	3.60
#纯棉纱	吨	41 142	28 566	白酒	万吨	0.71	0.11
布	万米	41 373	28 461	酒 精	万吨	2 731	2 686
#纯棉布	万米	24 145	16 019	味 精	吨	5 433	4 538
化学纤维(合成纤维)	万吨	3.46	0.99	机制纸及纸板	万吨	1.30	0.17
印染布	万米	45 142	17 813	乳制品	吨	20	20
灯芯绒	万米	1 600	1 600	食用植物油	万吨	3.23	0.47
卡 其	万米	5 117	5 117	大 米	万吨	20.57	0.91
双面绒	万米	1 680	1 680	面 粉	万吨	9.29	3.69
靛蓝劳动卡	万米	1 675	1 675	干电池	亿只	1.06	0.46
针棉织品折用纱线	吨	9 700	7 300	#微型电池	亿只	0.14	0.14
呢 绒	万米	2 634	666.47	日用精铝制品	吨	655.0	206
毛 毯	万条	70.67	58.12	日用搪瓷制品	吨	3 338	1 134
针织品折用化纤长丝量	吨	2 025	503	篾箕	万张	536.2	536.2
床 单	万条	182.9	182.9	塑料制品	万吨	13.39	8.16
袜 子	万双	185.8	185.8	#农用薄膜	万吨	0.18	0.17
毛 线	吨	2 273	213	大型及专用衡器	台	997	997
丝	吨	1 592		手工工具	万把	1 624.95	1 338.95
丝织品	万米	4 644	1 689	家 具	万件	95.25	2.37
炼印染丝织品	万米	518.44	155	地 毯	万平方米	84.62	59.33
服 装	万件	6 069.22	2 239.4	人造纤维板	万立方米	0.68	0.68
鞣制皮革(折牛皮)	万张	14.80	8.87	轮胎外胎	万条	23.40	20.65
皮 鞋	万双	173.26	1.93	电 石	万吨	0.56	0.56
胶 鞋	万双	2 098.59	1 822.59	水 泥	万吨	258.63	28.31
照相机	架	177 975	177 975	玻璃纤维	万吨	0.72	0.66
自行车	万辆	232.6	232.6	玻璃钢制品	吨	10 440	384
摩托车	辆	86 591	86 591	大理石板材	万平方米	3.43	
工业用缝纫机	架	800	800	花岗石板材	万平方米	3.88	
表	万只	1.80	1.80	水磨石板材	万平方米	2.50	
钟	万只	23.48	23.48	硫 酸	万吨	5.66	1.42
荧光灯	万支	921.5	799	烧 碱	万吨	5.02	4.43
锁	万把	1 155	105	盐 酸	万吨	5.89	5.36
铁 锅	万只	21.06	2.70	合成氨	万吨	7.33	
饮料酒	万吨	6.12	3.95	化肥(100%)	万吨	4.56	

10—24 续表

产品名称	单 位	全 市	#市区	产口名称	单 位	全 市	#市区
#氮肥	万吨	4.36		泵	万台	3.66	0.06
磷肥	万吨	0.20		#农业泵	万台	1.39	0.04
化学农药	吨	8 751	729	小型拖拉机	万台	6.81	6.40
精甲醇	吨	7 237		内燃机	万千瓦	743.1	455
油 漆	吨	15 192	13 419	#S195 柴油机	万千瓦	508.62	411.51
染 料	吨	1 822	686	农用运输车	辆	7 972	7 972
塑料树脂	吨	36 224	13 096	机动脱粒机	台	3 056	
#酚醛	吨	23 128		内燃机车	台	17	17
聚氯乙烯	吨	231	231	货 车	台	190	190
聚苯乙烯	吨	26	26	医疗器械(90 年不变价)	万元	12 083	3 685
增塑剂	吨	1 287	840	民用钢质船舶	综合吨	48 283	700
乙撑胺	吨	570	570	工业锅炉	蒸发量吨	1 288	1 288
顺丁烯二酸酐	吨	3 739	3 739	家用电冰箱压缩机	万台	30.04	30.04
中成药	吨	322	322	灯 具	万只	230.84	151.24
化学原料药	吨	1 004	752	电话单机	万部	8.14	8.14
化学药制剂	吨	153	40	电话交换机	万门	2.42	2.42
原 煤	万吨	13.48	13.38	电磁线	吨	4 600	4 600
发电量	亿千瓦小时	23.29	20.45	半导体分立器件	万只	30 506	30 504
焦 炭	万吨	6.44	6.44	半导体集成电路	万块	197.94	197.94
钢	万吨	25.60	10.25	电子元件	万只	435 994	38 588
成品钢材	万吨	45.42	5.79	#电容器	万只	12 108	3 025
#无缝钢管	万吨	4.74	4.36	电阻电位器	万只	135 648	22 440
十种有色金属	吨	28 182	23 858	控制元件	万只	5 013	547
#铜	吨	23 729	23 708	电声器件	万只	5 762	354
铅	吨	4 288		电视机	万台	42.02	42.02
锌	吨	113	98	#彩色电视机	万台	11.65	11.65
交流电动机	万千瓦	44.5	13.91	录音机	万台	180.13	40.98
直流电动机	万千瓦	14.45	14.45	组合音响	万台	69.46	24.89
飞轮发电机	万台	26		工业自动化仪表	万件	55.26	14.36
电力变压器	万千伏安	917.24	845.67	电子测量仪器	万台	0.92	0.71
金属切削机床	台	2 016	1 294	微型电机	万台	616.30	614.79
锻压机械	台	145		电子计算机外部设备	部	33 532	33 532
汽 车	辆	1 431	1 431	#中西文终端机	部	19 352	19 352
轴 承	万套	1484.6	577.45	半导体收音机	万台	107.10	105.0
装载机	台	1 767	1 767	电子琴	架	39 300	39 300

10—25 全市主要工业企业主要产品质量指标

（1993年） 单位：%

指标名称	1992年	1993年	指标名称	1992年	1993年
纺织工业			玻璃纤维纱合格率	99.97	99.97
棉纱一等一级以上品率	99.89	99.75	化学医药工业		
棉布入库一等品率	96.64	96.42	固碱一级品率	98.36	100
印染布入库一等品率	89.68	89.65	顺酐一等品率	99.91	91.68
精纺毛织品入库一等品率	96.93	96.29	苯酚一等品率	100	100
粗纺毛织品入库一等品率	95.76	97.65	三聚氯胺一次合格率	100	
丝织品入库一等品率	79.85	88.23	巯甲丙脯酸优级品率	100	100
针织内衣混合入库一等品率	93.64	96.17	氢氯噻嗪优级品率	87.31	87.53
床单入库一等品率	90.66	90.57	盐酸赛庚啶片优级品率	93.14	66.01
合成纤维入库一等品率	96.75	95.50	注射器成品率	55.44	51.84
轻工业			香豆素合格率	100	100
金狮牌660m/m			机械冶金工业		
自行车质量分	93.04	93.38	无缝钢管成品抽查合格率	94.6	95.97
金狮牌610m/m自行车质量分	89.11	88.86	ф8光亮铜杆成品抽查合格率	100	100
红梅牌JG304A照相机一级品率	95.98	95.11	中小型变压器抽查合格率	100	100
指针式石英钟月考得分率	99.1	98.86	立式钻床主件主项合格率	97.36	97.32
SR电池合格率	99.25	98.50	S195柴油机主件主项合格率	97.66	97.45
药用酒精合格率	97.26	97.05	东风12型手扶拖拉机主件主项合格率	97.57	97.57
啤酒合格率	99.83	99.57			
电子衡器一级校验合格率	93.58	94.16	电子工业		
压缩机校验合格率	99.30	99.30	星球牌调频调幅收录机日抽样批次合格率	94.9	
荧光灯综合合格率	83.26	83.31			
塑料编织袋一级品率	97.86	98.89	微电机综合成品率	97.4	97.7
ABS板材合格率	94.39	94.74	TTL小规模集成电路成品率	13.1	13.0
四梭园织机优等品率	100	98.00	QZ聚脂漆包线成品率	99.9	99.9
建筑材料工业			电位器成品率	90	90
出厂水泥合格率	100	100	固定电感成品率	91.7	92.

10—26 全市独立核算大中型工业企业主要指标

(1993年) 单位:万元

项 目	企业单位数(个)	#亏损企业数	年底职工平均人数(人)	工业总产值(不变价)	工业增加值	流动资产全年平均余额	三项资金	#产成品
总 计	**207**	**39**	**244 264**	**2 019 001**	**386 658**	**879 488**	**380 423**	**116 872**
占全市比重(%)	7.21	6.90	39.87	43.67	42.54	49.77	43.79	44.95
一、按区划分								
市 区	132	28	174 865	1 312 308	255 404	662 938	276 329	87 670
溧阳市	16	2	13 038	132 332	28 566	41 632	20 566	9 077
金坛市	12	1	11 015	82 702	17 680	29 394	16 706	3 833
武进县	47	8	45 346	491 658	85 007	145 524	66 825	16 293
二、按经济类型分								
国有经济	94	18	128 438	972 807	182 930	499 186	205 186	58 994
集体经济	81	13	72 329	675 512	131 381	211 990	100 655	34 840
其他经济	32	8	43 497	370 683	72 348	168 314	74 584	23 039
# 三资企业	12	3	8 249	94 506	16 257	35 527	15 109	5 657
三、按轻重工业分								
轻工业	92	24	115 870	875 091	157 291	332 447	152 406	51 083
重工业	115	15	128 394	1 143 909	229 368	547 042	228 017	65 789

项 目	资本金合计	固定资产年底数		产品销售收入	实现利税总额			亏损企业亏损金额
		原 价	净 值			#利润总额	#产品销售税金	
总 计	**487 899**	**882 590**	**629 987**	**1 954 181**	**116 000**	**43 765**	**72 235**	**16 428**
占全市比重(%)	52.52	60.47	59.86	48.96	47.08	45.46	48.13	47.31
一、按区划分								
市 区	376 802	683 768	481 960	1 352 364	78 534	27 130	51 404	14 321
溧阳市	26 203	38 904	30 644	130 497	12 323	6 889	5 434	684
金坛市	12 875	21 287	13 141	76 520	5 929	3 455	2 474	552
武进县	72 018	138 631	104 242	394 799	19 215	6 291	12 923	871
二、按经济类型分								
国有经济	283 082	553 183	398 090	1 012 925	57 935	26 377	31 557	7 720
集体经济	115 487	205 746	146 722	568 492	35 233	11 439	23 794	3 182
其他经济	89 330	123 661	85 176	372 763	22 832	5 949	16 884	5 527
#三资企业	23 605	24 133	17 963	67 708	6 419	4 396	2 023	209
三、按轻重工业分								
轻工业	183 409	329 593	228 017	809 801	35 859	949	34 910	11 320
重工业	304 490	552 997	401 970	1 144 380	80 142	42 817	37 325	5 109

10—27 全市乡办独立核算工业企业基本情况

(1993年)

指标	单位	全市	市区	溧阳市	金坛市	武进市
企业单位数	个	2 086	244	1 400	416	1 026
#亏损单位数	个	377	85	39	76	177
产品销售收入	万元	1 812 098	324 710	262 180	203 049	1 022 159
产品销售税金及附加	万元	70 475	9 890	10 138	8 594	41 854
利润总额	万元	44 636	2 383	11 107	4 915	26 231
年末固定资产原值	万元	510 489	87 281	64 739	50 983	307 486
年末固定资产净值	万元	377 645	63 798	47 012	37 183	229 651
全部流动资产平均余额	万元	706 428	109 982	84 245	78 792	433 409
工业总产值(1990年不变价格)	万元	2 509 261	407 308	352 486	294 454	1 455 013
工业总产值(现行价格)	万元	2 295 727	391 256	332 463	273 059	1 298 950
工业增加值	万元	467 677	94 166	58 649	60 051	254 811
职工平均人数	人	311 370	54 099	46 693	46 327	164 251

10—28 全市村办工业基本情况

(1993年)

指标	单位	全市	市区	溧阳市	金坛市	武进县
企业单位数	个	5 546	815	815	624	3 647
年末全部从业人员	人	312 047	57 878	27 443	28 715	198 011
工业总产值(现行价格)	万元	1 919 627	345 519	165 091	133 429	1 275 588
产品销售收入	万元	1 326 111	259 166	137 172	86 193	843 580
应交所得税	万元	3 888	833	195	230	2 630
利润总额	万元	55 098	6 375	9 685	1 866	37 172
年末固定资产原值	万元	298 440	75 695	18 554	19 027	185 164
流动资产年末占用数	万元	570 844	130 550	29 046	38 905	372 343

10—29 全市城镇联营工业和个体工业基本情况

(1993年)

指标	单位	全市	市区	溧阳市	金坛市	武进县
城镇联营工业						
户数	户	487	369	118		
从业人员	人	9 989	9 509	480		
工业总产值(现行价格)	万元	24 568	22 516	2 052		
上交税金	万元	742	692	50		
自有资金	万元	2 459	2 259	200		
城镇个体工业						
户数	户	319	295		20	4
从业人员	人	1 037	650		361	26
工业总产值(现行价格)	万元	1 334	540		748	46
上交税金	万元	78	55		19	4
自有资金	万元	222	185		30	7

10—30 全市农村联营工业和个体工业基本情况

(1993年)

指标	单位	全市	市区	溧阳市	金坛市	武进县
农村联营工业						
户数	户	4 044	8	3 459	18	559
从业人员	人	17 949	1 107	12 921	231	3 690
工业总产值(现行价格)	万元	83 466	5 551	64 297	421	13 197
上交税金	万元	2 294	86	1 350	41	817
自有资金	万元	6 911	150	5 289	21	1 451
农村个体工业						
户数	户	8 957	649		2 036	6 272
从业人员	人	42 474	1 599		10 856	30 019
工业总产值(现行价格)	万元	136 039	7 527		20 007	108 505
上交税金	万元	7 304	391		788	6 125
自有资金	万元	17 565	577		2 236	14 752

十一
交通运输邮电通讯业
TRANSPORTATION,POST AND TELECOMMUNICATION SERVICES

11—1 全市公路和内河航道里程

(1993 年底) 单位:公里

项目	全市	#市区
一、公路总里程	**1 228**	**86**
#一级公路	5	2
二级公路	249	52
三级公路	348	9
四级公路	573	23
二、航道里程	**1 251**	**112**
#通机动船里程	676	52

11—2 全市机动车辆

(1993 年底) 单位:辆

项目	全市
一、汽车	**27 939**
1.客车	11 486
#大型	1 336
2.货车	14 375
#大型	10 812
3.专用汽车	1 403
4.特种车	675
#大型	122
二、货运三轮机动车	**1 842**
三、全挂车	**96**
四、农用运输车	**3 357**
五、摩托车	**79 099**
六、拖拉机	**21 227**
#手扶拖拉机	20 448
附:驾驶员数(人)	96 092

11—3 全市旅客和货物运输量

(1993 年)

项目	单位	全市	项目	单位	全市
一、客运量	**万人**	**6 486.2**	铁路	万吨	157.62
铁路	万人	700.38	公路	万吨	3 637.2
公路	万人	5 760.7	#交通部门	万吨	603.6
#交通部门	万人	2 231.2	水运	万吨	2 121.4
水运	万人	19.2	#交通部门	万吨	433.1
#交通部门	万人	9.1	民用航空	吨	0.1
民用航空	万人	5.92	**四、货物周转量**	**万吨公里**	**440 133**
二、旅客周转量	**万人公里**	**207 230**	公路	万吨公里	153 817
公路	万人公里	206 276	#交通部门	万吨公里	17 513
#交通部门	万人公里	126 346	水运	万吨公里	286 316
水运	万人公里	954	#交通部门	万吨公里	78 159
#交通部门	万人公里	687	**五、内河港口**		
三、货运量	**万吨**	**5 916.32**	吞吐量	万吨	678.1

11—4 全市邮政电信基本情况

(1993 年)

	单 位	全 市	市区(含武进县)	溧阳市	金坛市
一、邮电机构数	**个**	**167**	**97**	**42**	**28**
邮电局	个	3	1	1	1
邮电支局	个	85	71	7	7
邮电所	个	38	11	27	
邮电代办所	个	41	14	7	20
二、邮路单程长度	**公里**	**2 226**	**1 501**	**406**	**319**
三、农村投递线路	**公里**	**12 166**	**7 033**	**2 573**	**2 560**
四、电报电路	**路**	**53**	**44**	**5**	**4**
五、电传打字机总数	**部**	**142**	**123**	**8**	**11**
六、市话交换机总容量	**门**	**121 300**	**102 000**	**9 300**	**10 000**
#自动	门	121 300	102 000	9 300	10 000
七、市话杆路长度	**公里**	**738**	**626**	**40**	**72**
八、市话电缆长度	**皮长公里**	**1 267.1**	**1 047.8**	**89.8**	**129.5**
九、农话交换机总容量	**门**	**49 652**	**31 500**	**8 122**	**10 030**
十、农话杆路长度	**公里**	**2 993**	**1 696**	**784**	**513**
十一、农话明线线路长度	**对公里**	**2 931**	**892**	**1 117**	**922**
十二、农话电缆长度	**皮长公里**	**2 315.8**	**1 725.6**	**308.2**	**282.0**
十三、电话机数	**部**	**152 817**	**123 929**	**14 267**	**14 621**
#农村	**部**	**31 900**	**21 879**	**4 737**	**5 284**
十四、邮电业务总量(1990 年不变价)	**万元**	**27 740**	**22 753**	**2 592**	**2 395**
十五、主要计费业务量					
出口函件	万件	2 985.44	2 228.61	296.69	460.14
出口包件	万件	103.15	78.59	3.04	21.52
邮政快件	万件	285.31	233.56	21.20	30.55
出口汇票	万张	70.52	56.85	7.34	6.33
订销报纸累计数	万份	9 967.12	7 783.47	1 109.54	1 074.11
订销杂志累计数	万份	729.00	596.49	59.78	72.73
集邮业务	万枚	715.84	647.85	41.48	26.51
电报	万份	107.02	80.94	14.89	11.19
传真	份	10 563	8 402	1 198	963
长途电话	万张	3 800.12	2 973.53	468.62	357.97
国际电话	万张	21.96	21.02	0.42	0.52
港澳电话	万张	27.61	26.52	0.58	0.51
十五、长途程控交换设备	**路端**	**7 290**	**6 000**	**480**	**810**
十六、无线寻呼用户期末户数	**户**	**25 623**	**22 768**	**1 405**	**1 450**
十七、移动电话用户期末户数	**户**	**2 068**	**1 556**	**253**	**259**
十八、住宅电话用户	**户**	**34 590**	**26 365**	**4 439**	**3 786**

十二

批发零售贸易和餐饮业

WHOLESALE, RETAIL SALE AND FOOD SERVICES

12－1 全市重点年份社会消费品零售额

单位:万元

年份	全市	市区	溧阳市	金坛市	武进县
1952	12 567	5 803	2 069	1 279	3 416
1957	14 598	6 571	2 358	1 440	4 229
1965	21 371	9 320	3 606	2 495	5 950
1970	26 282	9 438	5 589	3 212	8 043
1975	38 450	15 606	6 539	4 516	11 789
1978	48 857	19 360	8 098	6 072	15 327
1980	72 238	31 046	12 994	9 901	18 297
1983	101 318	41 294	17 131	15 934	32 959
1984	127 417	50 814	20 195	17 646	38 762
1985	181 737	70 944	29 090	21 925	59 778
1986	202 929	82 887	31 823	24 686	63 533
1987	248 014	102 985	37 720	30 012	77 297
1988	323 678	138 256	49 437	40 842	95 143
1989	363 259	157 944	52 042	48 513	104 760
1990	381 931	171 632	55 515	46 301	108 483
1991	436 920	206 090	63 102	48 550	119 178
1992	558 904	267 794	80 627	58 919	151 564
1993	782 257	356 844	132 046	102 239	191 128

12—2 全市社会消费品零售总额

(1993年) 单位:万元

项目	全市	市区	溧阳市	金坛市	武进县
社会消费品零售总额	782 257	356 844	132 046	102 239	191 128
一、按销售对象分:					
(1)对居民的消费品零售额	702 665	320 581	115 591	87 578	178 915
(2)对社会集团的消费品零售额	79 592	36 263	16 455	14 661	12 213
二、按销售地区分:					
(1)市的零售额	448 885	356 844	78 720		13 321
(2)县的零售额	43 043			43 043	
(3)县以下的零售额	290 329		53 326	59 196	177 807
三、按经济类型分					
国有经济	200 987	112 651	32 620	24 004	31 712
集体经济	265 347	102 560	53 579	42 382	66 826
私营经济	5 021	3 631		740	650
个体经济	152 915	27 338	27 310	22 770	75 497
联营经济	10 210	10 149	61		
股份制经济	44 769	44 769			
外商投资经济	329	240			89
港澳台投资经济	1 086	738		348	
其他经济	101 593	54 768	18 476	11 995	16 354
四、按行业分					
批发零售贸易业	532 654	256 938	82 567	49 156	143 993
餐饮业	36 778	20 130	6 767	2 844	7 037
制造业	76 444	11 931	17 042	32 785	14 686
其他	35 027	13 077	7 194	5 459	9 297
农民对非农业居民的零售额	101 354	54 768	18 476	11 995	16 115
附报资料:					
对农民的农业生产资料零售额	77 214	9 554	25 476	15 448	26 736

12—3 全市全部批发零售贸易业商品购进、销售、库存总额

(1993年) 单位:万元

项 目	全 市	市 区	溧阳市	金坛市	武进县
一、商品购进总额	**3 509 833**	**1 334 216**	**510 268**	**367 628**	**1 297 721**
(一)按经济类型分					
国有经济	2 067 032	911 404	284 032	216 595	655 001
集体经济	1 265 497	259 979	226 235	151 033	628 251
联营经济	56 548	42 078			14 470
股份制经济	120 577	120 577			
其他经济	179	179			
(二)按行业分					
国内商业	1 901 958	669 745	295 377	212 133	724 703
对外贸易业	257 054	192 336	13 877	13 077	37 764
物资供销业	1 350 821	472 135	201 014	142 418	535 254
(三)按企业规模分					
大型企业	1 054 129	506 791			547 338
中型企业	2 048 266	599 315	392 502	328 856	727 593
小型企业	281 195	166 299	53 334	38 772	22 790
附营企业	126 243	61 812	64 431		
二、商品销售总额	**3 732 761**	**1 402 733**	**561 601**	**390 575**	**1 377 852**
(一)按经济类型分					
国有经济	2 122 021	929 702	298 829	221 976	671 515
集体经济	1 411 819	286 120	262 772	168 600	694 327
联营经济	58 407	46 397			12 010
股份制经济	140 315	140 315			
其他经济	201	201			
(二)按行业分					
国内商业	2 146 021	754 504	344 364	240 903	806 250
对外贸易业	245 010	176 467	17 036	13 246	38 261
物资供销业	1 341 730	471 762	200 201	136 426	533 341
(三)按企业规模分					
大型企业	1 098 562	533 204			565 358
中型企业	2 182 808	622 177	427 255	345 811	787 567
小型企业	306 969	177 183	60 095	44 765	24 927
附营企业	144 422	70 170	74 252		
(四)按批发零售分					
1.批发额	3 380 195	1 205 566	519 196	351 491	1 303 942
(1)大型企业批发额	981 836	436 042			545 793
国内商业	395 496	219 015			176 481
对外贸易业	89 969	51 708			38 261
物资供销业	496 371	165 319			331 051

12－3续表 单位:万元

项　　目	全　市	市　区	溧阳市	金坛市	武进县
(2)中型企业批发额	2 000 466	552 442	394 751	315 960	737 313
国内商业	1 164 547	210 251	219 234	180 710	554 351
对外贸易业	127 106	97 022	16 839	13 246	
物资供销业	708 813	245 169	158 678	122 004	182 962
(3)小型企业批发额	269 111	158 414	54 331	35 531	20 836
国内商业	169 104	83 154	47 185	31 356	7 409
对外贸易业	27 930	27 733	198		
物资供销业	72 077	47 527	6 948	4 175	13 427
(4)附营单位批发额	128 782	58 667	70 115		
国内商业	91 569	54 329	37 240		
物资供销业	37 213	4 338	32 875		
2.零售额	352 567	197 168	42 404	39 085	73 911
(1)大型企业零售额	116 728	97 162			19 566
国内商业	103 747	89 150			14 597
物资供销业	12 981	8 012			4 969
(2)中型企业零售额	182 341	69 733	32 504	29 851	50 254
国内商业	169 733	68 813	31 081	19 790	50 050
物资供销业	12 608	920	1 423	10 061	204
(3)小型企业零售额	37 858	18 770	5 763	9 234	4 091
国内商业	36 570	18 558	5 602	9 048	3 362
物资供销社	385	270	115		
对外贸易业	5	5			
物资供销业	1 283	207	161	186	729
(4)附营单位零售额	15 641	11 503	4 138		
国内商业	15 256	11 233	4 023		
物资供销社	385	270	115		
三、年末库存总额	**346 520**	**156 388**	**35 089**	**33 787**	**121 256**
(一)按经济类型分					
国有经济	218 727	104 599	19 022	22 200	72 907
集体经济	104 078	31 035	16 067	11 587	45 389
联营经济	6 892	3 932			2 960
股份制经济	16 756	16 756			
其他经济	66	66			
(二)按行业分					
国内商业	215 103	85 334	27 874	21 199	80 696
对外贸易业	18 758	18 326	165	169	98
物资供销业	112 659	52 728	7 050	12 419	40 462
(三)按企业规模分					
大型企业	89 100	55 809			33 291
中型企业	197 200	73 962	18 340	22 920	81 978
小型企业	48 849	19 729	12 265	10 867	5 987
附营企业	11 371	6 888	4 483		

12—4 全市全部批发零售贸易企业分类销售额

(1993年)　　单位:万元

项目	全市	#市区
一、批发额	**3 380 194**	**1 205 566**
食品类	138 046	60 286
饮料、烟酒类	557 965	80 736
服装、鞋帽类	58 615	31 895
纺织品类	148 287	72 392
中西药品类	46 119	29 945
化妆品类	7 961	5 322
书、报、杂志类	1 860	848
文化体育用品类	9 620	6 620
日用品类	133 521	65 798
家用电器类	105 168	46 280
首饰类	1 035	1 035
石油及制品类	165 839	49 279
煤炭及制品类	70 924	21 495
黑色金属材料类	799 658	243 259
有色金属材料类	119 785	27 900
建筑材料类	54 548	18 352
化工材料及制品类	185 184	84 547
木材类	42 057	16 131
机电设备类	225 488	164 250
其他类	508 514	179 196
二、零售额	**352 562**	**197 164**
食品类	43 861	19 914
饮料、烟酒类	16 207	7 253
服装、鞋帽类	49 223	35 380
纺织品类	13 185	5 832
中西药品类	30 071	16 833
化妆品类	4 871	2 960
书、报、杂志类	5 371	1 558
文化体育用品类	6 397	4 058
日用品类	40 680	24 429
家用电器类	35 730	19 970
首饰类	20 616	17 754
石油及制品类	2 869	1 057
煤炭及制品类	2 405	1 134
黑色金属材料类	7 280	97
有色金属材料	338	
建筑材料	3 164	666
化工材料及制品类	2 619	1 306
木材类	1 911	413
机电设备类	13 450	8 598
其他类	52 368	27 952

12－5 全市国内商业批发零售贸易业商品购进、销售、库存总额

(1993 年)　　　　单位:万元

项　　目	全　市	市　区	溧阳市	金坛市	武进县
一、商品购进总额	1 901 958	669 745	295 377	212 133	724 703
(一)按经济类型分					
国有经济	677 624	303 406	123 298	64 229	186 691
集体经济	1 073 969	215 975	172 078	147 904	538 013
联营经济	29 609	29 609			
股份制经济	120 577	120 577			
其他经济	179	179			
(二)按国民经济行业分					
食品、饮料、烟草和家庭用品批发业	795 958	358 892	120 068	118 979	198 019
食品、饮料、烟草批发业	285 246	118 304	85 926	32 609	48 406
棉、麻、土畜产品批发业	69 608	30 854	9 367	11 494	17 893
纺织品、服装和鞋帽批发业	33 840	24 609	5 298	133	3 800
日用百货批发业	133 006	51 179		62 916	18 911
日用杂品批发业	28 176	14 333	1 538		12 305
五金、交电、化工批发业	187 726	76 524	17 937	7 571	85 694
药品及医疗器械批发业	58 355	43 090		4 256	11 009
能源、材料和机械电子设备批发业	198 465	67 171	41 199	11 163	78 932
能源批发业	89 968	36 068	20 362	9 546	23 992
化工材料批发业	7 806	2 592			5 214
木材批发业	82	82			
建筑材料批发业	949	718	231		
金属材料批发业	55 506	3 366	12 943		39 197
机械、电子设备批发业	14 473	11 415	1 442	1 617	
汽车、摩托车及零配件批发业	6 264	6 264			
再生物资回收批发业	23 417	6 667	6 222		10 528
其他批发业	126 111	45 823	14 899	22 820	42 570
工艺美术品批发业	126	126			
图书报刊批发业	2 762				2 762
农业生产资料批发业	91 336	33 061	14 899	3 569	39 808
其他类未包括的批发业	31 887	12 636		19 251	
零售业	781 424	197 859	119 211	59 171	405 182
食品、饮料和烟草零售业	70 797	41 901	10 573		18 323
日用百货零售业	626 133	98 152	89 655	51 467	386 859

12—5 续表 1

单位:万元

项　　　　目	全　市	市　区	溧阳市	金坛市	武进县
纺织品、服装和鞋帽零售业	5 133	4 896		237	
日用杂品零售业	2 790	123		2 667	
五金、交电、化工零售业	24 874	16 530	8 306	39	
农业生产资料零售业	19 820	12 213	4 500	3 106	
药品及医疗器械零售业	4 386		4 386		
图书报刊零售业	4 310	2 576	1 038	696	
其他零售业	23 182	21 469	754	959	
(三)按企业规模分					
大型企业	454 248	278 540			175 708
中型企业	1 177 791	244 572	214 987	177 918	540 314
小型企业	178 101	88 988	46 217	34 215	8 681
附营单位	91 818	57 646	34 172		
二、商品销售总额	**2 146 021**	**754 504**	**344 364**	**240 903**	**806 250**
(一)按经济类型分					
国有经济	756 407	338 653	138 559	75 303	203 892
集体经济	1 216 619	242 855	205 805	165 601	602 358
联营经济	32 481	32 481			
股份制经济	140 315	140 315			
其他经济	201	201			
(二)按国民经济行业分					
食品、饮料、烟草和家庭用品批发业	896 929	402 732	140 334	134 791	219 073
食品、饮料、烟草批发业	325 092	138 272	96 784	37 836	52 200
棉、麻、土畜产品批发业	76 851	28 801	15 452	12 971	19 626
纺织品、服装和鞋帽批发业	38 295	27 948	6 133	238	3 976
日用百货批发业	145 967	55 738		68 453	21 776
日用杂品批发业	31 097	15 049	1 687		14 361
五金、交电、化工批发业	209 210	84 301	20 277	10 451	94 180
药品及医疗器械批发业	70 419	52 622		4 842	12 954
能源、材料和机械电子设备批发业	216 249	75 337	48 356	12 638	79 919
能源批发业	97 165	39 589	22 507	10 891	24 178
化工材料批发业	7 801	2 778			5 023
木材批发业	79	79			
建筑材料批发业	1 156	858	279		
金属材料批发业	61 890	5 209	17 048		39 633

12—5 续表 2

单位:万元

项　　目	全　市	市　区	溧阳市	金坛市	武进县
机械、电子设备批发业	15 829	12 570	1 512	1 747	
汽车、摩托车及零配件批发业	6 843	6 843			
再生物资回收批发业	25 488	7 411	6 992		11 084
其他批发业	144 609	49 607	19 267	30 380	45 354
工艺美术品批发业	186	186			
图书报刊批发业	2 489				2 489
农业生产资料批发业	101 841	35 693	19 267	4 015	42 865
其他类未包括的批发业	40 093	13 728		26 365	
零售业	888 234	226 828	136 407	63 094	461 904
食品、饮料和烟草零售业	85 070	45 439	12 712		26 919
日用百货零售业	710 341	117 121	103 866	54 368	434 987
纺织品、服装和鞋帽零售业	6 262	5 994		268	
日用杂品零售业	3 560	142		3 418	
五金、交电、化工零售业	26 880	18 013	8 552	315	
农业生产资料零售业	21 725	14 307	4 200	3 219	
药品及医疗器械零售业	5 311		5 311		
图书报刊零售业	3 890	2 278	1 014	599	
其他零售额	25 195	23 535	752	907	
(三)按企业规模分					
大型企业	499 243	308 165			191 078
中型企业	1 334 280	279 065	250 315	200 500	604 401
小型企业	205 674	101 712	52 787	40 404	10 771
附营单位	106 824	65 562	41 262		
三、年末库存总额	**215 103**	**85 334**	**27 874**	**21 199**	**80 696**
(一)按经济类型分					
国有经济	107 758	39 100	15 407	10 134	43 118
集体经济	87 116	26 006	12 467	11 065	37 578
联营经济	3 406	3 406			
股份制经济	16 756	16 756			
其他经济	66	66			
(二)按国民经济行业分					
食品、饮料、烟草和家庭用品批发业	110 014	49 565	8 060	16 349	36 040
食品、饮料、烟草批发业	23 316	9 214	5 204	7 118	1 779
棉、麻、土畜产品批发业	6 962	5 510	214	335	903

12—5 续表 3

单位:万元

项目	全市	市区	溧阳市	金坛市	武进县
纺织品、服装和鞋帽批发业	4 582	2 619	598	153	1 212
日用百货批发业	19 299	10 250		7 130	1 919
日用杂品批发业	3 398	2 001	445		953
五金、交电、化工批发业	21 258	11 243	1 599	1 142	7 274
药品及医疗器械批发业	31 200	8 728		471	22 001
能源、材料和机械电子设备批发业	11 077	6 252	498	45	4 281
能源批发业	3 765	2 463	347	43	912
化工材料批发业	967	90			877
木材批发业	14	14			
建筑材料批发业	73	65	8		
金属材料批发业	2 531	153	71		2 307
机械、电子设备批发业	984	982		2	
汽车、摩托车及零配件批发业	753	753			
再生物资回收批发业	1 990	1 734	73		184
其他批发业	8 078	3 085	1 235	1 037	2 721
工艺美术品批发业	116	116			
图书报刊批发业	577				577
农业生产资料批发业	5 644	1 797	1 235	468	2 144
其他类未包括的批发业	1 741	1 172		569	
零售业	85 934	26 432	18 081	3 768	37 654
食品、饮料和烟草零售业	21 162	4 246	7 821		9 095
日用百货零售业	54 222	15 637	7 116	2 911	28 559
纺织品、服装和鞋帽零售业	756	704		52	
日用杂品零售业	71	18		54	
五金、交电、化工零售业	2 664	1 524	1 097	42	
农业生产资料零售业	1 623	525	800	298	
药品及医疗器械零售业	1 014		1 014		
图书报刊零售业	1 394	974	228	192	
其他零售业	3 028	2 803	6	219	
(三)按企业规模分					
大型企业	48 260	38 075			10 185
中型企业	120 475	29 702	13 241	11 078	66 454
小型企业	36 880	10 891	11 810	10 121	4 057
附营单位	9 488	6 666	2 822		

12—6 全市国内商业批发零售贸易业商品分类销售额

(1993 年) 单位:万元

项 目	全 市	#市 区
批发额总计	**1 820 716**	**566 750**
一、大中型企业批发额	**1 560 043**	**429 266**
食品类	100 982	47 063
饮料、烟酒类	523 479	75 660
服装、鞋帽类	27 994	6 946
纺织品类	33 049	10 132
中西药品类	31 928	23 348
化妆品类	6 575	3 987
书、报、杂志类	1 795	798
文化体育用品类	7 426	4 853
日用品类	118 884	53 941
家用电器类	94 969	37 714
首饰类	1 035	1 035
石油及制品类	96 008	34 975
煤炭及制品类	2 061	2
黑色金属材料类	79 972	14 817
有色金属材料类	13 706	1 474
建筑材料类	25 805	2 222
化工材料及制品类	63 074	13 115
木材类	4 753	415
机电设备类	27 884	20 319
其他类	298 666	76 450
二、小型企业批发额	**169 104**	**83 154**
食品类	32 610	10 856
饮料、烟酒类	33 127	4 082
服装、鞋帽类	860	418
纺织品类	11 071	9 383
中西药品类	241	237
化妆品类	1 350	1 316
文化体育用品类	930	533
日用品类	6 771	4 302
家用电器类	3 785	2 524
石油及制品类	2 311	1 891
煤炭及制品类	696	537
黑色金属材料类	5 718	4 493
有色金属材料类	961	146
建筑材料类	3 697	1 322
化工材料及制品类	9 805	5 926
木材类	1 449	965

12—6 续表 1

单位:万元

项目	全市	#市区
机电设备类	18 330	18 233
其他类	35 392	15 992
三、附营单位批发额	**91 569**	**54 331**
食品类	2 122	1 939
饮料、烟酒类	1 058	994
服装、鞋帽类	243	243
纺织品类	6 739	5987
中西药品类	3 048	3 048
化妆品类	8	6
书、报、杂志类	65	50
文化体育用品类	290	260
日用品类	1 841	1 838
家用电器类	3 118	3 056
石油及制品类	211	211
煤炭及制品类	527	422
黑色金属材料类	3 947	3 937
有色金属材料类	963	953
建筑材料类	939	691
化工材料及制品类	3 485	3 465
木材类	254	194
机电设备类	20 433	20 433
其他类	42 280	6 604
零售额总计	325 305	187 754
一、大中型企业零售额	**273 480**	**157 965**
食品类	29 506	12 395
饮料、烟酒类	11 972	4 238
服装、鞋帽类	44 986	32 694
纺织品类	10 177	3 949
中西药品类	30 048	16 829
化妆品类	4 000	2 410
书、报、杂志类	4 928	1 553
文化体育用品类	4 381	2 556
日用品类	36 404	21 788
家用电器类	31 455	17 427
首饰类	20 290	17 703
石油及制品类	2 200	988
煤炭及制品类	643	531
黑色金属材料类	165	
建筑材料类	1 473	118
化工材料及制品类	1 126	703
木材类	493	117

12—6 续表 (1993 年) 单位:万元

项　　目	全　市	#市　区
机电设备类	812	529
其他类	38 422	21 437
二、小型企业零售额	**36 570**	**18 557**
食品类	12 276	5 566
饮料、烟酒类	3 096	2 189
服装、鞋帽类	2 879	1 457
纺织品类	2 592	1 601
中西药品类	19	
化妆品类	651	380
书、报、杂志类	53	2
文化体育用品类	1 516	1 291
日用品类	3 004	1 512
家用电器类	2 178	926
首饰类	275	
石油及制品类	531	
煤炭及制品类	198	34
黑色金属材料类	5	5
建筑材料类	314	85
化工材料及制品类	443	382
木材类	89	52
机电设备类	909	852
其他类	5 543	2 223
三、附营单位零售额	**15 256**	**11 234**
食品类	2 056	1 952
饮料、烟酒类	1 138	825
服装、鞋帽类	1 324	1 229
纺织品类	339	282
中西药品类	4	4
化妆品类	193	170
书、报、杂志类	336	3
文化体育用品类	500	211
日用品类	1 154	1 057
家用电器类	2 067	1 617
首饰类	51	51
石油及制品类	69	69
黑色金属材料类	118	
建筑材料类	306	21
化工材料及制品类	396	221
木材类	20	
其他类	5 186	3 522

12—7 全市对外贸易业批发零售贸易业商品购进、销售、库存总额

(1993 年)　　　　单位:万元

项　　目	全　市	市　区	溧阳市	金坛市	武进县
一、商品购进总额	**257 054**	**192 336**	**13 877**	**13 077**	**37 764**
(一)按经济类型分					
国有经济	237 158	172 440	13 877	13 077	37 764
集体经济	15 564	15 564			
联营经济	4 332	4 332			
(二)按国民经济行业分					
食品、饮料、烟草和家庭用品批发业	184 126	119 409	13 877	13 077	37 764
棉、麻、土畜产品批发业	28 144	28 144			
纺织品、服装和鞋帽批发业	140 921	84 270	5 811	13 077	37 764
日用百货批发业	2 991	2 991			
五金、交电、化工批发业	8 953	887	8 066		
药品及医疗器械批发业	3 116	3 116			
能源、材料和机械电子设备批发业	50 005	50 005			
矿产批发业	3 142	3 142			
金属材料批发业	28 795	28 795			
机械、电子设备批发业	18 068	18 068			
其他批发业	22 923	22 923			
其他类未包括的批发业	22 923	22 923			
(三)按企业规模分					
大型企业	89 989	52 225			37 764
中型企业	137 978	111 195	13 706	13 077	
小型企业	29 087	28 916	171		
二、商品销售总额	**245 010**	**176 467**	**17 036**	**13 246**	**38 261**
(一)按经济类型分					
国有经济	223 742	155 200	17 036	13 246	38 261
集体经济	15 770	15 770			
联营经济	5 498	5 498			
(二)按国民经济行业分					
食品、饮料、烟草和家庭用品批发业	181 200	112 658	17 036	13 246	38 261
棉、麻、土畜产品批发业	21 433	21 433			
纺织品、服装和鞋帽批发业	141 486	84 268	5 712	13 246	38 261
日用百货批发业	2 953	2 953			

12—7 续表

单位:万元

项目	全市	市区	溧阳市	金坛市	武进县
五金、交电、化工批发业	12 597	1 272	11 325		
药品及医疗器械批发业	2 732	2 732			
能源、材料和机械电子设备批发业	41 593	41 593			
矿产批发业	2 251	2 251			
金属材料批发业	23 692	23 692			
机械、电子设备批发业	15 651	15 651			
其他批发业	22 217	22 217			
其他类未包括的批发业	22 217	22 217			
(三)按企业规模分					
大型企业	89 969	51 708			38 261
中型企业	127 106	97 022	16 839	13 246	
小型企业	27 935	27 738	198		
三、年末库存总额	**18 758**	**18 326**	**165**	**169**	**98**
(一)按经济类型分					
国有经济	17 098	16 666	165	169	98
集体经济	1 660	1 660			
(二)按国民经济行业分					
食品、饮料、烟草和家庭用品批发业	5 714	5 282	165	169	98
棉、麻、土畜产品批发业	1 461	1 461			
纺织品、服装 和鞋帽批发业	4 178	3 783	128	169	98
日用百货批发业	39	39			
五金、交电、化工批发业	37		37		
能源、材料和机械电子设备批发业	10 250	10 250			
矿产批发业	891	891			
金属材料批发业	5 874	5 874			
机械、电子设备批发业	3 484	3 484			
其他批发业	2 794	2 794			
其他类未包括的批发业	2 794	2 794			
(三)按企业规模分					
大型企业	993	895			98
中型企业	13 267	12 935	163	169	
小型企业	4 498	4 496	2		

12—8 全市对外贸易业批发零售贸易业商品分类销售额

(1993 年)　　　　单位:万元

项　　目	全　市	#市　区
批发额总计	245 005	176 463
一、大中型企业批发额	217 075	148 729
食品类	2 143	239
饮料、烟酒类	45	
服装、鞋帽类	26 067	20 857
纺织品类	79 913	40 887
中西药品类	10 728	3 268
化妆品类	10	10
文化体育用品类	974	974
日用品类	3 817	3 564
家用电器类	3 185	2 968
黑色金属材料类	25 137	23 236
有色金属材料类	1 245	1 153
建筑材料类	81	81
化工材料及制品类	9 312	8 973
机电设备类	8 791	4 364
其他类	45 629	38 156
二、小型企业批发额	27 930	27 734
食品类	141	141
服装、鞋帽类	3 417	3 417
纺织品类	5 949	5 949
中西药品类	175	44
日用品类	113	113
家用电器类	4	4
石油及制品类	65	65
黑色金属材料类	3 532	3 532
有色金属材料类	366	366
建筑材料类	45	45
化工材料及制品	157	157
木材类	162	162
机电设备类	10 555	10 555
其他类	3 251	3 185
零售额总计	5	5
小型企业零售额		
服装、鞋帽类	1	1
纺织品类	1	1
其他类	3	3

12—9 全市物资供销业批发零售贸易业商品购进、销售、库存总额

(1993年)

单位:万元

项 目	全 市	市 区	溧阳市	金坛市	武进县
一、商品购进总额	1 350 821	472 135	201 014	142 418	535 254
(一)按经济类型分					
国有经济	1 152 250	435 558	146 857	139 289	430 546
集体经济	175 964	28 440	54 157	3 129	90 238
联营经济	22 607	8 137			14 470
(二)按国民经济行业分					
食品、饮料、烟草和家庭用品批发业	18 620	8 722	9 898		
棉、麻、土畜产品批发业	8 122		8 122		
纺织品、服装和鞋帽批发业	1 657		1 657		
五金、交电、化工批发业	8 841	8 722	119		
能源、材料和机械电子设备批发业	1 245 943	462 845	191 116	56 728	535 254
能源批发业	157 798	48 234	39 078	1 545	68 941
化工材料批发业	96 184	49 672	6 820	4 106	35 586
木材批发业	44 405	17 021	6 520	816	20 048
建筑材料批发业	82 255	24 654	15 464	5 267	36 870
金属材料批发业	595 523	183 163	115 170	20 476	276 714
机械、电子设备批发业	134 729	118 249	5 636	9 427	1 417
汽车、摩托车及零配件批发业	35 393				35 393
再生物资回收批发业	99 656	21 852	2 428	15 091	60 285
其他批发业	85 690			85 690	
其他类未包括的批发业	85 690			85 690	
零售业	568	568			
其他零售业	568	568			
(三)按企业规模分					
大型企业	509 892	176 026			333 866
中型企业	732 497	243 548	163 809	137 861	187 279
小型企业	74 007	48 395	6 946	4 557	14 109
附营单位	34 425	4 166	30 259		
二、商品销售总额	1 341 730	471 762	200 201	136 426	533 341
(一)按经济类型分					
国有经济	1 141 872	435 849	143 234	133 427	429 362
集体经济	179 430	27 495	56 967	2 999	91 969
联营经济	20 428	8 418			12 010
(二)按国民经济行业分					
食品、饮料、烟草和家庭用品批发业	17 882	7 639	10 243		
棉、麻、土畜产品批发业	8 503		8 503		
纺织品、服装和鞋帽批发业	1 619		1 619		
五金、交电、化工批发业	7 760	7 639	121		
能源、材料和机械电子设备批发业	1 246 321	463 536	189 958	59 486	533 341
能源批发业	153 644	52 702	27 559	1 791	71 592

12—9 续表

单位:万元

项目	全市	市区	溧阳市	金坛市	武进县
化工材料批发业	100 012	52 785	7 493	4 174	35 560
木材批发业	47 444	20 506	6 690	823	19 425
建筑材料批发业	85 952	26 702	16 187	5 360	37 703
金属材料批发业	596 437	179 406	123 244	20 362	273 425
机械、电子设备批发业	127 511	109 685	6 204	10 109	1 513
汽车、摩托车及零配件批发业	35 872				35 872
再生物资回收批发业	99 449	21 750	2 581	16 867	58 251
其他批发业	76 940			76 940	
其他类未包括的批发业	76 940			76 940	
零售业	587	587			
其他零售业	587	587			
(三)按企业规模分					
大型企业	509 350	173 331			336 019
中型企业	721 422	246 090	160 101	132 065	183 166
小型企业	73 360	47 733	7 110	4 361	14 156
附营单位	37 598	4 608	32 990		
三、年末库存总额	**112 659**	**52 728**	**7 050**	**12 419**	**40 462**
(一)按经济类型分					
国有经济	93 871	48 833	3 450	11 897	29 691
集体经济	15 302	3 369	3 600	522	7 811
联营经济	3 486	526			2 960
(二)按国民经济行业分					
食品、饮料、烟草和家庭用品批发业	1 035	671	364		
棉、麻、土畜产品批发业	264		264		
纺织品、服装和鞋帽批发业	90		90		
五金、交电、化工批发业	681	671	10		
能源、材料和机械电子设备批发业	101 729	52 037	6 686	2 544	40 462
能源批发业	6 503	3 032	312	18	3 141
化工材料批发业	6 077	3 500	237	580	1 760
木材批发业	7 683	4 879	605	151	2 048
建筑材料批发业	7 645	4 243	376	148	2 878
金属材料批发业	46 483	18 884	4 662	570	22 367
机械、电子设备批发业	15 124	13 610	460	697	357
汽车、摩托车及零配件批发业	2 866				2 866
再生物资回收批发业	9 348	3 889	34	380	5 045
其他批发业	9 875			9 875	
其他类未包括的批发业	9 875			9 875	
零售业	20	20			
其他零售业	20	20			
(三)按企业规模分					
大型企业	39 847	16 839			23 008
中型企业	63 458	31 325	4 936	11 673	15 524
小型企业	7 471	4 342	453	746	1 930
附营单位	1 883	222	1 661		

12—10 全市物资供销业批发零售贸易业商品分类销售额

(1993年)

单位:万元

项目	全市	#市区
批发额总计	1 314 474	462 351
一、大中型企业批发额	1 205 184	410 486
服装、鞋帽类	20	
纺织品类	9 729	
化妆品类	15	
日用品类	2 095	2 040
家用电器类	93	
石油及制品类	59 779	11 786
煤炭及制品类	66 694	20 023
黑色金属材料类	609 016	158 871
有色金属材料类	98 685	20 767
建筑材料类	21 416	13 530
化工材料及制品类	91 288	47 682
木材类	33 405	13 231
机电设备类	134 029	85 082
其他类	78 920	37 474
二、小型企业批发额	72 077	47 527
食品类	47	47
服装、鞋帽类	14	14
纺织品类	698	
化妆品类	3	3
石油及制品类	465	280
煤炭及制品类	687	511
黑色金属材料类	49 833	32 821
有色金属材料类	3 738	2 998
建筑材料类	1 128	68
化工材料及制品类	6 559	4 876
木材类	2 009	1 165
机电设备类	4 247	4 122
其他类	2 649	622
三、附营单位批发额	37 213	4 338
食品类	1	1
饮料、烟酒类	256	
纺织品类	1 139	54
家用电器类	14	14
石油及制品类	7 000	71
煤炭及制品类	259	
黑色金属材料类	22 505	1 550

12—10续表

单位:万元

项　　目	全　市	#市　区
有色金属材料类	121	43
建筑材料类	1 437	393
化工材料及制品类	1 505	353
木材类	26	
机电设备类	1 221	1 144
其他类	1 729	715
零售额总计	**27 257**	**9 410**
一、大中型企业零售额	**25 589**	**8 933**
服装、鞋帽类	31	
化妆品类	21	
日用品类	117	71
家用电器类	30	
石油及制品类	69	
煤炭及制品类	1 564	569
黑色金属材料类	6 854	92
有色金属材料类	338	
建筑材料类	914	324
化工材料及制品类	26	
木材类	991	113
机电设备类	11 510	6 998
其他类	3 124	766
二、小型企业零售额	**1 283**	**207**
食品类	22	
服装、鞋帽类	3	
化妆品类	6	
黑色金属材料类	138	
建筑材料类	40	
化工材料及制品类	629	
木材类	318	131
机电设备类	75	75
其他类	52	1
三、附营单位零售额	**385**	**270**
食品类	1	1
饮料、烟酒类	1	1
纺织品类	77	
日用品类	1	1
建筑材料类	118	118
机电设备类	145	145
其他类	42	4

12—11 全市国内商业批发零售贸易业主要商品批发量

(1993 年)

名　称	单 位	全市批发量	#大中型企业	市区批发量	#大中型企业
粮　食	吨	379 964	169 796	44 855	10 712
食用植物油	吨	15 781	8 496	3 718	1 872
猪和猪肉	吨	2 406	2 259	265	119
牛和牛肉	吨	12	8	4	
羊和羊肉	吨	5	3	2	
鲜　蛋	吨	84	83		
水产品	吨	3 687	3 414	3 558	3 377
盐	吨	36 119	3 428	25 240	364
食　糖	吨	69 658	66 749	40 409	39 736
卷　烟	箱	804 572	739 584	76 965	75 760
酒	吨	46 184	37 803	18 894	16 092
茶　叶	吨	394	244	140	4
棉　花	吨	54 641	53 247	33 807	33 806
布	百米	645 744	223 347	565 739	150 402
#棉布	百米	540 552	176 631	494 520	132 529
呢　绒	百米	8 814	5 497	4 808	1 826
绸　缎	百米	17 335	12 970	7 992	4 242
服　装	百件	10 064	8 265	5 652	4 114
针织内衣裤	百件	32 573	29 843	15 789	13 209
鞋	百双	85 789	82 968	45 977	44 623
#皮鞋	百双	9 904	9 671	6 111	5 927
合成洗衣粉	吨	20 294	17 153	10 334	7 646
黄金饰品	千元	82 855	10 350	82 850	10 350
自行车	辆	971 794	965 617	357 286	353 199
摩托车	辆	23 086	21 715	5 582	4 211
电视机	台	538 052	535 423	40 753	40 616
#彩色电视机	台	378 777	377 269	14 673	14 536
录音机	台	97 760	96 946	61 115	60 693
录像机	台	15 807	15 667	4 977	4 884
照相机	架	16 154	16 154	16 095	16 095
家用电风扇	台	579 413	571 472	103 688	99 302
家用洗衣机	台	92 619	90 702	14 760	14 735
家用电冰箱	台	46 857	46 514	13 057	13 050
房间空调器	台	13 023	12 989	6 700	6 680
抽油烟机	台	39 964	39 636	25 224	25 103
化学肥料	吨	595 034	503 049	27 895	27 895
化学农药	吨	30 327	5 912	756	756
农用塑料薄膜	吨	3 275	2 262	314	314

12—11 续表

名称	单位	全市批发量	#大中型企业	市区批发量	#大中型企业
农用动力机械	台	59 566	44 348	51 391	36 485
汽车	辆	337	161	176	
#载货汽车	辆	206	127	79	
生铁	吨	92 818	87 816	6 235	2 442
钢材	吨	287 300	255 132	77 212	60 605
#铁道用钢材	吨	237	237		
普通大型钢材	吨	4 225	3 220	1 005	
普通中型钢材	吨	22 796	18 400	15 841	11 699
普通小型钢材	吨	53 124	46 243	14 449	13 354
钢带	吨	956	956	108	108
线材	吨	15 459	10 669	2 871	349
中厚钢板	吨	5 336	637	1 832	449
薄钢板	吨	4 383	2 967	3 539	2 130
硅钢片	吨	669	100	441	100
优质钢型材	吨	1 242	348	1 242	348
无缝钢管	吨	1 083	532	151	100
焊接钢管	吨	7 139	755	3 217	5
铜	吨	1 718	1 708	21	11
铝	吨	1 887	1 881	52	46
铅	吨	11	10	11	10
锌	吨	1 453	1 103	64	64
锡	吨	3	1	3	1
铜材	吨	826	786	92	52
铝材	吨	4 603	4 582	21	
烧碱	吨	93		92	
纯碱	吨	2 125	2 037	1 250	1 250
水泥	吨	21 922	11 268	3 054	
平板玻璃	重量箱	9 441	8 986	255	
原木	立方米	5 181	4 065	50	
锯材	立方米	15 529	15 062	467	
润滑油	吨	3 925	3 350	2 689	2 156
煤炭	吨	104 323	72 202	24 468	
焦炭	吨	710	710		
原油	吨	11 846	11 550	1 296	1 000
汽油	吨	149 945	141 728	74 440	66 223
柴油	吨	231 999	221 681	126 622	121 052
煤油	吨	5 334	5 313	1 517	1 517
燃料油	吨	11 175	11 175		

12—12 全市国内商业批发零售贸易业主要商品零售量

(1993 年)

名　　称	单　位	全市零售量	#大中型企业	市区零售量	#大中型企业
粮　食	吨	205 342	146 859	29 452	25 677
食用植物油	吨	22 023	17 542	13 059	11 872
猪和猪肉	吨	5 688	4 261	2 130	715
牛和牛肉	吨	71	45	54	33
羊和羊肉	吨	54	25	49	23
鲜　蛋	吨	224	177	108	63
水产品	吨	485	134	452	118
盐	吨	3 765	2 822	451	244
食　糖	吨	3 202	2 331	1 195	761
卷　烟	箱	33 916	28 838	3 594	2 737
酒	吨	8 578	6 140	2 222	1 263
茶　叶	吨	96	49	57	16
布	百米	107 799	89 848	18 515	14 317
#棉布	百米	54 448	43 454	9 550	6 766
呢　绒	百米	7 409	5 856	3 164	2 026
绸　绒	百米	18 839	15 688	9 454	7 216
服　装	百件	88 305	75 711	24 772	22 831
针织内衣裤	百件	169 135	133 226	38 161	13 572
鞋	百双	372 125	308 024	93 233	78 606
#皮鞋	百双	51 449	48 637	29 975	28 831
合成洗衣粉	吨	4 445	4 186	253	204
黄金饰品	千元	227 031	221 949	196 358	196 358
自行车	辆	213 604	204 074	66 399	64 836
摩托车	辆	23 467	23 229	4 661	4 503
电视机	台	89 114	83 371	21 415	21 267
#彩色电视机	台	48 577	47 493	16 579	16 478
录音机	台	60 308	58 160	42 945	42 872
录像机	台	13 146	12 978	7 716	7 637
照相机	架	8 394	8 394	7 667	7 667
家用电风扇	台	183 094	166 003	65 479	63 474
家用洗衣机	台	52 794	48 980	20 282	20 181
家用电冰箱	台	27 947	27 409	15 147	15 142
房间空调器	台	3 384	3 379	1 908	1 906
抽油烟机	台	19 155	18 826	12 843	12 710
钢　材	吨	178	174	4	
#普通小型钢材	吨	66	62	4	
水　泥	吨	4 075	401		
平板玻璃	重量箱	1 835	1 211	12	11
原　木	立方米	1 897	1 574	5	5
锯　材	立方米	2 526	2 438	717	642
润滑油	吨	1 039	887	847	847
煤　炭	吨	33 646	27 736	4 368	4 368
原　油	吨	1	1	1	1
汽　油	吨	31 561	31 561	15 909	15 909
柴　油	吨	7 563	7 563	7 563	7 563
煤　油	吨	555	401	367	366

12—13 全市对外贸易业批发零售贸易业主要商品批发量

(1993年)

名　　称	单　位	全　市批发量	#大中型企业	市　区批发量	#大中型企业
粮　食	吨	8 644	8 644	144	144
水产品	吨	170	107	24	24
茶　叶	吨	32	32		
布	百米	950 342	926 821	889 703	866 182
#棉布	百米	609 572	595 291	580 572	566 291
呢　绒	百米	22 631	22 631	20 215	20 215
绸　缎	百米	232 216	232 216	17 570	17 570
服　装	百件	152 615	152 295	46 614	46 294
针织内衣裤	百件	81 093	81 036	79 257	79 200
鞋	百双	69 643	69 643	69 643	69 643
#皮鞋	百双	22	22	22	22
自行车	辆	223 207	219 140	23 163	19 096
摩托车	辆	1 470	1 470	1 470	1 470
电视机	台	26 456	26 456	10 229	10 229
#彩色电视机	台	5	5	5	5
录音机	台	27 000	27 000	2 000	2 000
家用电风扇	台	5 075	5 000	75	
化学农药	吨	570	560	18	8
农用动力机械	台	34 409	18 406	16 003	
钢　材	吨	90 237	73 494	87 118	70 494
#普通大型钢材	吨	3 323	3 323	3 323	3 323
普通中型钢材	吨	18 767	14 165	18 767	14 165
普通小型钢材	吨	21 806	21 687	18 687	18 687
线　材	吨	27 344	26 936	27 344	26 936
中厚钢材	吨	18 997	7 383	18 997	7 383
铜	吨	616	478	616	478
铝　材	吨	1 307	1 307	1 307	1 307
原　木	立方米	300	300		
煤　炭	吨	150			

12—14 全市物资供销业批发零售贸易业主要商品零售量

(1993 年)

名称	单位	全市批发量	市区批发量
摩托车	辆	10 903	851
汽车	辆	2 901	1 723
其中:载货汽车	辆	1 081	580
生铁	吨	371 700	32 448
钢材	吨	1 711 750	600 628
其中:普通中型钢材	吨	185 830	55 069
普通小型钢材	吨	278 295	137 461
钢带	吨	7 179	949
线材	吨	125 630	42 943
中厚钢板	吨	299 624	97 929
薄钢板	吨	447 710	92 297
焊接钢管	吨	81 938	37 212
铜	吨	26 411	6 787
铝	吨	21 068	2 223
铅	吨	1 615	474
锌	吨	8 853	465
锡	吨	181	50
铜材	吨	1 403	923
铝材	吨	2 349	827
硫酸	吨	164	47
烧碱	吨	668	506
纯碱	吨	6 532	2 372
天然橡胶	吨	4 489	2 189
合成橡胶	吨	2 912	2 892
水泥	吨	178 269	109 539
平板玻璃	重量箱	183 543	148 127
原木	立方米	149 084	53 555
锯材	立方米	44 250	28 039
润滑油	吨	6 061	50
煤炭	吨	3 436 851	1 012 460
焦炭	吨	32 085	4 822
原油	吨	1 902	1 902
汽油	吨	30 129	7 350
柴油	吨	162 795	6 934
煤油	吨	250	145
燃料油	吨	185 840	126 698

12—15 全市国内商业批发零售贸易业主要财务指标

(1993年) 单位:万元

项目	全市	市区	溧阳市	金坛市	武进县
一、资本金总计	**140 389**	**79 543**	**15 794**	**21 233**	**23 820**
1.按经济类型分					
国有经济	32 486	13 059	7 563	3 855	8 009
集体经济	63 830	22 411	8 230	17 378	15 811
联营经济	2 323	2 323			
股份制经济	41 750	41 750			
2.按企业规模分					
大型企业	47 472	44 667			2 806
中型企业	68 405	25 687	9 499	14 090	19 130
小型企业	24 511	9 189	6 294	7 143	1 885
二、流动资产总计	**481 697**	**181 886**	**72 072**	**80 693**	**147 046**
1.按经济类型分					
国有经济	229 551	85 943	44 872	40 704	58 033
集体经济	209 738	53 536	27 200	39 989	89 013
联营经济	4 671	4 671			
股份制经济	37 737	37 737			
2.按企业规模分					
大型企业	109 988	83 368			26 620
中型企业	269 532	70 274	46 197	44 728	108 334
小型企业	102 177	28 245	25 875	35 965	12 092
三、固定资产总计	**103 626**	**47 018**	**14 035**	**17 404**	**25 166**
1.按经济类型分					
国有经济	45 266	20 305	8 629	7 606	8 725
集体经济	41 610	9 965	5 406	9 798	16 441
联营经济	1 820	1 820			
股份制经济	14 928	14 928			
2.按企业规模分					
大型企业	29 600	25 372			4 229
中型企业	57 308	15 946	10 034	11 667	19 661
小型企业	16 715	5 700	4 001	5 737	1 276
四、商品销售收入总计	**2 049 164**	**695 361**	**303 102**	**244 212**	**806 489**
1.按经济类型分					
国有经济	738 334	321 237	137 479	75 488	204 131
集体经济	1 150 417	213 711	165 623	168 724	602 358
联营经济	21 870	21 870			
股份制经济	138 543	138 543			
2.按企业规模分					
大型企业	497 669	306 591			191 078
中型企业	1 345 375	287 041	250 315	203 619	614 401

12—15 续表

单位:万元

项目	全市	市区	溧阳市	金坛市	武进县
小型企业	206 120	101 730	52 787	40 593	11 010
五、商品销售成本总计	**1 911 766**	**631 839**	**285 742**	**222 440**	**771 745**
1. 按经济类型分					
国有经济	678 294	291 766	127 956	68 004	190 568
集体经济	1 090 357	196 959	157 787	154 435	581 176
联营经济	19 520	19 520			
股份制经济	123 595	123 595			
2. 按企业规模分					
大型企业	461 566	276 330			185 236
中型企业	1 261 726	263 306	235 950	185 908	576 562
小型企业	188 475	92 204	49 793	36 532	9 946
六、商品销售税金及附加费总计	**16 482**	**9 823**	**1 583**	**1 716**	**3 360**
1. 按经济类型分					
国有经济	7 347	4 507	998	457	1 295
集体经济	5 919	2 099	585	1 170	2 064
联营经济	461	461			
股份制经济	2 756	2 756			
2. 按企业规模分					
大型企业	5 621	5 159			462
中型企业	9 088	3 506	1 352	1 377	2 853
小型企业	1 773	1 158	234	339	45
七、利润总额总计	**6 147**	**7 327**	**1 657**	**—2354**	**—483**
1. 按经济类型分					
国有经济	4 497	2 176	1 564	—598	1 356
集体经济	—2999	503	93	—1756	—1839
联营经济	365	365			
股份制经济	4 283	4 283			
2. 按企业规模分					
大型企业	6 317	6 458			—141
中型企业	1 605	1 120	1 967	—1169	—313
小型企业	—1775	—250	—310	—1185	—29
八、应交所得税总计	**3 617**	**2 282**	**611**	**172**	**553**
1. 按经济类型分					
国有经济	2 394	1 225	586	102	480
集体经济	321	154	25	69	72
联营经济	9	9			
股份制经济	893	893			
2. 按企业规模分					
大型企业	1 994	1 950			44
中型企业	1 457	178	604	167	508
小型企业	166	155	7	4	

12—16 全市对外贸易业批发零售贸易业主要财务指标

(1993年) 单位:万元

项目	全市	市区	溧阳市	金坛市	武进县
一、资本金总计	**6 980**	**6 555**	**202**	**65**	**158**
1.按经济类型分					
国有经济	6 350	5 926	202	65	158
集体经济	520	522			
联营经济	110	110			
2.按企业规模分					
大型企业	438	280			158
中型企业	5 706	5 470	171	65	
小型企业	836	805	31		
二、流动资产总计	**70 800**	**54 137**	**6 663**	**2 215**	**7 785**
1.按经济类型分					
国有经济	63 687	47 025	6 663	2 215	7 785
集体经济	5 767	5 767			
联营经济	1 345	1 345			
2.按企业规模分					
大型企业	14 190	6 405			7 785
中型企业	41 764	33 180	6 370	2 215	
小型企业	14 846	14 553	293		
三、固定资总计	**9 007**	**6 731**	**399**	**356**	**1 522**
1.按经济类型分					
国有经济	8 453	6 171	399	356	1 522
集体经济	481	481			
联营经济	73	73			
2.按企业规模分					
大型企业	1 753	231			1 522
中型企业	6 528	5 786	386	356	
小型企业	727	714	13		
四、商品销售收入总计	**245 005**	**176 463**	**17 036**	**13 246**	**38 261**
1.按经济类型分					
国有经济	223 742	155 200	17 036	13 246	38 261
集体经济	15 765	15 765			
联营经济	5 499	5 499			
2.按企业规模分					
大型企业	89 969	51 708			38 261
中型企业	127 106	97 022	16 839	13 246	38 261

12—16 续表 单位:万元

项目	全市	市区	溧阳市	金坛市	武进县
小型企业	27 930	27 733	198		
五、商品销售成本总计	**238 891**	**178 610**	**16 628**	**13 077**	**30 576**
1. 按经济类型分					
国有经济	219 125	158 844	16 628	13 077	30 576
集体经济	15 433	15 433			
联营经济	4 332	4 332			
2. 按企业规模分					
大型企业	82 801	52 226			30 576
中型企业	126 653	97 104	16 472	13 077	
小型企业	29 437	29 280	157		
六、商品销售税金及附加费总计	**202**	**158**	**30**	**4**	**9**
1. 按经济类型分					
国有经济	168	124	30	4	9
集体经济	34	34			
2. 按企业规模分					
大型企业	23	13			9
中型企业	130	98	28	4	
小型企业	49	47	2		
七、利润总额总计	**513**	**519**	**－18**	**4**	**9**
1. 按经济类型分					
国有经济	－354	－348	－18	4	9
集体经济	44	44			
联营经济	824	824			
2. 按企业规模分					
大型企业	208	199			9
中型企业	2 302	2 295	3	4	
小型企业	－1997	－1975	－22		
八、应交所得税总计	**319**	**315**	**1**		**3**
1. 按经济类型分					
国有经济	311	307	1		3
集体经济	8	8			
2. 按企业规模分					
大型企业	15	13			3
中型企业	225	224	1		
小型企业	78	78			

12—17 全市餐饮业主要财务指标

(1993年) 单位:万元

项目	全市	市区	溧阳市	金坛市	武进县
一、资本金总计	**2 388**	**1 917**	**257**	**213**	
1.按经济类型分					
国有经济	1 909	1 456	239	213	
集体经济	193	175	18		
港、澳、台投资经济	286	286			
2.按企业规模分					
大型企业	239		239		
中型企业	1 170	1 170			
小型企业	979	747	18	213	
二、流动资产总计	**2 169**	**1 267**	**406**	**496**	
1.按经济类型分					
国有经济	1 850	957	398	496	
集体经济	240	232	8		
港、澳、台投资经济	79	79			
2.按企业规模分					
大型企业	398		398		
中型企业	585	585			
小型企业	1 187	383	8	496	
三、固定资产总计	**2 335**	**1 747**	**395**	**193**	
1.按经济类型分					
国有经济	1 987	1 451	344	193	
集体经济	254	203	51		
港、澳、台投资经济	94	94			
2.按企业规模分					
大型企业	344		344		
中型企业	1104	1104			
小型企业	888	644	51	193	
四、商品销售收入总计	**7 231**	**4 585**	**1 601**	**1 045**	
1.按经济类型分					
国有经济	6 081	3 536	1 500	1 045	
集体经济	1 017	916	101		
港、澳、台投资经济	133	133			
2.按企业规模分					
大型企业	1 500		1 500		
中型企业	2 370	2 370			

12—17 续表

单位:万元

项　　目	全　市	市　区	溧阳市	金坛市	武进县
小型企业	3 361	2 215	101	1 045	
二、商品销售成本总计	**4 363**	**2 893**	**842**	**628**	
1.按经济类型分					
国有经济	3 675	2 227	820	628	
集体经济	606	584	22		
港、澳、台投资经济	82	82			
2.按企业规模分					
大型企业	820		820		
中型企业	1 510	1 510			
小型企业	2 033	1 383	22	628	
六、商品销售税金及附加费总计	**312**	**222**	**60**	**30**	
1.按经济类型分					
国有经济	258	174	55	30	
集体经济	46	41	5		
港、澳、台投资经济	7	7			
2.按企业规模分					
大型企业	55		55		
中型企业	122	122			
小型企业	135	101	5	30	
七、利润总额总计	**282**	**155**	**111**	**16**	
1.按经济类型分					
国有经济	254	168	70	16	
集体经济	42	1	41		
港、澳、台投资经济	—14	—14			
2.按企业规模分					
大型企业	70		70		
中型企业	126	126			
小型企业	86	29	41	16	
八、应交所得税总计	**17**	**17**			
1.按经济类型分					
国有经济	14	14			
集体经济	3	3			
1.按企业规模分					
大型企业					
中型企业	11	11			
小型企业	6	6			

12—18 全市物资供销业批发零售贸易业主要财务指标

(1993年) 单位:万元

项目	全市	市区	溧阳市	金坛市	武进县
一、资本金总计	**44 841**	**15 038**	**2 749**	**2 341**	**24 713**
1.按经济类型分					
国有经济	37 108	13 381	1 992	2 226	19 509
集体经济	6 268	797	757	115	4 599
联营经济	1 465	860			605
2.按企业规模分					
大型企业	20 741	5 342			15 399
中型企业	20 387	7 688	2 433	2 139	8 127
小型企业	3 713	2 008	316	202	1 187
二、流动资产总计	**278 311**	**97 311**	**33 797**	**50 069**	**97 134**
1.按经济类型分					
国有经济	237 206	90 880	29 476	49 330	67 520
集体经济	34 480	5 103	4 321	739	24 317
联营经济	6 625	1 328			5 297
2.按企业规模分					
大型企业	86 303	31 341			54 962
中型企业	174 853	55 550	32 276	48 609	38 418
小型企业	17 155	10 420	1 521	1 460	3 754
三、固定资产总计	**29 682**	**12 198**	**3 470**	**2 577**	**11 437**
1.按经济类型分					
国有经济	24 760	10 872	2 405	2 471	9 012
集体经济	4 016	658	1 065	106	2 187
联营经济	906	668			238
2.按企业规模分					
大型企业	13 695	5 312			8 383
中型企业	13 340	5 754	2 809	2 243	2 534
小型企业	2 647	1 132	661	334	520
四、商品销售收入总计	**1 313 373**	**445 804**	**177 305**	**156 923**	**533 341**
1.按经济类型分					
国有经济	1 145 821	411 001	151 511	153 947	429 362
集体经济	147 603	26 864	25 794	2 976	91 969
联营经济	19 949	7 939			12 010
2.按企业规模分					
大型企业	505 285	169 266			336 019
中型企业	734 716	227 325	171 798	152 427	183 166
小型企业	73 372	49 213	5 507	4 496	14 156

12—18 续表　　单位:万元

项目	全市	市区	溧阳市	金坛市	武进县
五、商品销售成本总计	**1 245 989**	**419 477**	**169 089**	**147 544**	**509 879**
1. 按经济类型分					
国有经济	1 089 835	387 073	145 374	144 864	412 524
集体经济	138 182	25 072	23 715	2 680	86 715
联营经济	17 972	7 332			10 640
2. 按企业规模分					
大型企业	480 699	158 379			322 320
中型企业	695 745	214 112	164 000	143 505	174 128
小型企业	69 545	46 986	5 089	4 039	13 431
六、商品销售税金及附加费总计	**5 609**	**2 233**	**949**	**490**	**1 937**
1. 按经济类型分					
国有经济	4 269	2 002	336	473	1 458
集体经济	1 108	144	613	17	334
联营经济	232	87			145
2. 按企业规模分					
大型企业	2 350	1 062			1 288
中型企业	2 994	998	931	469	596
小型企业	265	173	18	21	53
七、利润总额总计	**8 273**	**2 928**	**916**	**1 022**	**3 407**
1. 按经济类型分					
国有经济	6 371	2 482	588	1 029	2 272
集体经济	1 055	416	328	−7	318
联营经济	847	30			817
2. 按企业规模分					
大型企业	3 817	1 640			2 177
中型企业	4 417	1 090	929	1 092	1 306
小型企业	39	198	−13	−70	−76
八、应交所得税总计	**1 182**	**339**	**140**	**224**	**479**
1. 按经济类型分					
国有经济	1 125	322	136	222	445
集体经济	57	17	4	2	34
2. 按企业规模分					
大型企业	534	156			378
中型企业	613	165	140	222	86
小型企业	35	18		2	15

十三
对外经济贸易和旅游业
FOREIGN TRADE AND TOURISM

13—1 全市重点年份外贸收购总值(计划价)

单位:万元

年份	全市	市区	溧阳市	金坛市	武进县
1965	5 826	5 826			
1970	6 098	6 098			
1975	21 270	17 653	2 000	748	869
1978	25 617	21 020	2 411	1 193	993
1980	40 851	35 265	2 333	1 290	1 963
1983	57 765	49 965	2 689	1 479	3 632
1984	60 857	50 066	2 825	1 691	6 275
1985	67 870	54 773	3 718	2 092	7 287
1986	87 299	67 506	5 688	3 540	10 565
1987	114 543	89 870	7 984	4 110	12 579
1988	141 519	97 445	11 638	6 968	25 468
1989	145 266	88 882	12 598	8 168	35 618
1990	174 989	98 192	15 173	9 813	51 811
1991	283 912	138 619	30 129	23 621	91 543
1992	526 093	161 977	31 468	30 776	301 872
1993	962 907	194 384	105 011	85 050	578 462

注:1991 年、1992 年为剔除工厂直供货源的数据。

13—2 全市外贸收购总值

(1993 年)

单位:万元

项目	合计	
	计划价	实际价
总计	**962 907**	**930 784**
市区	194 384	202 573
常州市畜产粮油食品进出品公司	8 379	6 912
常州市纺织进出口公司	27 519	31 353
常州市服装进出口公司	63 783	68 018
常州市丝绸进出口公司	5 165	5 177
常州市轻工业品进出口公司	10 415	11 881
常州市工艺品进出口公司	3 910	3 795
常州市化工进出口公司	1 532	1 537
常州市医药保健品进出口公司	3 117	3 073
常州市对外经济技术贸易公司	11 046	10 885
常州市电子进出口公司	7 051	6 861
常州市包装进出口公司	2 211	2 128
常州市土产品进出口公司	15 860	13 487
常州市农机机械设备进出口公司	10 046	10 153
常州市五矿进出口公司	2 228	3 142
常州市机械进出口公司	3 480	3 895
常州市设备进出口公司	4 072	4 639
常州市金狮集团	5 348	4 772
常州柴油机厂	9 222	10 865
溧阳市	105 011	80 660
金坛市	85 050	86 642
武进县	578 462	560 909

13—3 全市主要外贸商品收购量

(1993年)

名　　称	单位	全　市	#市　区
涤棉坯布	万米	15 424	2 358
棉坯布	万米	12 106	3 981
电子元器件	万元	32 175	3 200
坯炼绸	万米	1 588	73
棉布	万米	10 951	2 677
柴油机	万千瓦	122	79
中长纤维	万米	4 582	20
塑料编织袋	万条	21 998	12 636
呢绒	万米	446	
其它小百货	万元	12 844	1 658
其它电器用品	万元	12 777	37
人造棉坯布	万米	3 568	146
自行车	辆	644 688	246 735
其它化工产品	万元	11 761	166
自行车零件	万元	11 630	1 036
其它医药品	万元	10 790	169
毛涤纶	万米	357	22
其它丝绸制品	万元	10 338	18
其它小五金	万元	10 325	149
服装	万件	3 664	1 921
羊毛纱、线	吨	1 473	848
淡水珠	吨	38	
丝毯	万 m2	10	
钐铕钆富集物	吨	179	
内燃机零配件	万元	7 951	70
其它轻工业品	万元	7 629	7
涤棉布	万米	4 403	1 336
童车	辆	360 968	3 458
其它工具	万元	6 033	1 130
甲氰咪哌	吨	177	
砂轮机	台	380 855	7 300
锁	万个	1 560	204
扬声器	万个	1 816	83
毛混纺布	万米	296	115
绸缎	万米	1 677	47
毛毯	万条	98	3
卤钨灯	万只	1 600	6
其它纺织品	万元	4 862	207
汗衫背心	万件	1 272	504
其它农业机械	万元	4 641	3 626
人造棉布	万米	1 318	73
摩托车	辆	9 596	1 471

13—3 续表 1

名　　称	单　位	全　市	#市　区
其它棉织品	万元	4 281	272
角钢	吨	28 298	
其它动力机械	万元	402	
苎麻	吨	2 120	
其它铁合金	吨	4 762	
其它塑料制品	万元	3 160	1 171
10 亿强力霉素	吨	44	
其它金属制品	万元	3 019	806
其它敷料	万元	3 002	43
无线电元件	万元	2 875	1 583
对氨基苯乙醚	吨	1 105	
其它茧	吨	964	
胶鞋	万双	644	644
其它丝织品	万元	2 782	
农业机械零配件	万元	2 742	420
手扶拖拉机	台	6 802	4 210
棉绒衣裤	万件	252	144
阿拉伯头巾	万条	496	13
人造棉纱	件	10 528	55
棉麻混纺布	万米	582	10
棉子仁饼	吨	36 040	
镰刀	万把	1 437	59
其它锤	万元	2 451	375
铜阀门	万个	228	
氧化钇	吨	118	
甲萘酚	吨	903	
其它音响器材	万元	2 165	2 165
盐酸氯丙嗪	吨	68	
棉纱	件	10 028	493
其它有色金属材及制品	万元	1 994	
其它革皮及制品	万元	1 988	
砂轮	万块	42	
特殊灯泡	万个	938 352	313 502
其它植物性饲料	万元	1 867	
其它绒毛	吨	206	
油菜籽	吨	11 061	
兔毛	吨	178	5
长毛绒	万米	60	
汽车零件	万元	1 740	336
工业链条	万米	168	
其它染料中间体	吨	9 416	5
其它钳	万元	1 675	6

13—3 续表 2

名称	单位	全市	#市区
其它纺织器材	万元	1 674	404
蒽醌	吨	784	
套装螺丝批	万套	233	229
木工夹	万只	407	33
涤粘混纺布	万米	472	
其它针织品	万元	1 584	420
猪肠衣	桶	4 513	
鹅鸭绒毛	吨	160	15
其它纺织机械	万元	1 516	495
其它棉针织品	万元	1 510	16
手套	万双	960	552
蓖麻籽	吨	5 000	
竹编制品	万元	1 488	
硝基羟乙唑	吨	136	
丙二酸二乙酯	吨	672	46
其它工艺鞋	万双	65	
手帕	万块	2 736	1 248
其它胺化工品	吨	6 427	10
其它有色金属	万元	1 253	
香豆素	吨	208	208
蚕豆	吨	12 476	
镀锌铁丝	吨	4 449	4 449
钼铁	吨	456	
节日灯泡	万串	78	33
其它建材杂品	万元	1 168	148
布绒玩具	万元	1 167	
其它鞋及半成品	万元	1 136	549
铵	吨	18	
钳工锤	万把	276	
汗衫布	吨	413	
其它日用工艺杂品	万元	1 111	231
毛巾被	万条	123	1
独角锤	万把	192	12
其它扳手	万元	1 070	28
其它电工设备	万元	1 057	57
尼龙伞	万把	132	
缝纫机零件	万元	1 051	26
其它颜料	吨	220	17
叶酸	吨	15	4
腈纶毛纱、线	吨	339	
棉麻混纺纱	件	5 635	
肌醇	吨	63	7

13—3 续表 3

名　称	单　位	全　市	#市　区
各种油漆	吨	634	
瓦楞钉	吨	2 220	
其它铸铁制品	吨	6 230	
脱粒机	台	18 345	
其它有机化工品	吨	240	61
其它工艺品	万元	989	
靛兰粉	吨	152	
其它运输工具	万元	988	
电动葫芦	台	1 643	
彩色电视机	台	6 130	
棉毛衫裤	万件	204	
铜棒	吨	639	24
咸水蘑菇	吨	1 735	253
珐琅	万元	954	
其它家伙小五金	万元	932	910
钢瓶	个	1 826	1 826
其它紧固件	万元	926	
拖拉机	台	509	
其它电讯设备	万元	901	8
包装机械	台	560	
其它发电设备	千瓦	5 500	
苎麻布	万米	149	
镝	吨	36	
黑白电视机	台	36 363	24 730
其它毛纱、线	吨	254	
天门冬氨酸	吨	680	
电焊条	吨	3 272	29
油溶黄	吨	401	
石工锤	万把	180	
其它内燃机	万元	857	
直流发电机	千瓦	1 770	
锻钢件	吨	3 959	
其它医疗器械	万元	849	176
自动电话交换机	台	60	
绣花布鞋	万双	135	135
氧化铕	吨	2	
叉车	台	200	
对硝基苯胺	吨	492	
幅条	万罗	514	
1—氨基蒽醌	吨	107	
1—4 氨基萘磺酸钠	吨	607	
其它日用五金	万元	784	

13—3 续表 4

名 称	单 位	全 市	#市 区
无线电设备	万元	773	
铜水龙头	万个	132	
其它天然香料油	万元	761	761
铅笔	万罗	65	22
收录两用机	台	28 285	8 285
其它呼吸系统药	万元	753	38
氧化钕	吨	37	
其它船用设备	万元	716	36
大米	吨	18 813	
甲胺磷	吨	468	
研磨设备	台	95	
其它文教用品	万元	660	
白油	吨	1 881	102
茶巾	万条	384	
其它机床附件	万元	657	
其它珠宝首饰	万元	649	
其它铜材	吨	427	
敲锈锤	万把	96	
其它合成香料	万元	639	634
丙氨酸	吨	211	
包袋	万元	632	632
其它粮油	万元	628	
录音机	台	26 145	11 145
床单	万条	55	54
苯唑卡因	吨	77	16
潘生丁	吨	11	
混纺毛纱、线	吨	154	
其它小成套设备	万元	605	
其它成药	万元	601	355
标准紧固件	万元	600	
人造丝	吨	137	12
其它钻	万元	593	29
其它棉制品	万元	591	591
镇流器	万个	178	
玻璃注射器	万支	360	
氧化铽	吨	5	
其它羊毛针织品	万元	567	
酸性染料	吨	149	
炼胶机	台	142	
其它还原染料	吨	86	
心得安	吨	40	1
玉石首饰	万元	550	

13—3 续表 5

名　　称	单　位	全　　市	#市　　区
碘钨灯管	万支	68	
其它麻及制品	万元	547	38
其它箱包及配件	万元	546	245
枕巾	万条	1 020	
台钻	台	17 720	220
方巾	万条	1 032	36
冻虾仁球	吨	220	
行缝被	万条	7	
洋茉莉醛	吨	43	43
帐篷	顶	50 695	50 695
其它机织品	万元	505	447
三十二/二支	件	2 500	
铝板	吨	500	
PP 羊毛袋	万条	29	14
台布	万条	28	
羊角锤	万把	96	48
羊毛衫	万件	28	2
其它塑料原料	吨	114	
其它混纺毛针织品	万元	480	
杂件	万元	472	
塑料水桶	万个	61	
PP 集装袋	万条	23	
塑料网眼袋	万条	1 551	1 551
勾针帽	万顶	228	228
集装箱零备件	万元	463	313
氧化镨	吨	42	
小钢锯架	万个	108	
汽轮发电机组	千瓦	1 000	1 000
聚丙烯	吨	67	
胶木制品	万个	552	552
摩托车零件	万元	432	
同位素	万元	429	
麦克风	万个	35	
铬铁	吨	1 500	
药用纱布	万米	839	
竹蓖	万元	416	416
氢化可的松	吨	1	
卡马西平	吨	9	1
其它灯	万元	407	
其它轴承	万元	406	26
其它精梳纱	件	1 993	1 993
塑料机械	台	197	

13—3 续表 6

名　称	单 位	全　市	#市　区
其它酯化工品	吨	341	41
工业轴承	万套	47	12
公共汽车	辆	200	200
其它木制品	万元	374	159
猪革皮	万张	16	
浴巾	万条	60	12
麻涤纶布	万米	70	
混合稀土金属	吨	122	
其它纸制品	万元	357	12
蜂鸣器	万个	23 890	5 152
其它劳保用品	万元	344	
桑蚕丝	吨	22	22
其它腈纶针织品	万元	336	
钢筘	万只	5 110	
羽绒睡袋	万个	3	
桑绵球	吨	33	
废棉	吨	917	917
工业泵	台	8 000	
其它生化药物	万元	316	
分散染料	吨	81	
L－半胱氨酸	吨	95	
塑料打包带	吨	6 101	
纯涤纶纱	件	7 100	
其它皮鞋	万双	7	
各种包装	万元	290	
棉型腈纶纱	件	1 317	600
其它针织机械	万元	286	
链条	万条	185	176
苯胺	吨	32	
绸丝棉被	万条	2	2
缝制帽	万顶	108	
金属锂	吨	30	
除草醚	吨	2	
其它铁丝	吨	2	
亚麻细布	万米	24	
其它铵化合物	吨	198	
加工丝	吨	15	15
其它调味品	万元	261	
健身用品	万元	262	262
毛巾	万条	156	
酞菁兰	吨	68	68
克霉唑	吨	8	

13—3 续表 7

名 称	单 位	全 市	#市 区	名 称	单 位	全 市	#市 区
大红粉	吨	82		纯胶板	吨	300	
其它旅游用品	万元	252	244	破碎设备	台	25	
红小豆	吨	1 000		硬面本	万本	108	
薄荷脑	吨	25	25	人造石墨粉	吨	678	
其它清洁用品	万元	243		长毛绒玩具	万元	148	148
装载机	台	12	12	其它人棉针织品	万元	146	
电动工具	台	18 354		10亿硫酸庆大霉素	瓶	1 100	500
其它皮制品	万元	235	235	钢扁凿	万把	72	
塑料衣架	万个	108		磷酸	吨	400	
其它行缝品	万元	235	10	山羊板皮	万张	12	
其它仪器仪表	万元	234		其它化纤纱	件	21 867	
农业泵及其机组	台	1 652	320	半导体收音机	台	69 751	69 715
其它农药	吨	50		木工刨	万把	12	12
电焊钳	万把	24		涤粘混纺纱	件	492	
刃 具	万件	216	16	蘑菇干片	吨	30	
钢锯架	万把	72	60	再生胶	吨	710	
草 酸	吨	394		其它螺丝批	万元	130	
间氯苯胺	吨	70		双宫丝	吨	11	11
对氨基乙酰苯胺	吨	74		塑料背水桶	万套	1	
扑热息痛	吨	59		其它橡胶制品	万元	126	8
按叶油	吨	58	58	其它农具	万元	126	6
其它尺	万元	200		其它木材	万元	123	
其它生铁	吨	2 806		桑绢丝	吨	10	
盐酸甲烯土霉素	吨	4	4	镨	吨	4	
面条机	台	46 971		车床	台	40	40
红碎茶	吨	322		其它农机具	万元	119	
其它钢材	吨	200		压力表	万只	13	13
其它化工原料	吨	135	10	氧化镧	吨	29	
橡皮膏	万个	24	24	安装锤	万把	72	36
香兰素	吨	30	30	宫灯	万元	116	16
二甲苯麝香	吨	81		羽绒被	条	5 000	
盐酸吡多辛	吨	7	5	盐酸左旋咪唑	吨	5	
其它电子仪器	万元	175		其它酮、醚、酚化工品	吨	18	6
其它羽绒制品	万元	174		糠醇	吨	6	
其它铸锻件	万元	173		活络扳手	万把	24	24
其它特种工艺品	万元	173		电池	万个	264	
分割肉	吨	183	183	乙胺嘧啶	吨	3	
通用机械成套设备	万元	160	160	绒毯	万条	2	2
其它轻工机械	万元	159	11	其它非金属矿产品	万元	107	
练习本	万本	756		塑料拉链	万个	1 848	1 848
桑丝绵	吨	20	20	其它泵	台	8 827	8 827
铜 丝	吨	103					

13—4 全市全社会出口商品交货总额

(1993 年) 单位:万元

项目	全市	市区	溧阳市	金坛市	武进县
全社会出口商品交货总额	903 202	377 422	135 000	96 991	293 789
#农副产品交货总额	22 663	1 168	9 012	4 555	7 928
以农副产品为原料的加工品交货总额	359 843	211 106	15 387	65 616	67 734
机电产品交货总额	186 331	75 944	8 001	12 188	90 198
#乡镇企业交货总额	503 596	96 442	66 800	71 227	269 127
#"三资"企业交货(或出口)总额	154 290	82 958	3 792	14 791	52 749
按交货渠道分					
1.交本省出口	526 167	188 142	74 388	74 882	188 755
2."三资"企业自营出口	116 378	70 532	3 792	4 451	37 603
3.交省外出口	245 033	104 106	56 820	17 658	66 449
4.其他	15 624	14 642			982

13—5 全市签订利用外资协议(合同)数

(1993 年) 单位:项目:个 金额:万美元

项目	全市	市区	溧阳市	金坛市	武进县
项目总计	819	359	90	67	303
金额总计	62 412	39 596	3 605	3 447	15 764
一、对外借款					
项目	8	8			
金额	733	623	*110		
二、外商直接投资					
项目	810	351	90	66	303
金额	61 615	38 973	3 495	3 383	15 764
三、外商其他投资					
项目	1			1	
金额	64			64	

注:有"*"者为增资数。

13—6 全市实际利用外资额

(1993年)

单位:万美元

项 目	全 市	市 区	溧阳市	金坛市	武进县
总 计	14 440	8 802	877	670	4 091
一、对外借款	2 385	2 236	148		1
#国际金融组织贷款	2 237	2 236			1
二、外商直接投资	11 991	6 566	729	606	4 090
#中外合资	11 553	6 214	673	606	4 060
中外合作	97	51	26		20
外商独资	341	301	30		10
三、外商其他投资	64			64	
#国际租赁	64			64	

13—7 全市“三资”企业协议项目数和投资额

(1993年)

单位:项目:个 金额:万美元

项 目	全 市	市 区	溧阳市	金坛市	武进县
一、中外合资企业					
项目数	774	332	84	62	296
总投资	139 601	88 324	7 744	5 719	37 814
注册资本	87 421	50 850	5 553	4 109	26 909
外商协议投资额	57 301	36 651	2 935	2 368	15 347
二、中外合作企业					
项目数	13	8	2		3
总投资	2 327	1 932	129		266
注册资本	1 557	1 273	92		192
外商协议投资额	912	802	33		77
三、外商独资企业					
项目数	23	11	4	4	4
总投资	5 525	3 612	527	1 015	371
注册资本	3 422	1 885	364	803	370
外商协议投资额	3 402	1 520	527	1 015	340

13—8 全市分行业、国别外商投资企业数和外商投资额

(1993 年)

行业和地区	项目数（个）	外商投资额（万美元）	国别和地区	项目数（个）	外商投资额（万美元）
总计	**810**	**61 615**	德国	5	172
一、按国民经济行业分			法国	5	131
1.农林牧渔业	2	66	意大利	4	36
2.工业	657	37 403	荷兰	3	619
3.建筑业	14	238	比利时	1	9
4.运输、邮电业	5	180	英国	5	1 262
5.商业、饮食、物资供销业	23	1 709	瑞典	1	40
			西班牙	2	80
6.房地产、公用事业、服务业	91	20 932	哥斯达黎加	2	68
			巴拿马	1	87
#旅馆业			巴西	3	49
7.其他行业	18	1 087	玻利维亚	1	13
二、按国别、地区分			象牙海岸	1	20
香港	402	33 894	土耳其	1	16
澳门	16	1 616	牙买加	1	34
台湾	128	7 999	加拿大	19	557
日本	41	3 354	美国	102	7 573
菲律宾	2	79	澳大利亚	9	360
泰国	10	334	新西兰	2	32
马来西亚	3	1 200	安提瓜	1	11
新加坡	21	1 101	波兰	1	13
印度尼西亚	2	29	俄罗斯	1	15
阿联酋	3	36	所罗门	2	30
韩国	3	104			
匈牙利	2	67			
捷克	3	564			
罗马尼亚	1	11			

13—9 全市“三资”企业投产开业数

(1993年)

单位	举办“三资”企业个数(个)		“三资”企业开业数(个)		投产开业率(%)
	1993年	历年累计	1993年	历年累计	
总计	**810**	**1570**	**361**	**657**	**41.8**
市区	351	702	168	315	44.9
天宁区	15.5	37	10	18	48.6
钟楼区	15	32.5	4	10	30.8
戚墅堰区	31.5	54.5	15	23	42.2
郊区	77.5	168	37	67	39.9
开发区	46.5	56.5	14	20	35.4
纺工局	12	35	9	20	57.1
轻工局	13	32	7	16	50.0
电子局	23.5	60	20	43	71.7
机械局	18	25.5	7	9	35.3
化工局	6	13	1	4	30.8
医药局	4	6	1	1	16.7
建材局	6	9	2	4	44.4
矿务局	1	4	1	2	50.0
商业局	6.5	10.5	4	5	47.6
粮食局	3	9	3	5	55.6
塑料集团公司	3	17	6	12	70.6
服装集团公司	8.5	23.5	2	15	63.8
金狮集团公司	2	5	1	3	60.0
丝绸公司	1.5	4.5		1	22.2
包装联合公司		3		3	100.0
其他	57	96.5	24	34	35.2
溧阳市	90	170	36	60	35.3
金坛市	66	125	33	50	40.0
武进县	303	573	124	232	40.5

13—10 全市对外承包工程和劳务合作

(1993年)

指标	单位	对外承包工程	对外劳务合作
一、签订合同数	个	1	47
二、签订合同额	万美元	1 350	1 726
三、营业额	万美元	480	928
四、派出人数	人		462
五、回国人数	人	18	308
六、期末在外人数	人	4	690
七、本年平均在外人数	人	4	690

13—11 全市旅游部门的旅游人数和旅游事业收入

(1993年)

单位：人、人天
外汇券万元

项目	全市	市区	溧阳市	金坛市	武进县
一、旅游人数总计	**16 606**	**15 335**	**766**	**195**	**310**
外国人	8 645	7 982	494	92	77
华侨	174	153	19	2	
港澳和台湾同胞	7 787	7 200	253	101	233
#台湾同胞	3 563	3 178	184	73	128
二、过夜旅游者人数	**16 556**	**15 285**	**766**	**195**	**310**
外国人	8 595	7 932	494	92	77
华侨	174	153	19	2	
港澳和台湾同胞	7 787	7 200	253	101	233
#台湾同胞	3 563	3 178	184	73	128
过夜旅游者人天数	59 129	53 649	4 492	465	523
外国人	29 077	27 046	1 695	183	153
华侨	759	616	131	12	
港澳和台湾同胞	29 293	25 987	2 666	270	370
#台湾同胞	13 965	11 455	2 105	183	222
三、外国过夜旅游者按国别、地区分					
#日本	4 310	4 215	27	47	21
菲律宾	36	32	3		1
新加坡	260	248	9	2	1
泰国	156	141	15		
印度尼西亚	119	113	1	2	3
美国	779	738	13	17	11
加拿大	153	145	1	4	3
英国	329	328		1	
法国	126	126			
德国	283	271	11	1	
意大利	257	237	17	3	
俄罗斯	46	33	2	8	3
澳大利亚	210	202	1	3	4
新西兰	6	6			
马来西亚	128	104	19	2	3
韩国	367	361		2	4
西班牙	26	24			2
四、旅游事业收入总计	**1 628**	**1 624**			**4**
商品性收入	263	263			
劳务性收入	1 365	1 361			4

十四

教育、科技及文化事业

EDUCATION, SCIENCE, TECHNOLOGY AND CULTURE

14—1 全市重点年份学校数

单位:所

年份	总计	大学	中专	技工	农业职业	普通中学	小学	特殊教育
1952	2 076		5			55	2 015	1
1957	2 138		2			68	2 067	1
1965	3 726		2		298	103	3 322	1
1970	2 649		4	3	4	192	2 445	1
1975	2 641		8		4	427	2 201	1
1978	2 477		8	1	5	509	1 952	2
1980	2 490		13	3	8	360	2 104	2
1983	2 369	2	11	8	7	278	2 061	2
1984	2 291	2	12	12	7	282	1 974	2
1985	2 252	3	14	13	12	275	1 933	2
1986	2 212	3	15	13	13	270	1 895	3
1987	2 176	3	16	13	13	266	1 862	3
1988	2 139	3	16	14	13	260	1 830	3
1989	2 072	3	16	14	12	248	1 776	3
1990	2 021	3	16	14	13	235	1 736	4
1991	1 955	3	17	14	20	219	1 678	4
1992	1 822	3	16	15	22	212	1 550	4
1993	1 758	3	16	15	18	205	1 497	4

14—2 全市重点年份在校学生数

单位:人

年份	总计	大学	中专	技工	农业职业	普通中学	小学	特殊教育
1952	260 160	10 529	1 919		179	25 587	221 884	62
1957	321 017		1 010			44 123	275 815	69
1965	447 588		468		22 447	52 225	372 321	127
1970	446 826			893	2 235	90 659	352 914	125
1975	601 646		1 725		1 011	159 492	439 205	213
1978	598 917	434	1 980	159	1 277	215 461	379 391	215
1980	539 645	481	3 064	838	1 519	173 164	360 399	180
1983	486 181	1 240	5 100	1 749	3 878	161 380	312 593	241
1984	487 492	2 059	6 655	2 406	5 591	155 577	314 954	250
1985	491 522	3 161	9 717	3 005	6 601	148 865	319 905	268
1986	493 492	4 044	12 462	4 066	8 479	150 555	313 588	298
1987	483 933	4 578	13 657	4 588	8 281	150 979	301 508	342
1988	476 768	4 839	14 024	4 782	8 385	147 573	296 839	326
1989	468 608	5 079	14 777	4 763	7 566	146 394	289 683	346
1990	461 007	5 085	15 715	5 260	8 354	149 037	277 043	513
1991	453 682	5 190	15 616	5 789	10 612	153 409	262 497	569
1992	452 175	5 469	16 799	6 457	12 213	157 068	253 370	799
1993	460 296	8 897	20 868	6 882	13 567	153 547	255 823	712

14—3 全市重点年份教职工数

单位:人

年份	总计	大学	中专	技工	农业职业	普通中学	小学	特殊教育
1952	8 761		155		6	1 051	7 541	8
1957	10 063		127			1 291	8 634	11
1965	15 217		49		1 469	1 712	11 978	9
1970	15 198			64	167	2 799	12 149	19
1975	19 782		359		67	4 192	15 134	30
1978	20 098		420	104	77	5 783	13 681	33
1980	21 678	15	876	172	80	5 962	14 541	32
1983	30 575	527	1 330	412	271	12 616	15 369	50
1984	30 838	644	1 442	620	379	12 441	15 256	56
1985	32 040	987	1 709	742	710	13 493	15 338	61
1986	30 654	1 199	1 886	1 041	932	11 308	14 223	65
1987	31 001	1 385	2 109	1 005	1 014	11 299	14 114	75
1988	32 005	1 496	2 195	1 141	1 038	11 794	14 257	84
1989	32 940	1 545	2 240	1 109	1 020	12 239	14 710	77
1990	33 469	1 548	2 183	1 322	1 031	12 478	14 810	97
1991	34 277	1 567	2 287	1 165	1 174	12 906	15 064	114
1992	34 797	1 575	2 323	1 193	1 324	13 091	15 159	132
1993	35 646	2 004	2 139	1 181	1 626	13 271	15 310	115

14—4 全市重点专任教师数

单位:人

年份	总计	大学	中专	技工	农业职业	普通中学	小学	特殊教育
1952	3 418		81			999	2 331	7
1957	4 583		59			1 558	2 959	7
1965	14 413		24		693	2 829	10 851	16
1970								
1975								
1978	22 748		252	22	47	9 287	13 111	29
1980	22 797		442	73	47	9 042	13 164	29
1983	21 945	272	618	227	192	8 143	12 459	34
1984	22 285	340	671	328	272	8 036	12 600	38
1985	23 270	479	765	369	508	8 239	12 862	48
1986	23 345	604	859	439	596	8 071	12 733	43
1987	23 742	676	1 012	493	673	8 183	12 653	52
1988	24 175	676	1 118	533	718	8 323	12 749	58
1989	24 670	696	1 065	565	705	8 683	12 903	53
1990	25 218	697	1 047	613	659	9 053	13 086	63
1991	25 503	704	1 076	570	755	9 071	13 251	76
1992	25 598	709	1 088	593	826	9 095	13 201	86
1993	26 276	850	1 112	631	981	9 321	13 298	83

14—5 市区重点年份学校数

单位:所

年份	总计	大学	中专	技工	农业职业	普通中学	小学	特殊教育
1952	116		3			16	96	1
1957	109		2			21	85	1
1965	159		1		30	22	105	1
1970	156			3	12	33	107	1
1975	204		7			40	156	1
1978	198		7	1		40	149	1
1980	159		10	4		36	108	1
1983	159	2	10	8	2	33	103	1
1984	161	2	11	12	2	32	101	1
1985	166	3	13	13	5	30	101	1
1986	169	3	14	13	5	31	101	2
1987	222	3	16	13	5	35	148	2
1988	226	3	16	14	5	36	150	2
1989	223	3	16	14	4	38	146	2
1990	225	3	16	14	4	38	147	3
1991	225	3	16	14	4	38	147	3
1992	225	3	16	15	5	39	144	3
1993	223	3	16	15	5	38	143	3

14—6 市区重点年份在校学生数

单位:人

年份	总计	大学	中专	技工	农业职业	普通中学	小学	特殊教育
1952	42 328		1 461			11 074	29 731	62
1957	62 042		1 010			19 805	41 158	69
1965	90 386		267		5 864	19 671	64 457	127
1970	75 940			893	1 443	22 610	50 869	125
1975	92 614		1 215			35 095	56 091	213
1978	89 577	434	1 162	159		40 521	47 086	215
1980	81 413	147	2 714	838		34 570	42 964	180
1983	79 933	1 240	4 559	1 749	1 614	31 635	39 008	128
1984	83 430	2 059	6 026	2 406	1 988	30 257	40 556	138
1985	86 360	3 161	8 976	3 005	1 958	26 527	42 574	159
1986	89 524	4 044	11 698	4 066	2 391	24 117	43 033	175
1987	102 983	4 578	13 657	4 588	2 440	26 239	51 281	200
1988	105 249	4 839	12 504	4 782	2 534	27 851	52 556	183
1989	109 950	5 079	14 777	4 763	2 153	29 110	53 873	195
1990	112 239	5 085	15 715	5 260	2 490	30 688	52 667	334
1991	111 826	5 190	14 831	5 789	2 945	31 844	50 871	356
1992	115 412	5 469	16 799	6 457	3 553	31 804	50 876	454
1993	123 920	8 897	20 868	6 882	3 617	31 112	52 137	407

14—7 市区重点年份教职工数

单位:人

年份	总计	大学	中专	技工	农业职业	普通中学	小学	特殊教育
1952	1 648		122			620	898	8
1957	2 420		127			1 127	1 155	11
1965	3 914		49		440	1 475	1 931	19
1970	3 170			64	104	1 366	1 617	19
1975	4 998		295			2 289	2 384	30
1978	6 065		338	104		2 981	2 609	33
1980	7 260		788	172		3 716	2 552	32
1983	8 579	527	1 242	412	129	3 667	2 573	29
1984	8 831	644	1 360	620	170	3 545	2 458	34
1985	9 739	987	1 622	742	403	3 402	2 544	39
1986	10 493	1 199	1 724	1 041	499	3 318	2 672	40
1987	11 410	1 385	2 109	1 005	494	3 414	2 957	46
1988	12 119	1 496	2 195	1 141	549	3 605	3 077	56
1989	12 560	1 545	2 240	1 109	539	3 871	3 205	51
1990	12 796	1 548	2 183	1 322	539	3 888	3 255	61
1991	12 925	1 567	2 191	1 165	565	4 044	3 321	72
1992	13 269	1 575	2 323	1 193	688	4 085	3 329	76
1993	13 566	2 004	2 139	1 181	814	3 984	3 365	79

14—8 市区重点年份专任教师数

单位:人

年份	总计	大学	中专	技工	农业职业	普通中学	小学	特殊教育
1952	1 252		59			378	808	7
1957	1 619		59			655	898	7
1965	3 312		24		300	1 075	1 897	16
1970						1 100	1 835	12
1975			123			1 643	1 917	26
1978	4 640		188	22		2 026	2 375	29
1980	4 969		398	60		2 317	2 165	29
1983	5 515	272	567	227	74	2 224	2 129	22
1984	5 646	340	622	328	111	2 083	2 137	25
1985	6 017	479	711	369	261	2 058	2 109	30
1986	6 279	604	809	439	284	1 921	2 197	25
1987	6 952	676	1 012	493	284	2 003	2 454	30
1988	7 365	676	1 118	533	351	2 089	2 561	37
1989	7 524	696	1 065	565	330	2 182	2 651	35
1990	7 541	697	1 047	613	301	2 156	2 688	39
1991	7 578	704	1 026	570	308	2 187	2 739	44
1992	7 803	709	1 088	593	372	2 256	2 734	51
1993	8 186	850	1 112	631	423	2 322	2 784	64

14—9 全市高等、中等、技工及农职业学校基本情况

(1993年) 单位:人

名称	毕业生	招生数	在校学生数	教职工数	#专任教师数
总计	11 763	20 234	50 214	6 950	3 574
一、高等学校	1 886	3 640	8 897	2 004	850
江苏石油化工学院	537	772	2 575	803	323
常州技术师范学院	332	671	1 654	341	138
常州工业技术学院	531	770	2 081	432	200
河海大学机械学院	202	638	1 152	428	189
南京医学院常州临床专科班	51	50	150		
常州教育学院(普通班)		190	270		
常州师范学校(普通班)		29	29		
常州电视大学(普通班)	233	520	986		
二、中等专业学校	4 515	8 788	20 868	2 139	1 112
常州铁路机械学校	271	315	997	191	95
常州机械学校	155	287	908	111	60
常州轻工业学校	352	1 053	2 445	189	94
常州纺织工业学校	367	583	1 650	239	143
常州无线电工业学校	282	548	1 634	164	77
常州化工学校	364	625	1 505	168	83
常州卫生学校	551	620	1 666	156	75
常州财经学校	512	659	1 316	242	128
常州物资学校	83	333	755	81	43
常州职业中等专业学校	459	1 611	2 691		
常州会计学校	152	343	978	79	35
常州市戏剧学校	35	106	180	55	33
江苏省城镇建设学校	285	347	1 094	113	55
常州市体育运动学校	14	39	111	10	8
江苏建材工业学校(筹建)		175	427	58	33
江苏省常州师范学校	371	655	1 465	165	90
江苏省武进师范学校	262	489	1 046	118	60
三、技工学校	1 939	2 560	6 882	1 181	631
常州技工学校	381	400	1 204	230	106
江苏省商业技工学校	159	505	1 034	93	52
常州交通技工学校	93	249	567	117	72
常州轻工技工学校	162	282	622	83	42

14—9 续表 单位:人

名称	毕业生	招生数	在校学生数	教职工数	#专任教师数
常州化工技工学校	189	48	478	70	46
常州建筑技工学校	38	33	150	39	19
常州电子技工学校	146	106	414	77	52
常州塑料技工学校	71		133	16	5
常州航空技工学校	70	81	198	42	18
常州医药技工学校	133	191	429	52	23
常州纺织技工学校		36	175	19	8
常州机械冶金技工学校	179	235	507	71	54
常州林机厂技工学校	79	70	188	49	26
常州冶金厂技工学校	106	118	365	109	46
常州兰翔机械总厂技工学校	56	117	196	75	26
常州铁路机械学校(技工部)	77	89	222	39	36
四、职业学校	**3 423**	**5 246**	**13 567**	**1 626**	**981**
刘国钧职教中心	294	317	1 245	301	172
常州市第一职业高中	180	61	392	124	57
常州市第二职业高中	191	149	430	136	60
常州市旅游学校	265	463	1 190	144	97
郊区职教中心		50	119	93	22
溧阳职业高级中学	179	314	1 017	104	69
溧阳第二职业中学	146	148	444	45	34
溧阳职业技术学校		80	80	33	14
溧阳市卫校			62	29	14
金坛市职业高级中学	162	125	434	99	76
金坛市建昌职业中学	75	110	400	43	31
金坛市直溪职业中学	81	105	405	45	32
金坛市洮西中学	41	22	46	3	3
湖塘职业中学	176	311	703	60	37
武英职业中学		47	47	53	34
武进县职业高级中学	233	350	943	87	57
郊区西林职业高级中学	332	196	1 028	99	79
社渚农场中学	12	11	20	17	4
普通中学附设职业班	1 056	2 387	4 562	111	89

14—10 全市成人教育基本情况

(1993年)　　　　单位:人

名称	毕业生	招生数	在校学生数	教职工数	#专任教师数
总计	**147 548**	**236 990**	**256 160**	**3 178**	**1 463**
一、成人高等学校	**661**	**1 547**	**3 967**	**839**	**380**
常州市轻工业职工大学	9	73	280	72	40
常州市机械冶金职工大学	97	184	725	56	29
水利电力部常州机械制造职工大学	10	19	98	127	61
常州市电子工业职工大学	76	261	559	66	37
铁道部工业职工大学常州分校	26	13	94	29	20
常州市职工大学	13	123	306	71	36
常州教育学院	42	17	150	142	60
常州市广播电视大学	388	857	1 755	276	97
二、成人中等专业学校	**1 193**	**3 306**	**7 615**	**470**	**233**
常州电大中专部	244	1 113	1 752		
常州煤田职工学校	72	123	214	80	42
常州煤碳职工中专	21	243	356	30	10
常州化工职工中专		29	111	81	57
常州冶金职工中专		204	262		
常州工行职工中专		507	1 198	28	15
常州农行职工中专	119	27	1 375	60	20
省五交电职工中专		39	194		
省服装职工中专	16	36	79		
武进卫生职工中专	71	95	246	54	26
常州市委党校	100		275		
溧阳市委党校	131	200	200		
金坛市委党校	96	187	224		
武进县委党校	20	28	70		
溧阳市教师进修学校	110	213	436	36	18
金坛市教师进修学校	89	88	144	46	22
武进县教师进修学校	104	174	479	55	23
三、成人中学	**13 214**	**15 117**	**19 311**	**341**	**172**
四、成人技术培训学校	**110 591**	**193 517**	**199 055**	**943**	**330**
五、成人初等学校	**21 889**	**23 503**	**26 212**	**585**	**348**

14—11 全市国有单位各类专业技术人员数

(1993年底)　　单位:人

项　目	全市	市区	溧阳市	金坛市	武进县
总　计	**109 815**	**65 100**	**14 448**	**9 218**	**21 049**
中　央	16 180	12 895	1 034	920	1 331
省　属	3 178	1 472	1 659	27	20
地　方	90 457	50 733	11 755	8 271	19 698
一、工程技术人员	**32 055**	**24 995**	**2 124**	**1 401**	**3 535**
中　央	5 903	5 568	130	105	100
省　属	731	610	118	2	1
地　方	25 421	18 817	1 876	1 294	3 434
二、农业技术人员	**885**	**114**	**375**	**118**	**278**
中　央	1		1		
省　属	180	27	153		
地　方	704	87	221	118	278
三、科学研究人员	**708**	**704**			**4**
中　央	240	239			1
地　方	468	465			3
四、卫生技术人员	**10 488**	**5 994**	**1 517**	**958**	**2 019**
中　央	485	481	2	1	1
省　属	232	42	190		
地　方	9 771	5 471	1 325	957	2 018
五、教学人员	**30 549**	**10 552**	**5 687**	**4 418**	**9 892**
中　央	1 362	1 353			9
省　属	478	342	136		
地　方	28 709	8 857	5 551	4 418	9 883
六、民航飞行技术人员	**1**	**1**			
中　央	1	1			
七、经济人员	**17 242**	**11 076**	**2 086**	**1 198**	**2 882**
中　央	4 390	2 756	501	474	659
省　属	288	187	64	19	18
地　方	12 564	8 133	1 521	705	2 205
八、会计人员	**9 685**	**5 897**	**1 349**	**702**	**1 737**
中　央	2 744	1 543	366	308	527
省　属	375	129	241	4	1
地　方	6 566	4 225	742	390	1 209
九、统计人员	**1 935**	**1 420**	**171**	**111**	**233**
中　央	231	221	4	3	3
省　属	48	26	21	1	
地　方	1 656	1 173	146	107	230
十、翻译人员	**229**	**208**	**3**	**6**	**12**
中　央	29	29			

14—11 续表

单位:人

项　　目	全　市				
		市　区	溧阳市	金坛市	武进县
地　方	200	179	3	6	12
十一、图书、档案、文博人员	**1 222**	**935**	**106**	**47**	**134**
中　央	200	196		2	2
省　属	27	25	2		
地　方	995	714	104	45	132
十二、新闻、出版人员	**323**	**257**	**28**	**12**	**26**
中　央	13	13			
省　属	1	1			
地　方	309	243	28	12	26
十三、律师、公证人员	**97**	**45**	**16**	**14**	**22**
地　方	97	45	16	14	22
十四、播音人员	**27**	**11**	**7**	**3**	**6**
地　方	27	11	7	3	6
十五、工艺美术人员	**270**	**254**	**3**	**5**	**8**
中　央	1	1			
省　属	1	1			
地　方	268	252	3	5	8
十六、体育人员	**63**	**48**	**8**	**3**	**4**
中　央	9	9			
地　方	54	39	8	3	4
十七、艺术人员	**193**	**127**	**34**	**24**	**8**
省　属	1	1			
地　方	192	126	34	24	8
十八、政工人员	**3 843**	**2 462**	**934**	**198**	**249**
中　央	571	485	30	27	29
省　属	816	81	734	1	
地　方	2 456	1 896	170	170	220

14—12　全市城镇集体单位各类专业技术人员数

(1993 年底)

单位:人

项　　目	全　市				
		市　区	溧阳市	金坛市	武进县
总　　计	**22 108**	**8 691**	**4 863**	**839**	**7 715**
工程技术人员	6 118	1 733	2 337	163	1 885
农业技术人员	627	45	54	28	500
科学技术人员	50	50			
卫生技术人员	2 471	1 050	376	49	996
教学人员	1 558	701	487	51	319
会计人员	4 094	1 517	719	136	1 722
统计人员	1 080	595	44	47	394
其他人员	6 110	3 000	846	365	1 899

14—13 全市大中型工业企业技术开发情况

（1993 年） 单位：万元

项 目	企业数（个）	新产品销售收入	#出口产品	生产设备原值	#微电子控制	技术开发机构（个）	科学论文（篇）	申请专利（件）	专利授权数（件）
总 计	**207**	**257 789**	**20 402**	**581 156**	**57 440**	**137**	**301**	**34**	**24**
一、按隶属关系分									
中央企业	8	29 390	2 017	153 840	7 782	8	115	1	4
地方企业	199	228 399	18 385	427 316	49 658	129	186	33	20
二、按轻重工业分									
轻工业	92	83 876	9 941	198 453	24 141	38	67	3	2
重工业	115	173 913	10 461	382 703	33 299	99	234	31	22
三、按企业规模分									
大型企业	32	117 001	10 531	269 504	23 775	43	176	12	5
中型企业	175	140 788	9 871	311 652	33 665	94	125	22	19
四、按经济类型分									
国有经济	94	164 590	9 171	368 466	36 718	76	231	19	11
集体经济	81	39 032	3 741	125 924	5 271	29	51	3	3
外商投资经济	12	2 079	9	16 368	1 346	5	3	2	1
其他	20	52 088	7 481	70 398	14 105	27	16	10	9
五、按国民经济行业分									
自来水生产、供应业	1			1 207	90				
食品制造业	2			2 642		2			
饮料制造业	1	5 011		3 734					
纺织业	46	23 536	6 336	109 308	11 838	15	59		
缝纫业	2			2 147	3				
皮革、毛皮及其制品业	1			1 402					
工艺美术品制品业	1			1 583					
电力蒸汽热水生产和供应业	2			118 090					

14—13 续表

单位:万元

项目	企业数(个)	新产品销售收入		生产设备原值		技术开发机构(个)	科学论文(篇)	申请专利(件)	专利授权数(件)
			#出口产品		#微电子控制				
化学工业	4	21 052	604	38 150	392	17	2		
医药工业	6	5 818	171	6 456	272	6	4		
化学纤维工业	13	11 088		15 638	9 448	1			
橡胶制品业	3	5 623		3 548	92				
塑料制品业	13	4 280	481	28 627	3 267	8		6	1
建材及非金属矿物制品业	14	4 791		20 128	286	2			
黑色金属冶炼及压延加工业	4	3 000		25 642	12	2			
有色金属冶炼及压延加工业	2	720	720	1 755	35		5		
金属制品业	6	946		12 890	1 232	2	23	2	1
机械工业	38	54 970	4 524	70 912	10 712	23	56	20	14
交通运输设备制造业	8	23 988	1 612	38 406	5 312	9	98	1	4
电气机械及器材制造业	16	20 237	832	43 540	5 076	25	27	2	2
电子及通信设备制造业	13	66 116	5 014	21 310	6 995	10	14		
仪器、仪表及计器具制造业	8	6 613	108	9 226	2 378	15	13	3	2
食品加工业	2			426					
煤气生产和供应业	1			4 389					

14—14 全市大中型工业企业技术开发人员数

(1993 年底) 单位:人

项目	技术开发人员	#工程技术人员	#高中级或大学本科以上人员	#大专及以下或初级职称人员	#开发机构人员
总计	**11 424**	**7 627**	**3 668**	**4 205**	**3 560**
一、按隶属关系分					
中央企业	1 200	965	659	362	481
地方企业	10 224	6 662	3 009	3 843	3 079
二、按轻、重工业分					
轻工业	4 033	2 130	822	1 415	720
重工业	7 391	5 497	2 846	2 790	2 840
三、按企业规模分					
大型企业	4 530	3 051	1 516	1 665	1 222
中型企业	6 894	4 576	2 152	2 540	2 338
四、按经济类型分					
国有经济	7 144	4 919	2 571	2 483	2 337
集体经济	1 266	845	346	522	420
外商投资经济	224	141	69	73	86
其他	2 790	1 722	682	1 127	717
五、按国民经济行业分					
食品制造业	17	12	9	3	8
饮料制造业	38	31	26	6	10
纺织业	691	446	180	333	149
化学工业	760	487	247	243	314
医药工业	280	208	104	101	175
化学纤维制造业	796	155	52	110	16
橡胶制品业	187	155	27	136	
塑料制品业	185	146	66	82	80
非金属矿物制品业	462	413	171	208	48
黑色金属冶炼及加工业	90	69	53	20	25
有色金属冶炼及加工业	45	43	18	25	
金属制品业	174	135	51	84	43
机械工业	2 223	1 457	898	653	823
交通运输设备制造业	2 447	1 492	728	822	424
电气机械制造业	1 155	956	360	619	504
电子及通信设备制造业	1 115	864	385	495	548
仪器、仪表及计器具制造业	759	558	293	265	393

14—15　全市大中型工业企业技术开发经费筹集额

（1993年）

单位:万元

项　　目	上年经费结转	本年筹集额	上级拨款	专项贷款	企业自筹	外单位委托	其他
总　　计	**10 607**	**44 142**	**2 547**	**19 088**	**20 088**	**982**	**1 438**
一、按隶属关系分							
中央企业	1 162	2 553	1 619	400	534		
地方企业	9 445	41 589	928	18 688	19 554	982	1 438
二、按轻、重工业分							
轻工业	2 636	15 460	754	8 311	5 994		402
重工业	7 970	28 682	1 793	10 777	14 094	982	1 036
三、按企业规模分							
大型企业	3 207	23 845	2 145	13 747	7 339		613
中型企业	7 399	20 298	402	5 341	12 749	982	825
四、按经济类型分							
国有经济	6 996	22 164	1 751	9 671	9 010	782	950
集体经济	2 087	11 737	52	4 572	6 713		400
外商投资经济	11	1 683		100	1 383	200	
其他	1 513	8 558	744	4 745	2 982		88
五、按国民经济行业分							
食品制造业		10			10		
饮料制造业		58			58		
纺织业	1 042	9 390	2	5 873	3 113		402
化学工业	944	1 074	2	312	760		
医药工业	652	400	72	65	265		
化学纤维制造业	253	326			326		
橡胶制造业	177	139			139		
塑料制品业	179	5 927	680	5 020	227		
非金属矿物制品业	538	430	2	170	257		
黑色金属冶炼及加工业	259	1 600			1 600		
有色金属冶炼及加工业	22	595			69		526
金属制品业	117	330	175		156		
机械工业	1 520	9 013	107	1 655	6 221	982	48
交通运输设备制造业	923	5 873	1 444	2 359	1 936		134
电气机械制造业	839	5 425	13	3 368	1 990		53
电子及通信设备制造业	2 691	2 388	50	6	2 297		35
仪器、仪表及计器具制造业	451	1 164		260	664		240

14—16 全市大中型工业企业技术开发经费支出额

(1993年)

单位:万元

项　　目	技术开发经费支出	内部支出	外部支出	本年结余
总　计	**37 851**	**35 692**	**2 159**	**16 898**
一、按隶属关系分				
中央企业	2 622	2 497	125	1 092
地方企业	35 229	33 195	2 034	15 806
二、按轻、重工业分				
轻工业	10 764	10 618	146	7 333
重工业	27 087	25 074	2 013	9 565
三、按企业规模分				
大型企业	19 779	19 274	505	7 273
中型企业	18 072	16 418	1 654	9 625
四、按经济类型分				
国有经济	20 620	18 768	1 852	8 540
集体经济	8 984	8 827	157	4 840
外商投资经济	1 059	1 035	24	635
其　他	7 188	7 062	126	2 883
五、按国民经济行业分				
食品制造业	10	10		14
饮料制造业	44	44		
纺织业	4 564	4 467	97	5 868
化学工业	1 535	913	623	483
医药工业	880	851	30	172
化学纤维制造业	447	447		132
橡胶制造业	19	19		297
塑料制造业	6 073	6 029	43	33
非金属矿物制品业	795	765	30	172
黑色金属冶炼及加工业	1 854	1 852	3	5
有色金属冶炼及加工业	617	615	1	
金属制品业	169	169		279
机械工业	8 722	8 520	203	1 810
交通运输设备制造业	5 887	5 774	113	909
电气机械制造业	2 879	2 672	207	3 386
电子及通信设备制造业	2 140	1 347	792	2 940
仪器、仪表及计器具制造业	1 216	1 198	18	398

14—17 全市大中型工业企业技术开发内部支出经费分类

(1993年) 单位:万元

项目	内部支出额	开发人员劳务费	原材料费	设计试验调研费	固定资产购建费	其他
总计	**35 692**	**3 391**	**8 231**	**4 875**	**18 353**	**842**
一、按隶属关系分						
中央企业	2 497	382	1 537	233	271	75
地方企业	33 195	3 009	6 694	4 642	18 082	767
二、按轻、重工业分						
轻工业	10 618	953	1 829	3 507	4 039	290
重工业	25 074	2 438	6 402	1 367	14 314	553
三、按企业规模分						
大型企业	19 274	1 239	4 754	3 686	9 387	208
中型企业	16 418	2 152	3 477	1 189	8 966	634
四、按经济类型分						
国有经济	18 768	2 259	5 813	1 170	9 006	520
集体经济	8 827	516	1 010	523	6 577	201
外商投资经济	1 035	93	318	23	586	16
其他	7 062	523	1 091	3 159	2 183	105
五、按国民经济行业分						
食品制造业	10			10		
饮料制造业	44		2	5	37	
纺织业	4 467	260	1 366	173	2 568	100
化学工业	913	169	246	46	420	32
医药工业	851	176	188	212	199	76
化学纤维制造业	447	305	108	20	2	12
橡胶制品业	19	6	9	1		3
塑料制品业	6 029	39	115	164	5 707	4
非金属矿物制品业	765	242	80	35	405	3
黑色金属冶炼及加工业	1 852	46	79	16	1 706	5
有色金属冶炼及加工业	615	3	87	20	503	3
金属制品业	169	15	30	13	99	12
机械工业	8 520	956	2 819	618	3 898	229
交通运输设备制造业	5 774	265	2 093	3 231	166	19
电气机械制造业	2 672	350	379	119	1 762	62
电子及通信设备制造业	1 347	338	402	133	315	159
仪器、仪表及计器具制造业	1 198	222	228	60	565	123

14—18 全市大中型工业企业技术开发活动产出和获奖情况

（1993年）

单位：万元

项 目	新产品实现利税	新产品减免税	科技转让收入	对外科技服务收入	技术开发	成果获奖数（项）	
						#国家级	#省、部级
总 计	**31 828**	**5 384**	**413**	**377**	**106**	**5**	**58**
一、按隶属关系分							
中央企业	2 880		1	9	19	1	18
地方企业	28 948	5 384	412	368	87	4	40
二、按轻、重工业分							
轻工业	10 908	1 461	58	20	16	1	13
重工业	20 920	3 923	355	357	90	4	45
三、按企业规模分							
大型企业	12 960	2 127	196	277	43	3	13
中型企业	18 868	3 257	216	100	63	2	45
四、按经济类型分							
国有经济	21 303	3 364	16	188	69	4	46
集体经济	5 313	1 304	216	33	10		6
外商投资经济	391	112			1	1	
其 他	4 821	605	180	157	26		6
五、按国民经济行业分							
食品制造业							
饮料制造业	1 901						
纺织业	2 961	933	58	6	8		8
化学工业	3 842	1 057	14	58	3		
医药工业	1 917	131			3		3
化学纤维制造业	1 109	236		7			
橡胶制造业	472	262					
塑料制品业	422	23			5	3	2
非金属矿物制品业	1 144	25	15	22			
黑色金属冶炼及加工业	75						
有色金属冶炼及加工业	13						
金属制品业	67	19			16	1	15
机械工业	6 077	1 452	145	94	21	1	11
交通运输设备制造业	1 649	40	1	9	3		3
电气机械制造业	2 671	357	180	171	9		2
电子及通信设备制造业	6 246	625			26		12
仪器、仪表及计器具制造业	1 262	224		10	12		2

14—19 全市1992年科技进步奖获奖项目

(1993年评定)

序号	项目名称	完成单位
	一 等 奖 (2项)	
1	CJ6922后置系列客车	常州客车制造厂
2	燃煤载热体加热炉系列	常州能源设备总厂
	二 等 奖 (12项)	
1	1～3吨桥式堆垛起重机	常州机电研究所,常州矿山机械厂
2	SQD192N柴油机研制	常州柴油机厂
3	FM2400B(EX2400)调制解调器	常州电子计算机厂
4	ZXJ191－200型激光观测仪	常州第二电子仪器厂
5	星球XQ129型组合音响	常州无线电总厂
6	L－天门冬酰胺	常州化工研究所,工贸合营武进牛塘化工厂
7	对羟基苯乙酰胺	工贸合营武进牛塘化工厂
8	S－GYZJ－6双曲线高速六梭圆织机	武进永光机械厂
9	纯化人白细胞α－干扰素治疗流行性出血热的临床研究	常州市第三人民医院
10	单抗用于伤寒早期诊断研究	江苏省武进县人民医院
11	OCS－XS电子吊钩秤	常州托利多电子衡器有限公司
12	GCS型D系列静态电子轨道衡	常州托利多电子衡器有限公司
	三 等 奖 (52项)	
1	天津无缝钢管厂100机组穿孔顶头研制	常州冶金机械厂,天津无缝钢管厂
2	CFW－01无触点磁电机点火系统	常州特种电机电器厂
3	齿坏精锻成型线(齿坏精锻应用技术)	常州齿轮厂
4	江南牌系列农用三轮运输车	常州江南机具厂,常州农业机械研究所
5	RL－2耐火浇注料	常州市江南耐火材料厂
6	QB型部分回转阀门气动装置	常州市阀门驱动装置厂
7	电脑绣花机系列弧齿锥齿轮	天津第一机床厂武进汽车齿轮分厂
8	R175A R175AN型柴油机	金坛柴油机总厂
9	YDT通风机用多速三相异步电动机	溧阳电机厂,东南大学
10	905S型和907A型农用运输车后桥总成	溧阳市齿轮厂
11	CJ705AX.25通信适配器	常州电子计算机厂
12	自动收报控制系统	常州电子计算机厂
13	CY2813型1MHZLC测量仪	常州电子仪器厂
14	YS－27型中西文终端显示器	常州电视机厂

14—19 续表1 (1993年评定)

序号	项 目 名 称	完 成 单 位
15	MUX400统计式数据集中器	常州电子计算机厂
16	星球XQ168A型组合音响	常州无线电总厂
17	JDLK－ZC45型漏电断路器	武进县新安电器开关厂
18	HR系列苯丙聚合物乳液及建筑用有光乳胶涂料	常州市造漆厂
19	高强度塑料棉条筒	常州东方红塑料厂
20	高抗冲聚苯乙烯塑料板材	常州市东方红塑料厂
21	氯化橡胶及其新工艺	武进县燎原化工厂
22	SJ65A/28－LF－700型聚烯烃复合重叠扁丝机组	武进县三河口挤出机制造厂
23	高含量二乙烯苯	武进化工厂
24	N－甲基二乙醇胺	武进第五化工厂
25	高能级软性研磨材料专用水溶性酚醛树脂胶粘剂	金坛县胶粘剂厂
26	均四甲苯	溧阳市溶剂厂
27	防治哮喘和慢支获奖成果的推广应用	常州市气管炎研究所
28	经皮肾盂膀胱内手术器械研制及临床应用研究	常州市第一人民医院，上海机械专科学校
29	B超定位体外冲击波粉碎上尿路结石的临床研究	常州市第一人民医院
30	B超下胎儿脐血管穿刺及临床应用	常州市妇产医院
31	下胫腓联合钩的研制和临床应用	江苏省常州市红十字医院
32	控制水网地区间日疟流行和媒介生物学及防制的研究	武进县卫生防疫站
33	硫酰胺	武进县药物原料化工厂
34	防爆抗静电精梳毛织品	常州市第三毛纺织厂
35	在Z303型经编机上开发缺压提花经编织物	常州针织总厂
36	麻棉涤防缩靛蓝牛仔布	常州市红光棉织厂
37	尼龙丝编扎棉织特、高密钢筘	常州市钢筘厂
38	桑树病虫普查及其在生产上的应用	常州市蚕桑技术指导站，溧阳市蚕桑技术指导站等
39	鳖的繁育与养殖技术	常州市多种经营管理局，常州市太滆特种水产研究所
40	早秋平菇高产高效技术	常州市蔬菜研究所，武进县湖塘镇人民政府
41	生物农药防治蔬菜害虫应用技术	常州市蔬菜研究所，常州市郊区蔬菜病虫测报站
42	番茄杂交品种选育	常州市蔬菜研究所，常州市郊区蔬菜技术推广站
43	蔬菜伏缺综合攻关	常州市郊区蔬菜技术推广站，常州市郊区蔬菜病虫测报站
44	用外源性孕激素调整奶牛繁殖内分泌的研究	常州牧工商联合公司
45	滆湖网围养蟹技术研究	武进县寨桥乡多种经营技术推广站

14—19 续表 2 (1993 年评定)

序号	项 目 名 称	完 成 单 位
46	永久性防静电聚氯乙烯块状塑料地板	常州新型建筑材料厂,江苏石油化工学院
47	φ2.85×26m 上开门型蒸压釜	常州建材机械厂
48	TA—218 高温耐磨衬里材料	武进县华耐衬里材料厂
49	YDN16—2D 型单端内启动荧光灯	常州荧光灯厂
50	金狮牌 YE366.YE367 型铬钼合金钢变速 MTB 自行车	常州市自行车三厂
51	常州市支农产品发展前景预测	常州农业机械研究所,常州市科技情报研究所
52	塑料圆织机行业标准,塑料挤出平膜扁丝辅机行业标准	常州塑料机械厂
	四 等 奖 (44 项)	
1	多孔塞气动脱硫技术及其应用	常州铸造总厂
2	螺旋花键孔加工工艺研究	常州齿轮厂
3	组合压板	武进县西夏墅工具厂
4	SYLJ68—4 型塑料编织机专用三相力矩电动机	武进县三河口电机厂
5	JK301 型汽车组合开关	常州市凯灵汽车电器厂
6	汽车座椅调角器	溧阳市汽车座椅调角器厂
7	CN—90 出纳业务处理机及其系统	常州电子计算机厂
8	6401—7 型彩色电视字幕机	常州电子计算机厂
9	CJ9002 国光小键盘	常州电子计算机厂
10	CJ9001 多路扩展器	常州电子计算机厂
11	JC901 焊台	常州无线电专用工具厂
12	星球 XQ538A 型双卡收录机	常州无线电总厂
13	CG2811 型 LCR 测量仪	常州工业技术学院
14	WX13、WX14、WX11、WXD3 型线绕电位器	武进县电子元件二厂
15	SEF 型太阳能电筒	常州新泽电子有限公司,武进县电子元件二厂
16	JU—3 型可调式温度继电器	金坛县继电器厂
17	高性能永磁铁氧体材料及系列产品	金坛县磁性材料厂
18	WX—900F 型集成电路调频音频无线耳机	溧阳市电子设备厂

14—19 续表 3 (1993 年评定)

序号	项 目 名 称	完 成 单 位
19	聚氨酯彩色涂料(原名:JS04—1 各色聚氨酯磁漆)	常州市造漆厂
20	TPU 彩色聚氨酯粒料	武进县三河口聚氨酯厂
21	PU—101 防冻型聚氨酯粘合剂	金坛县胶粘剂厂
22	血得宁冲剂	常州健民制药厂,常州市气管炎研究所
23	淋巴管造影剂弹簧螺杆推注器及临床应用研究	常州市第一人民医院,上海机械专科学校
24	胃癌细胞 DNA 的 FCM 分析与预后关系研究	常州市第二人民医院
25	组合法制备注射用水工艺技术研究	常州市第二人民医院
26	冠心病患者血清超氧化物岐化酶测试研究	常州市第二人民医院
27	6—甲基脲嘧啶合成新工艺	武进县鸣凰化工厂
28	氨气保护低氧铜钎焊和盐浴复合处理	常州纺织机械厂,洛阳七二五研究所
29	YG606 型平板式保温仪	常州市第二纺织机械厂,北京市纺织部标准化研究所
30	94096 碧云绉	溧阳市丝织厂
31	农田林网营建技术的研究和应用	常州市林业工作站,常州市郊区农委等
32	油菜机械化种植配套技术研究	常州市农机化研究所
33	四川大蒜"二水早"引试推广	常州市郊区蔬菜技术推广站,常州市青龙乡蔬副公司
34	低压管通输水灌溉技术推广应用	常州市郊区水利站,常州市新闸水利站
35	多效唑在稻麦上的研究与应用	常州市郊区农技推广站
36	蛋鸡法氏囊灭活苗免疫效果试验	常州市郊区畜牧兽医站
37	一次性猪用输精器	武进县江南畜牧器材厂
38	简易开放鸡舍在规模化蛋鸡生产上的应用	武进县剑湖鸡场,武进县畜牧兽医站
39	棉花"三改一建设"技术研究与应用	溧阳市农业局
40	合成玻璃釜(FJ1.4—2×5 蒸压釜)	常州建材机械厂
41	游泳池循环水处理成套设备	武进净化节能设备厂
42	R14C 高容量锌锰干电池	常州电池厂
73	980MPa 包装用钢带	常州市轧钢厂
44	溧阳市农业后备资源的调查及其对策	溧阳市农业区划办公室,溧阳市科学技术委员会

14—20 全市重点科技项目

(1993 年)

一、重点科研攻关项目

斩波调速技术研究

交流伺服闭环控制技术研究

奥美拉唑缓释胶囊工艺技术研究

汽车用 PC 塑料合金应用技术研究

赛诺吉宁工艺技术研究

高能锂锰电池制造技术研究

二、重点新产品开发项目

蓄电池电动叉车

交流伺服系统

ZKT6240、ZK5340 等数控钻镗床

热吸收组合式空气处理机组

节能型车用空调器

盐酸洛美沙星

特种电缆

调速变频器

天然色素

微机控制饲料机组

三、重大科技成果中试项目

叉车电机系列

灭草神、灭草威、灭草王除草剂系列

高支薄纯毛及精毛纺织物

四、农业科技项目

桑园立体栽培技术研究

81—18 优质香粳稻培育技术研究

刮桑蚕增产素技术研究

14—21 全市国家级重点新产品试制鉴定项目

(1993年)

序号	编　号	新产品名称	承担单位	试销期
1	332069065113	三叶形大型喷丝板	常州喷丝厂	3年
2	332069033112	灭草神20%可湿性粉剂	江苏省激素研究所、省激素研究所实验一厂	3年
3	332069033111	灭草王10%超微可湿粉剂	江苏省激素研究所、省激素研究所实验四厂	3年
4	332069079109	新型高效工频电感应加热器	江苏省金坛县光华节能电热器厂	2年
5	332069084108	Y35永磁铁氧体材料	江苏省金坛县磁性材料厂	2年
6	332069079106	蓄电池车辆调速斩波器	常州开关厂	3年
7	332069040105	甲磺酸加贝酯	常州第三制药厂	3年
8	332069041104	奥美拉坐胶囊	常州市第四制药厂	3年
9	332069066103	605A农用运输车后轿总成	江苏溧阳齿轮厂	2年
10	332069062102	利浦钢板仓机组	江苏省溧阳正昌粮油饲料机械总公司	3年
11	332069065100	SWFW85X67无网式微粉碎机	江苏省溧阳正昌粮油饲料机械总公司	2年
12	332069066099	905S、907A型农用运输车液压制动后轿总成	江苏省溧阳市齿轮厂	3年
13	332069077096	船用阻燃电力电缆(低卤低烟)	常州船用电缆厂	2年
14	332069087095	YG023型全自动单纱强力机	常州市第二纺织机械厂	3年
15	332069068094	医用消化道缝(吻)合器	常州市新能源器材厂	2年
16	332069062092	ZX5125B经济数控立式钻床	常州机床总厂	3年
17	332069040091	盐酸洛美沙星	常州市第二制药厂	2年
18	332069087085	条形码手持式激光扫描器	常州第二电子仪器厂	3年
19	332069079086	YH—6型电子清纱器	常州第二电子仪器厂	3年
20	332069087087	WCJ—1型激光测距仪	常州第二电子仪器厂	3年

续表 14—21

序号	编　号	新 产 品 名 称	承 担 单 位	试销期
21	332069087088	条形码光笔	常州第二电子仪器厂	3年
22	332034434013	B13—31 水溶性丙烯酸浸漆	化工部涂料工业研究所技术服务中心	3年
23	332034434012	ST—2 阳离子电沉积涂料	化工部涂料工业研究所技术服务中心	3年
24	332034434010	水性氨基丙烯酸电沉积涂料	化工部涂料工业研究所技术服务中心	3年
25	332033565017	残铁罐倾翻移动车	常州冶金机械厂	3年
26	332033565018	高炉梁式移盖机	常州冶金机械厂	3年
27	332051673026	CK—66 柴油机胶套轮齿轨卡轨车	煤炭科学研究总院常州科研试制中心	3年
28	332069040089	盐酸奥丹西隆原药、片剂、注射剂	常州第三制药厂	2年
29	332069040090	膦甲酸钠原药、注射剂、搽剂	常州第三制药厂	2年
30	332069065115	多功能地板机组:MX2B3 型企口地板铣刨机及 MX02 型企口地板两端铣床	武进县横山木工机械厂	3年
31	332069065116	LT4001—16—360，LT4001—13—450,LT360—9—550 重型水箱拉丝机	武进县重型拉丝机械厂	3年
32	332069065123	G—D 型组合分列式等离子切割机	常州泛洋电气设备有限公司	3年
33	332069087121	DR 小长图智能数据记录仪	常州热工总厂智能仪表厂	3年
34	332069084120	L9.C4 型射频连接器	武进县凤墅电子元件厂	3年
35	332069076114	JDLK—ZC45 型漏电断路器	武进县新安电器开关厂	3年
36	332069087119	HC—1 型红外测纬器	武进县芙蓉纺织仪器厂	3年
37	332069066097	微机控制蒸汽加热木材干燥设备	林业部林产工业设计院溧阳平陵林机厂	3年
38	332034434011	B04—52 装饰氨基丙烯酸烘漆	化工部涂料工业研究所技术服务中心	3年
39	332069084098	WX--900F 型集成电路调频、音频接收机	江苏省溧阳市电子设备厂	2年
40	332069065101	SKZH500 颗粒饲料机组	江苏省溧阳正昌粮油饲料机械总公司	3年

14—22 全市省高新

(1993

序号	产品项目编号	产品名称及型号	企业名称	鉴定日期
1	30401G0068	CJ925A＋中西文显示终端	常州电子计算机厂	92.01
2	30401G0075	34L/36L 录音机用永磁直流电动机	常州电机电器总厂	92.01
3	30401G0076	42BYG 感应子式永磁步进电动机	常州电机电器总厂	91.11
4	3401G0078	计算机辅助自由锻工艺设计系统	常州冶金机械厂	92.11
5	30401G0004	中空纤维超滤装置	常州能源设备总厂	92.11
6	30401G0070	TM109 不饱和聚酯树脂	建材二五三厂	91.09
7	30401G0072	DB 玻纤薄毡	建材二五三厂	92.05
8	30401G0079	无缝钢管穿孔顶头	常州冶金机械厂	90.10
9	30423G0005	SZLH40 制粒机	溧阳正昌粮机总公司	91.12
10	30411G0006	GKM 型电子光控电焊面罩	常州市新丰电焊面具制造厂	93.03
11	30401G0008	WD320 型动力稳定车稳定装置	铁道部戚墅堰机车车辆工艺研究所	92.08
12	30401G0009	08—32 起拨道抄平捣固车的关键机组	铁道部戚墅堰机车车辆工艺研究所	92.08

技术产品名单

年底）

单位：万元

新产品特性		产品产值	
新颖性	产品主要技术性能指标	当年	第二年
换代型	本品仿真DECVT52、VT100、VT220、CT100、ADM12及TVI925、国光CJ925A。终端的全部特性及状态选择由软件设置实现。接口标准化，达到了近期同类产品的国内领先和国际先进水平	264.80	2 934.00
全新型	额定电压：6V、9V、12V；额定转速：2400、1600/3200、2000/4000r/min；额定电流：85、100、110、90/100、120/30；起动转矩：＞3.90、4.40、4.90、5.40M，NM分档；噪声＜35db(A)	500.00	1 200.00
全新型	相数：4相、2相；步距角：0.90、1.80不等；额定电压：12—24V不等；静态电流：0.50A、1.20A；定位转矩＞2.5mn.m；位置误差5%—30%不等。	500.00	1 000.00
改进型	本软件设计的锻造工艺规范、合理、准确、优化，比手工编制提高工效数十倍。系统总体设计合理，软件技术先进、专家系统完善，达到了国内领先水平，在台阶轴优化、复杂类曲轴设计等方面思想新颖实用，填补了国内在该项研究的空白。该项目投资少，见效快。	50.00	60.00
全新型	本品适应PH＝2—13范围内，可在常温下运行，产品处理能力强。	26.84	180.51
换代型	本品是一种高活性邻苯型聚酯模塑料用树脂，用该树脂生产的聚酯模塑料各项性能达到国外同类产品水平。本品粘度(25C)：1.45—2.10Pa.S凝胶时间(80C)：9—19分钟；酸值：15.5—24.5mgKOH/g；固体含量：66.5%—73.5%。	170.00	257.63
全新型	该项目是建材二五三厂与中国新型建筑材料合资，从西德舒拉公司引进的生产线，采用国产原料研制的玻纤薄毡，填补了国内空白，达到了国际八十年代先进水平。	859.23	1561.52
换代型	采用国内首创且获得国家专利的可控气氛氧化热处理工艺进行热处理，高温进向处理炉内通入氮水或水蒸汽、有机液体，形成高温氧化气氛，表面生成粘附性好的青灰色氧化层，氧化层厚度不小于0.55mm，它的主要成分是FeO，具有良好的耐热、隔热、润滑性能	300.00	850.00
全新型	该机每小时生产2—10吨，环模内经400mm，主机功率75KW，果粒形成率大于95%，粉化率小于12%，吨料耗电器低于13KW/t，达到了国际八十年代中期水平。	300.00	400.00
换代型	滤光片的耐热性好，耐燃，暗态遮光量可调8—14，保护所可见光透过率不低于89%，目镜响应时间20MS左右，电压范围6—10V(直流)	260.00	780.00
全新型	激振频率：0—45HZ(无级调节)；水平激振力：0—350KNC(无级调节)；垂直下压力：0—240KNC(无级调节)；作业速度：0—2.5Km/h。	108.00	150.00
全新型	捣固振动频率：35HZ；每对捣镐夹持力：10KN；作业频率：1KN/H。	420.00	576.00

14—22 续表 1

序号	产品项目编号	产品名称及型号	企业名称	鉴定日期
13	30401G0010	WYK 系列微型膜动式压力控制器	铁道部戚墅堰机车车辆工艺研究所	90.10
14	30401G0011	TH5640 立式加工中心	常州机床总厂	93.03
15	30401G0012	ZK5125B 数控立式钻床	常州机床总厂	92.12
16	30401G0014	OCS 无线传输电子吊钩秤	常州托利多电子衡器有限公司	91.01
17	30401G0030	D3000 红外测距仪	常州市大地测距仪厂	91.01
18	30401G0061	DB—01 型条形码译码器	常州第二电子仪器厂	93.02
19	30401G0062	BW—100 型条码光笔	常州第二电子仪器厂	93.02
20	30401G0063	WCJ—1 型激光测距仪	常州第二电子仪器厂	92.01
21	30401G0064	DM2000 型红外光电测距仪	常州第二电子仪器厂	93.05
22	30401G0065	ZXJ91—200 型激光观测仪	常州第二电子仪器厂	91.01
23	30401G0066	LS—911 型条码手持式激光扫描器	常州第二电子仪器厂	93.02
24	30401G0074	CCS—8 型计算机控制系统	常州电机电器总厂	91.11
25	30401G0016	苄黄隆除草剂	江苏省激素研究所实验四厂	90.12
26	30401G0017	灭草王除草剂	江苏省激素研究所实验四厂	92.12

单位:万元

新产品特性		产品产值	
新颖性	产品主要技术性能指标	当年	第二年
换代型	本品压力控制范围广,寿命长,达10万次以上	278.65	610.77
换代型	达到国际八十年代初同类产品水平,刀库容量18把刀,主轴转速40—4000rpm,定位精度0.002MM,四轴控制,三轴联动,可选配数控转台	534.00	667.50
换代型	工作台面为630 * 320MM,最大钻孔直径25MM,最大镗孔直径70MM,主轴转速63—3000rpm,定位精度0.05MM	157.00	347.00
全新型	计量精度符合OIML3级,发射距离:300米,使用频率:230或450MHZ,具有清零、累计等功能,配有RS232等多种接口,可与打印机、计算机连接。	301.70	239.00
全新型	测程38公里,精度5MM	250.00	400.00
全新型	误码率:小于1/1000000;向计算机传输方式:RS—232串行口,仿真计算机键盘;识别码制:向ASCII39,EAN—13,EAN—8,CODE39,upc;与光笔与激光扫描器接口,工作温度:0—40℃。	9.00	90.00
全新型	分辨率:≯0.15MM,对比度:>70%;温度范围:0—55℃;重量:≯50G	5.00	25.00
换代型	有效测程:50-500M;测量误差:1M;工作频率:1/6-1/4HZ(10-15次/分);工作温度范围:-20℃-+5℃;可靠性:平均无故障工作次数5000次。	110.50	425.00
改进型	测程:单棱镜1300M,三棱镜2000M;工作温度:-20℃-+50℃	140.00	560.00
全新型	测程:150—1500M;误差:5M;测角精度:方位0—01,高低0—01;距离分辨率:40M,选通可调范围:150—4000M连续可调	390.40	488.00
全新型	工作波长:670NM;最大读码距离:300MM;分辨率:≯0.15MM;最大扫描宽度:275MM;工作温度:0—40℃。	32.50	325.00
改进型	输入电网电压:220V;频率:50HZ;纹波系数≤5%;功耗≤1000W;保护功能有断电、过压、欠压、过流、超程;最高速度:7M/min;电机锁相电流:6A。	100.00	150.00
全新型	原药纯度>95%,反应总收率为:46%,悬浮率>80%,常温可存放二年。分解率<1%,本品除草谱广,杀草力强。	600.00	850.00
改进型	主要技术指标:含量10%,细度通过325目筛>98%,悬浮率>80%,湿润时间<2分,水份<3%,稳定性好,分解率为<2%。一次施药可保全季。	1 000.00	2 000.00

14—22续表 2

序号	产品项目编号	产品名称及型号	企业名称	鉴定日期
27	30401G0018	奥美拉唑及其胶囊(奥克)	常州市第四制药厂	92.12
28	30401G0067	医用消化道缝(吻)合器	常州市新能源器材厂	92.12
29	30401G0019	上开门蒸压釜 FG1.5—2.85＊26	常州建材机械厂	91.12
30	30423G0021	炉气间接加热木材干燥设备	林业部林产工业设计院溧阳平陵林机厂	90.09
31	30411G0023	半封闭螺杆式冷热水机组	常州市长江冷暖机械厂	93.07
32	30401G0024	QX 有机载热体加热炉	常州能源设备总厂	89.07
33	30401G0025	电动侧开门玻璃釜 FJI.4—2＊5	常州建材机械厂	92.20
34	30401G0026	SZL6—1.6—AII 双锅筒纵置式链条炉排水管锅炉	常州建材机械厂	92.11
35	30401G0027	HRM1300 立式磨	丽宝第集团公司(常州)	92.03
36	30401G0039	FK6—700 型高速弹力丝机电气控制柜	常州纺织仪器厂	90.12
37	30401G0040	CYG008 型复丝强力机	常州纺织仪器厂	92.12
38	30401G0041	CGYH703 型棉纺工艺参数监测仪	常州纺织仪器厂	93.07

单位:万元

新产品特性		产品产值	
新颖性	产品主要技术性能指标	当年	第二年
全新型	产品按卫生部标准执行,主要技术性能指标达到国外同类产品水平,原料药含量在98%—102%之间(HPLC法测定);有关杂质<1%,耐酸率达80%以上,溶出度达到70%以上。	1 160.00	1 200.00
改进型	经国家医械中心检测和临床数百例使用证明,各项性能指标均符合企业要求,缝合、切除快速可靠,切刀锋利,切边平整,缝切力小于250N,缝钉弯曲一致,可减少出血量和输血费及病人痛苦,装拆定位简便,组件互换性好。	340.00	680.00
全新型	本品是引进国外先进技术消化吸收后进行研制的新型蒸压釜,设计压力为1.6MPA,设计温度203℃,釜体直径2850MM,有效长度2600MM。	180.00	135.00
全新型	节约能源,热效率高达88%,常规蒸汽干燥相比成本为五分之一,周期为二分之一,终含水率,应力等各项指标均达到国家锯材干燥一级标准	750.00	1 500.00
全新型	空调工况制冷量58(KW),采暖工况制热量65(KW)。冷水温4—20,热水温30—50,压缩机额定功率15(KW),最大功率18(KW)	510.00	850.00
全新型	最高工作压力0.8MPA,最高工作温度320℃,加热炉热效率>62—73%,闭路循环和精确的温度调节,热利用率比蒸汽供热提高35%。	738.00	1 777.00
全新型	产品设计压力1.5MPA,设计温度150℃,釜体内经2000MM,有效长度4620MM,空气介质,采用机电一体化机械传动,有安全联锁。	92.00	72.00
全新型	产品设计热效率76%,额定蒸发量6T/H,额定蒸汽压力1.6MPA,额定蒸汽温度204℃,设计燃煤II烟煤	21.50	43.00
换代型	产量20—25T/H;磨盘中径1300MM;磨辊直径1100MM;磨盘转速43r/min;液压8—14mpa;分离器转速30—200r/min	142.00	935.00
全新型	该产品主要技术性能指标与德国巴马格公司生产的同类相同	1 152.00	1 440.00
换代型	采用微机控制,最大负荷500N,一级精度,拉伸速度150MM/MIN,数据实现自动零点补偿,过"0"采样	76.00	152.00
全新型	环境温度0—40℃;湿度<90%;功耗<20W;计数精度十万分之一	12.50	25.00

14—22 续表 3

序号	产品项目编号	产品名称及型号	企业名称	鉴定日期
39	30422G0044	甲烷检测报警仪	金坛县煤矿安全仪器厂	90.12
40	30401G0048	YG606 型平板式保温仪	常州市第二纺织机械厂	92.01
41	30401G0049	YG151 型全自动纱线捻度仪	常州市第二纺织机械厂	90.08
42	30401G0050	YG023 型自动单纱强力机	常州市第二纺织机械厂	90.12
43	30401G0051	融熔纺丝喷丝板	常州喷丝板厂	91.10
44	30401G0052	干法晴纶纺丝喷丝头	常州喷丝板厂	91.03
45	30410G0080	CY32600 型 154 吨电动轮自卸车	常州冶金机械厂	93.05
46	30401G0053	差压式烟气计量仪	市排污监督管理站 市高新区三有公司	93.07
47	30401G0054	涡轴六发动机(WZ—6)发动机	航空航天工业部常州兰翔机械厂	88.10
48	30401G0056	水污染治理设施(备)运行管理自动监控系统	市排污监督管理站 市无线电总厂	93.07

单位:万元

新产品特性		产品产值	
新颖性	产品主要技术性能指标	当年	第二年
换代型	环境温度－10－＋40℃;相对湿度＜98%,测量范围0－4%CH4分辨率0.01%CH4;连续工作时间＞10小时。	204.95	233.10
全新型	本仪器符合GB11048—89标准	11.00	45.00
全新型	测定范围＜17D的纱线;纱线张力可任意调节;试样长度500MM	37.50	60.00
全新型	负荷有50N、100N;精度1%;操作自动化程度高,多种试验方法供选择,符合GB3916标准	95.00	273.00
全新型	喷丝板原材料为不锈板,满足纺丝过程中的耐腐蚀性要求,喷丝孔数由1—几万孔,园孔孔径(D)由0.05MM至1MM以上,长径北由0.8D至80D以上,孔径允差0.002MM,孔深允差0.002MM,异形孔叶宽(W)由0.06—0.008MM,允差0.001MM,长宽比(L/W)0.8—5	988.00	1 348.00
全新型	在不锈钢上制出大量均匀微小孔,喷丝微小孔孔数840—2800孔,园周径向环形分布,微孔直径0.17—0.11MM,允差为0.025MM,微孔长径比1.25,允差0.025MM	78.00	152.00
换代型	额定装载量为154吨,发动机功率为1193KW,电驱动系统为交/直制静态分别励磁系统,采用橡胶悬挂,制动方式为动力制动及全液压工作制动,停车制动,举升系统为液压两级双作用倒置双缸,转向系统为常流式全时时液压静态转向,最高车速为55KM/h,最小转弯直径为25.6M	1 290.00	2 242.00
全新型	性能稳定可靠,便于标定和对比,连续测量值和累计值有较高的准确性,能测烟道温度,平均动压,累计小时,流速,流量,烟尘和SO2排放量,填补国内空白	26.4	132.00
换代型	寿命300小时,油耗385G/KWH,最大转速33550V/MIN,功率1130KW	852.50	852.50
全新型	系统无线通信网符合国家规定:实现了全自动检测;使用方便。	700.00	3 100.00

14—23 全市文化事业机构数

(1993 年底) 单位:个

项目	全市	市区	溧阳市	金坛市	武进县
一、电影事业					
电影发行放映管理机构	4	1	1	1	1
电影放映单位	187	36	47	36	68
#电影院	116	10	32	22	52
影剧院	8	4	1	1	2
开放礼堂俱乐部	8	8			
放映队	43	3	14	13	13
对内俱乐部	12	11			1
二、艺术事业					
艺术表演团体	11	6	1	1	3
艺术表演场所	7	5	1	1	
三、图书馆	**4**	**1**	**1**	**1**	**1**
四、群众文化事业					
文化馆	7	4	1	1	1
群众艺术馆	1	1			
文化站(文化部门)	24		8	8	8
五、教育事业	**2**	**1**			**1**
六、其他文化事业	**32**	**15**	**5**	**3**	**9**

14—24 全市文化事业人员数

(1993 年底) 单位:人

项目	全市	市区	溧阳市	金坛市	武进县
一、电影事业					
电影发行放映管理机构	142	39	49	21	33
电影放映单位	1 167	343	160	120	544
#电影院	756	120	117	77	442
影剧院	197	106	18	28	45
开放礼堂俱乐部	89	89			
放映队	101	6	25	15	55
对内俱乐部	24	22			2
二、艺术事业					
艺术表演团体	317	196	23	55	43
艺术表演场所	191	148	15	28	
三、图书馆	**95**	**58**	**16**	**11**	**10**
四、群众文化事业					
文化馆	85	41	19	13	12
群众艺术馆	28	28			
文化站(文化部门)	74		23	42	9
五、教育事业	**61**	**54**			**7**
六、其他文化事业	**1 078**	**372**	**133**	**29**	**544**

十五
体育、卫生及其他事业
SPORTS,HEALTH CARE AND OTHER

15—1 全市体育事业情况

(1993 年底)

项　　目	单位	全市	市区	溧阳市	金坛市	武进县
一、运动会						
举办运动会次数	次	73	10	36	6	21
参加运动会人数	人	13 849	1 818	5 221	3 754	3 056
二、等级运动员发展人数	**人**	**138**	**51**	**45**	**42**	
#女性	人	86	26	28	32	
三、等级裁判员发展人数	**人**	**52**	**22**	**10**	**6**	**14**
#女性	人	9	2	2	2	3
四、公共体育运动场地						
1.体育场地个数	个	16	6	4	3	3
体育场	个	4	1	1	1	1
体育馆	个	1	1			
室内游泳池	个	2	1			1
2.使用场次	次	4 719	994	1 867	918	940
#体育场	次	2 450	70	960	700	720
体育馆	次	362	362			
室内游泳池	次	301	91			210
五、国际体育活动情况						
交往国家和地区	个	2	2			
起　数	起	2	2			
人　数	人	44	44			

15—2 全市参加体育竞赛获奖数

(1993年) 单位:枚

项目	金牌	银牌	铜牌
总计	39	46	45
参加世界及洲际比赛获奖数	6	1	2
参加全国比赛获奖数	1	1	4
参加全省比赛获奖数	32	44	39

15—3 全市卫生事业机构数

(1993年) 单位:个

项目	全市	市区	溧阳市	金坛市	武进县
总计	855	471	120	92	172
一、医院	160	27	40	30	63
#市医院	21	16	5		
县医院	7			3	4
乡卫生院	132	11	35	27	59
二、疗养院	2	1			1
三、门诊部、所	651	421	74	55	101
#市门诊部、所	495	421	74		
县门诊部、所	156			55	101
四、专科防治所、站	9	4	1	1	3
五、卫生防疫站	8	5	1	1	1
六、妇幼保健所、站	8	5	1	1	1
七、药品检验所、室	4	1	1	1	1
八、医药科学研究机构	3	2		1	
九、中等医药学校	5	2	1	1	1
十、其他卫生事业机构	5	3	1	1	

年)

农村经济总收入(万元)	农业和非农行业产值合计(现行价,万元)	农村固定资产原值(万元)	出口品销售额(万元)	财政收入(万元)
23 015	39 552	11 784	196	179
26 860	36 442	12 638	38	184
40 384	54 227	26 367	6 741	463
23 894	34 068	14 338	1 879	145
57 938	81 782	34 526	3 817	468
41 538	44 887	19 861	9 240	905
14 391	22 465	11 189	1 715	260
12 179	12 718	5 100	608	91
10 059	12 886	5 322	793	145
26 488	34 415	17 580	5 086	677
15 179	19 975	8 410	1 053	236
27 110	37 271	12 127	2 372	559
22 708	29 963	12 528	441	360
10 369	14 374	6 667	13	116
14 079	16 499	10 155	3 194	242
21 589	27 746	9 780	250	660
10 169	15 663	3 910		160
6 660	10 513	5 472	1 300	197
6 519	9 248	4 104	27	103
7 122	8 648	4 214	1 514	107
2 1787	3 4124	9 655	622	312
11 601	9 486	4 789	1 002	107
12 441	14 883	5 091	2 480	53
30 779	32 964	9 336	1 679	169
7 062	18 771	8 517	313	82
20 310	22 422	11 350	1 168	300
31 266	31 400	7 751	10 051	259
15 971	18 028	12 536	500	198
13 599	18 142	7 740	162	164
16 037	15 171	6 064	283	168
13 626	13 363	5 577	2 040	98
3 455	5 894	3 224	4 080	733
3 678	4 286	3 147		75
34 189	33804	10 822	1821	130

16—2 续表 3 (1993

乡(镇)名称	年底总户数(户)	年底总人口(人)	人均纯收入(元)	谷物产量(吨)	猪出栏头数(头)	水产品产量(吨)
城南乡	7 786	24 706	2 002	10 456	6 197	251
清安乡	4 523	13 426	2 356	5 048	4 127	27
马垫乡	6 703	21 646	1 807	10 131	5 352	232
杨庄乡	5 616	16 725	1 852	9 911	5 147	2 116
泓口乡	4 820	14 356	1 802	7 674	4 846	839
埭头乡	5 120	13 944	1 715	7 156	2 466	654
上黄镇	9 260	28 460	1 905	15 304	14 560	3 110
后六乡	5 159	16 431	1 200	9 433	2 948	95
戴埠镇	13 036	36 903	1 301	15 059	11 764	2 300
横涧乡	6 942	19 869	1 152	3 854	6 446	32
平桥乡	6 556	21 934	1 018	6 563	6 654	72
茶亭乡	7 370	23 173	1 398	12 496	6 405	94
天目湖镇	3 939	12 582	1 114	6 309	4 665	71
别桥镇	10 784	32 132	1 451	18 411	7 845	2 670
古渎乡	3 395	9 556	1 398	6 434	3 175	58
绸缪乡	3 605	11 099	1 378	7 009	3 591	480
余桥乡	4 582	13 839	1 454	11 183	5 275	303
上兴镇	8 073	27 919	1 167	16 811	16 568	126
上沛镇	9 013	28 969	1 632	17 503	14 788	127
汤桥乡	5 353	14 654	1 111	8 756	9 627	242
永和乡	4 089	12 530	1 027	6 770	10 290	47
竹箦镇	12 163	39 562	1 586	26 022	28 244	312
后周镇	7 106	22 566	1 396	15 244	8 454	202
前马乡	4 888	13 553	1 216	9 580	6 933	216
南渡镇	10 227	28 909	1 569	16 817	6 515	542
旧县乡	4 493	13 628	1 241	9 590	13 629	343
新昌镇	7 858	23 199	1 595	11 620	8 004	225
蒋店乡	4 974	14 301	1 256	8 627	3 014	94
强埠镇	5 441	14 363	1 555	7 760	8 895	218
大溪乡	4 336	13 756	1 268	10 490	8 590	256
社渚镇	6 561	21 975	1 031	14 173	10 498	111
周城镇	7 913	25 590	1 292	15 104	15 314	155
殷桥乡	2 411	8 398	1 052	6 445	4 750	31
河口乡	4 041	13 008	1 137	10 689	5 788	375
河心乡	3 294	9 862	1 356	8 594	5 465	65

年)

农村经济总收入（万元）	农业和非农行业产值合计（现行价，万元）	农村固定资产原值（万元）	出口产品销售额（万元）	财政收入（万元）
44 440	41 132	24 539	4 000	103
58 651	71 376	6 277		1 500
25 241	31 785	17 900	15 120	480
32 989	38 462	14 453	2 257	446
18 831	25 448	15 688	135	152
21 123	21 406	7 348	586	250
38 019	35 436	5 729	145	159
12 101	11 916	10 182	158	138
24 585	28 686	15 550	6 822	510
7 966	11 099	5 912		92
5 424	9 603	6 910	10	245
11 352	12 369	11 349	45	205
17 470	10 025	5 887		119
27 713	41 884	15 305	5 769	480
17 234	14 172	6 095	40	100
10 588	10 919	4 062	425	118
8 131	13 733	6 752	915	178
13 925	16 518	6 048		40
35 537	26 439	6 751		458
6 488	8 710	6 876		140
7 633	7 042	5 540	280	54
39 413	39 642	18 545	4 485	96
10 733	15 878	11 841	2 450	153
6 630	9 442	6 281		119
39 134	40 991	13 845	629	720
11 210	17 220	9 283	2 699	105
22 681	24 692	16 006	4 021	301
13 761	16 891	3 500	300	68
29 946	37 338	15 565		395
11 328	9 759	3 730		45
8 638	12 396	9 203	1 095	155
14 593	18 373	10 240		430
3 355	5 348	3 149		72
6 769	9 988	3 242	1 326	87
7 799	7 736	3 961	1 100	63

16—3 全市分乡(镇)国民生产总值

(1993年,当年价格) 单位:万元

乡(镇)名称	总计	第一产业	第二产业	第三产业
市 区				
红梅乡	13 941	859	9 126	3 956
雕庄乡	18 113	650	16 866	597
茶山乡	19 093	566	16 706	1 821
永红乡	15 742	1 498	12 927	1 317
五星乡	20 878	1 016	17 804	2 058
新闸镇	14 014	1 317	11 573	1 124
太滆乡	2 075	668	1 247	160
青龙乡	12 226	2 014	9 257	955
北港乡	7 933	1 037	6 334	562
西林乡	9 595	1 230	6 968	1 397
丁堰镇	19 769	829	18 465	475
潞城乡	26 849	1 173	25 013	663
溧阳市				
溧城镇	8 879	173	6 787	1 919
城南乡	9 748	2 092	6 259	1 397
清安乡	14 678	1 026	12 422	1 230
马垫乡	9 277	2 819	5 258	1 200
杨庄乡	9 797	2 632	6 060	1 105
泓口乡	7 213	1 385	5 295	533
埭头乡	4 378	825	3 113	440
上黄镇	8 599	2 191	5 258	1 150
后六乡	2 892	1 233	1 483	176
戴埠镇	8 200	2 440	4 173	1 587
横涧乡	3 621	1 695	1 682	244
平桥乡	3 440	1 727	1 270	443
茶亭乡	4 702	2 019	2 217	466
天目湖镇	3 165	1 241	1 490	434

16—3 续表 1 单位:万元

乡(镇)名称	总计	第一产业	第二产业	第三产业
别桥镇	8 650	3 061	4 949	640
古渎乡	3 022	887	1 975	160
緱缪乡	3 203	951	2 056	196
余桥乡	3 588	1 541	1 781	266
上兴镇	4 216	2 167	1 167	882
上沛镇	7 621	2 258	4 501	862
汤桥乡	2 639	1 323	900	416
永和乡	2 055	710	1 165	180
竹箦镇	10 009	3 339	5 454	1216
后周镇	5 104	2 314	2 269	521
前马乡	3 162	1 142	1 466	554
南渡镇	8 525	2 205	5 802	518
旧县乡	4 575	1 166	2 855	554
新昌镇	7 172	2 113	4 234	825
蒋店乡	3 903	1 033	2 653	217
强埠镇	8 326	1 068	6 584	674
大溪乡	2 738	1 425	1 051	262
社渚镇	3 464	1 560	1 378	526
周城镇	4 932	2 112	2 068	752
殷桥乡	1 826	874	752	200
河口乡	2 913	1 302	1 329	282
河心乡	2 223	938	1 057	228
金坛市				
城东乡	13 556	5 510	6 400	1 646
河头镇	6 784	2 109	3 770	905
涑渎乡	3 841	1 925	1 653	263
后阳乡	3 892	1 297	2 197	398
城西乡	10 393	885	8 637	871

16—3 续表 2 单位:万元

乡(镇)名称	总　计	第一产业	第二产业	第三产业
白塔乡	6 032	1 975	3 377	680
直溪镇	11 256	4 168	5 632	1 456
建昌镇	9 049	2 367	5 385	1 297
登冠乡	4 041	2 115	1 627	299
朱林镇	4 983	1 807	2 512	664
薛埠镇	8 379	1 961	5 652	766
西旸乡	4 730	1 086	3 168	476
茅麓乡	3 175	1 539	1 264	372
花山乡	2 793	1 454	1 056	283
罗村乡	2 612	1 344	1 087	181
社头镇	10 305	4 444	5 099	762
西岗乡	2 065	1 072	867	126
唐王乡	4 495	1 607	2 650	238
指前镇	9 925	3 082	5 516	1 327
洮西乡	5 669	1 912	3 131	626
水北镇	6 771	2 134	4 225	412
五叶乡	9 483	1 482	7 233	768
儒林镇	5 444	1 690	3 094	660
汤庄乡	5 479	1 978	2 881	620
尧塘镇	4 582	1 645	2 410	527
岸头乡	4 036	1 253	2 248	535
金城镇	1 780	574	707	499
白龙荡乡	1 294	583	544	167
武进县				
雪堰镇	16 108	3 147	10 130	2 831
潘家镇	11 152	2 494	6 482	2 176
漕桥镇	11 273	1 792	7 030	2 451
南宅乡	7 943	1 328	4 932	1 683

16—3 续表 3

单位:万元

乡(镇)名称	总　计	第一产业	第二产业	第三产业
运村乡	9 413	1 650	5 670	2 093
前黄镇	15 617	2 826	8 741	4 050
政平乡	7 494	2 049	3 971	1 474
礼嘉镇	10 096	2 165	6 070	1 861
寨桥镇	13 318	3 110	7 562	2 646
坊前乡	6 891	1 493	4 084	1 314
南夏墅乡	9 335	2 359	5 388	1 588
鸣凰镇	13 213	898	9 719	2 596
马杭镇	20 168	1 650	15 817	2 701
湖塘镇	30 616	1 178	20 700	8 738
牛塘镇	22 171	2 827	14 774	4 570
庙桥镇	7 789	933	5 638	1 218
卢家巷镇	11 060	1 123	8 267	1 670
坂上镇	8 187	1 149	5 749	1 289
戴溪乡	12 012	1 238	8 534	2 240
洛阳镇	33 904	1 547	26 227	6 130
遥观镇	21 276	2 004	15 268	4 004
横林镇	23 386	1 426	17 718	4 242
崔桥乡	8 649	830	5 739	2 080
剑湖乡	26 192	1 102	22 446	2 644
横山桥镇	27 156	1 109	23 036	3 011
芙蓉镇	13 643	1 244	10 120	2 279
新安乡	7 933	381	6 144	1 408
焦溪镇	12 328	3 178	6 697	2 453
三河口乡	12 149	1 137	9 123	1 889
郑陆镇	13 534	971	10 023	2 540
东青镇	12 666	981	9 678	2 007
龙虎塘镇	11 113	1 049	8 327	1 737

16—3 续表 4

单位:万元

乡(镇)名称	总计	第一产业	第二产业	第三产业
新桥镇	9 600	1 939	5 984	1 677
魏村镇	10 941	1 602	7 628	1 711
安家乡	10 267	2 318	5 829	2 120
薛家镇	10 747	1 789	7 411	1 547
圩塘镇	10 265	1 950	6 896	1 419
孝都乡	6 027	1 682	3 199	1 146
百丈乡	8 391	1 663	5 503	1 225
奔牛镇	21 896	2 423	16 257	3 216
汤庄桥镇	11 195	1 494	8 452	1 249
罗溪镇	7 942	1 910	4 516	1 516
西夏墅镇	6 844	1 998	3 331	1 515
浦河乡	5 805	1 317	3 776	712
小河镇	14 150	2 530	8 998	2 622
孟城镇	14 224	1 647	10 937	1 640
吕墅乡	5 222	664	3 564	994
九里乡	7 685	1 998	4 339	1 348
万绥乡	3 476	1 340	1 492	644
邹坵镇	17 313	1 774	13 099	2 440
泰村乡	7 659	1 010	5 285	1 364
卜弋镇	9 430	945	6 452	2 033
厚余乡	8 261	1 258	5 311	1 692
夏溪镇	11 199	1 316	7 634	2 249
礼河镇	8 066	800	6 003	1 263
嘉泽乡	9 184	2 690	4 869	1 625
成章乡	7 929	2 130	4 149	1 650
湟里镇	11 729	2 065	6 785	2 879
村前乡	8 099	1 795	4 742	1 562
东安镇	18 316	3 629	11 411	3 276

第三篇
基层篇
DATA FOR ENTERPRISES

17—1 全市江苏省级高新技术企业名单

（1993 年底）

江苏省科学技术委员会第一批认定：

常州国光电子总公司（常州电子计算机厂）

常州电机电器总厂

中美合资常州托利多电子衡器有限公司

常州市第四制药厂

常州喷丝板厂

常州能源设备总厂

常州市新能源器材厂

常州泛洋电气设备有限公司

武进电子设备二厂

江苏省科学技术委员会第二批认定：

常州合成纤维厂

常州第三制药厂

常州电池厂

建材二五三厂

常州纺织仪器厂

常州大地测距仪厂

常州钟梭电子有限公司

常州第二电子仪器厂

金坛市电力半导体厂

江苏兰陵船舶涂料厂（武进）

17—2 全市五十强工业企业

(1993年)

按实现利税排序　　按产品销售收入排序

名次	企业名称	法人代表	名次	企业名称	法人代表
1	常州金狮自行车工贸集团公司	周仲贤	1	常州金狮自行车工贸集团公司	周仲贤
2	江苏武进钢铁集团公司	叶忠大	2	常州柴油机厂	沈铁平
3	林业部常州林业机械厂	尚德鑫	3	铁道部戚墅堰机车车辆工厂	杨维书
4	铁道部戚墅堰机车车辆工厂	杨维书	4	江苏武进钢铁集团公司	叶忠大
5	常州托利多电子衡器有限公司	罗　群	5	武进柴油机厂	潘振华
6	天马集团公司(建材二五三厂)	王年谷	6	常州市第五无线电厂	秦志尚
7	宝钢集团常州钢铁厂	潘仁高	7	林业部常州林业机械厂	尚德鑫
8	中华多宝营养品厂	陈国方	8	常州东方印染厂	赵国良
9	常州国光电子总公司(常州电子计算机厂)	徐国礼	9	常州电视机厂	周焕斌
10	常州市巨力塑料实业总公司	周海忠	10	溧阳市轧钢厂	唐根宝
11	中国航空工业总公司常州兰翔机械总厂	田泰武	11	宝钢集团常州钢铁厂	潘仁高
12	常州化工厂	金焯贤	12	常州拖拉机厂	吴建皓
13	江苏省竹箦水泥厂	黄世战	13	常州无线电总厂	章荣根
14	常州第二色织(集团)股份有限公司	曹建新	14	武进奥普电子(集团)公司	程永福
15	常州柴油机厂	沈铁平	15	武进第二电线厂	王金城
16	常州无线电总厂	章荣根	16	常州东风印染厂	宋　涛
17	常州冶炼厂	金学衡	17	中国航空工业总公司常州兰翔机械总厂	田泰武
18	江苏省溧阳市电缆厂	胡建坤	18	常州客车制造厂	孙元林
19	常州合成纤维厂	董立民	19	常州变压器厂	吴耀文
20	常州变压器厂	吴耀文	20	武进县芙蓉电子实业总公司	任竹君
21	常州丰田服装有限公司	姚石夫	21	常州冶金机械厂	陈人贞
22	常州毛纺织厂	王云龙	22	江苏省晨风丝绸集团公司	尹国新
23	常州压缩机厂(国营江苏工模具厂)	蒋仁麟	23	天马集团公司(建材二五三厂)	王年谷
24	常州市造漆厂	李荣泉	24	常州市力强工贸实业公司	蒋卫春
25	常州市第五无线电厂	秦志尚	25	常州国光电子总公司(常州电子计算机厂)	徐国礼
26	溧阳市南渡水泥厂	李继平	26	仪征化纤常州大明公司	姚卫平
27	常州酿酒总厂	李浩臻	27	武进县华喜毛纺总公司	吴焕欣
28	常州电机电器总厂	韩听本	28	江苏南洋电器集团公司	徐卫南
29	常州电视机厂	周焕斌	29	常州合成纤维厂	董立民
30	远东服装有限公司	李学仁	30	五矿常州合成化工总厂	吴持生
31	常州喷丝板厂	张培杰	31	常州第一棉纺织厂	张锡渭
32	常州冶金机械厂	陈人贞	32	常州吉诺尔电器集团公司	葛跃进
33	江苏省东方石油化工厂	谢才兴	33	常州市巨力塑料实业总公司	周海忠
34	常州市减速机厂(常州市武进县)	李　诚	34	武进轧钢厂	刘荣葆
35	丽宝第集团公司(中国常州)	史树之	35	常州市东方电缆厂	姚建坤
36	溧阳市上沛建材总厂	蒋卫川	36	工贸合营常州丝绸厂	刘岳定
37	五矿常州合成化工总厂	吴持生	37	常州齿轮厂	韩淑芳
38	常州机床总厂	杨平平	38	常州冶炼厂	金学衡
39	溧阳正昌粮油饲料机械总公司	郝　波	39	常州第二色织厂	曹建新
40	溧阳市水泥厂	王继根	40	常州市江南铁合金厂	梅岳康
41	江苏省晨风丝绸集团公司	尹国新	41	常州制药厂	许玉海
42	常州市江南塑料厂	茹伯兴	42	丽宝第集团公司(中国常州)	史树之
43	常州市东方电缆厂	姚建坤	43	常州市勤业塑料厂	陈锦涛
44	常州客车制造厂	孙元林	44	常州锻造总厂	桑沛钦
45	江苏亚邦集团公司	许小初	45	常州电机电器总厂	韩听本
46	常州齿轮厂	韩淑芳	46	常州化工厂	金焯贤
47	溧阳市庆丰化工厂	陈田民	47	常州第二棉纺织厂	李俊伟
48	常州市第三毛纺织厂	杨守德	48	常州灯芯绒总厂	林忠义
49	常州能源设备总厂	姚永方	49	中华多宝营养品厂	陈国方
50	溧阳市电机厂	钱洪金	50	江苏省溧阳市电缆厂	胡建坤

17—3 全市商业批发企业商品销售总额前十名单位

(1993年)

企业名称	销售总额(万元)	名次
常州五金交电化工批发总公司	5 0741	1
常州糖烟酒股份有限公司	48 853	2
常州药业股份有限公司	41 243	3
江苏省常州市武进县农业生产资料总公司	37 329	4
江苏省石油总公司常州分公司	35 245	5
江苏省烟草公司常州分公司	34 338	6
武进县五金交电化工总公司	28 149	7
江苏省常州百货批发总公司	26 428	8
江苏省常州市武进县石油公司	24 178	9
江苏省棉麻公司常州分公司	23 456	10

17—4 全市商业批发企业实现利税前十名单位

(1993年)

企业名称	实现利税(万元)	名次
常州药业股份有限公司	2 692	1
常州糖烟酒股份有限公司	1 217	2
常州五金交电化工批发总公司	1 147	3
江苏省石油总公司常州分公司	1 028	4
江苏省烟草公司常州分公司	873	5
常州市中联贸易公司	579	6
溧阳市物资回收利用公司	559	7
江苏省烟草公司武进县公司	506	8
武进县医药总公司	501	9
溧阳市烟草公司	447	10

17—5 全市对外贸易业企业商品销售总额前十名单位

(1993年)

企业名称	销售总额(万元)	名次
武进县对外贸易集团公司	38 261	1
江苏省常州市纺织品进出口公司	26 862	2
江苏省常州市服装进出口公司	24 847	3
常州高新技术产业开发区远东对外贸易公司	22 814	4
金坛市对外贸易总公司	13 246	5
常州市对外经济技术贸易公司	11 727	6
溧阳市对外贸易总公司	11 325	7
江苏省常州市轻工业品进出口公司	10 223	8
常州丝绸公司	9 173	9
常州农机机械设备进出口公司	7 506	10

17—6 全市对外贸易业企业实现利税前十名单位

(1993年)

企业名称	实现利税(万元)	名次
常州市对外经济技术贸易公司	1 152	1
常州高新技术产业开发区对外经济贸易公司	548	2
常州高新技术产业开发区对外技术贸易公司	276	3
中国电子进出口江苏常州公司	142	4
常州高新技术产业开发区远东对外贸易公司	130	5
江苏省常州市轻工业品进出口公司	128	6
江苏省常州市服装进出口公司	121	7
江苏省常州市纺织品进口公司	91	8
常州经济技术开发区对外经济技术发展公司	69	9
常州市对外贸易公司	52	10

17—7 全市商业零售企业商品销售总额前十名单位

(1993年)

企 业 名 称	销售总额(万元)	名 次
常州百货大楼股份有限公司	38 210	1
常州市百货公司	27 961	2
武进县安家供销社	20 397	3
常州邮电通信发展总公司	15 215	4
江苏省常州市溧阳百货总公司	13 818	5
金坛市供销实业总公司	13 675	6
武进县湖塘供销社	11 682	7
武进县小河供销社	10 871	8
溧阳市商业综合公司	10 501	9
金坛市华洋实业总公司	10 064	10

17—8 全市商业零售企业实现利税前十名单位

(1993年)

企 业 名 称	实现利税(万元)	名 次
常州百货大楼股份有限公司	2 790	1
常州市百货公司	1 505	2
常州金店	572	3
江苏省常州市溧阳百货总公司	570	4
常州商业大厦	431	5
常州华侨友谊股份有限公司	340	6
常州邮电通信发展总公司	270	7
溧阳市商业综合公司	247	8
金坛市供销实业总公司	213	9
常州市副食品公司	207	10

17—9 全市餐饮业企业商品零售额前五名单位

(1993年)

企业名称	零售额(万元)	名次
溧阳市饮食服务公司	1 500	1
常州德泰恒菜馆	1 132	2
金坛市饮食服务总公司	1 045	3
常州荣华楼酒家	303	4
常州市三鲜美食城	282	5

17—10 全市餐饮业企业实现利税前五名单位

(1993年)

企业名称	实现利税(万元)	名次
常州德泰恒菜馆	167	1
溧阳市饮食服务公司	125	2
金坛市饮食服务总公司	46	3
常州百乐酒楼	32	4
常州荣华楼酒家	31	5

17—11 全市“三资”企业实现利税前十名单位

(1993年)

企业名称	实现利税(万元)	名次
常州托利多电子衡器有限公司	2 974	1
远东服装有限公司	1 353	2
常州红丰塑料有限公司	1 309	3
常州创成塑料机械有限公司	824	4
常州华利达服装有限公司	690	5
常州锦宝电机有限公司	650	6
常州泛洋电气设备有限公司	623	7
常州华艺铝型材有限公司	579	8
常州常捷电子有限公司	560	9
兰和塑料化工有限公司	452	10

17—12 全市“三资”企业自营出口总额前十名单位

(1993年)

企业名称	自营出口(万美元)	名次
常州常立电子电器有限公司	2 071	1
常州蓉利电子有限公司	1 789	2
远东服装有限公司	1 650	3
常州华利达服装有限公司	1 332	4
常州华昌国际集装箱有限公司	868	5
常州瑞康制衣有限公司	525	6
常州佳丰服装有限公司	423	7
鸿联新型灯具装饰器材有限公司	346	8
溧阳帝商服装有限公司	327	9
常州华盛毛纺有限公司	320	10

17—13 全市建工系统内建筑企业基本情况之一

(1993年)

企业名称	建筑业总产值(万元)	竣工产值(万元)	全部职工平均人数(人)	其中计算建筑业劳动生产率的平均人数(人)	附营总产值(万元)	工资总额(万元)
一、大型企业						
溧阳市安装工程总公司	13 358	11 355	3 248	3 191		1 559
二、中型企业						
常州第一建筑工程公司	7 737	5 383	3 465	3 272	1 081	1 085
常州第二建筑工程公司	6 851	3 105	2 430	2 260	1 054	702
溧阳市工程建设总公司	20 145	13 258	5 823	5 732	1 523	3 348
金坛市建安公司	5 166	3 207	2 050	2 040		718
武进县建筑安装总公司	13 111	6 450	4 053	4 014	2 785	1 253
武进县建设工程总公司	18 372	11 178	5 671	5 026		1 776
三、小型企业						
常州第四建筑工程公司	2 658	1 514	923	879	451	436
常州工业设备安装公司	2 233	2 026	612	559	544	498
常州机械施工公司	1 224	1 078	360	337	201	188
常州第三建筑工程公司	3 336	3 369	1 466	1 388	971	397
溧阳市建筑工程总公司	16 190	13 137	5 568	5 568	119	2 521
溧阳市建筑装璜总公司	1 312	1 312	155	152	63	10
溧阳市政建设总公司	2 146	1 245	980	938	100	225
溧阳市第四建筑公司	812	379	504	484		43
金坛市第一建筑公司	4 293	1 974	1 491	1 247	753	423
金坛市第三建筑公司	1 232	963	647	647	184	102
金坛市第四建筑公司	5 409	5 531	1 059	1 059	368	757
金坛市通安公司	300	300	109	109		221
金坛市宏达公司	510	420	263	263	220	158
武进县园林建筑公司	672	297	248	248		108
武进工业设备安装公司	600	600	98	98		37

注:本页划分大中小类型以统计制度标准划分,不作企业享受大中小类型待遇的标准。

17—14 全市建工系统内建筑企业基本情况之二

(1993年) 单位:万元

企业名称	资本金合计	年末流动资产	年末固定资产原价	#生产经营用	企业总收入	实现利润	利税总额	增加值
一、大型企业								
溧阳市安装工程总公司	2 836	7 049	3 058	2 881	11 317	284	657	3 416
二、中型企业								
常州第一建筑工程公司	762	6 837	1 885	1 460	11 904	60	390	3 388
常州第二建筑工程公司	880	6 485	1 267	1 127	6 315		106	1 449
溧阳市工程建设总公司	1 620	13 593	1 523	1 233	22 254	511	1 245	6 312
金坛市建安公司	1 400	7 588	1 224	1 169	13 632	111	570	1 277
武进县建筑安装总公司	1 374	11 935	1 860	1 719	14 218	109	774	3 864
武进县建设工程总公司	2 751	15 438	1 800	1 655	13 930	318	761	2 294
三、小型企业								
常州第四建筑工程公司	406	3 459	575	480	3 037	20	20	527
常州工业设备安装公司	397	3 137	527	462	3 611	142	231	657
常州机械施工公司	408	1 018	631	624	1 544	42	68	379
常州第三建筑工程公司	756	9 598	763	705	4 450	3	141	836
溧阳市建筑工程总公司	1 237	10 521	1 407	1 016	16 191	282	692	4 800
溧阳市建筑装璜总公司	172	161	228	143	1 250	10	46	55
溧阳市政建设总公司	454	1 954	515	412	1 345	50	111	452
溧阳市第四建筑公司	188	3 105	177	174	86	−17	−16	59
金坛市第一建筑公司	865	3 369	892	678	2 278	12	74	314
金坛市第三建筑公司	163	1 702	193	92	992	5	31	148
金坛市第四建筑公司	666	3 082	843	598	5 777	199	273	453
金坛市通安公司	158	114	157	143	198	5	6	31
金坛市宏达公司	50	279	33	15	120	10	14	26
武进县园林建筑公司	413	1 309	405	324	1 384	41	87	349
武进工业设备安装公司	118	675	109	45	493		23	86

注:本页划分大中小类型以统计制度标准划分,不作企业享受大中小类型待遇的标准。

17—15 全市大中型

(1993

序号	企业名单	经济类型	隶属关系	企业规模	平均人数（人）	工业总产值（不变价）	工业增加值
	纺工局：						
1	常州第一棉纺织厂	国有	市属	大二	4 136	14 577	4 447
2	常州第五毛纺织厂	国有	市属	中一	1 236	4 563	1 418
3	常州第二棉纺织厂	国有	市属	中一	3 313	12 353	2 156
4	常州第三棉纺织厂	国有	市属	中一	3 251	11 625	1 786
5	仪征化纤常州大明公司	联营	市属	中二	3 395	18 035	4 382
6	常州第一织布厂	国有	市属	中二	1 332	5 049	627
7	常州第二织布厂	国有	市属	中二	857	3 321	152
8	常州第九织布厂	国有	市属	中一	956	4 171	791
9	常州色织厂	国有	市属	中二	1 131	3 052	294
10	常州第二色织厂	股份制	市属	大二	1 250	12 824	4 713
11	常州东方印染厂	国有	市属	大二	1 627	31 397	1 591
12	常州灯芯绒总厂	联营	市属	中二	2 128	11 597	600
13	常州巾被总厂	国有	市属	中一	1 810	5 222	1 889
14	常州纺织机械厂	国有	市属	中二	889	2 549	791
15	国营常州纺织仪器厂	国有	中央	中二	570	2 232	368
16	常州喷丝板厂	国有	市属	中二	182	3 465	2 337
17	常州市毛条厂	集体	市属	中二	745	6 404	692
18	常州市第二毛纺织厂	集体	市属	大二	1 765	5 459	2 279
19	常州市红光棉织厂	集体	市属	大二	674	5 213	1 504
20	常州纺织器材厂	联营	市属	中一	491	1 226	582
21	常州市第三毛纺织厂	集体	市属	中一	1 515	6 676	2 338
22	常州市第二纺织机械厂	集体	市属	中二	823	1 438	781
23	常州针织总厂	联营	市属	大二	2 781	8 077	4
24	常州毛纺织厂	国有	市属	大二	1 716	11 239	2 652
25	常州合成纤维厂	国有	市属	中一	1 081	20 784	3 776
26	常州东风印染厂	国有	市属	大二	2 126	23 414	2 145
	轻工局：						
27	常州电池厂	国有	市属	中二	555	3 138	1 101
28	常州味精厂	国有	市属	中一	688	8 636	1 318
29	工贸合营常州箱包拉链公司	联营	市属	中二	696	3 181	541
30	常州压缩机厂(国营江苏工模具厂)	国有	市属	大二	971	13 248	3 172
31	常州酿酒总厂	国有	市属	大二	939	5 852	1 875
32	常州轻工机械厂	国有	市属	中二	518	1 808	343
33	常州皮革机械总厂	国有	市属	中二	584	2 144	16
34	常州市玻璃总厂	集体	市属	中一	583	251	−168
35	常州荧光灯厂	联营	市属	中一	1 496	3 791	798
36	工贸合营常州市包装装璜厂	集体	市属	中一	494	4 875	934
37	常州托利多电子衡器有限公司	三资	市属	中二	308	11 474	4 335
38	常州市第二轻工机械厂	集体	市属	中二	638	2 020	6 55
	化工局：						
39	常州石油化工厂	国有	市属	大二	1 535	1 216	−915
40	常州化工厂	国有	市属	大二	1 847	11 524	3 046
41	五矿常州合成化工总厂	国有	市属	中一	1 632	18 556	3 535
42	常州橡胶厂	国有	市属	中一	1 042	5 708	735

工业企业基本情况

年）

单位:万元

流动资产全年平均余额	三项资金	产成品	资本金合计	固定资产原价年末数	固定资产净值年末数	产品销售收入	实现利税	产品销售税金及附加	利润总额
6899	2 748	744	3 639	8 208	4 212	15 985	660	408	252
3 092	1 674	275	757	2 251	1 361	5 612	683	412	271
5 982	2 261	781	2 598	5 856	3 354	13 198	563	555	8
7 462	2 727	699	3 987	5 652	3 453	11 410	707	433	274
9 064	3 432	742	3 215	9 560	5 854	18 522	938	482	456
1 049	240	174	629	1 315	931	5 394	−174	71	−245
825	434	118	101	2 112	1 794	3 235	−99	41	−140
2 219	1 193	773	103	2 624	2 199	5 096	197	68	129
1 419	762	301	626	2 242	1 197	2 930	57	56	1
3 730	727	128	4 505	8 696	6 840	14 918	1 845	765	1 080
11 067	5 871	3 134	5 128	8 831	4 879	33 539	702	588	114
8 900	3 095	829	3 669	7 281	4 320	13 131	−996	488	−1484
2 765	1 538	647	1 534	4 154	3 216	6 641	414	244	170
2 191	551	145	1 171	2 178	1 450	3 025	279	191	88
2 345	669	473	1 623	1 867	1 077	3 007	488	259	229
3 408	237	168	1 984	1 914	1 330	3 361	1 339	288	1 051
4 615	1 414	305	1 526	1 597	993	8 110	589	519	70
4 239	2 964	1 511	2 205	3 278	1 607	5 758	860	851	9
1 928	315	149	68	3 238	2 194	6 983	273	201	72
1 228	685	268	1 115	2 010	1 319	1 801	164	123	41
3 810	1 545	967	1 139	3 422	2 542	6 167	1 083	957	126
1 960	621	336	1 179	1 305	829	2 375	278	101	177
5 688	673	231	4 918	9 638	6 583	6 862	−2443	192	−2635
5 171	1 418	814	3 079	4 468	3 547	10 557	1 491	846	645
4 711	1 436	455	7 111	16 199	12 923	16 890	1 552	471	1 081
11 957	6 838	3 774	7 175	14 895	9 588	25 584	372	343	29
3 762	472	183	1 607	2 282	1 156	3 324	283	241	42
2 378	1 926	171	1 206	2 774	1 985	6 830	188	483	−295
1 818	665	258	378	1 402	1 028	2 931	181	180	1
11 000	7 841	2 008	535	11 946	8 781	12 128	1 484	530	954
3 313	394	121	2 822	4 015	2 447	6 533	1 423	1 216	207
998	482	207	762	1 188	687	1 856	107	57	50
2 451	711	377	797	2 615	2 043	2 638	63	34	29
1 288	516	88	369	1 776	1 235	511	−480	51	−531
3 204	2 019	583	1 852	3 174	2 052	3 473	353	322	31
2 103	1 371	26	1 865	2 550	1 827	6 179	342	143	199
4 815	1 917	128	2 690	2 702	2 241	10 189	2 983	515	2 468
1 940	615	284	1 135	1 183	734	2 445	179	86	93
2 555	1 261	669	1 296	8 156	6 186	1 395	−630	54	−684
4 473	1 729	−27	2 814	6 815	3 469	13 218	1 864	1 497	367
7 018	4 201	1 082	1 877	6 756	5 543	16 278	1 260	958	302
4 136	1 871	439	1 117	1 936	1 018	5 784	142	290	−148

17－15 续表 1 (1993

序号	企业名单	经济类型	隶属关系	企业规模	平均人数（人）	工业总产值（不变价）	工业增加值
43	常州染料化工厂	国有	市属	中二	1 269	5 550	1 258
44	常州曙光化工厂	国有	市属	中二	651	4 834	841
45	常州化工机械厂	国有	市属	中二	981	4 361	1 184
46	江苏省化工设备制造按装公司	国有	省属	中二	705	2 052	649
47	常州市造漆厂	集体	市属	中二	603	11 241	3 391
48	常州第二化工厂	联营	市属	中二	993	4 938	－84
49	常州市能源设备总厂	联营	市属	中二	1 208	7 461	3 487
50	工贸合营常州市友谊胶鞋厂	联营	市属	中一	1 335	10 124	3 364
	电子局：						
51	常州国光电子总公司(常州电子计算机厂)	国有	市属	中一	1 134	22 402	6 845
52	常州电子仪器厂	国有	市属	中二	880	2 267	589
53	常州第二电子仪器厂	国有	市属	中二	926	2 707	1 063
54	常州电视机厂	国有	市属	中二	1 049	41 359	1 020
55	常州半导体厂	国有	市属	中二	1 295	1 602	291
56	常州无线电材料厂	联营	市属	大二	742	5 576	309
57	常州无线电专用工具厂	国有	市属	中二	337	1 888	837
58	常州市无线电元件六厂	集体	市属	中二	628	5 063	491
59	常州无线电总厂	联营	市属	大二	2 990	39 148	6 385
60	常州电机电器总厂	联营	市属	大二	1 972	14 160	1 579
61	常州钟陵电子有限公司(无线电元件一厂)	三资	市属	中二	536	4 286	681
62	常州船用电缆厂	联营	市属	中二	395	2 239	659
	机冶局：						
63	常州电力修造厂	国有	中央	中一	1 015	4 186	1 156
64	林业部常州林业机械厂	国有	中央	中一	1 318	24 056	7 398
65	航空航天工业部常州飞机制造厂	国有	中央	中一	1 353	5 006	1 522
66	常州冶金机械厂	国有	省属	大二	4 011	13 805	5 302
67	宝钢集团常州钢铁厂	国有	市属	中二	2 708	15 781	3 247
68	常州冶炼厂	国有	市属	大二	1 496	77 475	3 629
69	常州变压器厂	国有	市属	大二	1 488	19 179	4 470
70	常州牵引电机厂	国有	市属	中二	1 027	5 820	1 913
71	常州工矿电机车厂	国有	市属	中二	1 082	3 543	1 304
72	常州绝缘材料总厂	国有	市属	中一	883	7 169	1 116
73	常州机床总厂	国有	市属	中一	1 946	8 694	4 023
74	常州矿山机械厂	国有	市属	中二	800	7 086	1 915
75	常州铸造总厂	国有	市属	中一	1 355	4 709	1 158
76	常州锻造总厂	国有	市属	中一	1 061	6 668	1 877
77	常州市电焊条厂	集体	市属	中二	465	2 139	704
78	常州市电线电缆厂(常州市有色金属压延厂)	集体	市属	中二	633	8 139	703
79	常州热工仪表总厂	国有	市属	中二	669	2 338	1 095
80	常州照相机总厂	联营	市属	中二	724	1 482	24
81	常州客车制造厂	国有	市属	中二	1 723	15 020	4 354
82	常州柴油机厂	国有	市属	大一	4 102	65 028	4 321
83	常州拖拉机厂	国有	市属	大二	2 370	24 972	2 619
84	常州齿轮厂	国有	市属	中一	1 463	12 405	4 657
85	常州日升有色铸造有限公司	三资	市属	中二	538	5 272	352

年）

单位：万元

流动资产全年平均余额	三项资金	产成品	资本金合计	固定资产原价年末数	固定资产净值年末数	产品销售收入	实现利税	产品销售税金及附加	利润总额
4 510	3 111	919	2 399	3 045	1 969	6 544	738	725	13
1 281	394	72	756	1 457	981	4 319	412	396	16
3 540	1 507	1 133	1 163	2 601	1 617	5 015	332	219	113
1 696	806	0	641	767	476	2 375	120	102	18
2 633	704	636	1 970	2 007	1 252	11 090	1 469	1 447	22
2 654	687	118	1 228	1 583	732	5 228	−75	430	−505
3 259	879	1 020	3 019	3 097	2 244	8 629	1 067	364	703
3 551	1 282	1 282	2 633	3 439	2 714	12 030	843	387	456
10 471	4 716	1 017	3 975	4 331	2 799	19 041	2 186	657	1 529
3 017	1 108	501	775	1 153	510	2 347	1	133	−132
2 467	897	462	540	1 553	895	2 907	169	44	125
12 841	5 988	1 938	1 222	2 624	1 990	32 491	1 356	1 285	71
2 035	629	52	1 398	4 356	2 993	2 196	37	35	2
6 429	3 481	865	4 619	4 563	3 880	6 758	424	250	174
816	615	109	365	1 124	758	1 550	212	58	154
2 102	1 202	198	2 860	2 430	1 707	2 905	550	136	414
12 902	7 987	701	5 591	7 015	4 699	30 446	1 739	1 415	324
9 083	3 844	1 670	3 266	7 094	5 078	13 334	1 358	412	946
2 638	1 026	122	1 266	1 242	734	3 122	462	139	323
1 752	995	704	819	941	660	2 577	244	164	80
4 710	1 509	79	3 154	4 260	2 694	5 341	312	192	120
17 485	7 209	5 642	4 026	8 309	6 579	35 690	4 701	1 153	3 548
4 639	1 681	714	3 787	3 610	2 560	6 771	386	283	103
13 580	7 983	556	8 620	11 970	6 592	22 919	1 313	1 035	278
18 929	9 881	3 860	8 254	14 746	10 721	31 908	2 311	255	2 056
6 111	119	48	7 039	2 949	2 000	14 989	1 670	456	1 214
13 129	6 577	3 855	5 175	6 256	4 160	23 215	1 517	243	1 274
3 189	993	819	1 296	1 777	868	5 411	504	257	247
6 007	2 939	936	1 075	2 542	1 626	4 516	227	113	114
4 691	1 828	648	2 284	4 817	2 914	7 385	766	636	130
8 370	2 318	1 073	1 908	7 187	5 108	11 083	1 243	290	953
1 618	−167	587	1 377	2 310	1 696	8 307	513	184	329
2 345	1 038	87	1 910	2 958	1 846	10 854	416	164	252
3 250	2 403	325	1 650	3 358	1 410	13 357	316	146	170
1 177	1 207	604	760	1 833	1 516	3 866	149	149	0
3 135	748	252	967	1 014	495	3 643	−20	233	−253
1 513	789	473	214	1 539	1 045	1 837	140	136	4
3 323	2 345	1 353	1 333	1 837	1 013	1 914	−278	114	−392
8 939	7 484	1 781	3 301	4 194	2 142	23 452	1 144	570	574
19 685	10 525	454	12 393	16 939	12 552	78 949	1 838	392	1 446
10 109	4 612	−448	4 441	7 545	5 632	31 578	−792	−2	−790
5 438	2 884	1 429	3 308	4 217	2 537	15 293	1 101	229	872
1 705	593	150	2 906	2 286	1 658	2 475	70	104	−34

17—15 续表 2 （1993

序号	企　业　名　单	经济类型	隶属关系	企业规模	平均人数（人）	工业总产值（不变价）	工　业增加值
86	常州江南机具厂	国　有	市属	中二	729	7 229	1 184
	医 药 局：						
87	常州制药厂	国　有	市属	大二	1 377	20 058	2 329
88	常州第三制药厂	国　有	市属	中二	798	4 037	386
89	常州市第二制药厂	集　体	市属	中一	820	5 001	492
90	常州市第四制药厂	集　体	市属	中二	570	3 606	704
	建 材 局：						
91	常州水泥厂	国　有	市属	中二	650	2 042	1 351
92	天马集团公司（建材二五三厂）	国　有	市属	大一	2 458	18 794	4 462
93	丽宝第集团公司（中国常州）	国　有	市属	大二	1 368	16 598	2 594
94	常州锅炉厂（常州建材机械厂）	国　有	市属	中一	722	5 250	1 218
	服 装 公 司：						
95	常州绣品手帕总厂	集　体	市属	中二	700	2 499	205
96	常州市服装一厂	集　体	市属	中二	1 015	5 846	1 231
	丝 绸 公 司：						
97	常州丝绸印染厂	国　有	市属	中一	920	2 903	276
98	常州锦华绸厂	国　有	市属	中一	1 317	9 545	1 656
	金 狮 集 团：						
99	常州金狮自行车工贸集团公司	联　营	市属	大一	8 888	78 025	18 989
	塑 料 公 司：						
100	兰和塑料化工有限公司	三　资	市属	中二	346	3 132	766
101	工贸合营常州光明塑料厂	集　体	市属	中一	507	8 491	993
102	常州市巨力塑料实业总公司	三　资	市属	中一	315	14 209	4 880
103	常州市增强塑料厂	集　体	市属	中一	301	2 235	363
104	工贸合营常州塑料编织总厂	联　营	市属	大二	1 204	6 216	1 151
105	常州市勤业塑料厂	集　体	市属	大二	825	11 419	2 277
106	常州塑料机械厂	国　有	市属	中二	610	4 539	716
107	工贸合营常州市塑料厂	集　体	市属	中一	238	1 682	307
108	常州中化勤丰塑料有限公司	三　资	市属	中一	494	4 499	352
	商 业 局：						
109	常州前进冷饮糖果厂	国　有	市属	中二	485	1 250	115
110	常州肉类联合加工厂	国　有	市属	中一	987	1 888	595
	粮 食 局：						
111	常州油厂	国　有	市属	中二	617	4 705	513
112	常州钟山线缆有限公司	三　资	市属	中二	386	6 835	852
	建 委：						
113	常州市煤气公司	国　有	市属	中一	721	2 566	—523
114	常州市自来水公司	国　有	市属	中一	780	2 033	475
	建 工 局：						
115	常州建筑构件总厂	国　有	市属	中二	1 057	4 042	957
	直 属 单 位：						
116	常州市供电局	国　有	中央	大二	1 340	11 558	12 504
117	铁道部戚墅堰机车车辆工厂	国　有	中央	大一	11 149	37 082	14 675
118	戚墅堰发电厂	国　有	中央	大二	1 748	13 783	—6023
119	中国航空工业总公司常州兰翔机械总厂	国　有	中央	大二	4 620	27 904	6 946
120	江苏省苏南煤矿机械厂	国　有	省属	中二	716	2 282	145

年）

单位：万元

流动资产全年平均余额	三项资金	产成品	资本金合计	固定资产原价年末数	固定资产净值年末数	产品销售收入	实现利税	产品销售税金及附加	利润总额
3 523	1 557	394	711	1 403	834	10 823	88	0	88
5 879	4 858	1 388	2 710	3 222	2 036	13 537	619	617	2
2 478	815	626	925	1 302	776	3 688	－117	117	－234
2 923	1 994	257	1 853	2 390	1 703	3 689	－13	86	－99
2 258	1 741	390	1 231	1 335	754	4 037	311	179	132
906	464	6	1 243	3 399	2 730	4 884	399	143	256
3 834	1 005	677	7 262	8 748	6 223	20 286	2 544	1 996	548
5 320	3 158	271	5 105	6 161	4 711	13 477	1 290	625	665
5 186	919	447	1 754	1 826	960	7 837	508	266	242
1 274	888	362	761	1 362	821	2 770	－101	144	－245
1 709	946	117	1 752	1 610	1 137	6 891	603	139	464
3 243	1 098	165	1 574	3 047	2 115	3 447	－2076	108	－2184
3 225	1 030	24	1 617	5 222	4 760	9 827	323	126	197
35 162	16 492	3 680	13 446	15 064	9 644	108 465	7 444	7 293	151
1 297	651	137	1 100	1 849	1 188	3 269	452	144	308
4 641	1 522	63	2 151	2 233	1 069	8 108	600	300	300
8 122	3 622	874	3 156	3 890	2 845	15 929	2 013	733	1 280
1 162	365	308	720	2 637	2 292	2 358	65	61	4
4 773	2 101	482	3 491	4 322	1 777	5 919	104	406	－302
4 127	2 484	1 515	3 357	4 812	2 969	13 376	380	354	26
2 255	636	311	1 632	1 704	1 259	4 265	9	123	－114
1 694	968	114	2 114	1 546	851	2 322	129	50	79
3 208	1 565	602	1 818	2 130	1 732	3 963	106	183	－77
958	330	111	571	1 231	862	1 341	－195	61	－256
459	202	103	947	1 344	909	2 147	－168	1	－169
1 818	1 264	169	1 138	1 624	1 127	7 293	40	39	1
3 674	2 552	729	1 095	1 575	1 365	4 025	188	178	10
5 975	265	27	4 764	6 219	4 698	3 775	－604	13	－617
1 489	413	4	11 593	13 035	11 730	2 642	84	77	7
4 726	2 683	842	1 180	1 744	1 331	6 299	479	136	343
25 959	678	0	26 028	64 943	42 484	0	0	0	0
22 126	5 030	308	30 722	36 602	24 291	63 137	4 611	1 582	3 029
18 690	282	0	4 645	68 810	63 098	0	0	0	0
13 909	6 857	2 281	5 743	8 020	6 563	24 763	2 002	654	1 348
2 878	970	243	786	1 493	980	3 520	－288	20	－308

17—15 续表 3 (1993

序号	企 业 名 单	经济类型	隶属关系	企业规模	平均人数（人）	工业总产值（不变价）	工 业增加值
	戚 墅 堰 区：						
121	工贸合营常州丝绸厂	三 资	乡办	中二	1 500	15 379	1 150
	郊 区：						
122	常州市塑料三厂	集 体	县属	中一	750	5 217	317
123	常州市红星棉织厂	集 体	县属	中二	1 216	5 109	944
124	常州市雕庄棉织厂	集 体	乡办	中二	1 379	7 614	2 711
125	常州市染纱厂	集 体	乡办	中二	646	10 030	1647
126	常州市茶山帆布厂	集 体	乡办	中一	2 140	10 023	1 501
127	常州市华发塑料化纤厂	集 体	乡办	中二	580	10 074	1 429
128	常州市龙城胶鞋厂	集 体	乡办	中二	1 225	3 015	773
129	常州市永红塑料编织厂	集 体	乡办	中一	1 220	4 914	—551
130	常州长江塑料机械厂	集 体	乡办	中二	635	5 234	1 125
131	常州市第五织布厂	集 体	乡办	中二	1 593	11 005	3 286
132	常州市振华绸厂	集 体	乡办	中二	651	4 299	841
	武 进 县：						
133	武进齿轮厂	国 有	县属	中二	517	5 010	728
134	武进柴油机厂	国 有	县属	大二	2 611	33 398	3 276
135	国营武进电机厂	国 有	县属	中二	812	10 345	1 120
136	常州柴油机厂漕桥分厂	集 体	乡办	中二	360	3 898	556
137	常州华昌国际集装箱有限公司	三 资	乡办	中二	610	15 298	2 438
138	常州金狮自行车(集团)股份有限公司轴皮厂	集 体	乡办	中二	666	10 176	710
139	常州华能精密铸造厂	集 体	乡办	中二	430	1 832	657
140	常州恒通塑料机械有限公司	三 资	乡办	中二	616	4 584	765
141	江苏武进麻塑包装联营公司	集 体	乡办	中二	856	6 719	493
142	武进自行车配件厂	集 体	乡办	中二	596	5 302	1 020
143	武进县第一棉纺织厂	集 体	县属	中二	2 270	10 828	2 665
144	武进县华洋纺织厂(向阳)	集 体	县属	中二	783	2 644	464
145	国营武进第一染织厂	国 有	县属	中一	1 769	8 029	815
146	武进县第三染织厂	集 体	县属	中二	905	7 949	600
147	武进县纺织机械厂	集 体	县属	中二	524	5 164	1 253
148	常州市第六纺织机械厂	集 体	乡办	中二	374	2 324	301
149	常州市第二毛巾厂	集 体	乡办	中二	1 088	3 080	509
150	工贸合营常州苎麻纺织厂	集 体	乡办	中二	541	4 083	988
151	武进县新光棉织厂	集 体	乡办	中二	1 382	9 649	3 043
152	江苏常州武进丝织厂	集 体	乡办	中二	1 658	18 170	1 646
153	武进县侨联毛纺厂	集 体	乡办	中二	1 033	3 659	647
154	武进县华喜毛纺总公司	集 体	乡办	中二	2 351	21 940	7 643
155	常州市森洋工贸实业总公司	集 体	乡办	中二	758	9 456	2 413
156	常州市钢扣厂	集 体	乡办	中二	380	1 542	655
157	武进合成纤维厂	集 体	乡办	中二	950	13 009	1 053
158	常州市帘子线厂	集 体	乡办	中二	849	12 189	2 278
159	常州市第二合成纤维厂	集 体	乡办	中二	920	14 068	1 507
160	武进电讯配件厂	集 体	县属	中二	690	5 978	1 475
161	武进县第二无线电厂	集 体	乡办	中二	316	5 050	388
162	常州远宇电子有限公司	三 资	乡办	中二	1 375	15 005	1 174

年）

单位：万元

流动资产全年平均余额	三项资金	产成品	资本金合计	固定资产原价年末数	固定资产净值年末数	产品销售收入	实现利税	产品销售税金及附加	利润总额
3 716	766	746	7 000	2 262	1 669	15 313	70	47	23
2 071	1 101	553	940	1 766	918	3 222	187	25	162
1 013	452	186	935	1 103	624	4 704	221	62	159
1 470	210	−8	508	2 100	1 623	6 972	121	94	27
1 993	138	64	945	1 382	1 008	8 557	856	193	663
743	343	0	516	2 393	1 504	8 645	143	169	−26
1 468	501	209	1 992	4 328	3 650	6 340	188	147	41
4 538	3 671	1 685	1 206	2 713	1 942	2 629	−1199	74	−1273
1 638	428	120	658	2 609	1 622	3 921	−72	78	−150
2 149	1 303	1 298	755	1 677	1 102	4 024	506	134	372
2 106	1 083	171	431	1 515	875	6 481	164	104	60
1 446	520	286	639	1 137	727	3 997	771	585	186
2 118	773	321	643	2 048	1 559	5 120	176	39	137
14 746	9 655	244	6 120	7 508	5 844	45 769	1 032	627	405
2 779	1 383	103	1 141	1 223	899	11 631	489	179	310
1 153	1 198	7	789	739	556	3 507	182	61	121
6 588	2 470	968	979	3 841	2 971	7 730	−59	39	−98
2 457	1 492	1 097	1 052	1 311	1 086	9 000	330	171	159
2 000	1 318	516	1 094	2 506	2 075	1 888	207	91	116
1 156	440	414	1 957	1 001	449	4 078	273	145	128
1 193	368	135	519	1 129	389	2 665	122	122	0
2 505	2 370	86	3 006	1 230	655	6 341	279	261	18
3 248	1 571	529	3 236	3 535	2 296	11 283	234	167	67
775	357	42	493	1 205	1 002	2 261	54	51	3
2 814	1 597	109	1 356	1 933	1 347	4 778	−41	126	−167
746	292	118	1 230	1 459	1 017	2 238	39	32	7
2 865	757	142	1 097	1 369	959	4 852	394	36	358
1 618	553	397	420	1 506	897	1 919	41	39	2
1 580	675	454	842	1 321	703	1 886	−107	122	−229
1 238	25	24	960	1 514	796	1 390	12	53	−41
1 210	384	197	806	3 180	2 421	6 974	102	101	1
6 316	590	570	805	5 730	4 176	7 797	214	179	35
2 218	1 442	442	1 715	1 588	869	2 577	147	203	−56
5 479	1 469	558	1 570	4 713	3 299	17 521	823	761	62
1 204	377	254	1 324	2 087	1 772	6 193	390	387	3
1 172	526	13	923	1 472	1 317	2 426	260	121	139
1 924	686	570	2 107	6 692	5 316	7 226	254	225	29
1 182	294	277	1 238	4 707	4 186	5 858	193	193	0
3 087	1 032	460	1 441	9 854	8 566	7 466	435	332	103
2 809	2 757	268	1 412	1 749	1 108	7 973	319	215	104
1 356	1 017	114	1 002	2 119	1 614	4 246	99	188	−89
2 708	1 386	422	1 299	2 041	1 771	4 686	544	168	376

17—15 续表 4

(1993

序号	企业名单	经济类型	隶属关系	企业规模	平均人数（人）	工业总产值（不变价）	工业增加值
163	常州华美电子有限公司(南华)	三资	乡办	中二	420	5 018	1 501
164	武进县邮电电缆厂	集体	乡办	中一	350	8 248	1 356
165	武进海通光电集团公司	集体	乡办	中二	760	5 008	626
166	武进县芙蓉电子实业总公司	三资	乡办	中二	1 686	27 662	1 771
167	常州市第六无线电厂	集体	乡办	中二	1 198	35 606	1 752
168	国营武进制药厂	国有	县属	中二	428	5 189	1 245
169	武进农药厂	集体	县属	中二	757	7 309	919
170	江苏新亚化工集团公司	集体	县属	大二	1 915	13 881	4 496
171	常州市合成材料厂	集体	乡办	中二	891	16 871	1 818
172	武进县容器厂	集体	乡办	中二	350	3 699	316
173	武进正环镀锌集团公司	集体	乡办	中二	220	6 760	4 973
174	武进铁合金厂	国有	县属	中二	1 575	12 821	1 703
175	武进县水泥制品厂	集体	县属	中二	512	1 805	571
176	江苏武进钢铁集团公司	集体	县属	中一	3 026	47 325	11 519
177	武进县轧辊厂	集体	乡办	中二	520	6 247	702
178	武进华乐毛纺集团公司	集体	乡办	中二	556	14 632	5 388
179	武进县水泥厂	国有	县属	中二	1 192	3 202	1 068
	金坛市：						
180	金坛市纺织厂	集体	县属	中二	1 839	10 088	1 946
181	金坛市纺织机械厂	集体	县属	中二	1 062	6 770	1 662
182	金坛柴油机总厂	国有	县属	中二	1 234	2 289	365
183	金坛钢铁厂	国有	县属	中二	698	2 549	825
184	金坛市制药厂	集体	县属	中二	592	4 521	775
185	金坛水泥厂	国有	县属	中二	608	3 001	1 079
186	工贸合营金坛丝绸针织总厂	集体	县属	中二	1 590	8 800	1 086
187	金坛市磁性材料厂	集体	乡办	中二	466	10 213	445
188	常州市兴隆电机公司	集体	乡办	中二	398	3 681	971
189	江苏省晨风丝绸集团公司	集体	乡办	中二	1 250	22 420	4 792
190	金坛市薛埠水泥厂	集体	乡办	中二	1 278	4 812	1 753
191	江苏省竹箦水泥厂	国有	省属	中二	285	3 558	1 983
	溧阳市：						
192	江苏省溧阳市电缆厂	集体	县属	中一	582	13 680	2 123
193	溧阳市齿轮厂	国有	县属	中二	689	5 511	959
194	溧阳市汽车配件厂	国有	县属	中二	561	3 507	1 604
195	溧阳市电机厂	股份制	县属	中一	559	6 205	1 954
196	溧阳市轧钢厂	集体	县属	中二	722	11 462	6 839
197	溧阳市化工厂	国有	县属	中一	962	7 399	1 007
198	溧阳市针织厂	国有	县属	中二	495	3 200	37
199	溧阳市丝织厂	国有	县属	中一	1 151	11 629	1 451
200	溧阳市缫丝厂	国有	县属	中二	1 096	5 677	1 193
201	溧阳市水泥厂	国有	县属	中二	863	3 600	2 819
202	溧阳市稀土总厂	集体	乡办	中二	348	20 228	881
203	溧阳市湖东水泥厂	集体	乡办	中二	600	2 517	487
204	溧阳市上沛建材总厂	三资	乡办	中二	1 120	3 726	1 891
205	溧阳市南渡水泥厂	集体	乡办	中二	725	2 595	425
206	溧阳市庆丰化工厂	集体	乡办	中二	340	6 467	177
207	常州市力强工贸实业公司	集体	乡办	中一	2 225	24 930	4 720

年）

单位：万元

流动资产全年平均余额	三项资金	产成品	资本金合计	固定资产原价年末数	固定资产净值年末数	产品销售收入	实现利税	产品销售税金及附加	利润总额
2 961	1 337	1 083	730	1 304	1 142	2 354	45	37	8
3 188	907	206	1 432	6 087	5 783	8 224	615	587	28
2 392	1 808	269	401	634	443	2 658	−85	96	−181
5 229	3 071	1 302	1 862	3 539	3 134	23 183	433	84	349
5 500	3 409	210	3 405	1 743	1 528	27 645	915	424	491
2 392	2 194	294	1 669	1 716	1 183	5 298	471	426	45
3 131	1 301	124	2 069	3 040	2 213	6 487	64	9	55
5 281	748	98	3 752	8 856	5 257	11 512	650	433	217
3 247	2 003	785	1 093	3 362	2 530	9 036	1 117	909	208
1 884	685	491	677	1 218	753	2 247	107	117	−10
1 268	597	539	222	1 041	850	6 359	161	43	118
2 629	1 865	14	2 451	4 773	3 609	8 697	233	141	92
871	691	388	659	1 272	885	2 735	93	67	26
17 947	4 922	370	5 587	12 503	8 848	52 788	5 846	3 144	2 702
2 600	1 419	42	1 369	1 763	1 438	5 045	170	132	38
1 365	330	123	994	1 826	1 579	6 554	646	631	15
1 396	288	106	1 073	1 646	1 151	4 699	301	210	91
5 057	4 058	208	1 617	2 942	2 116	11 269	309	244	65
3 812	2 913	433	1 084	1 029	768	7 036	187	186	1
3 374	1 512	80	689	1 517	1 175	2 872	−455	97	−552
1 037	469	31	627	2 019	1 638	4 004	340	219	121
2 281	1 530	235	1 197	1 269	952	2 998	104	103	1
858	21	21	716	1 341	1 014	4 290	607	255	352
1 829	462	225	1 202	2 172	1 833	6 330	1 018	615	403
1 063	1 040	267	180	1 007	686	1 666	125	72	53
1 344	565	386	888	1 277	717	2 495	191	131	60
4 856	3 392	1 902	2 377	1 788	1 474	22 698	1 210	520	690
752	172	33	537	1 593	960	4114	446	29	417
3 132	574	13	1 762	3 333	2 664	6 749	1 848	3	1 845
5 345	5 145	4 381	1 833	4 978	4 401	12 565	1 614	1 313	301
2 675	1 893	200	860	1 680	1 271	6 333	514	149	365
1 634	1 238	499	104	2 078	1 790	2 943	504	67	437
2 917	1 393	291	1 612	1 386	797	9 007	1 057	257	800
7 408	916	717	1 212	2 419	2 066	32 092	842	811	31
4 384	1 735	301	2 953	3 614	2 804	5 371	−408	196	−604
1 101	526	121	912	1 232	971	692	−66	14	−80
3 274	837	259	799	3 616	3 093	8 963	586	382	204
1 092	226	26	624	1 191	803	4 659	439	226	213
1 859	32	32	1 414	1 875	1 304	5 989	1 216	477	739
4 261	3 151	825	1 010	1 996	1 435	3 891	381	228	153
517	102	99	1 540	2 597	1 891	3 582	836	225	611
1 060	408	158	766	1 899	1 040	6 503	1 287	325	962
1 282	419	29	2 875	2 051	1 485	5 087	1 426	294	1 132
722	1 747	340	1 690	2 193	1 912	3 320	1 087	318	769
2 100	800	800	6 000	4 100	3 580	19 500	1 010	152	858

17—16 全市大中型国内商业

(1993

企业名称	隶属关系	经济类型	商品销售总额	流动资产年末合计
市区(33个单位)				
天宁区				
常州市江南水产公司	县	集体经济	3 538	553
钟楼区				
常州市钟楼区国茂纺织品公司	街道	集体经济	3 482	341
戚墅堰区				
常州市戚墅堰区五金交电化工公司	县	国有经济	2 351	440
郊区				
常州市干菜副食品公司	县	国有经济	2 182	471
常州市郊区商业物资公司	县	集体经济	3 381	38
常州市永红供销合作社	县	集体经济	2 795	314
开发区				
常州永新纺织原材料物资公司	县	国有经济	2 683	517
常州市经济技术开发区农业机械公司	县	国有经济	4 569	888
商业局				
常州兰陵商业集团公司	省辖市	国有经济	15 375	5 130
江苏省纺织品公司常州采购供应批发站	省辖市	国有经济	4 631	3 041
常州市水产公司	省辖市	国有经济	4 364	1 425
常州糖烟酒股份有限公司	省辖市	股份制	48 853	8 047
常州星联工贸实业总公司	省辖市	国有经济	7 982	931
江苏省常州百货批发总公司	省辖市	国有经济	26 428	12 590
常州五金交电化工批发总公司	省辖市	国有经济	50 741	13 841
纺工局				
常州东方水月纺织印染公司	省辖市	联营经济	1 511	142
电子局				
常州市电子实业公司	省辖市	国有经济	3 888	641
机冶局				
常州农机销售服务公司	省辖市	国有经济	13 589	2 134
医药局				
常州市医药工业联合经营公司	省辖市	国有经济	1 992	1 285
常州药业股份有限公司	省	股份制	41 243	19 928
人防办				
常州江南商业总公司	省辖市	国有经济	2 921	371
烟草专卖局				
江苏省烟草公司常州分公司	中央	国有经济	34 338	6 496
供销社				
常州市农副产品贸易中心	省辖市	集体经济	6 940	1 003
江苏省棉麻公司常州分公司	省	集体经济	23 456	9 097
常州市中联贸易公司	省辖市	联营经济	11 865	2 819
常州市生活用品总公司	省辖市	集体经济	6 960	2 341
常州市农业生产资料总公司	省辖市	集体经济	8 288	2 491
常州杂品公司	省辖市	集体经济	11 311	2 608
常州市物资回收利用总公司	省辖市	集体经济	5 715	1 556
常州市土畜产品总公司	省辖市	集体经济	3 733	969

批发企业基本情况

年）

单位:万元

固定资产原价	利润总额	商品销售税金及附加	实现利税总额	职工人数（人）	人均商品销售额	人均实现利税
19	16		16	30	117.94	0.54
145	40	29	69	12	290.15	5.72
268	64	30	94	10	235.08	9.41
15	−21	19	−2	36	60.61	−0.05
3	−58	5	−53	44	76.84	−1.19
48	−10	15	5	64	43.67	0.08
	36	21	57	4	670.63	14.32
1	100	19	119	10	456.89	11.89
1 484	−381	172	−209	728	21.12	−0.29
617	−61	8	−53	233	19.88	−0.23
808	11	10	21	335	13.03	0.06
2 452	702	515	1 217	645	75.74	1.89
232	7	60	67	79	101.04	0.85
893	10	355	365	864	30.59	0.42
2 255	513	634	1 147	738	68.75	1.55
39	6	5	11	14	107.94	0.78
141	44	27	71	29	134.07	2.45
564	11	1	12	78	174.22	0.15
359	−160	22	−138	86	23.16	−1.60
3 202	2 041	651	2 692	802	51.43	3.36
278	145	85	230	174	16.79	1.32
535	699	174	873	56	613.18	15.59
496	63	26	89	184	37.72	0.48
1 361	133	3	136	125	187.65	1.09
1 843	251	328	579	562	21.11	1.03
411	−33	147	114	234	29.74	0.49
403	−20	22	2	121	68.50	0.02
639	−34	172	138	386	29.30	0.36
531	−138	67	−71	332	17.21	−0.21
221	−164	32	−132	122	30.60	−1.08

17—16 续表 1 (1993

企业名称	隶属关系	经济类型	商品销售总额	流动资产年末合计
常州市果品公司	省辖市	集体经济	8 574	2 155
计委				
江苏省石油总公司常州分公司	省	国有经济	35 245	8 294
经委				
常州经济贸易发展总公司	省辖市	国有经济	6 943	571
溧阳市(20 个单位)				
溧阳市糖业烟酒公司	县	国有经济	10 341	1 490
溧阳市商业贸业集团公司商业经营公司	县	国有经济	6 322	545
溧阳市商业贸业中心	县	国有经济	6 603	1 342
溧阳市五金机电公司	县	国有经济	6 558	1 214
溧阳市物资经营公司	县	国有经济	5 437	1 417
溧阳蔬菜副食品公司	县	国有经济	1 810	497
溧阳市食品总公司	县	国有经济	5 159	1 720
溧阳市水产公司	县	国有经济	2 468	358
溧阳市粮油贸易公司	县	国有经济	2 395	1 538
溧阳市棉麻土产总公司	县	集体经济	13 814	1 423
溧阳市农业生产资料总公司	县	集体经济	14 634	861
溧阳市果品公司	县	集体经济	3 427	569
溧阳市供销社工业品总公司	县	集体经济	6 133	1 286
溧阳市物资回收利用公司	县	集体经济	6 992	977
溧阳市供销社乡镇企业服务公司	县	集体经济	15 591	2 464
溧阳市溧城供销社	县	集体经济	5 165	739
溧阳市清安供销社	县	集体经济	8 430	633
江苏省烟草公司溧阳市烟草公司	中央	国有经济	21 491	1 198
溧阳市石油公司	县	国有经济	22 507	4 583
溧阳市农业机械公司	县	国有经济	4 232	533
金坛市(24 个单位)				
金坛市恒大贸易总公司	县	集体经济	6 167	1 386
金坛市土产公司	县	集体经济	5 920	1 610
江苏省医药公司金坛市公司	县	国有经济	4 842	1 491
金坛市商贸总公司	县	集体经济	7 500	757
金坛市恒顺商业总公司	县	集体经济	3 500	6 55
金坛市驰远商业总公司	县	集体经济	4 534	331
金坛市百货总公司	县	国有经济	3 782	1 618
金坛市五化交总公司	县	国有经济	4 407	974
金坛市交电总公司	县	国有经济	5 526	1 142
金坛市糖业烟酒总公司	县	国有经济	3 563	953
金坛市食品总公司	县	国有经济	2 607	1 294
江苏省烟草公司金坛市公司	中央	国有经济	20 689	1 629
金坛市永昌商业总公司	县	集体经济	4 195	209
金坛市远东经贸实业公司	县	集体经济	3 539	673
金坛市儒林供销合作社	县	集体经济	3 892	1 118
金坛市日用品调剂市场	县	集体经济	2 391	1 145

年)　　　　　　　　单位:万　元

固定资产原价	利润总额	商品销售税金及附加	实现利税总额	职工人数(人)	人均商品销售额	人均实现利税
803	95	43	138	316	27.13	0.44
1 404	575	453	1 028	335	105.21	3.07
237	92	48	140	87	79.80	1.61
225	55	55	110	207	49.95	0.53
92	23	4	27	28	225.79	0.97
329	54	72	126	126	52.40	1.00
184	76	48	124	91	72.07	1.36
56	35	23	58	89	61.09	0.65
136		7	7	89	20.33	0.08
454	−46	31	−15	476	10.84	−0.03
31	3	7	10	46	53.65	0.21
95	50	19	69	12	199.57	5.76
172	−29	14	−15	140	98.67	−0.10
306	28	16	44	90	162.60	0.49
100	98	5	103	39	87.88	2.63
153	24	42	66	119	51.54	0.56
133	548	11	559	55	127.13	10.16
163	14	41	55	15	1 039.39	3.67
164		21	21	32	161.39	0.64
427	10	12	22	71	118.73	0.32
123	364	83	447	27	795.95	16.57
1 788	261	175	436	168	133.97	2.60
249	63	2	65	64	66.12	1.02
29	5	15	20	46	134.07	0.43
249	17	19	36	70	84.57	0.51
357	125	95	220	222	21.81	0.99
233		35	35	108	69.44	0.32
47		9	9	43	81.40	0.20
358	−13	8	−5	76	59.66	−0.06
247	35	57	92	147	25.73	0.62
382	−54	27	−27	206	21.39	−0.13
164	38	49	87	258	21.42	0.34
157	−629	30	−599	208	17.13	−2.88
276	−243	33	−211	307	8.49	−0.69
196	325	86	411	28	738.89	14.66
29		9	9	21	199.76	0.44
126	−217	10	−207	53	66.78	−3.91
285		17	17	190	20.49	0.09
15	−64	27	−37	61	39.19	−0.60

17—16 续表 2 （1993

企业名称	隶属关系	经济类型	商品销售总额	流动资产年末合计
金坛市石油支公司	县	国有经济	10 891	1 532
金坛市丝绸集团总公司	县	国有经济	3 613	1 572
金坛市棉麻茶总公司	县	集体经济	3 483	1 374
华润实业公司	县	集体经济	20 317	3 870
金坛市工业生产资料总公司	县	集体经济	7 454	1 095
金坛市农业生产资料总公司	县	集体经济	3 218	1 479
金坛市供销贸易总公司	县	集体经济	2 712	599
金坛市宏大供销实业公司	县	集体经济	2 516	1 539
武进县(30个单位)				
武进县新华书店	省	国有经济	2 489	773
江苏省武进县纺织品公司	县	国有经济	2 286	1 236
江苏省常州市武进县农业生产资料总公司	县	集体经济	37 329	5 459
武进县物资回收公司	县	集体经济	11 084	402
武进县日用杂品总公司	县	集体经济	14 361	1 504
武进县医药总公司	县	国有经济	12 954	3 625
武进县供销合作总社副食品公司	县	集体经济	4 031	1 512
武进县商业总公司	县	集体经济	2 779	580
江苏省常州市武进县供销社批发总公司	县	集体经济	3 153	2 241
武进县食品总公司	县	国有经济	11 430	1 471
江苏省常州市武进县石油支公司	县	国有经济	24 178	1 948
江苏省武进县农业机械公司	县	国有经济	5 537	1 405
武进县商业物资总公司	县	国有经济	12 712	1 125
武进县供销合作总社建筑装璜公司	县	集体经济	3 628	719
武进县供销社家电公司	县	集体经济	15 050	2 232
武进县蔬菜果品公司	县	国有经济	2 033	630
武进县五金交电化工总公司	县	国有经济	28 149	6 285
武进县国贸总公司	县	国有经济	10 011	475
武进县商业物资供销公司	县	国有经济	2 080	779
武进县生活资料总公司	县	集体经济	17 557	2 536
武进县工业物资公司	县	集体经济	13 031	1 923
武进县工业品贸业总公司	县	国有经济	12 275	2 115
武进县农副产品公司	县	集体经济	5 488	1 071
武进县供销社(集团)公司	县	集体经济	5 023	831
江苏省烟草公司武进县公司	中央	国有经济	23 140	2 887
武进县商业集团公司	县	国有经济	2 693	1 628
武进县百货总公司	县	国有经济	11 765	2 285
武进县土产棉麻总公司	县	集体经济	19 626	2 551
武进县供销社工业品总公司	县	集体经济	17 997	3 082
武进县糖业烟酒总公司	县	国有经济	7 609	1 480

年)　　单位:万元

固定资产原价	利润总额	商品销售税金及附加	实现利税总额	职工人数(人)	人均商品销售额	人均实现利税
688	48	62	110	118	92.30	0.93
389	3	4	7	99	36.49	0.07
122	11	6	17	61	57.10	0.27
1 178	143	257	400	232	87.58	1.72
115	−42	34	−8	18	414.08	−0.47
685	−242	6	−236	138	23.32	−1.71
791	−191	20	−171	134	20.24	−1.28
67	3	27	31	10	251.57	3.05
261	41	87	128	101	24.64	1.27
115	−47	21	−26	57	40.11	−0.46
680	15	11	26	98	380.90	0.27
144	3	30	33	39	284.21	0.85
622	3	56	59	85	168.95	0.69
661	269	232	501	167	77.57	3.00
76	1	16	17	35	115.17	0.49
101	−19	48	29	153	18.16	0.19
434	5	10	15	71	44.40	0.21
503	14	67	81	576	19.84	0.14
997	111	238	349	77	314.00	4.53
433	71	1	72	97	57.08	0.74
161	40	28	68	51	249.25	1.33
45	11	24	35	13	279.08	2.71
131	3	47	50	58	259.48	0.86
681	−18	10	−8	76	26.75	−0.10
401	54	123	177	151	186.42	1.17
286	255	125	380	144	69.52	2.64
33	11	8	19	16	130.01	1.16
301		79	79	53	331.26	1.49
108	1	15	16	32	407.23	0.50
480	12	57	69	92	133.42	0.75
122	1	16	17	22	249.46	0.75
10	1	6	7	16	313.94	0.45
276	415	91	506	29	797.93	17.46
	35	10	45	8	336.68	5.61
308	149	73	222	103	114.22	2.15
325		26	26	73	268.85	0.36
327	5	73	78	82	219.48	0.95
209	1	30	31	107	71.11	0.29

17—17 全市大中型国内商业

(1993

企业名称	隶属关系	经济类型	商品销售总额	流动资产年末合计
市区(48 个单位)				
天宁区				
常州第四百货商店	县	国有经济	2 162	390
常州第九百商店	县	国有经济	715	132
常州第十百货商店	县	国有经济	748	280
常州益民副食品商场	县	国有经济	1 991	272
常州市台谊实业公司	县	集体经济	670	742
常州市韶山副食品公司	县	国有经济	670	137
钟楼区				
常州市美乐电器公司	街道	集体经济	1 522	247
常州利华五金机械配件公司	县	国有经济	644	101
常州市钟楼缝纫机经销服务部	街道	集体经济	749	328
常州日新鞋帽公司	县	集体经济	2 109	201
常州商业大厦	县	国有经济	6 118	2461
常州第二百货公司	县	国有经济	828	74
常州第五百货商店	县	国有经济	1 304	203
戚墅堰区				
常州戚墅堰区百货公司	县	国有经济	2 668	604
常州第七百货商店	县	国有经济	799	129
常州戚墅堰如意糖烟酒商场	县	国有经济	1 584	327
常州市潞城供销合作社	县	集体经济	563	137
常州市丁堰供销合作社	县	集体经济	1 505	445
郊区				
常州市北环商业总店	县	集体经济	854	157
常州市清潭商业总店	县	集体经济	723	108
常州市五星供销合作社	县	集体经济	2 748	243
常州市北港供销合作社	县	集体经济	921	228
常州市勤业副食品商场	县	集体经济	546	91
常州市西林供销合作社	县	集体经济	2 284	110
常州市小河沿农副产品商场	县	集体经济	567	93
常州市青山桥副食品商场	县	集体经济	695	92
常州市雕庄供销合作社	县	集体经济	2 744	369
常州市新闸供销合作社	县	集体经济	1 480	229
常州市青龙供销合作社	县	集体经济	5 049	387
常州市红梅供销合作社	县	集体经济	2 023	236
常州市茶山供销合作社	县	集体经济	696	345
常州市第二液化气公司	县	集体经济	708	1195
开发区				
常州市三井供销合作社	县	集体经济	5 072	338
商业局				
常州市百货大楼股份有限公司	省辖市	股份制	38 210	8 926
常州华侨友谊股份有限公司	省辖市	股份制	5 035	837

零售企业基本情况

年）

单位：万元

固定资产原价	利润总额	商品销售税金及附加	实现利税总额	职工人数（人）	人均商品销售额	人均实现利税
33	8	76	84	112	19.30	0.75
9		24	24	59	12.12	0.40
72		21	21	56	13.36	0.38
19	8	69	77	118	16.87	0.65
121		19	19	46	14.56	0.41
14	2	27	29	45	14.89	0.64
27	49	44	93	75	20.30	1.23
4	19	18	37	25	25.75	1.46
54	15	14	29	43	17.41	0.67
22	-28	35	7	72	29.30	0.09
22	211	220	431	273	22.41	1.58
1	6	23	29	40	20.71	0.72
1	30	54	84	66	19.75	1.28
356	22	76	98	143	18.65	0.69
17	16	35	51	41	19.50	1.23
79	15	28	43	29	54.61	1.49
88	-46	16	-30	50	11.26	-0.60
17	-6	25	19	108	13.93	0.18
73	-2	29	27	92	9.28	0.29
76	-5	27	22	74	9.77	0.30
140	-14	26	12	135	20.36	0.09
60	-25	7	-18	56	16.45	-0.32
35	-1	2	1	66	8.27	0.02
44	-49	10	-39	53	43.10	-0.73
26	-3	3		94	6.03	
35	1	2	3	73	9.52	0.04
81	-1	11	10	42	65.32	0.25
113		19	19	72	20.55	0.26
43	-12	12		58	87.06	
77	-2	19	17	101	20.03	0.17
33	-13	9	-4	45	12.88	-0.07
404	4		4	71	9.97	0.06
105	-16	13	-3	54	93.93	-0.06
9 576	1 408	1 382	2 790	1 210	31.58	2.31
222	132	208	340	116	43.40	2.93

17—17 续表 1 (1993

企 业 名 称	隶属关系	经济类型	商品销售总额	流动资产年末合计
常州市百货公司	省辖市	国有经济	27 961	5 248
常州兰陵五金交电化工公司	省辖市	集体经济	1 128	140
粮食局				
常州第五粮库	省辖市	国有经济	413	1 287
常州市钟楼粮油管理所	省辖市	国有经济	2 390	375
常州天宁粮油管理所	省辖市	国有经济	1 570	686
文化局				
江苏省常州市新华书店	省	国有经济	2 278	1 517
外事办				
常州旅游商品公司	省辖市	国有经济	4 195	852
轻工局				
常州工艺美术公司	省辖市	联营经济	1 777	101
服装公司				
常州时装公司	省辖市	联营经济	1 043	195
人民银行				
常州金店	省辖市	集体经济	7 003	1 498
烟草专卖局				
常州市凯源贸易发展公司	省辖市	集体经济	2 011	711
邮电局				
常州邮电通信发展总公司	省辖市	集体经济	15 215	4 567
供销社				
常州市副食品公司	省辖市	集体经济	5 533	1 810
溧阳市(17 个单位)				
溧阳市河口供销社	县	集体经济	3 607	239
溧阳市新华书店	县	国有经济	1 014	344
江苏省常州市溧阳百货总公司	县	国有经济	13 818	4 692
溧阳市商业综合公司	县	集体经济	10 501	1 760
溧阳市家电交电公司	县	国有经济	6 817	1 816
江苏省医药公司溧阳市公司	县	国有经济	5 311	1 576
溧城粮油食品管理所	县	国有经济	2 354	2 082
溧阳市上沛粮管所	县	国有经济	526	829
溧阳市粮油综合公司	县	国有经济	815	121
溧阳市长城商厦	县	集体经济	8 737	3 879
溧阳市马垫供销社	县	集体经济	7 958	1 341
溧阳市上黄供销社	县	集体经济	1 746	288
溧阳市戴埠供销社	县	集体经济	5 958	869
溧阳市横涧供销社	县	集体经济	3 234	168
溧阳市平桥供销社	县	集体经济	2 251	116
溧阳市沙河供销社	县	集体经济	2 668	236
溧阳市南渡供销社	县	集体经济	3 512	455
金坛市(13 个单位)				

年）

单位:万元

固定资产原价	利润总额	商品销售税金及附加	实现利税总额	职工人数(人)	人均商品销售额	人均实现利税
2 199	510	995	1 505	801	34.91	1.88
14	33	36	69	49	23.03	1.41
160	−42		−42	214	1.93	−0.21
237	10		10	307	7.79	0.03
142	10		10	360	4.36	0.03
333	56	71	127	203	11.22	0.63
97	38	138	176	82	51.16	2.15
177	25	62	87	103	17.25	0.85
2		18	18	53	19.68	0.33
	307	265	572	24	291.79	23.83
187	37	29	66	29	69.35	2.28
455	203	67	270	176	86.45	1.53
830	23	184	207	216	25.61	0.96
33	−5	3	−2	43	83.89	−0.05
129	58	11	69	72	14.08	0.96
666	241	329	570	500	27.64	1.14
766	80	167	247	296	35.48	0.83
839	54	55	109	180	37.87	0.61
288	105	10	115	276	19.24	0.42
192	5	1	6	84	28.02	0.07
124	2		2	28	18.77	0.07
12	9	4	13	21	38.82	0.61
202	−72		−72	183	47.74	−0.40
81	−27	11	−16	88	90.43	−0.18
65	−8	9	1	73	23.91	0.02
156	−38	28	−10	178	33.47	−0.05
73	−9	5	−4	62	52.17	−0.07
109	−11	4	−7	71	31.70	−0.10
57	−18	10	−8	45	59.29	−0.18
145	−25	12	−13	139	25.27	−0.09

17—17 续表 2 (1993

企业名称	隶属关系	经济类型	商品销售总额	流动资产年末合计
金坛市新华书店	省	国有经济	599	298
金坛市农业机械公司	县	集体经济	2 831	608
金坛市建昌供销社	县	集体经济	690	254
金坛市华洋实业总公司	县	集体经济	10 064	894
金坛市轻工业品总公司	县	集体经济	7 510	1 274
金坛市生活用品总公司	县	集体经济	3 819	323
金坛市西岗供销合作社	县	集体经济	5 178	302
金坛市汤庄供销社	县	集体经济	2 790	615
金坛市日用杂品总公司	县	集体经济	3 418	681
金坛市白龙荡供销社	县	集体经济	4 850	1 269
金坛市供销实业总公司	县	集体经济	13 675	4 154
金坛市商业大厦	县	国有经济	2 995	3 306
金坛市金店	县	集体经济	632	321
武进县(96个单位)				
武进县泰村供销社	县	集体经济	1 869	542
武进县寨桥供销社	县	集体经济	4 796	402
武进县万绥供销社	县	集体经济	2 419	173
武进县剑湖乡粮油管理所	县	国有经济	808	232
武进县横林供销社	县	集体经济	6 030	1 325
武进县鸣凰镇粮油管理所	县	国有经济	560	358
武进县洛阳供销社	县	集体经济	8 865	1 763
武进县横林第二商业公司	县	集体经济	1 595	344
武进县坂上供销社	县	集体经济	2 200	285
武进县庙桥乡粮油管理所	县	国有经济	527	320
武进县庙桥供销社	县	集体经济	2 218	480
武进县湖塘粮管所	县	国有经济	951	253
武进县湖塘供销社	县	集体经济	11 682	1 810
武进县湟里粮油管理所	县	国有经济	1 391	825
武进县鸣凰供销社	县	集体经济	6 252	853
武进县运村乡粮油管理所	县	国有经济	532	271
武进县坊前供销社	县	集体经济	2 053	216
武进县奔牛商业公司	县	国有经济	780	245
武进县横林商业公司	县	国有经济	1 986	414
武进县横林镇粮油管理所	县	国有经济	887	329
武进县村前乡粮油管理所	县	国有经济	280	570
武进县运村供销社	县	集体经济	3 705	335
武进县厚余粮油管理所	县	国有经济	797	515
武进县东安供销社	县	集体经济	4 666	1 064
武进县薛家乡粮油管理所	县	国有经济	182	414
武进县雪堰供销合作社	县	集体经济	7 448	1 189
武进县政平乡粮 油管理所	县	国有经济	527	475
武进县剑湖供销社	县	集体经济	10 039	1 128

年)

单位:万元

固定资产原价	利润总额	商品销售税金及附加	实现利税总额	职工人数(人)	人均商品销售额	人均实现利税
119	14	9	23	83	7.22	0.28
493	28	3	31	72	39.32	0.43
389	−73	9	−64	101	6.83	−0.64
324	5	36	41	98	102.70	0.41
321	−34	53	19	109	68.90	0.17
123	−100	21	−79	40	95.47	−1.97
116	2	17	19	81	63.92	0.24
80		15	15	43	64.87	0.36
84	13	35	48	68	50.26	0.70
51	31	39	70	39	124.36	1.78
1159	102	111	213	164	83.38	1.30
785	−230	64	−166	261	11.48	−0.64
83	26	31	57	8	79.00	7.13
84	−20	4	−16	53	35.26	−0.29
92	−24	28	4	76	63.10	0.06
37	−14	3	−11	65	37.21	−0.17
61		3	3	19	42.53	0.13
85	−4	33	29	74	81.49	0.40
67		3	3	18	31.12	0.16
445	8	41	49	113	78.45	0.43
148	1	26	27	57	27.98	0.47
73	−10	16	6	46	47.84	0.14
33		1	1	14	37.67	0.10
162	−67	14	−53	58	38.23	−0.92
101				36	26.43	
734	21	90	111	153	76.35	0.73
79				33	42.16	
119	−67	18	−49	82	76.24	−0.60
46		2	2	21	25.33	0.11
84	−6	11	5	59	34.79	0.08
17	−24	10	−14	63	12.38	−0.22
143	−13	11	−2	60	33.09	−0.03
129		2	2	45	19.72	0.04
64				25	11.22	
121	−16.	13	−3	60	61.75	−0.04
41				18	44.26	
218		9	9	75	62.21	0.12
39				19	9.58	
192	−132	60	−72	98	76.00	−0.73
58		4	4	17	31.01	0.24
159	−23	68	45	135	74.36	0.33

17—17 续表 3 (1993

企业名称	隶属关系	经济类型	商品销售总额	流动资产年末合计
武进县焦溪供销社	县	集体经济	4 525	461
武进县潘家供销社	县	集体经济	5 467	709
武进县礼家乡粮油管理所	县	国有经济	594	418
武进县政平供销社	县	集体经济	4 358	339
武进县龙虎塘供销社	县	集体经济	10 033	827
武进县浦河供销社	县	集体经济	1 918	899
武进县潘家乡粮油管理所	县	国有经济	801	458
江苏省常州市武进县郑陆供销社	县	集体经济	5 163	791
武进县卜弋供销社	县	集体经济	2 808	663
武进县邹区供销社	县	集体经济	2 250	2350
武进县厚余供销社	县	集体经济	1 823	499
武进县成章供销社	县	集体经济	2 553	409
武进县薛家供销社	县	集体经济	5 622	1076
武进县小河供销社	县	集体经济	10 872	762
武进县奔牛供销社	县	集体经济	6 504	1803
武进县汤庄供销社	县	集体经济	4 001	353
武进县湟里供销社	县	集体经济	6 670	2 539
武进县圩塘供销社	县	集体经济	3 077	478
武进县魏村供销社	县	集体经济	6 614	644
武进县新桥供销社	县	集体经济	4 245	796
武进县马杭镇粮油管理所	县	国有经济	621	428
武进县三河口供销社	县	集体经济	3 307	382
武进县孟城供销社	县	集体经济	5 189	502
武进县横山供销社	县	集体经济	3 411	482
武进县礼嘉供销社	县	集体经济	7 102	1500
武进县遥观供销社	县	集体经济	4 621	1097
武进县罗溪供销社	县	集体经济	4 201	1078
武进县卢家巷供销社	县	集体经济	3 510	449
武进县坂上乡粮油管理所	县	国有经济	636	379
武进县马杭供销社	县	集体经济	3 962	897
武进县洛阳镇粮油管理所	县	国有经济	513	375
武进县奔牛第二商业公司	县	集体经济	1 489	143
武进县东安粮油管理所	县	国有经济	362	808
武进县成章粮油管理所	县	国有经济	297	443
武进县供销总社	县	集体经济	122 448	12 635
武进县新桥乡粮油管理所	县	国有经济	321	459
武进县嘉泽供销社	县	集体经济	3 932	1 385

年）

单位：万元

固定资产原价	利润总额	商品销售税金及附加	实现利税总额	职工人数（人）	人均商品销售额	人均实现利税
114	−82	29	−53	98	46.17	−0.54
163	−22	19	−3	71	77.00	−0.04
66		2	2	20	29.71	0.10
220	−46	19	−27	59	73.86	−0.46
263		26	26	86	116.66	0.30
35	−41	4	−37	31	61.85	−1.19
48		1	1	23	34.83	0.04
132	−23	34	11	77	67.05	0.14
121	−16	12	−4	92	30.52	−0.04
262	−32	10	−22	71	31.69	−0.31
70	−3	9	6	57	31.97	0.11
66		8	8	56	45.60	0.14
181	−73	17	−56	62	90.67	−0.91
154	−34	24	−10	135	80.53	−0.07
147	−58	26	−32	107	60.78	−0.30
104		9	9	48	83.35	0.18
463		15	15	125	53.36	0.12
61	−32	15	−17	63	48.84	−0.27
101	−18	24	6	80	82.67	0.07
70	−15	12	−3	68	62.43	−0.04
85		1	1	20	31.07	0.04
107	−37	15	−22	58	57.01	−0.39
57	−26	9	−17	77	67.39	−0.22
181	−59	30	−29	82	41.59	−0.35
111	−54	33	−21	72	98.64	−0.29
109	2	29	31	69	66.97	0.44
86	−47	10	−37	69	60.89	−0.53
74		19	19	59	59.48	0.33
67				13	48.91	
104	−59	22	−37	73	54.27	−0.51
111				26	19.73	
62	−24	10	−14	136	10.95	−0.10
130				30	12.06	
84				25	11.89	
1 724	−216	318	102	2 154	56.85	0.05
89		1	1	20	16.05	0.03
92		14	14	80	49.15	0.17

17—17 续表 4 （1993

企业名称	隶属关系	经济类型	商品销售总额	流动资产年末合计
武进县牛塘镇粮油管理所	县	国有经济	518	265
武进县芙蓉供销社	县	集体经济	3 101	602
武进县前黄镇粮油管理所	县	国有经济	1 002	1 316
武进县九里供销社	县	集体经济	8 230	1 597
武进县礼河供销社	县	集体经济	1 882	369
吕墅供销社	县	集体经济	3 292	241
武进县孝都供销社	县	集体经济	1 972	1 007
武进县百丈供销社	县	集体经济	2 549	206
武进县夏溪供销合作社	县	集体经济	5 628	622
武进县东青供销社	县	集体经济	4 002	404
武进县南宅供销社	县	集体经济	5 255	520
武进县崔桥供销社	县	集体经济	6 249	1 126
武进县奔牛镇粮油管理所	县	国有经济	1 854	868
武进县牛塘供销社	县	集体经济	4 214	386
武进县前黄供销社	县	集体经济	6 035	993
武进县粮食局直属库	县	国有经济	705	973
武进县东青乡粮油管理所	县	国有经济	557	376
武进县遥观镇粮油管理所	县	国有经济	669	245
武进县泰村乡粮油管理所	县	国有经济	558	553
武进县村前供销社	县	集体经济	2 339	277
武进县西夏墅供销社	县	集体经济	5 725	830
武进县嘉泽乡粮油管理所	县	国有经济	468	772
武进县新安供销社	县	集体经济	2 647	444
武进县寨桥镇粮油管理所	县	国有经济	327	551
武进县南夏墅供销社	县	集体经济	6 224	1 021
武进县漕桥供销社	县	集体经济	5 469	669
武进县南夏墅粮油管理所	县	国有经济	475	189
武进县安家供销社	县	集体经济	20 397	2 788
武进县安家乡粮油管理所	县	国有经济	226	633
武进县西夏墅镇粮油管理所	县	国有经济	259	268
武进县戴溪供销社	县	集体经济	8 967	1 325

年）　　　　单位：万元

固定资产原价	利润总额	商品销售税金及附加	实现利税总额	职工人数（人）	人均商品销售额	人均实现利税
42		1	1	20	25.90	0.06
138	−56	14	−42	63	49.23	−0.67
107		1	1	29	34.56	0.04
148	−12	6	−6	57	144.38	−0.10
87	−6	11	5	55	34.23	0.09
77	−34	2	−32	39	84.42	−0.82
35	−29	4	−25	50	39.45	−0.51
66	−17	10	−7	52	49.02	−0.13
142	−29	18	−11	82	68.63	−0.13
179	−20	15	−5	66	60.64	−0.08
125	−24	12	−12	68	77.28	−0.18
64	−17	15	−2	59	105.91	−0.03
146				33	56.19	
98	−38	24	−14	61	69.08	−0.23
224	−45	45		114	52.94	
221		3	3	48	14.68	0.06
50				18	30.94	
24		1	1	16	41.79	0.06
35				22	25.37	
60		5	5	50	46.78	0.09
111	−40	17	−23	97	59.02	−0.24
137				33	14.18	
50	−12	11	−1	53	49.04	−0.02
122		2	2	24	13.62	0.07
123	−62	18	−44	68	91.52	−0.65
171	−59	23	−36	92	59.45	−0.39
73				24	19.77	
1083	53	69	122	89	229.18	1.36
115				24	9.42	
37				20	12.93	
252	−47	33	−14	78	114.95	−0.18

17—18 全市大中型对外贸易业

(1993

企业名称	隶属关系	经济类型	商品销售总额	流动资产年末合计	固定资产原价
市区(17个单位)					
开发区					
常州高新技术产业开发区对外经济贸易公司	县	联营经济	4 621	930	67
常州高新技术产业开发区远东对外贸易公司	县	国有经济	22 814	5 949	203
常州经济技术开发区对外经济技术发展公司	县	国有经济	2 064	336	1
电子公司					
中国电子进出口江苏常州公司	省	国有经济	2 397	2 031	444
丝绸公司					
常州丝绸公司	省辖市	国有经济	9 173	4 740	2 116
外经委					
江苏常州外贸包装公司	中央	国有经济	4 491	736	59
江苏省常州市工艺品进出口公司	省辖市	国有经济	2 994	1 437	73
江苏省常州市纺织品进出口公司	省辖市	国有经济	26 862	3 033	230
江苏省常州市服装进出口公司	省辖市	国有经济	24 847	3 372	117
江苏省常州市轻工业品进出口公司	省辖市	国有经济	10 223	1 944	378
常州市对外经济技术贸易公司	省辖市	国有经济	11 727	6 015	591
常州市机械进出口公司	省辖市	国有经济	2 531	675	266
常州市土产品进出口公司	省辖市	国有经济	7 457	1 370	194
常州市畜产品粮油进出口公司	省辖市	国有经济	4 803	1 235	32
常州市外贸经销公司	省辖市	集体经济	6 580	2 951	334
常州市对外贸易工业品公司	省辖市	集体经济	2 414	622	7
常州市医药保健品进出口公司	省辖市	国有经济	2 732	2 209	51
溧阳市(2个单位)					
中国江苏国际经济技术合作公司溧阳分公司	县	国有经济	5 514	2 828	15
溧阳市对外贸易总公司	县	国有经济	11 325	3 542	114
金坛市(1个单位)					
金坛市对外贸易总公司	县	国有经济	13 246	2 215	361
武进县(1个单位)					
武进县对外贸易集团公司	县	国有经济	38 261	7 785	1 563

17—19 全市大中型餐饮业

(1993

企业名称	隶属关系	经济类型	商品销售总额	流动资产年末合计	固定资产原价
市区(6个单位)					
钟楼区					
常州市三鲜美食城	县	国有经济	282	118	133
常州迎桂馒头店	县	国有经济	275	32	64
常州市兴隆园菜馆	县	国有经济	264	51	32
常州荣华楼酒家	县	国有经济	303	33	113
商业局					
常州快餐公司	省辖市	国有经济	114	86	661
常州德泰恒菜馆	省辖市	国有经济	1 132	264	219
溧阳(1个单位)					
溧阳市饮食服务公司	县	国有经济	1 500	398	429

批发企业基本情况

年）

单位：万元

利润总额	商品销售税金及附加	实现利税总额	职工人数（人）	人均商品销售额	人均实现利税
548		548	15	308.07	36.53
111	19	130	20	1 140.70	6.50
62	7	69	22	93.82	3.14
140	2	142	25	95.88	5.68
6	29	35	155	59.18	0.23
21	4	25	50	89.82	0.50
31	1	32	53	56.49	0.60
86	5	91	89	301.82	1.02
113	8	121	79	314.52	1.53
124	4	128	98	104.32	1.31
1 150	2	1 152	105	111.69	10.97
17	2	19	45	56.24	0.42
25	10	35	78	95.60	0.45
13		13	47	102.19	0.28
35	13	48	41	160.49	1.17
4	6	10	15	160.93	0.67
8	1	9	34	80.35	0.26
2	28	30	31	177.87	0.97
1	1	2	48	235.94	0.04
4	4	8	47	281.83	0.17
9	9	18	201	190.35	0.09

企业基本情况

年）

单位：万元

固定资产实现利税	利润总额	商品销售税金及附加	实现利税总额	职工人数（人）	人均商品销售额
−2	14	12	67	4.20	0.18
3	13	16	40	6.86	0.40
18	12	30	58	4.56	0.52
17	14	31	44	6.89	0.71
−25	7	−18	98	1.17	−0.18
107	60	167	96	11.79	1.74
70	55	125	357	4.20	0.35

17—20 全市大中型物资供销业

(1993

企业名称	隶属关系	经济类型	商品销售总额	流动资产年末合计	固定资产原价
常州市外资企业物资总公司	省辖市	国有经济	26 164	7 146	262
常州市建设工程配套总公司	省辖市	国有经济	2 590	854	206
常州市生产资料贸易中心	省辖市	国有经济	26 317	4 706	294
常州市木材工业供销公司	省辖市	联营经济	3 858	612	522
常州化工供销公司	省辖市	国有经济	7 969	566	714
常州高新技术产业开发区第二物资公司	县	国有经济	2 028	376	
常州市金属材料总公司	省辖市	国有经济	55 377	8 604	540
常州市致远化工物资公司	县	国有经济	2 072	327	73
常州市钟楼区机电设备公司	县	集体经济	2 222	938	111
常州市钟楼区金属材料公司	县	集体经济	10 360	1 103	359
常州郊区物资公司	县	国有经济	8 474	910	178
常州郊区金属材料公司	县	国有经济	7 621	241	101
常州郊区生产资料服务公司	县	国有经济	2 601	758	44
常州郊区燃料公司	县	国有经济	3 740	329	180
常州机械冶金工业供销公司	省辖市	国有经济	7 815	3 222	194
常州柴油机拖拉机供销公司	省辖市	国有经济	4 743	597	46
常州市轻工供销公司	省辖市	国有经济	7 639	1 664	269
常州市机电设备总公司	省辖市	国有经济	93 104	15 257	885
常州市化工轻工材料总公司	省辖市	国有经济	32 989	5 426	741
常州市建筑材料总公司	省辖市	国有经济	20 447	7 784	449
常州市木材总公司	省辖市	国有经济	16 135	6 623	544
常州市金属回收公司	省辖市	国有经济	21 750	6 609	511
常州第二物资公司	省辖市	国有经济	3 664	1 670	243
常州市燃料总公司	省辖市	国有经济	47 238	10 658	4 299
常州长江物资公司	省辖市	国有经济	6 465	1 513	108
常州市洪达经济发展公司	县	联营经济	2 016	370	
常州经济技术开发区物资公司	县	国有经济	2 001	286	
江苏华宇塑料工业集团公司	省辖市	联营经济	2 468	345	496
常州经济技术开发区有色金属材料公司	县	国有经济	2 074	324	
常州市天宁区金属材料公司	县	集体经济	4 618	768	69
溧阳市金属材料总公司	县	国有经济	19 065	2 234	293
江苏省溧阳市机电设备公司	县	国有经济	6 204	703	290
溧阳市化轻公司	县	国有经济	6 272	553	169
溧阳市木材公司	县	国有经济	6 690	782	198
溧阳市建筑材料公司	县	国有经济	6 482	442	137
溧阳市燃料总公司	县	国有经济	27 163	6 847	535
溧阳市生产资料服务总公司	县	国有经济	25 730	9 837	637
溧阳市物资贸易中心	县	国有经济	8 988	2 011	67
江苏省溧阳市物资资源公司	县	国有经济	2 145	267	
溧阳市物资开发经营公司	县	国有经济	5 525	995	

企业基本情况

年）

单位：万元，人

利润总额	商品销售税金及附加	实现利税总额	职工人数	人均商品销售额	人均实现利税
6	89	95	141	185.56	0.67
10	23	33	52	49.81	0.63
26	49	75	128	205.60	0.59
22	71	93	432	8.93	0.22
7	33	40	110	72.45	0.36
	3	3	9	225.33	0.33
251	94	345	236	234.65	1.46
35	10	45	22	94.18	2.05
70	15	85	9	246.89	9.44
211	38	249	63	164.44	3.95
22	22	44	27	313.85	1.63
44	25	69	30	254.03	2.30
	9	9	13	200.08	0.69
182	46	228	18	207.78	12.67
113	72	185	55	142.09	3.36
50	21	71	14	338.79	5.07
4	37	41	103	74.17	0.40
1 124	579	1703	243	383.14	7.01
194	209	403	208	158.60	1.94
26	103	129	203	100.72	0.64
76	73	149	205	78.71	0.73
17	81	98	110	197.73	0.89
−110	13	−97	67	54.69	−1.45
322	275	597	474	99.66	1.26
9	37	46	15	431.00	3.07
8	10	18	6	336.00	3.00
9	11	20	6	333.50	3.33
1	6	7	28	88.14	0.25
9	7	16	8	259.25	2.00
8	18	26	44	104.95	0.59
102	43	145	70	272.36	2.07
14	24	38	50	124.08	0.76
−22	6	−16	43	145.86	−0.37
25	20	45	55	121.64	0.82
8	18	26	50	129.64	0.52
213	84	297	233	116.58	1.27
238	70	308	82	313.78	3.76
20	20	40	30	299.60	1.33
4		4	6	357.50	0.67
3	1	4	12	460.42	0.33

17—20续表

(1993

企业名称	隶属关系	经济类型	商品销售总额	流动资产年末合计	固定资产原价
溧阳市三资企业物资公司	县	国有经济	5 068	554	
溧阳市物资再生利用公司	县	国有经济	2 581	337	62
溧阳市二轻总公司	县	国有经济	11 000	899	130
溧阳市地方工业供销公司	县	集体经济	6 345	1 110	118
溧阳市毛针织集团公司	县	集体经济	3 515	1 232	296
溧阳市纺织物资原料公司	县	国有经济	4 640	2 016	156
溧阳市冶金物资公司	县	集体经济	13 442	1 639	50
武进县金属材料总公司	县	国有经济	54 662	10 420	804
武进物资(集团)公司	县	国有经济	70 835	10 275	4047
武进建筑材料总公司	县	国有经济	21 558	4 207	256
武进再生利用总公司	县	国有经济	58 251	9 059	611
武进能源发展总公司	县	国有经济	46 523	7 506	2628
武进木材总公司	县	国有经济	19 425	6 334	294
武进县机电设备总公司	县	国有经济	35 699	5 259	552
武进县物资供销总公司	县	国有经济	20 006	2 622	266
武进县化轻总公司	县	国有经济	32 582	4 039	521
武进县外资公司	县	国有经济	12 036	2 758	142
武进第二物资公司	县	集体经济	7 575	649	99
武进南方公司	县	集体经济	11 064	5 409	110
武进县京进公司	县	国有经济	15 270	1 614	59
武进县建材工业物资公司	县	集体经济	4 154	1 170	39
武进县地方工业供销总公司	县	集体经济	37 468	8 404	833
武进县水利农机物资公司	县	集体经济	2 775	163	34
常州水利电力物资设备公司	县	国有经济	7 682	1 220	117
武进县机械物资供销公司	县	集体经济	2 225	919	185
武进县不锈钢材料公司	县	集体经济	2 806	880	28
远洋冶金物资贸易公司	县	联营经济	12 010	5 297	259
武进县冶金原料物资公司	县	集体经济	9 799	1 739	392
武进县物资集团总公司	县	国有经济	32 782	1 940	340
金坛市金属材料总公司	县	国有经济	20 363	436	160
金坛金属回收公司	县	国有经济	16 867	1 609	410
金坛市物资实业总公司	县	国有经济	58 890	31 624	136
金坛市经济贸易总公司	县	国有经济	5 703	2 201	53
金坛市机电设备总公司	县	国有经济	10 109	1 417	140
金坛市化轻材料总公司	县	国有经济	4 174	643	77
金坛市建材总公司	县	国有经济	5 360	1 336	205
金坛市生资服务总公司	县	国有经济	6 222	1 185	115

年)

单位:万元,人

利润总额	商品销售税金及附加	实现利税总额	职工人数	人均商品销售额	人均实现利税
5		5	7	724.00	0.71
35	6	41	46	56.11	0.89
105	18	123	76	144.74	1.62
7	20	27	110	57.68	0.25
154	58	212	8	439.38	26.50
−90	18	−72	22	210.91	−3.27
142	532	674	15	896.13	44.93
773	139	912	51	1 071.80	17.88
25	196	221	166	426.72	1.33
37	60	97	42	513.29	2.31
110	158	268	41	1 420.76	6.54
783	445	1 228	78	596.45	15.74
29	80	109	69	281.52	1.58
89	143	232	43	830.21	5.40
62	20	82	35	571.60	2.34
124	85	209	59	552.24	3.54
5	37	42	35	343.89	1.20
11	20	31	10	757.50	3.10
17	45	62	10	1 106.40	6.20
6	16	22	26	587.31	0.85
15	12	27	30	138.47	0.90
274	123	397	123	304.62	3.23
9	12	21	19	146.05	1.11
241	41	282	45	170.71	6.27
5	7	12	65	34.23	0.18
17	7	24	11	255.09	2.18
817	145	962	23	522.17	41.83
30	50	80	61	160.61	1.31
1	33	34	8	4 097.75	4.25
102	26	128	57	357.25	2.25
28	52	80	77	219.05	1.04
627	135	762	63	934.76	12.10
44	19	63	24	237.63	2.63
161	66	227	70	144.41	3.24
7	21	28	61	68.43	0.46
−99	18	−81	64	83.75	−1.27
7	21	28	63	98.76	0.44

17—21 全市总投资50万美元及

(1993

企业名称	投资方式	批准日期	合作年限	国别	开业日期
市区					
中国常利企业有限公司	中外合资	1984.07	15	香港	1984.09
常州中大服装有限公司	中外合资	1984.12	10	香港	1985.07
常州远东服装有限公司	中外合资	1985.04	10	香港	1986.03
常州兰和塑料化工有限公司	中外合资	1985.08	15	日本	1985.12
常州兰宝工艺灯具有限公司	中外合资	1985.08	10	美国	1987.07
常新纺织有限公司	中外合资	1986.09	15	香港	1992.11
常州托利多电子衡器有限公司	中外合资	1987.06	10	美国	1989.06
常州千红生化制药有限公司	中外合资	1987.12	15	日本	1988.11
常州宏诚棉业有限公司	中外合资	1987.12	10	香港	1988.03
常州钟梭电子有限公司	中外合资	1986.04	12	香港	1988.06
常州市常东塑料制品有限公司	中外合资	1990.01	10	香港	1990.09
常州中兴旅游用品有限公司	中外合资	1988.07	15	香港	1988.12
常州钟艺制鞋有限公司	中外合资	1988.09	15	香港	1989.03
常州燕菱橡胶制品有限公司	中外合资	1988.08	11	美国	1988.10
常州常捷电子有限公司	中外合资	1988.09	12	香港	1988.12
常州华利达服装有限公司	中外合资	1989.09	10	香港	1989.11
常州东和录像带制品有限公司	中外合资	1989.07	10	香港	1990.12
常州华城塑料制品有限公司	中外合资	1989.11	10	香港	1990.10
常州圣祥光电有限公司	中外合资	1989.11	10	台湾	1990.06
常州中基电子有限公司	中外合资	1989.12	12	香港	1989.12
常州可大塑料有限公司	中外合资	1989.12	10	香港	1990.08
常州金宝自行车有限公司	中外合资	1990.05	10	香港	1990.11
常州奎京灯丝有限公司	中外合资	1990.05	10	台湾	1991.04
常州绅士时装有限公司	中外合资	1990.06	10	日本	1991.04
常州新盛包装有限公司	中外合资	1990.06	10	香港	1990.07
常州希蕾集成包装有限公司	中外合资	1990.06	15	加拿大	1990.06
常州灵佳电子有限公司	中外合资	1991.07	10	香港	1991.07
常州中化勤丰塑料有限公司	中外合资	1990.08	15	美国	1991.01
常州海腾塑料制品有限公司	中外合资	1990.09	10	香港	1991.04
常州星海电子有限公司	中外合资	1990.11	20	台湾	1991.09
常州常捷交通器材有限公司	中外合资	1990.12	10	香港	1991.04
常州瑞华电子有限公司	中外合资	1990.12	10	香港	1991.09
常州天安房地产开发有限公司	中外合资	1990.12	49	香港	1991.01

以上投产开业"三资"企业基本情况

年底）

总投资额（万美元）	注册资本（万美元）	出资比例（%）	协议外资（万美元）	生产经营范围
175.0	175.0	30	52.5	电器产品，电子元件
80.0	80.0	30	24.0	高中档服装
52.0	52.0	25	13.0	中高档服装
289.0	289.0	35	101.2	塑料系列产品，转让等
60.0	60.0	25	15.0	工艺星星灯系列产品
919.0	493.0	25	229.8	各种纱，布及延伸产品
495.0	495.0	60	297.0	称重仪表，称重传感器等
231.0	196.6	50	140.5	医药品
120.0	120.0	30	36.0	各种棉布
460.0	340.0	25	115.0	电位器
70.0	50.0	40	28.0	塑料包装容器
50.0	50.0	30	15.0	旅游用品
95.0	67.0	25	23.3	运动鞋
91.4	64.0	25	22.9	橡胶制品
175.0	123.0	25	43.8	电容器等
56.0	40.0	25	14.0	服装，装饰品
200.0	160.0	20	40.0	录像带
98.0	88.0	30	29.4	塑料簿膜袋
140.0	100.0	40	56.0	圣诞灯泡
90.0	63.0	40	36.0	圣诞灯串
140.0	100.0	30	42.0	塑料百页窗帘
140.0	100.0	25	35.0	MTB、ATB 自行车
50.0	50.0	60	30.0	各种灯丝
100.0	30.0	40	40.0	服装
50.0	37.5	40	20.0	各类包袋
70.0	50.0	40	28.0	不干胶印刷膜
50.0	40.0	25	12.5	LTD 组件
600.0	385.0	30	180.0	纸塑复合制品
84.7	63.6	30	25.4	包装袋，编织袋
220.0	157.0	40	88.0	硅二极管
50.0	35.0	30	15.0	汽车喇叭
60.0	45.0	40	24.0	电阻器
280.0	200.0	51	142.8	房地产开发

17—21 续表 1 （1993

企业名称	投资方式	批准日期	合作年限	国别	开业日期
常州钟山塑料有限公司	中外合资	1990.12	10	香港	1992.06
常州钟山线缆有限公司	中外合资	1990.12	18	香港	1991.04
常州丰溢照明电器有限公司	中外合资	1990.12	10	香港	1991.04
常州常明电子有限公司	中外合资	1990.12	15	香港	1991.03
常州常顺电器有限公司	中外合资	1990.12	15	香港	1991.02
常州常丰照相机有限公司	中外合资	1991.02	10	香港	1991.12
常州豪华气雾制品有限公司	中外合资	1991.03	15	台湾	1992.05
常州亚太塑料有限公司	中外合资	1991.03	10	台湾	1992.01
常州顶吉塑胶玩具有限公司	中外合资	1991.03	10	台湾	1992.01
常州恒丰音响器件有限公司	中外合资	1991.04	10	香港	1991.05
常州华明灯泡有限公司	中外合资	1991.05	10	台湾	1992.07
常州得实电子有限公司	中外合资	1991.05	13	香港	1993.05
常州永定保制衣有限公司	中外合资	1991.06	15	香港	1992.10
常州常升长毛织物有限公司	中外合资	1991.06	15	台湾	1992.11
常宏装饰材料有限公司	中外合资	1991.06	10	香港	1992.06
常州兰翔浜二玻璃钢有限公司	中外合资	1991.08	10	日本	1993.06
常州常怡电子有限公司	中外合资	1991.07	15	香港	1991.08
常州长江服饰有限公司	中外合资	1991.07	15	香港	1992.02
常州红丰塑料有限公司	中外合资	1991.07	10	香港	1991.10
常州凯瑞电讯技术有限公司	中外合资	1991.09	12	香港	1992.11
常州兰鸿塑料有限公司	中外合资	1991.09	20	香港	1993.02
常州金盾包装有限公司	中外合资	1991.09	11	香港	1992.04
常州合和塑料有限公司	中外合资	1991.09	12	香港	1993.06
常州坞莱制衣砂洗有限公司	中外合资	1991.09	15	香港	1992.04
常州华能汽车零件有限公司	中外合资	1991.08	15	香港	1992.10
常州汉业服饰有限公司	中外合资	1991.11	11	玻利维亚	1992.08
常州恒利发染织制衣有限公司	中外合资	1991.11	15	香港	1992.09
常州载威莱电子材料有限公司	中外合资	1991.11	15	香港	1992.10
常州迪生电工材料有限公司	中外合资	1991.11	15	香港	1993.03
常州双亚针织袜业有限公司	中外合资	1991.11	12	香港	1992.11
常州华发化纤有限公司	中外合资	1991.11	12	香港	1993.03
常州大明衍缝装饰品有限公司	中外合资	1991.11	20	香港	1992.06
常州恒兴织造有限公司	中外合资	1991.12	11	香港	1992.11

年底)

总投资额 (万美元)	注册资本 (万美元)	出资比例 (%)	协议外资 (万美元)	生产经营范围
80.0	60.0	25	20.0	塑料制品
280.8	70.2	6	16.8	特种漆包线
250.0	200.0	51	127.5	照明电器及配件
185.0	130.0	25	46.3	继电器,电子显示装置
220.0	160.0	25	55.0	录音机芯,零件
285.0	235.0	30	85.5	相机,零件
398.0	250.0	38	151.2	气雾剂罐
90.0	63.0	40	36.0	塑料棉条桶
70.0	50.0	70	49.0	玩具
70.0	55.0	25	17.5	微型电磁,音响器
73.0	55.0	25	19.5	汽车灯泡
200.0	150.0	70	140.0	计算机配件
90.0	67.0	33	29.7	棉、麻、毛服装
325.0	250.0	35	113.3	针织、长毛绒织物
170.0	120.0	25	42.5	镁铝板、宝丽板
104.0	80.3	51	53.0	玻璃钢制品
65.0	65.0	25	16.3	电子游戏机
100.0	70.0	30	30.0	装饰标带
80.0	56.0	25	20.0	塑料板材、管、棒型材
71.0	50.0	30	21.3	BB 机
130.0	100.0	50	65.0	中高档塑容器
63.0	45.0	30	18.9	异型包装箱
120.0	85.0	25	30.0	塑料泡沫制品
85.0	60.0	30	25.5	服装、加工服务
114.0	80.0	25	28.5	汽车零件
70.0	50.0	60	42.0	绣花服装
100.0	73.0	37	37.0	服装
120.0	34.7	38	45.6	合金材料
190.0	134.3	25	47.5	电磁线
85.0	60.0	30	25.5	袜类
420.0	310.0	25	105.0	弹力丝
110.0	80.0	25	27.5	绗缝被
78.0	55.0	52	40.6	各类橡胶带和服饰带

17—21 续表 2 (1993

企业名称	投资方式	批准日期	合作年限	国别	开业日期
常州中南丝绸制衣有限公司	中外合资	1992.01	15	南斯拉夫	1993.05
常州华茂毛纺织有限公司	中外合资	1992.01	12	香港	1992.07
常州集毅服饰有限公司	中外合资	1992.02	12	香港	1992.07
常州雷宁电磁屏蔽设备有限公司	中外合资	1992.02	12	香港	1992.10
常州常威电子有限公司	中外合资	1992.02	15	香港	1993.05
常州佳品电子有限公司	中外合资	1992.03	15	新加坡	1992.12
常州红翎塑料有限公司	中外合资	1992.03	15	台湾	1993.05
常州兰盛旅游用品有限公司	中外合资	1992.04	11	台湾	1992.09
常州旭东服饰有限公司	中外合资	1992.04	20	日本	1992.08
常州爱得光电子有限公司	中外合资	1992.04	15	澳大利亚	1992.10
常州华力五金工具制品有限公司	中外合资	1992.04	15	香港	1992.10
常州金源粉末涂料有限公司	中外合资	1992.04	15	香港	1992.12
常兴汽车配件修理有限公司	中外合资	1992.04	15	香港	1992.11
常州市怡和服装有限公司	中外合资	1992.04	15	香港	1992.12
常州同皓电子有限公司	中外合资	1992.04	15	台湾	1993.03
常州市南兴织带有限公司	中外合资	1992.03	12	香港	1992.11
常州利达时装有限公司	中外合资	1992.05	11	新加坡	1993.11
常州友常胜制衣有限公司	中外合资	1992.05	12	日本	1992.08
常州金环机械有限公司	中外合资	1992.05	12	香港	1992.09
常州宏远织带有限公司	中外合资	1992.06	12	台湾	1992.11
常州康盛医药化工技术开发有限公司	中外合资	1992.06	15	香港	1992.08
常州富格曼电子有限公司	中外合资	1992.07	20	香港	1993.08
常州永盛包装有限公司	中外合资	1992.07	11	香港	1992.11
常州金狮自行车变速器有限公司	中外合资	1992.07	15	香港	1992.10
常州丰亚织造有限公司	中外合资	1992.07	15	台湾	1993.01
常州耀国轴承有限公司	中外合资	1992.07	15	美国	1993.10
常州永新电器有限公司	中外合资	1992.08	25	香港	1993.05
常州天马装饰用品有限公司	中外合资	1992.08	15	香港	1992.12
常州勇达塑料制品有限公司	中外合资	1992.08	11	香港	1992.12
常州麒麟房地产开发有限公司	中外合资	1992.09	20	香港	1993.05
常州建华建设工程有限公司	中外合资	1992.09	15	台湾	1992.10
常州锦隆房地产开发有限公司	中外合资	1992.09	20	香港	1993.03
常州康达华集装箱货运有限公司	中外合资	1992.09	30	香港	1992.11

年底）

总投资额（万美元）	注册资本（万美元）	出资比例（%）	协议外资（万美元）	生产经营范围
2200.0	1000.0	43	946.0	漂白染色印花砂洗丝织品及服装
140.0	100.0	40	56.0	毛条毛纱毛衫毛针织品
104.0	73.0	40	41.6	商标和各种面料服装及饰品
80.0	60.0	30	24.0	电磁屏蔽系统及其配套设备安装服务
100.0	80.0	95	95.0	专用集成电路
70.0	50.0	30	21.0	ϕ3MM 以下镀锡引线电线电缆
112.0	80.0	30	33.6	塑料办公用品及其配件和塑料片材
70.0	50.0	40	28.0	加工包袋海滩伞旅游帐篷及旅游日用品
201.0	140.0	55	110.5	高档西裤、西服、茄克服装
57.0	40.0	25	14.3	各种望远镜，眼镜和日用小电器
70.0	50.0	45	31.5	自行车脚蹬配件及五金工具
85.0	60.0	21	17.9	有机粉末涂料
51.0	36.0	25	12.8	汽车总成件的翻新维修保养等
140.0	100.0	25	35.0	各种面料的服装、服饰品及缝制品
85.0	60.0	30	25.5	压敏电阻器及其主件，陶瓷电容器
52.0	37.0	50	26.0	各类带制品
195.0	152.0	30	58.5	电脑编织服装
100.0	70.0	71	71.0	各种面料的服装，服饰品
100.0	70.0	30	30.0	蒸压釜，压力容器，工业锅炉等
60.0	50.0	40	24.0	绳、带、针织花边
65.0	50.0	70	45.5	开发研制医药化工产品等
160.0	120.0	40	64.0	各类电子衡器
70.0	50.0	30	21.0	各类包装机械和包装制品等
140.0	100.0	30	42.0	自行车变速器及其他零部件
200.0	150.0	40	80.0	带类织物
114.0	80.0	40	45.6	轴承及其加工业务
70.0	50.0	40	28.0	自动控制监视设备等
56.0	40.0	25	14.0	室内装饰用品
80.0	60.0	25	20.0	塑料板材
1000.0	500.0	50	500.0	房地产的开发，转让或出租等
140.0	100.0	35	49.0	工程建设总承包及配套建筑装璜等
700.0	500.0	50	350.0	房地产开发，建设及其出售，转让，出租
500.0	300.0	25	125.0	集装箱、散杂货的中转运输堆放，装卸等

17—21 续表 3 (1993

企业名称	投资方式	批准日期	合作年限	国别	开业日期
中外合资常州科力制衣有限公司	中外合资	1992.08	12	加拿大	1992.11
常州兰鹏塑料有限公司	中外合资	1992.08	20	英国	1993.02
常州东邦服装有限公司	中外合资	1992.09	15	香港	1993.03
常州富豪门窗有限公司	中外合资	1992.09	15	葡萄牙	1993.05
常州市天元服饰制品有限公司	中外合资	1992.09	15	香港	1993.04
冠华时装有限公司	中外合资	1992.03	12	台湾	1992.07
常州罗曼奴服装有限公司	中外合资	1992.03	20	日本	1992.11
常州常惠发展有限公司	中外合资	1992.03	30	香港	1993.03
常州金诚通用机械有限公司	中外合资	1992.09	20	香港	1993.03
常州华陵汽车电器有限公司	中外合资	1992.09	11	日本	1993.10
富士皮件皮服有限公司	中外合资	1992.09	11	日本	1993.10
常州钟茂房地产开发有限公司	中外合资	1992.09	15	香港	1992.10
常州天宁商城开发有限公司	中外合资	1992.09	40	香港	1993.03
常州三森服装有限公司	中外合资	1992.09	11	香港	1993.10
常州锦宝电机有限公司	中外合资	1992.10	15	台湾	1992.12
常州三兴隆有色金属有限公司	中外合资	1992.10	12	香港	1993.04
常州东南机械电器有限公司	中外合资	1992.10	12	德国	1992.11
常州康乐宫有限公司	中外合资	1992.09	15	卢森堡	1993.10
常州市常富电子有限公司	中外合资	1992.10	11	台湾	1992.11
常州常隆房地产开发有限公司	中外合资	1992.10	20	香港	1993.09
常州东盛印染装饰制品有限公司	中外合资	1992.10	15	美国	1993.04
常州日升有色铸造有限公司	中外合资	1992.10	20	香港	1992.12
常州华鑫机械器材有限公司	中外合资	1992.11	12	台湾	1993.02
中国福莱西宝车辆有限公司	中外合资	1992.11	30	美国	1993.04
常州富豪装饰用品有限公司	中外合资	1992.11	20	台湾	1993.09
常州特奇登针织有限公司	中外合资	1992.11	15	香港	1993.03
常州华源电子实业有限公司	中外合资	1992.12	15	香港	1993.05
常州南洋制桶有限公司	中外合资	1992.11	12	香港	1993.06
常州天盛房地产开发有限公司	中外合资	1992.11	15	澳门	1993.03
常州鸿亿鞋业有限公司	中外合资	1992.11	15	台湾	1993.08
常州常茂生物化学工程有限公司	中外合资	1992.11	11	香港	1992.12
常州东昶工程机械有限公司	中外合资	1992.12	12	日本	1993.07
常州金龙医用塑料器械有限公司	中外合资	1992.12	11	香港	1993.06

年底）

总投资额（万美元）	注册资本（万美元）	出资比例（%）	协议外资（万美元）	生产经营范围
50.0	35.0	29	14.5	各种面料的服装及服饰品
60.0	45.5	33	19.8	软塑包装容器及其吸塑插配件
50.0	35.0	35	17.5	各种面料的服装
80.0	56.0	40	32.0	门窗
104.0	80.0	30	31.2	花边、橡筋、织带服饰制品
120.0	80.0	88	105.6	各类服装
140.0	100.0	50	70.0	各种面料的服装
556.0	278.0	25	139.0	房地产开发
140.0	100.0	35	49.0	农用运输车，拖拉机及零部件
70.0	50.0	30	21.0	汽车电器及其配件
70.0	50.0	30	21.0	皮服皮件及服装
800.0	500.0	38	304.0	商业用房等的转让出租出售建设
2000.0	800.0	40	800.0	天宁商城的开发建设及其出售等
70.0	50.0	25	17.5	服装和针织内衣
120.0	100.0	25	30.0	电机，电器及配件
70.0	50.0	64	44.8	有色金属回收及深加工
200.0	150.0	25	50.0	船用设备电器
332.1	221.4	25	83.0	中、西餐饮健身及房屋出租等
70.0	50.0	55	38.5	电脑连接线、接插件
263.0	185.0	49	128.9	房地产开发建设、配套建筑装璜
285.0	200.0	50	142.5	印花、染色提花缎装饰制品
554.0	494.0	25	138.5	加工有色金属铸件等
72.0	51.0	30	21.6	印染机械和纺织机械配件
2990.0	1200.0	50	1495.0	城市车辆及其分总成、零配件等
55.0	40.0	40	22.0	工艺彩球，工艺装饰用品等
71.0	50.0	30	21.3	各种面料的服装及服饰品
500.0	300.0	25	125.0	软磁盘，照相器材和光电磁产品
150.0	105.0	30	45.0	加工金属包装桶
1000.0	560.0	50	500.0	房地产建设，开发及其出售出租
456.0	228.0	35	159.6	鞋类及其半成品、零配件
101.0	80.0	25	25.3	L-苹果酸及医药中间体生物化工产品
112.0	80.0	51	57.1	工程机械维修，翻新
55.0	40.0	25	13.8	一次性使用医疗器械和医疗保健用品

17—21 续表 4

（1993

企业名称	投资方式	批准日期	合作年限	国别	开业日期
常州贵诺热煤炉有限公司	中外合资	1992.12	15	香港	1993.01
常州好运来鞋业有限公司	中外合资	1992.12	20	摩洛哥	1993.04
常州华讯通信设备有限公司	中外合资	1992.11	20	香港	1993.05
常州本田精密仪器有限公司	中外合资	1992.06	15	日本	1993.05
常州龙福鞋业有限公司	中外合资	1992.07	12	香港	1993.10
常州通达镀膜玻璃有限公司	中外合资	1992.07	11	美国	1993.11
常州国贸商务有限公司	中外合作	1992.08	20	香港	1993.10
常州艾仕伦花卉艺术有限公司	中外合资	1992.09	11	美国	1993.01
常州华丰机械有限公司	中外合资	1992.08	11	美国	1993.11
常州顺迪帆布制品有限公司	中外合资	1992.09	15	香港	1993.08
常州常利塑料有限公司	中外合资	1992.10	15	香港	1993.09
常州文思顿电子有限公司	中外合资	1992.11	15	香港	1993.04
常州大康保健药品有限公司	中外合资	1992.11	12	美国	1993.05
常州丰田特种压印花有限公司	中外合资	1992.11	12	香港	1993.06
常州理工自动化设备有限公司	中外合资	1992.11	11	香港	1993.10
常州金源房地产开发有限公司	中外合资	1992.12	20	香港	1993.10
常州龙城食品有限公司	中外合资	1992.12	15	香港	1993.12
常州金苹果食品有限公司	中外合资	1992.11	30	台湾	1993.06
常州龙威鞋业有限公司	中外合资	1992.01	11	香港	1992.06
常林塑料容器有限公司	中外合资	1992.07	12	香港	1992.12
常州常余塑料制品有限公司	中外合资	1992.01	12	香港	1992.12
常州东土娱乐用品有限公司	中外合资	1992.06	15	香港	1992.06
常州华港丝制品有限公司	中外合资	1992.06	11	香港	1993.03
常州常利窗帘有限公司	中外合资	1992.09	10	香港	1993.03
常州普莱特电子有限公司	中外合资	1992.04	12	香港	1992.12
常州启龙纺织仪器有限公司	中外合资	1992.12	11	香港	1993.06
常州常力发电设备有限公司	中外合资	1992.12	15	香港	1993.09
常州锦成冶金机械有限公司	中外合资	1993.01	11	香港	1993.07
常州南太建材有限公司	中外合资	1993.01	20	英国	1993.05
常州常懋鞋业有限公司	中外合资	1993.01	12	台湾	1993.07
常州鸿盛鞋业有限公司	中外合资	1993.01	15	香港	1993.07
常州赛隆电缆有限公司	中外合资	1993.01	15	美国	1993.08
常州波比皮件服饰有限公司	中外合资	1993.02	12	新加坡	1993.09

年底)

总投资额（万美元）	注册资本（万美元）	出资比例（%）	协议外资（万美元）	生产经营范围
110.0	80.0	30	33.0	载热体加热炉等
65.0	50.0	25	16.3	工艺鞋，帽及制鞋材料
70.0	50.0	40	28.0	电话机、BB机、传真机
120.0	84.0	45	54.0	精密医疗器械等
70.0	60.0	30	21.0	旅游鞋等
300.0	210.0	25	75.0	镀膜玻璃
2500.0	1200.0	25	625.0	国贸中心的建设，出售等
65.0	50.0	40	26.0	花卉、盆景、山石等
75.0	55.0	25	18.8	塑料机械
110.0	80.0	30	33.0	麻棉帆布制品、帆布袋
55.0	45.0	33	18.1	聚苯乙烯发泡塑料制品和模具
250.0	200.0	30	75.0	电子计算机及外部设备产品
55.0	40.0	25	13.8	水溶性珍珠粉等
118.0	88.0	60	70.8	特种压印花、服装制作
74.0	52.0	25	18.5	自动包装称重设备和零配件
1026.0	641.3	40	410.4	房地产
70.0	60.0	40	28.0	面制品和乳制品
57.0	40.0	51	29.1	面包等
50.0	50.0	30	15.0	旅游鞋布胶鞋
120.0	90.0	25	30.0	塑料制品
111.0	87.0	25	27.8	塑料包装容器
110.0	90.0	56	61.6	娱乐用品(叭叭)
50.0	40.0	25	12.5	服装装饰品及丝制品
80.0	60.0	33	26.4	塑料门窗，窗帘及其配件
50.0	40.0	25	12.5	数据通讯及传真通讯设备等
70.0	50.0	25	17.5	纺织机械等
50.0	35.0	50	25.0	柴油发电机组及配件
200.0	148.0	29	58.0	冶金机械设备及配件
800.0	500.0	47	376.0	水泥及其制品
52.0	38.0	25	13.0	布胶鞋
240.0	185.0	25	60.0	布胶鞋
140.0	100.0	40	56.0	电线、电缆及辅助材料
70.0	50.0	60	42.0	鞋类、皮制服装及其它皮制品

17—21 续表 5 (1993

企业名称	投资方式	批准日期	合作年限	国别	开业日期
常州东金线材有限公司	中外合资	1993.02	11	香港	1993.08
常州金狮鞍座有限公司	中外合资	1993.02	15	美国	1993.05
常州常协房地产开发有限公司	中外合资	1993.02	15	香港	1993.12
常州丰达房地产开发有限公司	中外合资	1993.02	30	西班牙	1993.04
常州乐意磁性材料有限公司	中外合资	1993.02	50	新加坡	1993.12
常州天丰房地产开发有限公司	中外合资	1993.02	15	香港	1993.10
常州金泰房地产发展有限公司	中外合资	1993.03	15	泰国	1993.06
常州丰田服饰水洗有限公司	中外合资	1993.03	12	香港	1993.06
常州大成纺织机械器材有限公司	中外合资	1993.03	11	香港	1993.07
常州富林大酒店有限公司	中外合资	1993.03	11	香港	1993.06
常州富士夜总会有限公司	中外合资	1993.03	12	日本	1993.09
常州金元福塑料有限公司	中外合资	1993.03	35	台湾	1993.06
常州康泰医疗设备有限公司	中外合资	1993.03	15	加拿大	1993.06
常州奔驰制药有限公司	中外合资	1993.03	12	匈牙利	1993.04
常州张氏房地产开发有限公司	外商独资	1993.03	15	香港	1993.07
常州雅达电子有限公司	中外合资	1993.03	15	香港	1993.08
常州坚力电子有限公司	中外合资	1993.03	15	澳大利亚	1993.06
常州南开房地产开发公司	中外合资	1993.03	20	荷兰	1993.10
常州月亮城夜总会有限公司	中外合资	1993.03	15	泰国	1993.09
常州凯达电器有限公司	中外合资	1993.03	12	香港	1993.12
常州振华橡胶制品有限公司	中外合资	1993.04	15	台湾	1993.12
常州山泰克电子有限公司	中外合资	1993.04	11	美国	1993.09
常州华辉电子设备有限公司	中外合资	1993.04	15	日本	1993.11
常州吉发富食品有限公司	中外合资	1993.04	30	台湾	1993.10
常州丽宝第阿波罗装饰材料有限公司	中外合资	1993.04	12	台湾	1993.07
常州丰田丝绸时装有限公司	中外合资	1993.04	12	香港	1993.06
常州开确塑料有限公司	中外合资	1993.04	30	香港	1993.10
常州天彩盛印染有限公司	中外合资	1993.04	11	香港	1993.07
常州金花汽车零部件有限公司	中外合资	1993.04	11	台湾	1993.06
常州菲赐福服装有限公司	中外合资	1993.04	15	香港	1993.07
常州晶磊电线电缆有限公司	中外合资	1993.05	15	台湾	1993.08
常州新月服饰有限公司	中外合资	1993.05	15	香港	1993.05
常州南方仪表有限公司	中外合资	1993.05	11	美国	1993.07

年底）

总投资额（万美元）	注册资本（万美元）	出资比例（%）	协议外资（万美元）	生产经营范围
100.0	70.0	25	25.0	电工器材
114.0	80.0	25	28.5	自行车童车摩托车键身车的鞍 座和汽车车垫
280.0	200.0	49	137.2	房地产开发建设出租出售转让和建筑装璜
200.0	150.0	30	60.0	房地产开发出租出售转让及其配套服务
180.0	130.0	25	45.0	各类铁氧体永磁材料
500.0	250.0	30	150.0	房地产开发建设出租出售转让及配套建筑装璜
160.0	120.0	33	52.8	地产开发、建设、出租出售等
72.0	55.0	80	57.6	各类服装及其面料、服饰的水洗
52.0	40.0	55	28.6	纺织用针布万能色卷磨砺机等
70.0	50.0	25	17.5	中西餐、卡拉 OK 及内供配套饮料
140.0	100.0	40	56.0	娱乐业（舞厅、卡拉 OK、游艺室、健身美容理疗）
100.0	70.0	70	70.0	各种塑料成型真空制品
50.0	35.0	40	20.0	医学工程器械器材及配套用生化试剂等
190.0	136.0	28	53.2	氢氯噻嗪等原料药
200.0	150.0	100	200.0	房地产的开发建设出租出售转让及建筑装璜
51.0	36.0	40	20.4	万用表等电子仪器及组件
56.0	40.0	30	16.8	电磁干扰（EM_1）滤波器及组件
1206.1	516.9	33	398.0	房地产开发出租出售及配套服务
128.1	93.9	58	74.3	歌舞厅及其配套服务
68.0	50.0	40	27.2	配电工具
500.0	300.0	35	175.0	橡胶制品
50.0	36.0	60	30.0	计算机软件产品等的技术开发转让咨询服务
50.0	35.0	40	20.0	各类视听、保安、通讯设备及其维修服务
64.0	45.0	60	38.4	风梨酥等食品
600.0	300.0	30	180.0	半硬质 PVC 印贴地砖和其它装饰材料
65.0	50.9	85	55.3	各类服装和丝绸时装
100.0	70.0	60	60.0	PVC 胶片，簿膜类塑料制品
114.0	80.0	25	28.5	针织品、绸制品及绒类织物的漂染印加工
140.0	100.0	25	35.0	汽车用钢板弹簧等
53.0	37.5	30	15.9	服装和服饰品
140.0	100.0	25	35.0	电工园铜线等
50.0	35.0	49	24.5	服装
65.0	50.0	25	16.3	温度监测仪器等

17—21 续表 6 (1993

企业名称	投资方式	批准日期	合作年限	国别	开业日期
常州锦菱娱乐有限公司	中外合资	1993.05	12	香港	1993.06
常州常银电机电器有限公司	中外合资	1993.06	20	香港	1993.09
常州海姆斯塑料机械有限公司	中外合资	1993.07	15	美国	1993.12
常州康乃馨服饰有限公司	中外合资	1993.07	20	英国	1993.11
常州天体仪器有限公司	中外合资	1993.07	11	美国	1993.03
常州远东精细化工有限公司	中外合资	1993.07	20	日本	1993.12
常州金震钢铁有限公司	中外合资	1993.07	12	香港	1993.09
常州高成房地产开发有限公司	中外合资	1993.08	30	日本	1993.09
常州耀卫电子材料有限公司	中外合资	1993.08	15	香港	1993.10
常州鑫汇锻造有限公司	中外合资	1993.08	15	美国	1993.12
常州名都娱乐有限公司	中外合资	1993.09	11	香港	1993.10
常州东福合金有限公司	中外合资	1993.09	12	台湾	1993.11
常州东方机械电子有限公司	中外合资	1992.07	20	美国	1992.02
溧阳市					
常州东西方乳胶制品有限公司	中外合资	1988.12	10	美国	1989.08
溧阳金宇特种纸印刷制品有限公司	中外合资	1991.03	10	澳门	1992.05
溧阳斯立美珠宝工艺品有限公司	中外合资	1991.04	10	台湾	1992.12
溧阳市华艺陶瓷有限公司	中外合资	1991.04	30	台湾	1992.06
常州精艺工具有限公司	中外合资	1991.06	10	香港	1992.01
溧阳仙客来针织有限公司	中外合资	1991.12	11	香港	1992.07
溧阳优阳丝绸有限公司	中外合资	1992.03	15	香港	1992.07
溧阳昆龙房地产开发有限公司	中外合资	1992.04	12	澳门	1992.07
溧阳绿园食品有限公司	中外合资	1992.04	11	香港	1992.07
溧阳市信中旅游服饰用品有限公司	中外合资	1992.06	11	香港	1993.10
溧阳时梦娜丝绸服装有限公司	中外合资	1992.08	10	香港	1992.11
溧阳查桑针织品有限公司	中外合资	1992.08	11	匈牙利	1992.12
溧阳利佳服装有限公司	中外合资	1992.08	15	香港	1993.10
江苏欣阳建筑安装工程有限公司	中外合资	1992.09	12	香港	1993.12
江苏洁特白日用化学品有限公司	中外合资	1992.09	15	香港	1993.05
溧阳连新彩釉瓦有限公司	中外合资	1992.11	15	台湾	1993.07
常州茅山水泥有限公司	中外合资	1992.12	15	香港	1993.09
常州麦克林重型机械有限公司	中外合资	1993.01	15	美国	1993.01
常州顺风空调设备有限公司	中外合资	1993.01	15	加拿大	1993.06

年底）

总投资额（万美元）	注册资本（万美元）	出资比例（%）	协议外资（万美元）	生产经营范围
170.0	125.0	30	51.0	水上、室内外娱乐等
285.0	200.0	25	71.3	直流电机
70.0	50.0	40	28.0	塑料机械
70.0	50.0	49	34.3	服装及服饰品
70.0	50.0	25	17.5	航海六分仪及其它仪器，仪表
80.0	56.0	27	21.6	红汞及稀金属（金、银）
142.0	100.0	40	56.8	黑色金属轧制，压延及其制品
142.0	100.0	25	35.5	房地产的开发等
1200.0	630.0	30	360.0	电磁线，R 型变压器
70.0	51.0	26	18.2	锻件及食品机械
50.0	40.0	38	19.0	舞厅、卡拉 OK、风味餐厅等
75.0	55.0	45	33.8	合金材料及元器件
80.0	60.0	25	20.0	铣槽倒角机换向器等
58.0	58.0	50	29.0	乳胶制品
65.0	53.0	35	22.8	计算机用纸等
70.0	50.0	50	35.0	中低档天然宝石、玉器，光学镜片和竹木工艺
72.0	52.0	50	36.0	工艺陶瓷等
70.0	50.5	26	18.2	金刚石工具、金属切削工具磨料、磨具
71.3	50.9	25	17.8	针织服装
80.0	80.0	25	20.0	合纤，化纤织物
108.0	80.0	35	37.8	房地产开发
70.0	50.0	60	42.0	饮料、食品
71.8	51.3	25	17.9	羽绒被、服、睡袋等
96.0	67.3	40	38.4	服装及服饰品
76.0	54.0	30	22.8	服装
50.0	40.0	25	12.5	服装
70.0	50.0	40	28.0	建筑安装
132.0	93.0	60	79.2	牙膏，洗涤剂
50.0	36.0	50	25.0	粘土彩釉瓦
438.6	315.8	25	109.7	普通水泥、高标水泥等
71.0	50.0	25	17.8	破碎机、鼓风机、煤气发生炉
55.0	40.0	25	13.8	空调器，配套风机及配件

17—21 续表 7 (1993

企业名称	投资方式	批准日期	合作年限	国别	开业日期
溧阳强力磨力磨料磨具有限公司	中外合资	1993.01	11	香港	1993.12
溧阳天一化工有限公司	中外合资	1993.02	10	香港	1993.05
溧阳联合水泥有限公司	中外合资	1993.02	12	美国	1993.12
溧阳正昌饲料工程有限公司	中外合资	1993.02	12	泰国	1993.04
常州港丽洋装饰工程有限公司	中外合资	1993.03	11	香港	1993.09
溧阳神州建设工程有限公司	中外合资	1993.04	11	香港	1993.12
溧阳桃源春酒楼有限公司	中外合资	1993.04	11	香港	1993.07
常州康泰油脂有限公司	中外合作	1993.04	12	香港	1993.10
溧阳天鸿通用机械有限公司	中外合资	1993.04	20	香港	1993.08
常州力鸿塑胶制品有限公司(溧阳)	中外合资	1993.05	12	菲律宾	1993.12
溧阳大都时服装有限公司	中外合资	1993.07	12	台湾	1993.12
常州力华麻塑有限公司	中外合资	1992.06	11	香港	1993.07
金坛市					
常州金昌建筑材料有限公司	中外合资	1990.04	15	香港	1993.08
江苏丽新制衣有限公司	中外合资	1991.05	10	香港	1992.02
常州金泰电子有限公司	中外合资	1991.06	20	香港	1992.02
常州顺发电子有限公司	中外合资	1991.11	15	香港	1992.11
常州倍华日用化工有限公司	中外合资	1992.03	12	香港	1993.02
常州港华丝绢工艺制品有限公司	中外合资	1992.07	11	香港	1992.10
常州金浩绝缘材料有限公司	中外合资	1992.07	11	香港	1992.08
常州发尔威塑胶制品有限公司	中外合资	1992.07	15	加拿大	1993.06
常州新达电子有限公司	中外合资	1993.04	11	香港	1993.12
常州长力包装有限公司	中外合资	1992.08	11	香港	1992.12
常州华美娱乐有限公司	中外合资	1992.08	11	美国	1993.09
常州康特化工有限公司	中外合资	1992.08	11	香港	1993.11
常州爱利爱利食品有限公司	中外合资	1992.08	16	香港	1993.09
常州金田化工有限公司	中外合资	1992.10	15	香港	1993.05
常州金彩建设房屋开发有限公司	中外合资	1992.12	11	香港	1993.03
常州天威链条有限公司	中外合资	1992.11	16	台湾	1993.05
常州瑞华电力电子器件有限公司	中外合资	1992.10	12	瑞典	1993.05
常州金松时装有限公司	中外合资	1992.09	11	日本	1992.12
常州华宏房地产开发有限公司	中外合资	1992.09	20	香港	1992.12
常州达盛钟表配件有限公司	中外合资	1992.10	11	香港	1993.06
常州金利珠宝工艺品有限公司	中外合资	1992.09	12	美国	1992.11

年底）

总投资额（万美元）	注册资本（万美元）	出资比例（%）	协议外资（万美元）	生产经营范围
70.0	50.0	30	21.0	磨料、磨具
70.0	50.0	25	17.5	化工染料
241.4	172.4	30	72.4	硅酸盐水泥及其制品
69.0	48.3	40	27.6	饲料成套设备畜禽养殖和屠宰加工设备安装
68.0	50.0	25	17.0	承接室内装饰装璜工程等
65.0	50.0	25	16.3	通用设备、工业专用设备等
73.0	52.1	25	18.3	饮食、娱乐业等
108.6	76.0	25	27.1	油料、食品饲料及综合副产品
62.0	45.0	27	16.7	通风设备、冶金机械和其它非标准机械
119.4	91.0	60	71.6	密胺系列餐具及民用塑料制品
58.5	45.0	56	32.8	服装、包、床上用品
80.0	60.0	33	26.4	电玉粉
60.0	46.4	51	30.6	建筑材料
80.0	80.0	30	24.0	服装
100.0	100.0	55	55.0	铝电解电容器
50.0	40.0	40	20.0	电解电容器铝壳
56.0	56.0	25	14.0	日用化工
61.0	51.8	55	33.5	丝花、手袋、丝绢工艺品
63.0	63.0	52	32.8	各种绝缘材料及其物品
160.0	120.0	50	80.0	新型塑料地砖、人造胶革及塑料制品
50.0	35.2	49	24.5	扬声器及其配件
60.0	50.0	35	21.0	纸塑复合包装购物袋
120.0	100.0	50	60.0	卡拉OK等娱乐
65.0	52.0	25	16.3	医药原料、精细化工原料
200.0	180.0	35	70.0	饼干及糕点食品
55.0	50.0	50	27.5	间苯氧基苯甲醛
97.6	73.2	50	48.8	房地产开发等
220.0	200.0	40	88.0	摩托车链条及机械传动链条
74.0	55.6	40	29.6	电力半导体等
70.0	50.0	30	21.0	服装
129.1	90.4	48	62.0	房地产开发等
65.0	50.0	34	22.1	表环及钟表配件
65.0	50.0	60	39.0	竹木纸工艺品、工艺家俱等

17—21 续表 8

(1993

企业名称	投资方式	批准日期	合作年限	国别	开业日期
常州雪鹿金属制品有限公司	中外合资	1992.08	11	台湾	1993.07
常州美嘉灯饰有限公司	中外合资	1992.08	15	台湾	1993.05
常州海云化工制品有限公司	中外合资	1992.08	15	台湾	1992.10
常州太平洋印刷纸制品有限公司	中外合资	1992.07	10	香港	1992.12
常州金晶印刷有限公司	中外合资	1992.04	12	香港	1992.07
常州大业铝型材有限公司	外商独资	1993.01	15	香港	1993.02
常州鑫丰天然色素有限公司	中外合资	1993.03	20	香港	1993.05
常州五佳针织服装有限公司	中外合资	1993.03	11	香港	1993.08
常州金碧萱麻纺织品有限公司	中外合资	1993.04	10	香港	1993.06
常州群乐不锈钢精品有限公司	中外合资	1993.04	11	美国	1993.07
常州金岭金属制品有限公司	中外合资	1993.04	12	香港	1993.08
常州海丰金属材料有限公司	中外合资	1993.05	12	美国	1993.11
常州蒙莉莎时装有限公司	中外合资	1993.05	12	香港	1993.05
江苏利风床上用品有限公司	中外合资	1993.05	15	香港	1993.11
常州金远药业制造有限公司	中外合资	1993.06	30	美国	1993.10
常州华鹰服装有限公司	中外合资	1993.10	12	香港	1993.11
常州环宇盘式电机有限公司	中外合资	1993.10	11	美国	1993.12
武进县					
常州华艺铝型材有限公司	中外合资	1986.05	15	香港	1989.12
鸿联新型灯具装饰器材有限公司	中外合资	1987.06	15	香港	1987.12
常州大发灯泡有限公司	中外合资	1988.08	15	香港	1989.05
常州仁忠纺织有限公司	中外合资	1988.10	15	台湾	1989.07
常州江南电子有限公司	中外合资	1988.10	10	香港	1989.12
常州芙新电子有限公司	中外合资	1988.12	10	香港	1988.12
常州精通电子有限公司	中外合资	1989.01	12	香港	1991.07
常州余香家禽养殖有限公司	中外合资	1989.02	15	台湾	1989.09
常州南勤电子有限公司	中外合资	1989.10	10	澳门	1989.11
常州联顿橡胶制品有限公司	中外合资	1990.01	15	香港	1992.04
常州艺宝旅游用品有限公司	中外合资	1990.05	10	香港	1992.10
常州华昌国际集装箱有限公司	中外合作	1990.05	15	香港	1991.03
常州世界链轮有限公司	中外合资	1990.08	15	日本	1990.12
常州华光塑料制品有限公司	中外合资	1990.09	10	香港	1990.11
常州发利达特种照明器材有限公司	中外合资	1990.11	10	香港	1991.02

年底）

总投资额（万美元）	注册资本（万美元）	出资比例（%）	协议外资（万美元）	生产经营范围
140.0	100.0	45	63.0	金属工艺制品
90.0	65.0	32	28.8	烛型灯泡及配套产品
65.0	52.0	30	19.5	化工防腐材料及其制品
75.0	55.0	36	27.0	印刷品、纸制品
128.0	108.0	28	35.8	印刷品、纸制品
100.0	83.0	100	100.0	铝型材
172.0	120.4	25	43.0	天然植物色素制品
68.8	51.6	40	27.5	服装及服装面料
113.0	31.9	36	40.7	萱麻制品
60.8	48.7	42	25.5	不锈钢西餐具、灶具等不锈钢产品
200.0	150.0	40	80.0	多种钢材、坯料
230.0	162.0	35	80.5	铸钢件等
76.0	56.0	42	31.9	各类服装
240.0	208.0	25	60.0	服装
150.0	105.0	52	78.0	冻干粉针剂等
50.0	36.0	42	21.0	服装及服装面料
78.0	55.0	30	23.4	盘式电机及配套小型机械
140.0	140.0	30	42.0	铝合金型材、地板
136.0	136.0	25	34.0	灯具，装饰器材及配套服务
55.0	55.0	30	16.5	灯泡，灯头
100.0	70.0	50	50.0	马海毛、毛制品
100.0	70.0	50	50.0	碳膜电阻器，金属膜电阻器
250.0	180.0	25	62.5	录像带、盒等家用电器元件
100.0	70.0	30	30.0	中高压瓷介电容器
50.0	42.0	80	40.0	家禽养殖、饲料、羽绒加工、苗艺
75.0	50.0	30	22.5	拉杆天线
50.0	38.0	23	11.5	橡胶瓶塞
60.0	48.0	25	15.0	包袋
285.0	200.0	40	114.0	标准箱
140.0	100.0	30	42.0	传动件
80.0	57.0	40	32.0	塑料簿膜制品
50.0	35.0	30	15.0	金属卤化物灯

17—21 续表 9 (1993

企业名称	投资方式	批准日期	合作年限	国别	开业日期
常州常勤电子有限公司	中外合资	1991.02	12	香港	1991.07
常州金牛化工有限公司	中外合资	1991.03	15	日本	1992.01
常州顺隆织带有限公司	中外合资	1991.04	10	香港	1991.07
常州盛昌橡塑模具有限公司	中外合资	1991.04	15	澳门	1991.09
常州商都制笔有限公司	中外合资	1991.04	10	加拿大	1993.06
常州华文印刷新技术有限公司	中外合资	1991.04	10	美国	1991.08
常州星宇光纤电子工艺品有限公司	中外合资	1991.06	12	香港	1992.08
常州兴源印花有限公司	中外合资	1991.06	12	香港	1992.04
常州天新利灯饰有限公司	中外合资	1991.06	10	香港	1992.03
常州康达制药有限公司	中外合资	1991.06	15	香港	1991.12
常州华美电子有限公司	中外合资	1991.06	10	香港	1992.03
常州胜田电子有限公司	中外合资	1991.06	10	香港	1992.03
常州黎明铝装饰品有限公司	中外合资	1991.08	10	香港	1993.04
常州罗雅莉服装有限公司	中外合资	1991.08	15	台湾	1993.11
常州林龙膜塑有限公司	中外合资	1991.09	10	香港	1992.06
常州新泽电子有限公司	中外合资	1991.08	10	香港	1992.01
常州康毅钟表有限公司	中外合资	1991.09	12	香港	1992.08
常州特力化工有限公司	中外合资	1991.09	12	香港	1993.03
常州环球塑料有限公司	中外合资	1991.09	12	香港	1992.01
常州蓉利电子有限公司	中外合资	1991.01	11	香港	1992.06
常州万达光电有限公司	中外合资	1991.09	12	台湾	1992.04
常州康达利化工有限公司	外商独资	1991.10	20	香港	1992.05
常州狄龙精竹制品有限公司	中外合资	1991.11	11	香港	1992.05
常州兴华包装材料有限公司	中外合资	1991.12	11	香港	1992.04
常州聚荣制药有限公司	中外合资	1991.12	15	香港	1992.01
常州嘉鸿光电器件有限公司	中外合资	1991.12	12	台湾	1992.06
常州华隆电器有限公司	中外合资	1991.12	12	香港	1992.07
常州雅玛特光电机有限公司	中外合资	1992.01	12	日本	1992.06
常州武新化工有限公司	中外合资	1992.01	15	新西兰	1992.04
常州英豪化纤织造有限公司	中外合资	1992.01	12	香港	1993.04
常州创成塑料机械有限公司	中外合资	1992.02	12	香港	1992.04
常州同威化工有限公司	中外合资	1992.03	15	香港	1992.06
常州宏昌电子有限公司	中外合资	1992.03	15	香港	1992.08

年底)

总投资额（万美元）	注册资本（万美元）	出资比例（%）	协议外资（万美元）	生产经营范围
70.0	50.0	25	17.5	可变电容器
80.0	65.0	60	48.0	染料中间体
50.0	35.0	30	15.0	织带产品
50.0	35.0	45	22.5	橡胶、塑料模具
100.0	80.0	25	25.0	铅笔、文具盒
70.0	50.0	70	49.0	经营 POST SCRPT 汉字库
57.0	40.0	50	28.5	塑料光学纤维
100.0	70.0	35	35.0	转移印花纸、化纤布
50.0	35.0	50	25.0	灯具、配件
54.0	38.0	50	27.0	雷尼替丁、西米替丁
140.0	100.0	35	49.0	接插件、蜂鸣器开关及元器件
50.0	35.0	30	15.0	电话机连接线，听筒线和接插件
70.0	50.0	50	35.0	美格铝合金门窗等
50.0	35.0	40	20.0	服装
50.0	35.0	30	15.0	塑料制品和模具台式电话机塑壳
50.0	36.0	25	12.5	碳膜电位器，太阳能手电筒
70.0	50.0	25	17.5	石英钟及其配件
100.0	70.0	40	40.0	刹车液和传动液
50.0	35.0	30	15.0	彩色塑料粒子和塑料制品
410.0	260.0	25	102.5	磁碟
70.0	50.0	30	21.0	灯泡灯串
210.0	150.0	100.0	210.0	化工医疗原料及其中间体
100.0	70.0	35	35.0	竹制品
70.0	50.0	25	17.5	麻塑交织包装材料及其制品
100.0	70.0	30	30.0	保健营养品
110.0	77.0	35	38.5	电子显示器件
50.0	35.0	40	20.0	清洁器
51.0	36.0	70	35.7	透镜等
70.0	50.0	30	21.0	丙二酸
370.0	260.0	25	92.5	纯化纤，混纺纱为原料的高档异型涤丝仿花
140.0	100.0	25	35.0	塑料工业专用设备
51.0	36.0	50	25.5	甲硝唑
50.0	35.0	30	15.0	电子接插件

17—21 续表 10 (1993

企业名称	投资方式	批准日期	合作年限	国别	开业日期
常州亿利勤皮革有限公司	中外合资	1992.03	12	香港	1992.10
常州泳业电子有限公司	外商独资	1992.03	15	香港	1992.06
常州凯达冶金机械设备有限公司	中外合资	1992.03	12	马来西亚	1992.11
常州利源化工有限公司	中外合资	1992.04	15	香港	1992.06
常州凯源服装有限公司	中外合资	1992.03	11	香港	1992.09
江苏多宝珠制药有限公司	中外合资	1992.04	12	泰国	1992.07
常州华蓉电子有限公司	中外合资	1992.05	12	台湾	1993.04
常州宏仁金属工艺品有限公司	中外合资	1992.05	12	美国	1992.06
常州太平洋电力设备有限公司	中外合资	1992.05	12	新加坡	1992.10
常州福安电器有限公司	中外合资	1992.05	12	香港	1992.07
常州龙源保健食品有限公司	中外合资	1992.05	15	香港	1993.01
常州飞虹织带有限公司	中外合资	1992.06	15	香港	1992.11
常州百宝力鞋业有限公司	中外合资	1992.06	12	香港	1992.09
常州东立铸造有限公司	中外合资	1992.06	12	美国	1992.11
常州华盛毛纺有限公司	中外合资	1992.06	12	香港	1992.09
常州江海鞋业有限公司	中外合资	1992.06	12	香港	1993.06
常州爱和电子有限公司	中外合资	1992.07	15	日本	1993.09
常州昌力电子有限公司	中外合资	1992.07	12	香港	1992.07
常州万胜包装制品有限公司	中外合资	1992.07	15	香港	1993.03
常州嘉丰金属装饰制品有限公司	中外合资	1992.07	12	台湾	1993.06
常州利泉达塑料制品有限公司	中外合资	1992.07	15	香港	1993.04
常州凤凰化工有限公司	中外合资	1992.07	15	香港	1992.12
常州晶达金刚石有限公司	中外合资	1992.07	12	香港	1992.12
常州亿佳电子有限公司	中外合资	1992.08	15	美国	1993.07
常州江南塑胶制品有限公司	中外合资	1992.08	15	香港	1993.08
常州常隆粘扣带有限公司	中外合资	1992.08	12	香港	1993.06
常州大西洋童车有限公司	中外合资	1992.08	12	巴西	1992.10
常州华安建筑材料有限公司	中外合资	1992.08	11	台湾	1992.09
常州左新毛绒制品有限公司	中外合资	1992.08	15	台湾	1993.11
常州永平灯饰有限公司	中外合资	1992.08	11	香港	1993.03
常州万富电子有限公司	中外合资	1992.08	12	香港	1993.01
常州利景搪玻璃设备有限公司	中外合资	1992.08	15	香港	1992.10
常州恒达油品有限公司	中外合资	1992.09	12	台湾	1993.08

年底）

总投资额（万美元）	注册资本（万美元）	出资比例（%）	协议外资（万美元）	生产经营范围
178.0	125.0	28	49.8	PU 湿式琅皮
140.0	100.0	100	100.0	电阻器件等
285.0	200.0	25	71.3	铸铁轧辊
100.0	70.0	60	60.0	咪唑基甲硫乙基异硫
70.0	50.0	40	28.0	服装
90.0	65.0	48	43.2	中华多宝珍珠口服液等
400.0	228.0	25	100.0	电子调谐器
70.0	50.0	40	28.0	金属工艺品
210.0	150.0	35	73.5	高低压配电装置及其配件
56.0	40.0	25	14.0	纺织电器、仪器及零件
80.0	60.0	30	24.0	八宝粥及保健食品
78.0	56.0	40	31.2	带制品
140.0	100.0	40	56.0	皮鞋
70.0	50.0	25	17.5	铸件及球墨铸铁
160.0	120.0	40	64.0	毛条
200.0	140.0	30	60.0	运动鞋
600.0	350.0	25	150.0	彩电、录机相一体及相关产品
80.0	56.0	25	20.0	印刷线路板等
75.0	53.0	40	30.0	塑料包装容器
188.0	138.0	40	75.2	金属装饰制品
130.0	91.0	35	45.5	PVC 红泥塑料制品
70.0	55.0	27	18.9	6—甲基脲密定
80.0	56.0	32	25.6	金刚石及其制品
100.0	70.0	80	80.0	光电管、传真机、金属工艺品
70.0	50.0	49	34.3	塑料再生塑料和塑料制品
114.0	80.0	26	30.0	尼龙粘扣带
85.0	60.0	25	21.3	童车及其配件
52.0	37.5	40	20.8	建筑防水材料等
260.0	185.0	30	78.0	玩具绒
50.0	35.0	49	24.5	节能灯及其配件
100.0	70.0	25	25.0	电容器及其电子元件
56.0	40.0	25	14.0	化工设备及其配件
80.0	60.0	25	20.0	白油、润滑油脂

17—21 续表 11 (1993

企业名称	投资方式	批准日期	合作年限	国别	开业日期
常州龙泰电器附件有限公司	中外合资	1992.08	12	香港	1993.11
常州宾德化工有限公司	中外合资	1992.09	30	香港	1993.01
常州富和制衣有限公司	中外合资	1992.09	15	台湾	1992.12
常州新德纺织机械有限公司	中外合资	1992.09	12	香港	1992.11
常州常天塑料有限公司	中外合资	1992.09	15	美国	1993.12
常州常高制冷配件有限公司	中外合资	1992.09	15	香港	1993.07
新中装饰材料有限公司	中外合资	1992.08	12	香港	1992.12
常州铭福电子有限公司	中外合资	1992.09	15	香港	1993.07
常州森宝时装有限公司	中外合资	1992.09	12	新加坡	1993.06
常州新龙纺织有限公司	中外合资	1992.09	12	香港	1993.05
常州华怡纺织器材有限公司	中外合资	1992.06	12	香港	1992.10
常州联发不锈钢型材有限公司	中外合资	1992.10	15	台湾	1993.03
常州泰华化工有限公司	中外合资	1992.10	15	泰国	1993.01
常州信发汽车配件有限公司	中外合资	1992.10	15	台湾	1993.09
常州艺林旅游用品有限公司	中外合资	1992.10	11	香港	1993.08
常州丰裕医用材料有限公司	中外合资	1992.10	15	美国	1993.10
常州欧士达电气有限公司	中外合资	1992.10	12	香港	1993.05
常州丰顺亨染料有限公司	中外合资	1992.10	15	香港	1993.05
常州益升拆船有限公司	中外合资	1992.10	12	台湾	1993.09
常州后肖灯饰有限公司	中外合资	1992.11	15	香港	1993.01
常州振华滑轮有限公司	中外合资	1992.11	15	香港	1993.05
常州益裕印染有限公司	中外合资	1992.11	12	台湾	1992.12
常州中利电子音响有限公司	中外合资	1992.12	12	香港	1993.08
常州柏春有色金属有限公司	中外合资	1992.12	15	台湾	1993.04
常州东方精细化工有限公司	中外合资	1992.12	15	新加坡	1993.07
常州红宝石化学有限公司	中外合资	1992.12	12	澳大利亚	1993.03
常州中新制冷机械有限公司	中外合资	1992.12	11	台湾	1993.05
常州永星游艇有限公司	中外合资	1992.12	12	日本	1993.04
武进东方羽绒服装有限公司	中外合资	1992.12	12	俄罗斯	1993.03
常州丰厚服装有限公司	中外合资	1993.01	12	日本	1993.03
常州海峡医疗设备有限公司	中外合资	1993.01	15	台湾	1993.08
武进神泰化工有限公司	中外合资	1993.01	12	泰国	1993.05
常州永发不锈钢型材有限公司	中外合资	1993.01	12	台湾	1993.11

年底）

总投资额（万美元）	注册资本（万美元）	出资比例（%）	协议外资（万美元）	生产经营范围
70.0	50.0	40	28.0	电话连接线等
200.0	140.0	51	102.0	2.3—三氯
56.0	40.0	25	14.0	服装
56.0	40.0	25	14.0	纺织印染机械及配件
800.0	540.0	30	240.0	ABS树脂
100.0	70.0	25	25.0	境面花纹铝板
50.0	40.0	26	13.1	建筑装饰材料及售后服务
70.0	50.0	30	21.0	特种扬声器
220.0	166.0	40	88.0	服装
52.0	37.0	45	23.4	化纤布
85.0	60.0	25	21.3	钢箱、机片及纺机配件
200.0	160.0	25	50.0	焊不锈钢型材及其制品
100.0	70.0	40	40.0	印染助剂
110.0	80.0	52	57.2	内燃机起动电机等
100.0	70.0	50	50.0	伞类及旅游用品
500.0	310.0	25	125.0	一次性医用手术巾
70.0	50.0	30	21.0	通讯电缆、电力电缆及电缆料
70.0	50.0	25	17.5	还原染料、分散染料和印染助剂
80.0	60.0	55	44.0	拆解废钢船、废电机、废电缆
62.0	45.0	45	27.9	装饰灯具及五金装饰板
70.0	50.0	25	17.5	起重滑轮及港口机械配件
80.0	60.0	25	20.0	染色布、方巾布
62.0	60.0	25	15.5	系列扬声器及其它各类电声器件
70.0	50.0	40	28.0	3M/M以上铜盘条等
100.0	70.0	50	50.0	白油、气雾剂、推进剂等
80.0	56.0	40	32.0	羊毛脂精细化工产品
70.0	50.0	55	38.5	制冷机械送风机及配件
50.0	40.0	25	12.5	玻璃钢游艇及其零配件
50.0	35.0	30	15.0	羽绒制品、服装和床上用品
52.0	40.0	62	32.2	服装和床上用品
50.0	35.0	40	20.0	一次性输液管
57.0	40.0	25	14.3	二—氨基乙磺酸
200.0	160.0	25	50.0	不锈钢型材及其制品

17—21 续表 12 （1993

企业名称	投资方式	批准日期	合作年限	国别	开业日期
常州进发包装材料有限公司	中外合资	1993.02	18	香港	1993.05
常州美锋照明电器有限公司	中外合资	1993.02	12	美国	1993.11
常州利尔康保健药品有限公司	中外合资	1993.02	12	香港	1993.08
常州雷润保安器材有限公司	中外合资	1993.02	12	香港	1993.04
常州声龙电子音响有限公司	中外合资	1993.02	15	台湾	1993.06
常州鸿威金属制品有限公司	中外合资	1993.02	11	香港	1993.08
常州森泰饮料食品有限公司	中外合资	1993.03	11	香港	1993.06
常州晶毅纺织印染有限公司	中外合资	1993.03	12	香港	1993.05
常州鸿安照明电器有限公司	中外合资	1993.03	11	香港	1993.12
常州锦康纺织服装有限公司	中外合资	1993.03	12	香港	1993.04
常州永昌不锈钢装饰材料有限公司	中外合资	1993.03	12	香港	1993.11
常州华力金属制品有限公司	中外合资	1993.03	15	香港	1993.08
常州富利电子有限公司	中外合资	1993.06	15	香港	1993.11
常州新钟化工有限公司	中外合资	1993.06	15	香港	1993.07
常州亚太钢铁有限公司	中外合资	1993.06	12	香港	1993.11
常州永中塑胶制品有限公司	中外合资	1993.06	12	澳门	1993.06
常州安华通信设备有限公司	中外合资	1993.06	11	香港	1993.11
常州高惠车辆配件有限公司	中外合资	1993.06	20	香港	1993.08
常州威利来电子音响器材有限公司	中外合资	1993.06	12	德国	1993.10
常州永达化工有限公司	中外合资	1993.06	12	法国	1993.11
常州东达化纤有限公司	中外合资	1993.06	12	香港	1993.07
武进海马锻造有限公司	中外合资	1993.06	12	香港	1993.11
常州新麟蓄电池有限公司	中外合资	1993.07	12	台湾	1993.11
常州长城锻造有限公司	中外合资	1993.07	12	香港	1993.11
常州金贝有色金属有限公司	中外合资	1993.03	12	香港	1993.05
常州美进泰克金属制品有限公司	中外合资	1993.04	25	美国	1993.11
常州天达机械有限公司	中外合资	1993.04	20	美国	1993.07
常州珍宝保健品有限公司	中外合资	1993.04	12	美国	1993.08
武进常荣精竹地板有限公司	中外合资	1993.04	12	台湾	1993.11
常州后肖建筑装饰工程有限公司	中外合资	1993.04	15	美国	1993.07
常州巨霸电子有限公司	中外合资	1993.05	12	香港	1993.11
常州灵尔惠纺织器材有限公司	中外合资	1993.05	11	香港	1993.06
武进安华丝绸印染有限公司	中外合资	1993.05	12	香港	1993.11
常州长运制革皮件有限公司	中外合资	1993.05	15	台湾	1993.07
常州吉宏化工有限公司	中外合资	1993.05	12	澳大利亚	1993.06
武进金程橡塑制品有限公司	中外合资	1993.05	12	香港	1993.12
武进华星化工有限公司	中外合资	1993.05	12	香港	1993.12
常州月宫冷藏设备有限公司	中外合资	1993.05	15	香港	1993.10
常州环球长青珠宝有限公司	中外合资	1993.10	12	香港	1993.11
常州浩进化工有限公司	中外合资	1993.09	12	香港	1993.11

年底）

总投资额（万美元）	注册资本（万美元）	出资比例（%）	协议外资（万美元）	生产经营范围
80.0	60.0	25	20.0	塑料包装材料及其制品
50.0	35.0	30	15.0	照明电器
80.0	60.0	25	20.0	中国虎威丸健脑灵胶月见草油脂西洋参口服液
70.0	50.0	30	21.0	保安及监控器材
350.0	250.0	51	178.5	特种扬声器和音响设备
112.0	80.0	60	67.2	铜铝铸件、灯饰建筑、日用五金
50.0	36.0	30	15.0	饮料和食品
80.0	64.0	31	24.8	棉麻纱线及餐巾布
142.0	100.0	50	71.0	灯具及电器、建筑、五金、餐具
65.0	52.0	30	19.5	纺织面料及其制品
380.0	210.0	30	114.0	不锈钢装饰材料及售后按装服务
70.0	50.0	25	17.5	冷轧罗纹钢及金属制品
70.0	50.0	30	21.0	电容器及其电子元器件
70.0	50.0	40	28.0	AS 型色粉化工原料
77.0	55.0	46	35.4	钢材及其制品
57.0	40.0	25	14.3	塑料制品、玻璃钢制品等
80.0	56.0	30	24.0	程控交换机、电源配线架、变压器
250.0	200.0	60	150.0	汽车、摩托车灯具及配件
108.0	90.0	39	42.1	讯响器及电子音响器件
110.0	80.0	25	27.5	三氯乙烷等
300.0	200.0	25	75.0	丙纶 FDY 工业用丝
70.0	50.0	30	21.0	锻件和轴承
72.0	50.4	25	18.0	阴阳极、收式全密封维护铅、蓄电池
70.0	50.0	26	18.2	汽车锻打件
85.0	60.0	30	25.5	钢铁产品
52.0	36.4	30	15.6	玻璃切割机、图书设备用品等
74.0	52.0	25	18.5	纺织机械建筑机械及其配件
50.0	40.0	25	12.5	珍珠保健品
120.0	89.0	25	36.0	竹制品
80.0	60.0	25	20.0	建筑装饰材料及其装饰、装璜
150.0	115.0	50	75.0	排式电阻
55.0	40.0	25	13.8	纺织器材
250.0	175.0	45	112.5	印染丝绸
55.0	38.5	39	21.5	原皮制革、皮革制品及皮革用化工产品
98.0	75.0	40	39.2	硝基甲烷等
100.0	80.0	25	25.0	橡塑制品
150.0	110.0	25	37.5	硫代硫酸钠等
70.0	50.0	25	17.6	冷藏设备及其零配件、玻璃钢及其制品
85.0	60.0	50	42.5	珍珠工艺制品
70.0	50.0	30	21.0	颜料、印花涂料

发挥集团经济优势、向国内外市场进军

金狮集团公司　　董事长兼总经理　刘宜立

金狮集团公司建于1976年，目前已成为国家大型一档企业，中国自行车行业五大名牌企业之一，具有自营进出口权，并成立了保税集团。1992年销售收入列国家500家最大工业企业第206位，国内200家最大轻工企业第7位，江苏省轻工企业首位。1993年销售收入突破10.85亿元，出口创汇1016万美元，实现利税8000万元。

金狮集团目前拥有10家子公司，17个所属厂，1个研究所，1个职工医院，4家控股企业和2家海外合资企业。公司占地面积50余万平方米，建筑面积32万平方米，企业资产总计达5亿元，职工8841人，其中工程类和经济类等各类专业人员1400余人。

“金狮”主要产品有：自行车、摩托车、助力车、童车、健身器材、康复器材，沙滩吊床，汽车前后桥，自行车零件等。其中金狮牌自行车拥有205mm～710mm十大系列，200余个品种。

金狮牌自行车曾荣获国家银质奖，出口产品金奖和北京国际博览会金奖。畅销国内各省、市，远销美国、法国、巴西、印尼、阿根廷，加拿大等37个国家和地区。金狮商标是常州市和江苏省名列前茅的著名商标，获中国驰名商标提名奖。

金狮集团公司是以自行车起步发展的，目前已经形成全方位多种产业的发展格局。“九五”期末，公司销售收入力争突破40亿元，利税6亿元，出口创汇5000万美元以上，成为跨地区，跨行业、跨所有制、跨国界的大型企业集团。

适应地方工业需求　大力发展钢材品种

江苏武进钢铁集团公司　董事长总经理　叶忠大

江苏武进钢铁集团公司位于常州戚墅堰，企业占地45万平方米，并拥有一个占地35万平方米的疗养、副业基地。公司下辖19个厂（公司），是一个拥有炼钢、初轧、轧材、热电、拆船、运输、物资等，多元化发展的大型企业集团。

全公司年生产能力为钢25万吨，钢坯30万吨，钢材40万吨，电1.2亿千瓦时，拆船2万轻吨。主要产品有：20MNSi、Q195、Q215、Q235、45＃～60＃钢锭；60×60～105×105方坯；φ5.5～φ8mm线材；φ10～φ25mm园钢、带肋钢筋，碳结园钢以及无缝钢管、扁钢、角钢等。

1993年全公司实现销售收入5.3亿元，利税0.6亿元，列全县第一，在省内同行业列第六。1994年集团公司将通过挖潜与技改相结合，力争在1993年基础上实现翻番，全年销售收入超过11亿元，利税超过0.8亿元。

加强企业内部管理　实现最佳经济效益

常州林业机械厂　厂长　尚德鑫

我厂是林业部直属生产林业集运和装卸机械的专业化工厂。工厂现有职工1496人，各类技术人员354人，占职工总数的23.66%；占地面积23.47万平方米，建筑面积14万平方米。主要产品有装车绞盘机和轮式装载机两大系列产品，绞盘机有JZ2—3、JZ2—3D两种型号；装载机有ZLM15、ZLM30、ZLM50、ZLM60及WA300—1、WA470—1（与日本小松合作生产）

六种规格，其中ZLM30装载机和JZ2—3绞盘机获得国家银质奖。近几年来，工厂取得了长足发展，先后荣获了“六五”、“七五”技术进步全优企业、全国职工教育先进单位、国家一级计量合格单位、国家二级企业、全国节能先进企业、中国机电工业企业管理优秀单位、国家质量管理奖、全国“五一”劳动奖状单位等国家级荣誉称号。

1993年，主要经济效益指标创历史最好水平，销售收入达到35690万元，比上年增长77%；实现利税4701万元，比上年增长115.15%；其中利润3548万元，比上年增长105.21%；人均创利税31424元。主要经济效益指标在林机行业保持领先地位，被林业部长誉为林业部“排头兵”，综合经济效益指标名列常州市工业企业的第一名，在全国工程机械190家主要工业企业中，最佳经济效益排列第四，最大经营规模排列第八。

老厂改革换新颜　开拓经营增效益

戚墅堰机车车辆厂　　厂长　杨维书

1993年，戚墅堰机车车辆厂深化内部配套改革，试行了全员劳动合同制，实行了岗位技能工资制，从而激发了职工的积极性。全年产品销售收入达到6.3亿元，实现利税4646万元。积极开拓两个市场，多经销售收入达到1.5亿元，创汇136万美元，并顺利完成了拉萨火电厂工程改造，实现了并网发电。连续5年被列为全国500家最大工业企业之一。

工厂是铁道部所属的大一型综合性机械加工企业，始建于1905年。现有职工1.18万人，其中各类技管人员3千名。工厂全部占地面积171万平方米，拥有固定资产3.66亿元，各种机械动力设备4千余台，有齐全的理化试验、计量和检测手段。

工厂主要承担铁路干线内燃机车、货车、大功率柴油机、柴油机发电机组、机货车转向架等大宗产品及其零部件的制造和修理，并可生产大型锻铸件和多种风动工具，进行大型零件氮化热处理及机械设备维修和锻模、铸模、压模等各类模具的设计制作。目前工厂新产品不断试制成功，批量生产的东风8型机车——我国单机功率最大的货运内燃机车，功率3310千瓦，最大时速100公里；试制成功东风9型机车——新型大功率干线客运内燃机车，功率3610千瓦，最大时速140公里；试制成功东风11型机车——准高速干线客运内燃机车，交直流电传动、微机控制、故障检测显示、空调司机室，最大时速180公里；试制成功东风11型机车——准高速干线客运内燃机车，交直流电传动、微机控制、故障检测显示、空调司机室，最大时速180公里。工厂老产品上档次，13号车钩获国家金奖，东风8机车、C62A货车、RD2车轴、240气阀和缸套、转8A侧架、QB30风板机，分别获部、省优产品称号。

电　话：8771711
邮　编：213011

靠科技求发展　靠质量求效益

中美合资常州托利多电子衡器有限公司　总经理　罗　群
副总经理　唐文炳

常州托利多电子衡器有限公司，是我国衡器制造行业第一家中外合资企业。公司引进了国际一流的先进技术，专业生产、经营高精度称重传感器、称重显示仪和各种工业、商用电子衡器，是国家主要定点生产基础之一。

公司自1988年开业以来，在认真消化、吸收引进技术的基础上，立足自身技术力量组织产品开发和改进，历年保持高水平技改投入，以确保公司产品在同行业中的技术优势；同时，该公司认真贯彻“让每个用户都满意”的质量方针，并在生产过程中全面推行国际先进的质量管理和质量保证体系ISO9000，依靠产品的质量优势参与市场竞争。

六年来，公司各项经济指标每年以超过50％的幅度增长，在全国衡器行业中处于领先地位。公司自1990年起连续三年进入全国500家最佳经济效益工业企业排序；1992年荣获全国仪器仪表行业十强企业称号，并入选江苏省工业三资企业50佳行列。1993年常州托利多公司生产经营又创佳绩，公司全年完成销售收入10851万元，实现利税3023万元，分别比上年增长100％和73％，人均利税9.88万元，人均利润8万元，成为中国最大日用电器制造行业利税百强企业之一。

天马腾飞　前程似锦

天马集团公司　总经理　王年谷

天马集团公司是我国生产不饱和聚酯树脂、玻璃纤维制品玻璃钢原材料的大型骨干企业。建于1960年，经过三十多年的发展，目前已成为国内产量最大，质量最优、品种最多、产品覆盖面最广的玻璃钢原材料基地。现有职工2500多人，具有各类科技人员350多人，公司主要产品：天马牌不饱和聚酯树脂及配套辅料，玻璃纤维纱和布；玻璃纤维 薄毡；覆铜箔板和冷却塔等玻璃钢制品，其中196＃不饱和聚酯树脂、CWR400玻璃纤维布分获国家银质奖；不饱和聚酯树脂为系列省优产品，EW100玻璃布、CW180玻璃布为部优产品；玻璃纤维薄毡生产线系我公司与中国新型建筑材料公司合资从德国舒拉公司引进，年产量为7000万平方米，生产技术达国际先进水平，产品被广泛应用于塑料地板、屋面防水材料和壁纸的基材。公司在长期的经营活动中深得广大用户信赖，产品畅销全国28个省、市、自治区的900多个单位，部分产品远销海外。1993年完成销售收入2亿多元，实现利税2600多万元。公司先后荣获国家二级企业、全国思想政治工作优秀企业、全国“五一”劳动奖状、全国建材行业红旗企业等三十余项省以上荣誉称号。

中华多宝滋补品　增强体质好补品

江苏中华多宝集团公司　总经理　陈国方

江苏中华多宝集团公司是以常州市中华多宝保健品厂为核心的镇办集体企业，主要生产以珍珠为原料的中华多宝珍珠系列保健品，现在企业注册资金为4218万元，已形成了核心层，紧密层，半紧密层和松散层4个层次，成为一个集外向型，综合性，跨地域的现代化联合企业，由于公司以爱心、科学、健康为宗旨，使企业产值连年迅速上升，1993年产值达1.68亿元，完成利税3288万元。

主要产品中华多宝珍珠口服液，是在中国科学院、国家计划委员会，自然资源综合考察委员会根据企业发现的一碗珍珠水而组织科学家研制而成的新型保健药品，系珍珠(珠宝)、高维果(果宝)、绞股蓝(参宝)等精制而成。公司具有先进设备，成为规模生产，目前日产量最高可达200万支，几年来投放市场3亿支，从未发现不合格产品。此外冲剂，胶囊、粉剂产品也逐步进入现代化生产的规模、创办以来，经受了省、市、县等药检部门的几十次质量检验和企业验收都得很高的评价和表彰。

向高科技攀登　向集团化发展

常州国光电子总公司　　总经理　徐国礼

常州国光电子总公司是以常州电子计算机厂为骨干组建的高科技公司，位于长江金三角地区，国家一级企业，全民所有制性质。总公司占地面积58000余平方米，员工1000余名，固定资产5000余万元，在常州、北京、深圳、香港、美国等地设有十六个分公司，已基本形成“五点一线”的现代公司新格局。为建立现代公司新制度、创外向型经济新局面打下了基础。

常州国光电子公司坚持深化企业内部改革，转换经营机制，积极推进企业技术进步，并努力把产品建立在CAD、CAT、CAM、SMT、ALSC、RISC等技术平台上，新品产值率达95％。十余年来，总公司主要经济指标实现了稳定同步的持续增长，经济效益在全国同行业中处于领先地位。被国家技术监督局93年质量万里行宣传组委推荐为123家质量好效益高企业之一，被中国电子企协评选为93年全国电子行业优秀企业(金桥奖)。目前，总公司已具有年产10万台中西文显示终端，2万台调制解调器、5万线程控交换机和1千标准台电磁屏蔽室的生产能力。总公司质量保证体系健全有效，主导产品均采用国际标准生产，曾荣获多项国家金、银质奖和部优省优称号。总公司以市场和用户需要为经营目标，在全国十多个大城市和中心城市设有办事处，已建立起覆盖全国的大型一体化的销售服务网络，售出产品实行质量责任保险。在93年中国计算机用户协会第四届国内外计算机厂商及产品信誉评测中荣获金奖。

近年来，总公司竭诚参与金卡工程实施，为金融商贸电子化和信息产业服务，磁卡读写机、查询终端、条形码终端、中西文POS终端及有关集中器、服务器等产品已批量投产，科技成果丰硕，是江苏省首批高新技术企业之一。

“巨力”在深化改革中出巨力

常州市巨力塑料实业总公司　　总经理　周建忠

常州市巨力塑料实业总公司在常州市东方红塑料厂基础上，经过多年的艰苦创业，现已经发展成为一个拥有8个投资企业的中型集团性公司。

巨力总公司主要以生产经营各种挤出塑料板材、片材及其制品；注塑成型塑料制品；塑料模具；塑料机械制造、加工；工业生产资料；信息咨询服务；技术开发协作；塑制品租赁等项目。

近年来，巨力总公司不断深化内部改革、理顺企业资产关系，较好地发挥了现有资产的效能，在外向型经济方面有了突破性进展。目前，总公司除拥有常州市东方红塑料厂、工贸合营常州市三联塑料厂外，还分别与外商组建了常州红丰塑料有限公司、常州亚太塑料有限公司、常州红翎塑料有限公司、常州威康特塑料有限公司四家中外合资企业，创办了常州市红裕经济技术服务公司、常州市红裕大酒店两家三产企业。

巨力总公司已跨入国家中型 档企业，1993年，完成工业总产值14209万元，销售收入16000万元，实现利税2021万元，实现利润1288万元，在全国轻工行业中荣登100强金榜，全员劳动生产率和人均创利税跃居全国塑料行业第二位，是江苏省100家和常州市25家重点骨干企业。

公司将以“发展塑料科技、服务今日世界”作为奋斗目标，在未来几年中，将重点开发运用于汽车、建筑装饰、食品、化工等行业的塑料板材、片材和塑料包装产品，进一步完善集团管理方法，逐步建立现代企业制度，努力提前实现“八五”目标。

转轨变型 开拓前进

常州兰翔机械总厂 厂长 田泰武

常州兰翔机械总厂系中国航空工业总公司所属航空发动机专业制造厂，为国家摩托 车及其发动机和玻璃钢船艇的定点生产厂家、国家大型企业。多年来贯彻军民结合、民品为主的方针，依靠和发挥军工企业的技术装备优势，坚持技术领先、优化设计，目前已形成系列产品的有：航空发动机、摩托车及其发动机、玻璃钢船艇等、已步入中国500家最大交通运输设备制造业行列。形成了年产30万台摩托车发动机和20万辆摩托车的生产能力。其中50型强制风冷发动机属国内首创：国产化豪华50型摩托车在国内首家通过鉴定。连获国家和部省颁发的金、银奖和多项荣誉，成为行业50CC发动机和摩托车生产的主要厂家。产品行销20多个省、市、自治区，并远销美国、阿根廷等10多个国家和地区。

近年来，工厂由单一的军品计划经济经营方式向军转民结合的市场经济经营方式发展、由小批量多品种的生产方式向规模经济流水生产方式转变、企业发生了巨大的变化、产值、利税稳步增长，经济效益连续翻番。1993年完成工业总产值2.79亿元，实现利税2004万元分别为1988年的10倍和7倍，经济效益排位进入了常州市五十强之列，为工厂“九五”起步腾飞争创一流打下了坚实的基础。

牛仔产品不断创新“黑牡丹”花开遍世界

常州第二色织(集团)股份有限公司 总经理 曹建新

常州第二色织(集团)股份有限公司是一个具有五十多年历史的国家大型色织企业，国家二级企业，1993年获外贸自营进出口权，是国内最大的牛仔布专业生产厂家之一。“黑牡丹”牌牛仔布年产能力1200万米左右，有各种重量系列和多色种的纯棉、麻棉、麻棉涤、粘胶、粘棉等牛仔布。产品出口量占80%以上，在国际市场有良好声誉，并以一定批量的牛仔系列服装直接出口。公司生产设备一流，拥有最先进的染色、整理及无梭织机156台，技术力量雄厚，检测手段先进，企业管理严格，电子计算计网络和电视监控普遍应用于生产和经营管理，是一个融科研、生产、经营于一体的现代化企业。

公司注重培养、扶持各类专业人员，坚持不断培育和发扬“敢于竞争，自觉转变观念；敢闯新路，自觉追求发展；敢为人先，自觉转换体制；敢动真格，自觉培育新风的“四敢”精神，并把以“质量第一”的方针始终贯穿于生产经营活动的全过程。良好的产品质量，上乘的经营信誉，使产品久销不衰，取得了双文明建设的优异成绩。

发展小动力农业机械 更好为农村建设服务

常州柴油机厂 厂长 沈铁平

常州柴油机厂创造于1913年，现为机械工业部大型骨干企业，中、小功率柴油机的大型一档企业和出口基地。

主要产品有S195、S1100A2、D180、D185、

ZS1105、SQD192、N285Q、N485Q 柴油机等九个机型29个变型品种。适宜作小型拖拉机、运输、船舶、发电、排灌及多种农副业加工机械的配套动力。具有结构紧凑、造型美观、功率稳定、起动轻巧、维修简便、耗油量省、价格合理、经久耐用等特点。其中S195柴油机产品连续获国家质量一次银质奖、三次金质奖。

工厂年产量达50万台以上,占国内同类产品年销量的四分之一,并外销到78个国家和地区。1988年获对外出口自营权,近三年来自营出口创汇均超过千万美元。

地址:常州市怀德中路123号

电话:0519—6603656

"星球"在竞争中发展壮大

常州无线电总厂　厂长　章荣根

常州无线电总厂是电子工业部定点生产通讯、雷达、机电产品和音响的整机工厂,是国家大型企业和国家二级企业,是电子部质量管理奖单位和部、省、市双文明先进集体,是电子百强企业之一。总厂占地面积13.5万多平方米,建筑面积11万多平方米,有职工3000余人,各类专业技术人员800余人,其中高级职称38人,中级职称180余人。工厂设有整机装配、零件加工、模具制造、注塑和表面装饰等专业生产线21条,年产录音机能力150万台,通讯机能力10万台。总厂还有生产"星球"音响产品整机横联分厂3家。经过十多年的发展。"星球"音响产品已成为消费者公认的名牌产品,总厂的各项经济技术指标在国内同行业中均名列前茅。

近几年来,国内音响市场的竞争愈演愈烈,产大于销的局面使许多企业难以为继。面对这严峻的市场形势,总厂积极推行多层次地改革,全方位开拓市场,转换经营机制,划小核算单位,搞活了经营使企业的实力得到了进一步的增强,保持了"星球"强劲的竞争优势。1993年,总厂各项经济技术指标都比上年有较大幅度增长。工业总产值39148万元,比上年增长20.85%;产品产量总厂实体完成65万台,集团各厂完成265万台。销售收入完成30446万元,比上年增长28.26%;完成利税总额1800.4万元,比上年增长20%;出口创汇173.3万美元,比上年增长39.6%,实现了速度和效益的同步增长。这些成绩的取得,充分证明了转换经营机制,深化企业内部改革,划小核算单位是国有大中型企业在竞争中谋生存,求发展的必由之路。

电缆质量称上上　产值、销售双超亿

江苏省溧阳电缆厂　厂长　胡建坤

江省溧阳电缆厂创建于1967年,工厂占地面积14.29万平方米、建筑面积3.56万平方米。现有职工605人、工程技术人员占20%。有主要生产设备300台、套,检测仪器设备72台套,拥有固定资产4976万元,属常州市重点企业,溧阳市骨干企业,江苏省先进企业,国家计量二级企业,并被列为机械电子工业部定点企业,江苏省百强企业之一。

工厂主要生产辐照交联电缆、电力电缆、控制电缆、橡皮和聚氯乙烯绝缘电线电缆、矿用橡套软电缆、阻燃 橡套软电缆、通用橡套软电缆、电焊机电缆、电梯电缆等十大类近千种规格的上上牌电缆产品,年生产能力5万公里,产值、销售双超亿。

产品被列为推荐产品,信誉良好,覆盖全省20多个省市,并为国家重点工程项目配套,BV

系列产品获省优,矿用通讯电缆获部优,矿用信号电缆通过部级签定,填补了国内空白,BV,YH,YZ 产品首批通过国家电工委员会认证。3只主产品采用国际标准组织生产,健全的质保体系,先进齐全的检测设备和严格的检测手段保证了产品质量的稳定可靠,赢得了用户的信任,赢得了市场。

坚持改革　多作贡献

常州合成纤维厂　厂长　董立民

常州合成纤维厂始建于 1966 年,是国内最早生产涤纶纤维的专业化工厂之一。国家定点生产涤纶纤维的大型骨干企业和国家二级企业及江苏省高新技术企业。现有固定资产 2.09 亿元。职工 1054 人,各类专业技术人员 180 人。年生产涤纶纤维 13000 吨。

企业主要经营产品为涤纶长丝包括 POY、DT、DTY、FDY 有色、网络、混色、异形、异收缩、阳离子可染等纤维,主要用于织布、服装等行业,产品曾获国优、部优、省优等称号,产品畅销山东、湖北、浙江、安徽、江苏等地。

1993 年三年企业坚持改革为动力,奋发进取,团结拼搏,克服前进道路中的种种困难,实现工业总产值、产品销售收入、纤维生产总量、全员劳动生产率的全面增长,创建厂来历史最好水平。企业利税完成 1552 万元,其中利润 1084 万元,被列入全国化纤行业百强之一,常州市利税大户。目前企业又投入 4000 万元增添生产高附加值涤纶纤维产品——FDY 细旦丝和细旦低弹丝。还将积极筹建 1000 吨/年,投资 900 万美元的涤(纶)锦(纶)双组份复合纤维,积极开拓国内外经营新途径,努力向技术型、外向型、效益型现代企业迈进。

电话:6600469

丰田服装质量硬　日本欧美都走俏

常州丰田服装有限公司　总经理　姚石夫

常州丰田服装有限公司是由常州飞月服装公司、常州纺织工业供销总公司、常州家用电器总厂和香港丰田输出入有限公司四方合营的中外合资企业,投资总额 116 万美元。现有员工近 800 人,生产厂房 10000 平方米。

公司专业生产服装及其配套装饰产品。全套先进生产设备从国外引进,配有独立水洗厂,年生产能力 250 余万件(套)。主要生产全棉制品如 60Z～100Z 各类牛仔系列、色织、卡其、灯芯绒等,产品出口合格率稳定在 99%以上。公司自 1989 年 8 月开业以来 97%以上产品外销,其中 80%出口日本,20%出口欧美。连续四年被市评为外商投资先进企业,1992 年荣获全国外商投资"双优"企业;1992、1993 年连续两年又荣获市"十佳外商投资企业"。

公司地址:江苏省常州市采菱路 74 号

电话:总机 8815102　8818651　8816989

产品精益求精　争创一流水平

常州毛纺织厂　厂长　王云龙

常州毛纺织厂是具有 50 多年历史的国有大型二档企业,先后获国家二级企业,全国纺织行业双文明先进企业和江苏毛纺行业排头兵等荣誉称号。现有精纺锭 10800 枚,设备全程配套，固定资产5000余万元，年产精纺呢绒260万米及赛蒙牌西服2万件/套，1993年实现产值和销售收入超亿元，利税1578万元，工厂荣列常州市50强单位之一。

工厂产品素以"传统、新潮、系列"著称，注册商标是"雄鸡牌"、"白玫瑰牌"。品种有三类九系列千余只花色，尤以啥咪呢为特色，大提花呢为国内首创，且是军需面料指定生产厂之一，近年不断推出防蛀、防雨、阻燃等特种整理面料，高支薄型面料和羊绒等新品，以顶优品新俏销国内外市场。产品远销美国、日本和港澳等22个国家地区，外销占年产量40%以上，内销复盖25省市，实现销产两旺局面。

工厂在"八五"期间更加注重技术进步，已投资7000万元(其中美元720万)进行引进关键设备的技术改造，为增强市场应变能力、提高品种质量档次、努力建成国内一流企业而奋斗。

依靠科技进步　主动适应市场　实现经济腾飞

常州压缩机厂　厂长　蒋仁麟

常州压缩机厂(国营九四四九厂)为省科工办和市轻工来局双重领导的全民所有制国家大型二档企业，是国家定点生产电冰箱压缩机专业工厂。近几年来，工厂弘扬"团结、创新、拼搏、奉献"的企业精神，依靠科技进步，主动适应市场，抓住了发展机遇，经济工作每年都上一个新台阶。1992年被评为常州市区重点骨干企业销售最佳效益最优的"双优"银奖单位，行列国家统计局发布的"中国500家最大电器机械及器材制造企业"的143位，江苏省轻工企业实现利税26位。1993年实现工业总产值1.32亿元，实现销售收入1.21亿元，实现利税1483万元，分别为1988年实现产值的24倍、26倍和30倍。

常州压缩机厂1986年从意大利引进制冷压缩机的全套技术和生产线。经过多年技术改造和产品延伸开发，现已形成从QD36A到QD85的十多个品种的制冷压缩机生产系列，产品曾先后荣获第二届全国家用电器展览会金奖，全国轻工业优秀新产品奖和江苏省优质产品称号，并通过中国电工产品认证委员认证合格准予使用"长城"安全标志。同时，工厂为进一步增强后劲，开发成功了空调压缩机和新工质压缩机，并改变了产品无终端的结构，终端产品"常意"系列冷柜已形成批生产能力，开始进入千家万户。

常州压缩机厂坚持"创名优生产一流产品，讲信誉满足八方用户"的质量方针，在竭诚为新老用户提供更多更好的服务的同时，进一步提高经济效益，发展和壮大自己。

不断开发涂料产品　装饰产品更加艳丽

常州市造漆厂　厂长　李荣泉

常州市造漆厂是化工部定点涂料生产厂、省先进企业、市科研型工厂、全国29家重点涂料企业之一。产品注册商标为"光辉牌"，年生产能力2万吨。主要产品有氨基类、乙烯类、丙烯酸类、聚氨酯类、环氧类、聚酯类、醇酸类、酚醛类等11大类150余只品种，其中C01—1醇酸清漆、C03—1白醇酸调合漆、C04—2各色醇酸磁漆、A04—9白氨基烘干磁漆、H06—2铁红环氧底漆，S22—1聚氨酯清漆分别被评为省优、部优产品。

近年来，常州市造漆厂先后完成了5000吨/年树脂车间、万吨色漆大楼、综合成品库等技改项目的建设。1993年该厂生产的油漆12908吨，实现工业总产值11214万元，销售收入11090万元，利税1496万元，人均利税2.5万元全员劳动生产率18.6万元/人。

近几年该厂还相继开发了各色丙烯酸烘干磁漆、聚氨酯系列产品、光固化涂料、1205超快干氨基、LT系列丙苯乳液及助剂、塑料专用漆、合成虫胶液、汽车专用涂料和多彩涂料等新产品，投放市场后，深受用户欢迎。

厂址：常州市三堡街505号

总机：6600621

坚持产品质量第一　争创一流建筑材料

溧阳市南渡水泥厂　　厂长　李继平

溧阳市南渡水泥厂，位于宁杭104国道西侧，东濒风景秀丽的天目湖，以茅山老区为近邻，创建于1985年，是年产水泥能力为23万吨的中型企业。全厂现有职工800人，有技术人员50人，其中特聘博士导师1人，高级工程师3人，主要产品有：濑江牌425#、525#普通硅酸盐水泥，425#R型水泥、425#硅酸盐道路水泥。出厂水泥合格率和富裕标号合格率连续八年达100%，濑江牌425#普通硅酸盐水泥荣获常州市优质产品、免检产品，国家级质量认证达标证书，产品畅销苏、浙、皖、沪等地区，深受用户欢迎。

近年来经过艰苦创业，从生产规模到企业管理素质及产品质量都发生了巨大变化，先后荣获溧阳市十强乡镇企业，常州市先进企业、明星企业、文明单位、江苏省特级信用企业、三A级信用企业，江苏省建材行业优秀企业，江苏省明星企业等荣誉称号，厂长李继平被命名常州市乡镇企业家、劳动模范，江苏省乡镇企业家。目前全厂已拥有固定资产2500万元，年产值6000万元，利税1500万元，自有资金2000万元。

厂址：溧阳市南渡镇

电话：620080

一年一个新台阶　年年都有新奉献

常州酿酒总厂
常州万事达饮料公司　　总经理　李浩臻

我厂是生产酒类、饮料产品的国家级大型企业，也是江苏省酒类产品综合生产能力最大的企业之一。主要产品有啤酒，饮料、酒精和白酒四大系列，其中部优产品“广玉兰”啤酒在多次获国家、省、市各大奖后，1993年又被誉为“全省最受消费者喜爱的啤酒”；“凯悦”饮料被消费者协会推荐为“全国首批地方可信商品”；“泉华”酒精和“常州”白酒均为江苏省优质产品。

1993年工厂在大力开拓市场，狠抓产品质量，加大技改投入，深化内部改革的趋动下，工厂再次超额完成各项经济指标。全年生产啤酒35980吨，比上年增长14.4%；实现销售收入6533万元，增长23.64%；实现利税1383万元，增长23.52%；上交各项财政收入突破千万元，达1103.17万元。经济效益名列江苏省啤酒行业榜首，步入“中国500家最大饮料制造企业”名列第155位。

目前，年产5万吨啤酒扩建项目一期工程(4万吨/年)竣工在望，将迅速投入生产。随着生产规模的不断扩大，工艺装备的改进完善，管理水平的逐步提高，工厂将有数量更多，质量更好，档次更高的啤酒，饮料等产品来奉献给广大消费者。

厂址：江苏省常州市西仓街35号

电话：6600484

立足电机 发展电器 形成规模 走向国际

常州宝马集团公司 总经理 韩听本

常州宝马集团公司是以常州电机电器总厂为核心组成，是电子部定点生产研制微电机及计算机工业控制系统的国家大型(二档)企业、中国目前最大的微电机生产基地、全国500家最大的机械电气及器材行业之一。1993年又被评为全国电子行业百强企业之一(第94位)及电子元件百强企业第六位。

公司现有2500余名职工，工程技术人员占13%，公司占地面积8万平方米，建筑面积6万平方米，固定资产1亿多元，流动资产近亿元，拥有各类设备626台(套)，测试仪器352台(套)。1993年完成微电机产量460万台，工业总产值2.2亿元，销售收入2亿多元，实现利税1800万元，创汇360万美元。

公司产品主要有步进电动机、交流伺服电动机系统、交流电动机、直流电动机、工业控制系统及模具等六大类。其中，步进电动机在国内市场占有率达80%，并销往美国、意大利等发达国家，被EBM英特波尔脱、贝尔、施乐、奥利获脱等世界名牌大公司所采用，常微牌也被江苏省命名为著名商标，在国内外有较高的知名度。

1990年获国家二级企业称号，先后有11只产品获部、省优质产品称号，并荣获国家经委新产品奖、江苏省新产品“金牛奖”、江苏省质量管理奖，被电子部评为“工贸结合扩大出口先进单位”、并被列入国家“火炬带”高新技术企业行列，以及被评为江苏省高新技术企业。

公司按照“立足电机、发展电器、形成规模、走向国际”的发展战略，实行“内联外引”的方针，成立20个分厂，兴办了7家中外合资企业。“八五”期间，公司经机电部和江苏省计经委的批准，将再投资4500万元人民币，200万美元，对微电机及计算机工业控制系统进行技术改造，扩大生产规模，预计1995年微电机产量600万台，销售收入5亿元，创汇10000万美元，实现利税5000万元。

公司地址：江苏常州戚墅堰

联系电话：8771091(总机)，8771946

顺市场经济规律 促企业上新台阶

远东服装有限公司 总经理 李学仁

远东服装有限公司于1994年4月被国家经贸部批准为江苏省首家中外合资股份制企业，公司将形成以服装为中心，向其它行业延伸的规模经济。

公司现有员工1500人，各种进口设备达1300台，年产量300万件/套，生产经营各种西装，西裤、风衣、茄克、衬衫、童装、睡衣套等各式各类服装，产品95%以上出口，远销日本，香港、意大利、南朝鲜等国家和地区，内销马可波罗系列服装深受广大消费者青睐。

1993年公司销售达10400万元，利润1318万元，产值9404万元，创汇1650万美元，主要经济指标连续七年全面超历史最好水平，在全省同行业中名列前茅。年创汇创利平均以50%以上的速度同步递增、企业被评为国家、省、市出口创汇、实现利润“双优”企业，最佳外商投资企业、出口创汇先进企业，全国三百家大型三资企业、省工业企业50佳，出口创汇骨干企业，市文明标兵单位。

远东的企业精神是开拓、进取、团结、求实、奉献。

深化改革　加强管理　努力提高经济效益

宝钢集团常州冶金机械厂　　厂长　陈人员

宝钢集团常州冶金机械厂是国内冶金机械行业的重点大型骨干企业，国家一级企业，工厂拥有职工4000余名，其中各类专业技术人员600余人。工厂占地面积40.33万平方米，建筑面积23.93万平方米，拥有各类加工设备1335台，其中关、大、精、稀设备141台，计量理化检测手段齐全。工厂具有机械加工、装配、铸铁、铸钢、锻造、热处理、铆焊、工具、机修等制造能力，工艺装备先进，技术力量雄厚。产品有冶金机械、矿山机械和特种矿用汽车及轧辊、刀片、顶头、工矿曲轴等各种冶金备件，产品品种规格达1万4千余种。

工厂奉行"质量第一、用户至上、产品优质、服务优良"的质量宗旨，坚持按国家标准和国外先进标准组织生产。"七五"以来，产品获一次国优金奖、三次国优银奖、十二次部优、十一次省优；大型锻钢冷轧辊和部分冶金刀片的实物质量，被江苏省确认达到国际同类产品先进水平；154吨电动轮自卸车荣获冶金工业部和国家科技成果一等奖；乳化炸药车、30吨多功能洒水车荣获国家科技成果特等奖。

在建立社会主义市场经济体制过程中，不断深化企业内部改革，坚持以科技为主导，以质量为中心，合理配置生产要素，大力发展新产品，不断满足市场需要，走质量效益型发展道路。1993年，工厂克服上游产品涨价、资金严重短缺和市场竞争激烈等困难，实现销售收入2.3亿元，利税1300万元。

转换企业机制　适应市场经济

常州喷丝板厂　　厂长兼书记　张培杰

常州喷丝板厂系国营中型二类企业，由中国纺织机械总公司与常州市纺织工业局合资经营。是纺织工业部为建设我国仪征、金山等大型化纤基地配套生产融熔纺丝喷丝板的专业化工厂，是一个用工少、劳动生产率高、技术密集型、科研型的现代化企业。1993年实现利税1339万元、实现利润1051万元，分别比1992年递增174.9%和202.9%，全员劳动生产率达20万元，人均利税在7.3万元，各项技经指标均为全国纺机行业之首。已被列为全国250家"人均利税、产值利税"最佳企业之一、全国机械工业重点骨干企业之一。

常州喷丝板厂拥有德国、瑞士、英国、美国、意大利、日本等国的加工设备和检测仪器，形成了喷丝板制造的三大系统：(1)由CNC钻床、数控精密电火花机床、加工中心、液压精密冲床等组成的产品制造系统；(2)由数控铣床、精密万能工具磨床、光学曲线磨床等组成的特种工、模、刃具制造系统；(3)由数显测量仪、各种精密光学测量仪器组成的产品精测系统。生产五大标准系列产品：(1)融熔纺精密园形孔喷丝板；(2)融熔纺异形孔喷丝板；(3)复合孔喷丝板；(4)干法纺喷丝帽；(5)湿法纺喷丝头。产品按照国外先进标准组织生产，产品质量达到国外九十年代同类产品先进水平。其中园形孔系列喷丝板为国优产品，异形孔系列喷丝板为省优产品，近年来，工厂两次荣获"六五"国家科技攻关奖，并两次荣获李鹏总理题签、由国务院重大办颁发的荣誉证书。同时荣获“国家二级先进企业”、“江苏省科技进步企业”、“江苏省科委认定的高科技企业”、“江苏省文明企业”称号。

目前全国每五家化纤厂中有四家使用常州喷丝板厂的“飞霞”牌喷丝板。化纤企业要发展，必定离不开高质量多品种的喷丝板，竭诚欢迎光临、指导。

厂址：江苏省常州市采华路1号

电话：8815126　8811974

8811137　8828445

抓住机遇　跳跃发展

江苏东方石油化工集团公司　总经理　谢才兴

江苏东方石油化工集团公司是近年来崛起的石化行业中的一颗新星，是以江苏东方石油化工厂为核心企业，以中外合资常州东方精细化工有限公司、东华石油化工研究所，江苏东方石油化工厂供销公司、运输公司、房地产工程公司、生活服务公司、服装厂为紧密层企业，以几十家企业为半紧密层和松散层企业组建而成的集生产、科研、开发、工贸、服务于一体的省级石油化工企业集团。

公司占地面积9万平方米，建筑面积3万平方米，固定资产4800多万元，自有流动资金5500多万元，职工500余人，其中高中级科技人员40余人。主要生产机械润滑油、工业级白油、石蜡、石油磺酸钠等四大系列20多个品种的石化产品，生产能力6万吨/年，是苏南地区唯一的白油出口基地，远销美国、澳大利亚，意大利、新加坡，马来西亚等十六个国家和地区，深受外国客商青睐。公司1993年完成产值1.15亿元，实现利税2000多万元。

集团公司将努力扩大业务范围，花大力气进行技术改造，进一步提高产品质量，积极参与国际竞争，积极寻找新的合资、合作伙伴。今年将筹建在美国、马来西来的跨国公司，逐步发展成为全方位跨国经营的大型企业集团。

热忱欢迎国内外客商、朋友与我们进行经济技术合作。

改革开放　开拓市场

江苏江浪减速机集团公司　董事长　总经理
常州市减速机厂　厂长
李诚

常州市减速机厂是生产减速机的专业工厂，是机电部生产减速机的重点企业。现有职工350人，占地面积57000平方米，建筑面积2万多平方米，固定资产1500多万元。1993年生产减速机近3万台，实现销售收入，利税分别为9416万元、1296.6万元，比上年增长一倍和二倍以上，全员劳动生产率24.1万元，人均创利税3.9万元，主要经济考核指标全部达到国家一级企业标准，在同行业中保持领先地位。

改革开放以来，本厂产品先后获得市、省、部优质产品证书，行销全国三十个省市，直接配套用户1000多家并出口东南亚地区，享有名牌声誉。企业连续八年被评为“重合同、守信用”单位，连续被县、市、省授予先进企业和明星企业称号。

为适应市场经济的发展，加速经营机制的转换和加快产品结构的调整，本厂已形成多系列、多规格、多品种、大功率、大批量生产的新格局，更好地满足市场的需要。

本厂遵循“诚实、信誉”的宗旨，坚持质量第一、用户至上的方针，愿与您携手合作，共同为发展我国的传动事业为四化建设作出贡献。

电话：6513026　6513110

6513027　6513072

发展规模经济、适应市场发展

丽宝第集团公司(中国常州)　　总经理　史树之

丽宝第集团公司(中国常州)是中国新型建筑材料公司的控股企业。是在原常州建材总厂的基础上通过自身发展、横向联合组建的企业集团。集团公司核心层企业拥有固定资产6000多万元,占地面积18万平方米,建筑面积8.9万平方米,有员工1500多名,其中各类工程技术人员300多名。拥有2个核心层、13个紧密层(其中4个中外合资企业)、20多个半紧密层和松散层企业。是集科研、生产、流通服务、房地产、信息多种产业综合性的大型企业集团。

公司主要产品有:"丽宝第"牌PVC卷材地板、印贴地砖、涵碧墙板和植绒吸音板;地板粘接剂和食品添加剂牛磺酸;"双菱"牌自应力混凝土输水管管模、桩模、电杆钢模;各式离心机;加气混凝土成套设备;HRM1300立式磨等。其中"丽宝第"牌塑料地板是全国同类产品中唯一获得国家质量银奖的优质产品;建材机械产品先后获省优、部优产品称号。

公司根据社会主义市场经济理论和规律,提出自己的独特的生产经营策略,即以科技为先导,以市场为取向,以质量为生命,以管理为基础,以效益为目标,以人为根本。集团公司将进一步通过挂靠"老大"(国家级大型企业集团)、引进"老外"(国外先进的技术、管理和资金)、联合"老乡"(利用乡镇企业资源和经营机制优势),坚持"二新二高、全方位、多元化、系统化"发展思路,即发展新型建筑材料、新型建材机械,坚持高起点、高标准,争创一流水准,形成二、三产业联动,大小项目并举,向跨地区、跨国界、跨行业和科工贸结合的多产业结构、多品种结构和多种经济成分优化组合的规模经济发展。

搞好中外合资　加速老厂改造

溧阳市上沛建材总厂　　厂长　蒋卫川

上沛建材总厂下设二个分厂(即上沛水泥厂、茅山水泥厂),被江苏省列为中型企业,年产水泥能力为20万吨,1993年完成产值6450万元,销售收入6250万元,实现利税1345万元。

水泥产品主要销往苏、锡、常、沪地区,为了进一步发展生产,1993年已与美国麦克林有限公司组建成立为中外合资常州麦克林水泥有限公司,引进技术、资金,提高了水泥产品质量,使产量再上新台阶,以满足社会基本建设发展的需要。

总厂曾多次被常州市评为"文明单位"、"优级信用企业",天球牌425#普通硅酸盐水泥被常州市建材局评为"信得过产品"。总厂将继续努力,保质保量满足用户需要,为溧阳经济发展作出新贡献!

面向市场创新品　发展企业上水平

五矿复合材料集团公司常州合成化工总厂　　厂长　荆大雄

五矿复合材料集团公司常州合成化工总厂系中国五金矿产进出口总公司与常州合成化工总厂合资组建的国有中型企业。属中国五矿集团重点企业,经国家统计局评定为1993年"中国500家最大化学工业企业"之一。主要产品有聚氨酯系列、高分子工程塑料、农药、染料、医药中间体等。

近年来，该厂在改革开放的洪流中，努力适应社会主义市场经济要求，重点进行以调整、优化产品结构，提高企业经济效益为目的的技术引进、技术开发和技术改造，建成了 5000t/a 聚氨酯铸造化学品、5000t/a 聚氨酯浆料、500 万 m^2/a 聚氨酯仿皮革和 3000t/a 聚碳酸酯生产装置，发展了一批为社会需求的高新技术产品和新型复合材料，具有工艺装备先进、产品性能优良的特点，在国际市场上享有一定声誉，深受广大用户欢迎。

我厂将本着“增强合作、税意创新”的精神，乐意为用户服务，竭诚欢迎各界惠顾。

调整结构开拓市场　转换机制提高效益

常州机床总厂　厂长　扬平平

常州机床总厂是机械电子工业部机床行业的重点工业，是我国组合机床行业骨干生产厂家，1988 年被命名为国家二级企业，1993 年被批准享有自营出口权企业，同年被确认为全国机械工业最大 500 家企业之一。工厂占地面积 16.6 万平方米，建筑面积 9.6 万平方米，现有职工 1985 人，其中工程技术人员 415 人，固定资产原值 7000 多万元，金属切削设备 500 台(套)，主要精密测量仪器 13 台(套)。工厂现有产品五大类：TH5640、TH5663、TH5340、VMC140 等立式加工中心系列产品；各种型号的经济数控系列立式钻床、数控龙门钻床和方柱式钻床系列产品；平端面钻中心孔机床系列产品；各类组合机床及自动线产品；注塑机、船品等产品。工厂现有生产的 8 个产品获部优、省优称号，TH5640 立式加工中心、ZK5125B 数控钻床获江苏省高新技术产品证书，企业获省质量管理奖。1993 年工业总产值达到 8694 万元，销售收入 1.1083 亿元，实现利税 1243 万元，出口创汇 157 万美元，工厂将坚持质量第一、用户第一、信誉第一，遵循“求实、勤奋、高效、文明”的八字厂风，热忱为广大客户提供优质精良的机床和优质技术服务。

以科工贸为一体　创新、名、优产品

溧阳正昌粮机总公司　总经理　郝　波

溧阳正昌粮机总公司是以科、工、贸相结合的中型企业，国内贸易部饲料机械定点生产单位，中国饲料公司联营企业，专业开发、生产、经营饲料机械系列产品和成套饲料机组、颗粒机环模、烘干冷却设备、优质精米机、螺旋钢板筒仓等产品，是国内最早生产制粒机的厂家，产品首家获部、省优称号，全国新技术、新产品博览会金奖，多次被国家指定参加国际博览会，多项被列为国家级新产品，颗粒饲料机系列产品荣获中国公认名牌产品称号，被誉为中国饲料机械之乡。

正昌牌饲料机械畅销全国 29 个省、市、自治区，产品在国内市场占有率达 70%以上，并出口美国、马来西亚、印尼、新加坡、泰国、缅甸、菲律宾等国家。1993 年完成产、销值 1.02 亿元，实现利税 1250 万元，走在中国饲料机械研发制造的前列，是中国饲料工业一颗璀璨的明珠。

发展建材靠高质量　争创国际先进水平

溧阳市水泥厂　厂长　王继根

溧阳市水泥厂是江苏省地方水泥骨干企业之一，是江苏羚羊建材(集团)公司的核心和龙头企业。位于江南风光秀丽的溧阳市西郊，南依104国道，北临大运河，交通十分便利。

工厂始建于1971年，有职工836名，工程技术人员92名，固定资产300万元。三条机立窑生产线，从生料制备到包、散装水泥出厂全过程均采用微机控制，年产水泥25万吨，企业1989年被江苏省政府命名为省级先进，技术进步先进企业，1991年获国家建材局质量管理奖，并被工商银行江苏省分行评为特级信用企业，1992年机立窑节能示范线通过省级鉴定，1993年获国家统计局中国500家最大建材工业企业铜牌，同时获得江苏省建材工业11强企业和溧阳市8强市属企业荣誉。

产品有“羚羊”牌425＃R型普硅、525＃普硅和425＃普硅道路水呢等6个产品，其中主导产品425＃普硅水泥，1988年获省优产品称号，1989年获国家建材局优质产品称号，1990年获中国水泥产品质量认证合格证书；425＃普硅道路专用水泥，1992年获江苏省优秀新产品(金牛)奖。长期以来，工厂坚持以质量取胜，各项品质指标优于国家规定，并采用国际先进标准组织生产，出厂水泥质量连续15年保持100％。

年年在翻番　岁岁在飞跃

常州市东方电缆厂　厂长　姚建坤

常州市东方电缆厂是国家电力部、化工部二部定点生产电线电缆的专业化工厂，是一个大型民政福利企业，是1989年5月筹建起来的新厂，以其设备新、工艺先进、人员素质优而著称。工厂紧紧围绕经济建设，抓住机遇，大力发展生产，以高品位的整体素质、优良的产品、良好的服务，实现了超常规跳跃式发展。1993年实现产值1.52亿元，利税1250余万元，比1990年分别增长27.1倍和17.8倍。年年在翻番，岁岁在飞跃，成为常州市重点企业之一，被评为江苏省文明单位。

工厂主要产品有：各种裸电线、塑料绝缘控制电缆、塑料绝缘电力电缆、聚氯乙烯绝缘电缆(电线)、电子计算机电缆、阻燃电缆、架空绝缘电线、绕组线、补偿导线、多功能本质安全电缆等十大系列8000多种规格。其中多功能本质安全电缆的各项技术性能指标，均达到80年代末国际同类产品水平，填补了国内空白。在1993年2月17日北京人民大会堂举行的新闻发布会上，该产品受到专家和用户的一致好评，并由国家科委成果办公室向全国推广使用。目前，新开发的1万—3.5万伏“交联”电缆已进入批量生产。

常州市东方电缆厂将以科学的管理、优质的产品、合理的价格，热忱地为广大用户服务。

电话：8771082　邮编：213025

引进国外新技术　创立中国名牌车

常州长江客车集团公司　总经理
常州客车制造厂　厂长　孙元林

常州客车制造厂已有38年历史，是建设部中国城市车辆总公司下属骨干企业，中国汽车工业协会第三届理事会常务理事单位。

1993年，工厂连续第三年保持强劲的发展势头，完成销售收入25170万元，实现利税1222万元，分别比1990年增长了446.9%和610.5%。目前已具备年产3000辆整车和5000台客车专用底盘的能力，基本具备了汽车工业产业政策规定的国家重点支持条件，在全国客车制造业中名列前茅。

工厂致力于实施以市场开发为导向，以产品和技术为纽带的规模经济，集团经济、外向型经济发展战略，创建了国内客车行业唯一的中美合资中国福莱西宝车辆有限公司和常州长江客车集团公司。长江牌客车正朝着大型化，高档化、高速化、柴油化、系列化方向发展。其中，CJ6922H后置式柴油机客车系列荣获建设部科技进步奖。曾获国家科技进步奖的长江牌客车底盘日益成为企业经济快速持续发展的生长点。12米车长、10吨级的CJ6120后置式团体大客车和卧铺大客车、无人售票车等。很好地适应了大中城市现代化建设、公路客运发展的形势。各类产品荣获"'93全国产品'信誉杯'"、"'94向全国消费者用户推荐产品"、"中国公认名牌汽车"等称号。

"八五"期末，工厂将实现销售收入5亿元目标。"九五"期末，将形成年产5000辆客车、1000—15000台大、中型及轻型客车专用底盘，年销售收入20亿元的规模。全体职工满怀信心，正在为实现这一宏伟目标而奋勇拼搏。

"亚邦"产品 飘扬过海 誉满全球

江苏亚邦集团公司　董事长兼总经理　许小初

江苏亚邦集团公司位于常州市南郊，集科、工、贸为一体，目前拥有一个研究所三家合资企业，三家子公司，五个生产工厂。公司现有职工1500余人，占地面积11.3万平方米，资产总额近亿元。生产经营蒽醌系列染料及其中间体、医药中间体、不饱和聚酯树脂、玻璃钢制品、玛瑙洁具、电子产品和卫视器材等50多个品种，年销货达3亿元，出口占生产总值的70%以上，产品远销港台、南韩、日本、美国和西欧等国家和地区，深受外商的青睐。

公司核心企业常州市合成材料厂名列"中国500家最大化学工业企业"第267位，获"江苏省百强工业企业"称号，具有自营进出口权。产品合成蒽醌年产销量居全国首位，1.4—二氨基—2.3—二氰蒽醌不但最早填补了国内空白，而且生产规模为全国之冠。

公司所属三家中外合资企业投资总额470万美元，引进国际先进工艺、先进设备，生产经营商品化染料产品，使国产染料应用性能达到世界先进水平，产品质量能与国际大公司产品媲美，使我国染料商品化技术提高到九十年代水平。

本公司以团结、开拓、求实、进取的企业精神，朝着产业多元化、规模集约化、组织集团化的方向发展，实行跨地区、跨国经营，立足于世界企业之林。

公司地址：江苏常州南门牛塘桥
电话（总机）：6552211～6552215

立飞天之志，创飞天大业

常州飞天集团公司 总经理
常州齿轮厂 厂长 韩淑芳

常州飞天集团公司(常州齿轮厂)是生产齿轮的专业化工厂，国家二级企业。现有职工1500余人，占地6.23万平方米，建筑面积6.30万平方米，固定资产原值4217万元，净值2538万元，企业经济效益被列入"中国500家最大机械工业"第271位。1993年生产齿轮和轴类888.15万件，占全国同类产品的30%以上，实现工业总产值12405万元，销售收入15292.88万元，利税1100.24万元，创汇1214万元，各项主要技术经济指标持续位列国内同行业之首。

工厂主要生产各种园柱齿轮，园锥齿轮，花健轴和变速箱总成，技术先进，工艺成熟，装备精良、专业性强。产品已达到50种机型的500余种齿轮，主产品S195柴油机齿轮和东风12型手扶拖拉机齿轮为国优产品。产品分别与国内外名牌柴油机、拖拉机、汽车、农用运输车、摩托车，工程机械配套，享誉国内外。

工厂为适应市场经济的发展，组建了以常州齿轮厂为核心企业的常州飞天集团，拥有30家成员单位，成为以优质产品为主导、集生产、外贸、技术、资金、科研、教育为一体、具有多层次组织结构的经济联合体。先后荣获国家、部、省、市各种荣誉80余项。企业多年来持续保持省文明单位和市文明单位标兵称号。目前，公司已成为国内农机行业产量和市场占有率最大、质量优、品种多、效益好的齿轮专业化生产企业。

发展优势产品　占领国内市场

溧阳市庆丰化工厂 厂长 陈田民

庆丰化工厂是主要生产医药中间体的精细化工企业，位于溧阳市南渡镇，现有固定资产2278万元，占地面积71600平方米，建筑面积6200平方米，现有职工数365人，其中有职称的(中专以上)16名，大学本科5名。主要产品：间氯苯胺，年产820吨，该产品是生产医药、染料的重要原料，以往都是依靠进口，目前是国内最大的生产厂家，为全国医药行业总需量的80%，产品质量达到了西德拜耳公司的同类产品标准，得到国内几家大药厂的认可，今年1—4月份且出口了55吨。喹啉酸年产达600吨，是生产磷酸氯喹的主要中间体，现市场行情十分畅销，处于供不应求的状况。对硝基苯甲酸年产300吨，主要是供应生产盐酸普鲁卡因的原料，并有所出口。

我厂自1993年与上海中西药业股份有限公司联营以来，得到了很好的发展，企业处于良好循环状态，预计94年可实现产值(90年不变价)1.2亿元，销售7600万元(现行价)，利税力争1600万元。

高科技为企业插上腾飞的巨翅

常州能源设备总厂 厂长 姚永方

常州能源设备总厂是以开发节能环保产品为主的国家二级企业。建厂不到10年，从一个开办资金10万元左右、10多人的化工吊装队，发展成为今天拥有14万平方米占地面积，5800

万元资产，年产值近亿元，年创利税1000余万元，职工1200多人，经济效益名列全国化工机械行业前茅的中型企业，企业始终坚持科技兴厂方针，瞄准国民经济发展的薄弱环节，开发市场适销对路的，具有高新技术含量的新产品。

近些年来，工厂依靠占职工总数30%以上的专业技术人员的聪明才智和全厂职工的积极性，研制出一个个填补国内空白、有国际先进水平的新产品。燃煤、燃油、燃气载热体加热炉1990年创国优，并以其显著的节能效果占领着70%的同类产品市场，社会年节电量相当于国家投资2亿元建造一个电厂的年发电量，被列为国家“八五”重大科技成果推广项目和替代进口产品，出口日本、德国和东南亚等。引进国际先进技术研制开发的中空纤维超滤净水器，适用于众多工业纯水制取，解决了千家万户饮水卫生，多次荣获全国博览会金奖。最新研制成功的溴化锂制冷机组为大型公共设施提供了跨世纪的理想的冷热源，实现冷暖两用；地温挂壁式空调耗能、价格均为一般空调的一半；除浊、除嗅、除菌、矿化、磁化为一体；反渗透海水淡化装置等新产品，投放市场，正昭示着工厂明天的辉煌。

电话：8810091　　邮编：213004

江南塑料在腾飞、年产能力超万吨

江苏江南塑料集团　董事长
常州市江南塑料厂　厂　长　茹伯兴

常州市江南塑料厂，是全国塑料行业中的重点骨干企业。拥有大型塑料生产专用流水线设备6条。主产品有杞星牌PVC压延薄膜和硬片，年生产能力达12000吨以上。由于产品质优，花色齐全，服务良好，价格合理，在国内外市场享有较大知名度。1993年完成工业总产值6000多万元，利税总额1200多万元，取得了较好的经济效益。

工厂现有职工330人，占地面积4万多平方米，建设面积2.5万多平方米，固定资产1800多万元，自有资产3200多万元。工厂近年来荣获县、市文明单位，市明星企业、市科研型工厂和利税大户，省农行特级信用企业等光荣称号。工厂在改革开放的新形势下继续腾飞，努力拼搏，力争再上台阶。

自我积累增实力　开拓奋进求发展

常州力强工贸实业公司　总经理　蒋卫春

常州市力强工贸实业公司由建材、化工、棉纺三个行业7个企业组成。现有职工2100余人，固定资产5000余万元，自有流动资金1亿元。主要产品有砖瓦、普通硅酸盐水泥、棉纱和纯维纶纱、酚醛模塑料、氨基模塑料、甲醛和乌洛托品五大系列五十多个品种，其中，21S、32S棉纱和纯维纶沦纱获常州市优质产品称号，425#力强牌普通水泥荣获江苏省优质产品称号。1993年完成工业总产值2.49亿元，销售收入1.95亿元，实现利润1800余万元，分别比上年增加了179%，227%、243%和292%，公司先后荣获江苏省、常州市“明星企业”；江苏省“税收财务物价大检查遵纪守法先进单位”；常州市工业销售是十强企业；溧阳市“十强乡镇企业”等荣誉称号。董事长蒋洪芝先后荣获江苏省“劳动模范”，常州市“优秀企业家”。总经理蒋卫春连续2年被评为“十佳(经理)厂长”。总支书记陈法根连续十三年被评为市级优秀共产党员。

力强工贸实业公司把发展眼光瞄准了国际市场，先后以酚醛模塑料、电玉粉等产品为主体，与香港、菲律宾等国家和地区的外商合资合作创办了四家合资企业，共引进外资200余万美元，预计这些项目全部竣工投产后，年新增产值1亿元，新增利税1000万元，初步构成企业大开发、大开放、大发展的格局。

村办集团企业　产品打出国门

江苏南洋电器集团公司　总经理　徐卫南

江苏南洋电器集团公司为村办集体企业，由常州第七无线电厂为核心和常州南勤电子有限公司等6个紧密层企业，3个半紧密层企业及22个松散型企业组成，是江苏省明星企业。公司占地面积5万平方米，建筑面积2.5万平方米，现有职工968人，技术人员35人，固定资产2430万元，设有收录机，录像机、视录一体机装配及拉杆天线等电子元器件加工，装配专业生产线8条，年产收录机50万台，拉杆天线1000万支，录像机5万台，各种元器件2000万只，收录机畅销全国二十多个省、市及地区，拉杆天线是国内同类产品中首家通过质量认证的产品，出口香港、台湾、美国等十多个国家及地区，出口订单源源不断，产品供不应求，录像机返销日本。1993年公司完成产值2.8亿元，销售收入1.7亿元，在全县工业企业中名列前十位，也是全国500家最大乡镇企业之一。

加速技术改造步伐　不断发展对外贸易

武进粮油机械厂　厂长　蔡康平

武进粮油机械厂是全民所有制的小型企业，是生产粮油加工机械的定点厂，创建于1970年。全厂现有职工224人，其中工程技术人员33人。现有固定资产1448万元，流动资产1000多万元。

我厂生产的碾米机械产品已形成一个系列多个品种，可加工标准米、精制米，其中主导产品NZJ－15/15Ⅲ型成套组合碾米设备，1984年获商业部科技成果四等奖，1986年获江苏省优质产品。1992年又通过了省优产品复评，得到了再一次的确认。

产品设计新颖，结构合理，工艺先进，质量可靠，价格低廉，占地面积小，操作方便，耗电低，经济效益高，深受用户欢迎，已远销全国27个省、市、自治区及东南亚和非洲、拉丁美洲等地，现在年产量已达5000台左右，产品处于供不应求状态，为了进一步扩大生产能力，1993年又在新厂区投资800万元，第一期工程完成五个主要生产车间及配电房等生产设施，1994年上半年全部竣工，竣工总面积达8000多平方米，下半年将实施第二期工程。

我厂十分注重发展同世界各国的友好合作，已先后与东南亚和非洲，拉丁美洲的一些国家进行了贸易往来，愿意进一步发展与世界各国(地区)之间的友谊，愿意引进先进的技术和管理方式，热诚欢迎海内外各界朋友和有识之士前来投资和洽谈业务，将真诚与你们合作。

挂靠大集团　生产大发展

仪征化纤常州大明公司　总经理　姚卫平

仪征化纤常州大明公司(常州第四棉纺织厂)是中国最大的化纤基地——仪征化纤集团

紧密层企业。公司拥有全套环锭纺设备63240枚、气流纺设备400头、布机304台、意大利萨维奥、日本村田全自动络筒机8台，非织造物生产线8条(套)。技术力量雄厚，工艺检测手段齐全、管理水平上乘，为国家二级企业、国家一级计量单位。

公司产品涉及三大系列达240多个品种，以“象船”为注册商标。纺织系列主要生产各种纯棉纱、纯涤纱、涤棉混纺纱及其坯布等；非织造物系列主要生产多种风格的无纺布、无纺热熔粘合衬、机织粉点衬、浆点衬、厚绒絮片、绣花衬、磁盘衬、土工布、针刺绒、医卫用布及可与“席梦思”、真丝棉相媲美的“丽梦思”软床垫、仿丝棉产品；室内装饰系列生产仿羽绒踏花被、高级工艺绗缝两用被、羊毛被、西洋丝棉中空被、绣花被、儿童睡袋、针刺地毯、方块地毯、针刺壁布、各式窗帘等。其中获省、部优产品六只，仿羽绒踏花被荣获最高国家银质奖及商业部、国贸部92年——93年连续两年最畅销国产商品“金桥奖”。床上装饰产品远销欧美、中东、东南亚等国家。

公司将以“更新纺织、改造纺织、超越纺织”的新思路，实现设备、技术、产品方面的新突破，致力于产品的开发和升档换代，呈现企业实力强、技术含量高、产品附加值高的优势，到2000年，公司将建成“纺织装饰用品和非织造物”两个万吨级生产的企业及出口创汇基地。

公司地址：江苏省常州市常戚路南秧街特2号
电　　话：0519——771961转各部

发展集团经济　创立名牌产品

江苏奥普集团　总经理　程永福

江苏奥普集团是以常州第六无线电厂为主组建的省级集团。紧密层企业9家，其中中外合资企业3家，境外企业1家。半紧密层企业4家。松散层企业39家。生产车间18个，工人1200余名。高级职称8人，中级职称19人。主要生产星球牌、奥普牌收录机、音响、计算机软硬件、卫星电视接收系统、“TN－21机芯、CD唱机、系列扬声器、电源变压器、电源线、接插件、卡拉OK话筒、多功能阻燃仪等。在全国500家最大乡镇企业中排位：1990年340位，1991年118位，1992年72位。1993年电子行业首家企业排位61，是常州市60家重点企业之一。收录机获部优，台式组合音响社会公认中国名牌，并获“昆仑杯”金奖。1993年获市管理成果三等奖，1994年获一等奖，TQC被农业部授予达标企业。是江苏省文明单位、明星企业。

大投入　大增产　大促销

常州染纱厂　厂长　蒋建庭

常州染纱厂是一个有一定生产经营历史的企业。近几年来，随着市场经济建设的发展，本厂立足瞄准市场抓开发，集中资金搞投入，大力促销多创利的宗旨，充分挖掘企业现有潜力，调动各方面资金，进行大投入、大增产、大促销，1993年创造了本厂历史上最高水平，主要技经指标实现了五个翻番。1993年全年技改投入新增固定资产248.33万元；完成工业总产值10030万元，比上年增长230.3%；实现销售收入8556万元，比上年增长175.73%；实现利润663万元，比上年增长347.94%；全员劳动生产率达155504元，比上年增长204.26%；人均创利10279元，比上年增长313.31%。

发展自营出口贸易　建成出口创汇大户

江苏华喜毛纺集团公司　厂长　吴欢欣

江苏华喜毛纺集团公司，拥有固定资产近1亿元，占地面积22.68万平方米，建筑面积10.8万平方米，现有12800枚精毛纺锭、纺织染全能的大中型毛纺企业。具备年产腈纶针织绒1000吨、全毛针织绒1500吨、精纺呢绒80万米、羊毛衫12万件、富春纺80万米、重磅真丝60万米、羊毛条1200吨、长毛绒180万码的生产能力。1993年完成产值2.2亿元，产品销售近2亿元，实现利税1800万元，1987年起连续被省、市、县评为“明星企业”和“文明单位”。

公司近几年来，产品盛销不衰，无库压产品。在国内有50多家长期稳定的销售网点，同时，精纺呢绒、腈纶针织绒、富春纺等产品还销往美国、法国、加拿大，日本、香港等地。从1991年起，外贸收购额均在2000万元(人民币)以上，被对外经济贸易评为“出口创汇先进企业”，成为常州市出口创汇大户。1993年公司享有企业自营进出口权。公司的成员企业各具特色，优势互补，形成“一条龙”生产格局。

集团公司总经理吴欢欣同志是企业的主要创始人，是市、县劳动模范，省、市、县企业家。

公司地址：江苏省武进县横山桥镇

电话：0519—8761570

引进新技术　登上新台阶

常州开关厂　厂长　董建平

常州开关厂是机械工业部定点生产经营交、直流电控设备的全民专业厂家，为交通部上海港口机械制造厂常州分厂。企业技术力量雄厚，工艺先进，拥有固定资产原值近800万元，生产设备300余台(套)，计量检测设备近40台(套)。1993年工业总产值已达4495万元，投入技改资金500万元，增加了数控多工位冲床、平板机、角钢较直机、静电喷涂等关键设备，备有完整齐全的电气测试设备。

工厂主要产品有四大类：港口起重机械配套电控设备、高低压输电置、电力电子交流设备，小型工矿、电机车电控成套及配件。

近来，企业明确了“不断开发新品”的方针，使新产品不断问世。又引进新技术，新产品、新工艺、新材料，与外商合作兴办了常州基腾电气有限公司，并采用世界最先进的微处理数字量控制直流调速技术进行组装，从而使企业登上了新的台阶。

组建企业集团　优化产品结构

江苏新亚化工集团公司　董事长兼总经理　周　奎

江苏新亚化工集团公司是以武进化肥厂为核心组建的集团企业，公司下属有合成氨厂、化工一厂、化工二厂、热电厂，化机厂及运输公司、劳动服务公司，物资供销公司等企业，主要产品有液氨、碳铵、工业甲醇、过氧化氢、二甲基甲酰胺、甲酸甲脂、异丙胺、氮甲基甲酰胺等多种化工产品。武进化肥厂先后获“国家二级企业”、“化工部六好企业”、“国家一级计量先进企业”、“国家一级节能企业”等多种荣誉称号。1993年完成工业总产值13881万元，销售收入11512万元，实现利税总额915万元。工厂诚心诚意愿为社会各界提供化工科技、贸易服务，并具有较强的化工设备制造及综合服务能力。

积极优化产品结构　大力发展外向经济

常州制药厂　　厂长　许玉海

常州制药厂是一个生产化学合成原料药和制剂的综合性工厂，也是国家医药行业的重点骨干企业，企业类型为国家大型二类企业。固定资产1亿人民币。厂区占地面积11万平方米，建筑面积6万平方米，拥有10个生产车间，1个辅助车间，以及1个营养品厂和1个药物研究所。

主要产品有四大类10多种原料药和130余种制剂。生产的产品均以"常药牌"为商标，其主要合成原料药有：盐酸脱氧土霉素、盐酸甲烯土霉素、氢氯噻嗪、叶酸、布洛芬、卡托普利、甲苯磺丁脲、肌醇烟酸酯、马来酸依那普利等；主要制剂产品有：卡托普利片，复方卡托普利片，复方降压片、常药降压片、布洛芬片、依那普利片、丁胺卡那霉素针、胞二磷胆碱针、胆通胶囊等。生产的原料药有一半以上提供出口，主要产品均畅销国内市场。1993年实现工业总产值2.3亿元，销售收入1.35亿元，实现利税908万元。

生产装备精良，有较强的自我改造、消化吸收引进技术的能力。主要生产设备有250多台，制剂从国外引进一整套具有八十年代国际先进水平的生产流水线。生产工艺和检测手段先进，有先进的检测仪器，能满足生产需求，所有产品均按高于国家药典标准的企业内控标准组织生产，主要出口产品质量指标均达到或超过英、美、日本药典标准。心血管药物为其特色，第一代产品氢氯噻嗪获20年出口免检；第二代产品卡托普利国内市场占有率70%；第三代产品依那普利属国家"七五"重点科技攻关项目，现已正式投入生产，推向市场，填补了国内空白。在1992年国家科委举办的"第四届中国新技术新产品"博览会上，马来酸依那普利、卡托普利素片、复方卡托普利片分别获金、银牌。

随着改革开放的不断深化，进一步加强内部配套改革，改善企业经营机制和科技机制，积极优化产品结构，发展外向型经济(有一大批产品正洽谈合资合作项目)，正在为发展大医药而奋斗。

走技术改造之路　创优质高产企业

金坛水泥厂　厂长　汤炳生

金坛水泥厂地处茅山东麓的薛埠镇西，全民所有制企业。年生产能力达30万吨，产品品种有425、425R普通硅酸盐水泥，并属较早领取"全国工业产品生产许可证"和国家级"三级计量合格证"的单位之一，有较强的水泥生产专业技术力量和完善的质量控制手段。该厂采用国际先进标准生产，产品质量经省质检站检验，出厂水泥连续九年合格率100%，富裕强度合格率100%。1993年10月获得了"中国水泥产品质量认证委员会"颁发的"质量认证书"，产品为国家级质量认证产品，在苏、锡、常、沪、苏北等地享有较高的质量信誉，被广人客商称为"正宗的金坛水泥"。

经过近几年的技改、扩建，引进了高新技术，实现了生产配料、立窑成球微机自动控制，出厂水泥自动计量包装，从而保证了产品的质量和数量。1993年完成工业产值3001万元，利税达670万元，被金坛市政府评为"文明单位"，被江苏省建材局评为建材行业"优秀企业"。

发挥优势、开拓进取、深化管理、优质高效

常州第二棉纺织厂　　厂长　李俊伟

常州第二棉纺织厂，前身是民丰纺织厂，创建于1919年，是一个在历史的长河中渡过了75个春秋的中型棉纺织全能企业。

工厂位于常州市的南大门，占地面积为112655平方米，全厂现有职工3200人。目前拥有国内先进纱锭56964枚，精梳机5套，捷克气流纺纱机800头，线锭10160枚；56"和75"1515型布机480台，引进的意大利SM－92剑杆织机105台以及日本村田、意大利萨维尔自动络筒机、德国祖克浆纱机等世界一流设备，并配有乌斯脱条干仪和十万米纱疵仪等先进的测试仪器。年生产棉纱1万吨，生产纺织棉布1500万米。棉纱品种有白纺、色纺、精梳、普梳及气纺高、中、低各档纯棉、化纤纱支，较大部份提供用户厂生产出口坯布和出口针织用品；棉布品种有高密府绸、纱卡、靛蓝牛仔、粘棉、粘涤、粘麻、全晴系列的纯棉、化纤织物。由于产品生产历史悠久、做工精良吸引着大批用户，引起了国内外人士的重视。有涤粘325/2×325/2中长华达呢，325纯棉纱等二只国优、五只部优产品，远销日本、欧美、港澳等国家和地区，得到了外贸部门和国内外客商的高度评价。是江苏省纺织品出口的重点生产基地之一。跃入了全市工业企业销售收入前五十强的行列，为国家作出了积极的贡献。

电话：0519—6608908转各部

强化企业集团　　争夺世界市场

江苏远宇电子集团公司　　总经理　潘仲来

江苏远宇电子集团公司是集生产、科研、外贸为一体的综合性多功能电子集团公司。其核心企业为武进县特种电子器材厂。紧密层企业有：常州远宇电子有限公司、常州中利电子音响有限公司、常州威利来电子音响器件有限公司、武进远宇电子研究所、深圳远宇电子有限公司、厦门远宇电子有限公司(筹)、铁道部戚墅堰机车车辆工厂精密模具分厂。紧密层企业均为集团控股企业。另有半紧密层、松散层企业十几个。集团公司拥有资产5000余万元，年销售逾亿元，95%以上的产品外销东南亚、欧美等十三个国家和地区，1994年出口创汇可达1000万美元。香港面向全球发行的英文杂志《ASIA SOURCES》作出了权威评估，远宇讯响器国际营销量仅次于日本STAR公司，为世界第二。远宇集团注重开发国际市场紧俏的电子产品。现有电磁式讯响器、通讯用扬声器和压电式换能器三大系列，其中电磁式讯响器系列产品广泛地应用在美国AT&T、MOTOLOLR等通讯产品上，倍受青睐，替代菲利普公司的通讯扬声器在欧美市场供不应求，高性能压电语音器件生产能力及国际市场占有率仅次于日本摩拉泰产品。三大系列300余个品种的产品以其高性能、超小型、薄型化使"远宇"牌产品产品具有无与伦比的性能。集团公司具有国家经贸委审批的自营进出口经营权，有着强有力的销售班子，国外订单络绎不绝。

远宇集团1994年技改将投入1000多万元，项目完成后，生产、效益将更上一层楼。

当好大厂配角　促进企业发展

武进县第七塑料厂　厂长　杜亚堂

武进县第七塑料厂(不锈钢管厂)位于常州市西郊邹区镇,紧靠"312"国道和"京杭"大运河,是熊猫电子集团成员和上钢五厂的协作单位。居武进县百强企业前列。工厂拥有45克至8900克注塑机20多台及全套喷漆烫印流水线。主要产品:多种规格的熊猫电视机壳、春兰空调、夏利轿车、济南摩托车、配套塑件等。

附属不锈钢管厂是目前在常武地区规模最大,能生产10mm－120mm各种规格的不锈钢无缝管,年生产量3000吨以上,产品质量过硬,应用广泛,欢迎海 内外客商惠顾指导愿与各届新老朋友共创腾飞大业。

开发高新技术产品　　实现高附加结效应

常州矿山机械厂　厂长　项银福

常州矿山机械厂始建于1966年,是机电部定点生产桥(门)式起重机,矿山研破设备的专业工厂,为国家二级企业。现有职工800余人,固定资产原值2000多万元。全厂占地面积约13万平方米,具备良好的生产作业环境,完善的检测手段,适应起重、矿山设备的制作,年生产能力达8000～9000吨。

经过近三十年的发展,工厂形成了以生产起重机、球磨机为主导产品的生产格局,主要产品销往除台湾外的全国二十九个省、市、自治区,并有部分产品出口。1993年工厂实现销售额8306.8万元,产值完成8270万元,年人均劳动生产率超过10万元,利税达512.3万元,其中利润为328.8万元。

工厂产品质量具有整体优势,φ900×1800磨机为省优、部优产品,LD(A)单梁桥式起重机和5t、10tL型单主梁门式起重机为省优产品,工厂连续八年被评为"重合同、守信用"单位。

近年来,工厂从企业长远利益出发,着手开发高技术含量、高附加值、市场广阔的新产品WY20型液压挖掘机。1993年7月,工厂成功试制了2台挖掘机样机,该产品通过国家检测中心的检测,其主要技术参数全部达以国家标准,部分参数优于国家标准。目前,2台样机均实现了销售。

在党的改革开放政策的指导下,工厂将坚定不移地以经济建设为中心,实现工厂的腾飞。

坚持能快则快　发展规模经济

常州长江塑料机械厂　厂长　周国平

我厂是中国轻工机械总公司定点生产塑料机械的专业工厂、国家二级企业。1992年创办中美合资常州华丰机械有限公司。本厂现有职工600余人,拥有固定资产1680万元和主要生产、机械设备215台,目前主要生产"飞环"牌SZ－40/32至SZ－1000/320等系列塑料注射成型机10多个品种,年生产能力达1000余台,其中SZ－63/32和SZ－630/200塑料注射成型机为部优产品,各种产品畅销全国各地,并销往国外。

1993年,我厂在党的十四大精神指引下,紧紧抓住机遇,乘势而上,深化改革,加速发展,完成产值5234万元,销售收入4024万元,分别比1992年增长41.73%和13.68%,实现利润达到372万元，工厂进入全国500家先进乡镇企业行列。

近几年，工厂还获得了省市“明星企业”、“先进企业”、“文明单位”市“质量管理奖”与市“科研型工厂”、“重合同守信用企业”等称号

电话：6602385 6620343

勇于开拓创新 吉诺尔争创先进

常州吉诺尔电器(集团)公司 总经理 葛跃进

常州吉诺尔电器(集团)公司，有五个成员企业：常州空调器厂、常州吉诺尔电器(集团)公司冷柜厂、常州吉诺尔电器(集团)公司特种冷柜厂、常州市制冷电器研究所、常州市凌云冰箱配件厂。集团拥有固定资产1500万元，1993年列入常州工业企业五十强；江苏省明星企业；常州地区重点企业之一；重合同，守信用企业。

集团依靠科技进步发展企业，狠抓开发、试制、生产三个环节，一代紧跟一代，市场占有率超过其它品牌。

“吉诺尔”牌系列电冰柜、“蓝岛”牌系列空调器是家电产品中的后起之秀，共有四大类二十多个品种，受到国家和数家省级消费者协会的好评，并授予相应的荣誉证书；产品以豪华典雅、款式新颖、低噪音、高效节能著称。

为进一步适应日趋激烈的市场经济竞争，满足人民群众日益增长的物质文化的需要，公司以每年翻番的速度向前发展，将以“勇于开拓，创新求实”的企业精神指导企业的发展方向，坚持“质量是吉诺尔永恒的主题”的质量意识，争创“一流的企业、一流产品、一流服务”！

地 址：江苏省常州市清潭路119号

电 话：6608624 6639642

电 挂：2247

手拖农车并重 推进企业发展

常州拖拉机厂 厂长 吴建皓

常州拖拉机厂是机械工业部定点生产小型拖拉机的大型骨干企业，首批国家一级企业。工厂主要生产东风牌系列拖拉机和奔富牌系列农用运输车两大类产品。手扶拖拉机年生产能力为10万台，名列同行业之首。东风系列手拖在广大用户中信誉较高，远销54个国家和地区，覆盖全国29个省市自治区。迄今为至，常拖厂已为我国农机化事业提供了近百万台优质拖拉机。最近，东风－12型手拖又在“首届亿万农村消费者评价农村市场产品”中获“信得过产品金奖”。

奔富牌系列四轮农用运输车是工厂经过广泛的市场调研后经过一年多开发的新产品，1992年底通过省级鉴定，1993年有三大系列7个品种的农用车上了机械部和公安部联合下发的《1993年四轮农用运输车及其产品目录》，为产品走向全国奠定了基础。为此，常拖厂又加大投资进行技术改造及改进，使奔富系列农用车计划年产达6000台并形成万台的生产能力。工厂还开发了D61A型胶印机和砻谷机机头等产品，产品结构调整初见成效。

目前，常拖厂正致力于调整产品结构，加强企业管理，实行划小核算单位试点，努力开拓外向型经济，大力发展第三产业，使企业的经营逐步走向良性循环。

厂址：常州市新闸镇新冶路10号

电话：3260424(总机)

引进国外先进设备　丝绸产品飘洋过海

常州中南丝绸集团公司 董事长、总经理 刘岳定

常州中南丝绸集团公司位于常州市戚墅堰区丁堰镇，南靠沪宁铁路线，北依沪宁高速公路，是常州经济开发区的一个组成部分，工厂占地面积 350 亩，现有建筑面积 13000 平方米。核心层企业 6 家(工贸合营常州丝绸厂、中外合资常州中南丝绸制衣有限公司、中南丝绸集团公司沭阳县丝绸支公司、新加坡震元国际企业有限公司、中外合资常州岳定服装有限公司、常州戚墅堰纺织原材料公司)。

公司现有茧站 17 个，蚕桑地 15 万亩，年收购蚕茧 20 万担；丝织机械 500 台，年产真丝绸 500 万米；并拥有国际上 90 年代最先进的染整设备 18 台(套)，年生产各类精炼、印染、砂洗真丝绸 2300 万米；引进了日本重机公司服装生产流水线 2 条，年产各类丝绸服装 50 万件(套)。公司 1993 年实现销售 3 亿元，利税 3000 万元。

公司主要生产绉、缎、纺三大类十五个品种的炼、染、印、砂洗真丝绸面料及各类丝绸服装，其中传统主导产品 14101、14654 素绉缎，分别于 1989、1992 年荣获省、市优质产品称号，90％的产品销往美国、西欧等国家和地区，并博得客商的一致好评。

地址：常州市丁堰镇丁城路 7 号

电话：8771591　8771257

从先进技术上下功夫　向专业化规模化发展

常州市第二电线厂 厂长 王金成

常州市第二电线厂(武进县第一电缆厂)，是武进县的重点骨干企业之一。位于京杭古运河与 312 国道之间，东靠常州市、西临常州飞机场，北近沪宁线铁路、具有水、陆、空交通方便的地理优势。工厂建于 1980 年，现有厂房面积 10 万平方米，建筑面积 8 万平方米，拥有总资产 1 亿多元，其中固定资产 5000 多万元，职工 1000 人，形成 15 条主要生产线、生产设备 280 台套、其中有 50 台套的主要设备为国内外同类企业的先进水平。检测设备 36 台套，确保线缆行业所规定的检测条件，并建立了“常州市金牛线缆研究所”保证了产品的质量。主要生产 9 个系列 3500 多个规格的全型电力电缆，通信电缆、控制电缆、橡套电缆、矿用电缆、交联电力电缆、聚氯乙烯电线、漆包线、无氧铜杆等。形成了从无氧铜杆生产开始到产品产出的一条龙规模生产线、具备年产值 8 亿元的生产能力。产品销售全国 29 个省、市级机电公司、邮电局、电机厂等 600 多家单位。1993 年完成总产值 3.1 亿元，销售 2.7 亿元，利税 1281 万元。1989 年以来企业蝉联省、市、县的明星企业、江苏省农业银行评估特级信用企业。国家统计局认定为全国 500 家最大乡镇企业之一。产品获中国机械工业部颁发的生产许可证，中国电工委员会质量认证书。1994 年奋斗目标，实现产值 5 亿元，销售 5 亿元，利税 5000 万元。

自力更生　艰苦创业　综合利用　多种经营

武进铁合金厂 厂长 卞春暖

江苏省武进铁合金厂(又名武进建材厂、武进龙城铜材厂)，建于 1971 年，是冶金工业部 45 家地方省、市骨干铁合金厂之一。全厂现有职工 1650 人，其中工程技术人员 130 余人，固

定资产4700万元，占地面积18万平方米。

二十多年来，工厂走自力更生，艰苦创业、综合利用、多种经营之路，使企业得到不断发展，现有60立方米锰铁高炉一座，年产高炉锰铁1.6万吨；二条水泥生产线，年产425R矿渣硅酸盐水泥18万吨；铜材年加工能力1.5万吨，还有利用高炉剩余煤气发电的1650KW发电机组一台。

工厂位于常州市西郊，交通便利，南靠机场公路，北靠沪宁铁路，东倚德胜河，可通长江，西距常州民航站12公里。从1985年起工厂连续被市、县评为"重合同、守信用"、"文明单位"、"先进企业"和明星企业。

实施技术改造 争创一流产品

常州铸造总厂 厂长 张二洪

常州铸造总厂始建于1967年，是生产铸钢、铸铁件的专业化工厂，机械电子工业部重点企业，是铸造行业首家国家二级企业。

工厂位于常州市芦墅桥南堍，水陆交通十分便利，厂区占地面积10.3万平方米，建筑面积5.6万平方米，其中生产房屋面积4.2万平方米。经"六五"、"七五"二次大的技术改造，工厂生产设施先进，技术力量雄厚，检测手段齐全，产品质量可靠，现有固定资产原值2800多万元。主要生产设备有：采用微机控制电极升降的5吨电孤炉三座；采用富氧送风技术的5吨冲天炉2座；国外引进铸钢气冲造型线1条，铸铁树脂砂生产线1条；150m3/时制氧机3台套；制氢制氮设备各1台套；各种铸造设备37台套。

工厂具有年产钢水60000吨，铸钢件10000吨，铸铁件8000吨，钢锭3500吨，汽(氧、氢、氮)300万立方米的生产能力。

工厂现有职工1300多人，各类技术人员173人，除能生产各种常用普通铸钢、铸铁件外还能生产HT300高强度、高刚度、低应力铸铁件；QT800－2以下的球墨铸铁件和低合金钢、不锈钢铸件。工厂具有国外引进直读光谱分析仪和自动红外碳硫分析仪等先进检测仪器。树脂砂铸铁件尺寸精度达CT8－12级。达到了八十年代国际水平。铸件行销省内外20多个城市，160多个企业、并有部分铸件出口美国、荷兰。

94.7

发挥锻造优势，再上新的台阶

常州锻造总厂 厂长 桑沛钦

常州锻造总厂座落在江苏省常州市新市路6号，创建于1952年10月，现有职工1028人，其中各类专业技术人员161人，工厂占地面积11.63万平方米，其中建筑面积7.62万平方米，主要生产设备214台，固定资产原值3358万元，净值1410万元，1993年生产各类锻件18600多吨，销售收入达1.34亿元，跨入三县一市前50强，主要技经指标在同行业中保持领先地位。

我厂是江苏省锻造中心，也是机械电子工业部定点生产各类锻件的重点骨干企业，锻造设备配套，拥有500t、1600t水压机，5t以下模锻锤，3t以下自由锻锤，引进捷克和斯洛伐克2t－m，10t－m，液汽锤及美国高速带，锯床等，能生产单件7吨以下自由锻件和40公斤以下模锻件，产品创销国内22个省市600个单位，部分产品还远销加拿大等国，模锻汽坯件和齿坯件均为省优质产品，工厂有较好的强化检测和无损检测设施，检测手段完善，是常州市进出口商检局金属材料检测站。

更新观念走出厂门　依靠大厂搞好联营

上海减压器厂常州分厂　厂长　徐建跃

上海减压器厂常州分厂创建于1983年，前身仅是一个敲敲打打的小型铸件厂。在改革开放的浪潮中，企业领导更新观念走出厂门，大胆探索横向联营，经过多次努力，1990年初与上海减压器厂建立了合作关系，共同开发了"YXYT－75型系列气动校验台"、"YQY系列减压器"、"φ40－φ100系列氧气乙炔压力表"，创建了"金坛县仪表校验设备厂"，1992年12月更名为"上海减压器厂常州分厂"。

经过几年创业，工厂面貌焕然一新，全厂占地面积4234平方米，建筑面积2517平方米，现有职工181名，其中技术人员26名；拥有固定资产350万元，各种车、刨、铣、冲、钻、磨床有100余台，校验设备10多台，货车2辆。年产80万只压力表，20万套减压器，100万只零星加工件，150余台校验台，成为一个门类齐全，配套性强，产品技术含量较高的生产企业。1993年工业产值达2500万元，创利税233.8万元。1994年力争创产值3000万元，利税300万元。欢迎海内外朋友、各界同仁前往共图合作，共创宏兴。

制罐技术先进　产品质量过硬

常州豪华气雾制品有限公司　总经理　杨国平

常州豪华气雾制品有限公司，是常州矿务局与香港(王氏)力生地产集团有限公司合资开办的企业。公司总投资398万美元，注册资本250万美元。公司引进了国外马口铁三片罐最新制造技术和成套全自动生产流水线及检测设备，是华东地区生产能力最强的制罐厂之一。

公司生产经销各类φ52－102mm、H86－240mm水基、油基、烃基气雾罐、食品罐和饮料罐。以及为其配套的进口气雾阀门。公司为客户代办制板印刷、塑料罐盖、包装装璜等业务。1993年研制开发了新一代杀虫气雾剂产品——特奇高效杀虫气雾剂，已批量投放市场，受到广大消费者的青睐。

"豪华"公司坚持把质量和信誉视为企业的生命，从而赢得了广大用户的信赖，促进了经济效益的不断提高，1993年产量超千万罐，用户过百家，，产品合格率达到98.32%，年销售收入、税金、利润分别比上年增长175%、157%和350%，在全市1500多家"三资"企业效益评定中名列第20位。

坚持国际质量标准　产品远销世界各国

常州市电焊条厂　厂长　刁仁根

常州市电焊条厂是具有三十多年生产焊接材料的专业化工厂，主要产品有E4300E5025等电焊条，$H08Mn_2SiA$、ER70S－6等CO_2气保焊丝和多种材质的埋弧焊丝等五大类有120多个品种，工厂归属于机械电子工业部电工设备总公司。

工厂现有职工600多名，占地面积3万多平方米，建筑面积2万多平方米，主要生产设备有170多台(套)。年产各类电焊条7000吨，CO_2气保焊丝3000吨，埋弧焊丝近1000吨，工厂各类科技人员占全厂职工总数的16.8%，各类检测设备齐全，有完态的质量保证体系。从

1983年以来，我厂的电焊条产品已先后通过了ZC、LR、ABS和DNN四个国家船级社的工厂认可和产品认可，并取得了认可证书。

我厂是外贸出口的扩权企业，产品畅销国内市场，远销亚、非、美洲等几十个国家和地区，并在国内外用户中赢得了一定的信誉，1991年外销额占工厂工业总产值的15.09%。

向系列化产品延升　走外向型发展之路

武进合成纤维厂　　厂长　李小泉

武进合成纤维厂具有较强的经济实力和技术力量，目前已拥有固定资产7800万元，流动资金2000多万元，厂区占地面积9.4公顷，建筑面积96000平方米，职工1000余人，工程技术人员118名，其中工程师以上技术水平的有25名，高工5名。拥有国内先进设备如：KV741、PK_3、PK_2、Vc406、KD431大功能专业纺丝设备及配套的VC443牵伸机，水、电、气等公用设施配套齐全，九条生产流水线年生产能力达万吨。主要产品有FDY、POY、涤纶长丝、网络丝、变形丝，各种规格的丙纶长丝及飞利达多彩涂料。产品畅销广东、海南、浙江、江苏等18个省、市、自治区，生产的佳日牌化纤长丝系列产品被中国社会调查事务所评为中国公认名牌产品。

1993年完成工业总产值13008万元，销售额达12178万元，实现利税528万元。目前，武进合成纤维厂为市、县重点骨干企业，省、市、县明星企业，科技进步先进企业，中型企业、国家统计局列我厂为中国500家最大乡镇企业第138位，中国乡镇企业库六星级企业，曾受省人民政府嘉奖，厂长李小泉多次被评为市、县乡镇企业家、劳动模范。武进合成纤维厂将在新的征途上，向化纤后道工序发展，走外向型发展道路，力争在2000年建成一个集丙、涤、锦“三纶”系列产品，年生产能量达2万吨的化纤集团公司，再创辉煌。

产品创优质　企业当明星

常州金狮集团达成车料有限公司　　总经理　徐焕成

达成车料有限公司所属常州金狮集团轴皮厂，始建于1984年，十年来，随着企业的发展，经营规模不断扩大，现已具有年产各种自行车轴皮350万套、曲柄链轮450万套、机动三轮车1万辆、轻便三轮车5万辆、轻型汽车前后桥3万根的生产能力。主产品自行车前后轴皮，采用国际先进标准，荣获“江苏省优质产品”称号，并被轻工部评为A级产品。现有410—710mm六大系列，50余个品种。除为国家名牌“金狮”自行车配套外，还供应国内20余家整车厂，同时有部分产品出口。另外，本企业还与台商合资成立力麟自行车有限公司和与港商合资成立成光电镀有限公司。为适应市场经济发展，于1994年1月，企业升格为常州金狮集团达成车料有限公司，现已拥有六家实体企业，形成多元化经济结构和经营体系。

公司现有职工和各类专业技术人员850余名，厂区占地面积9.9万m^2，建筑面积为3.6万m^2，固定资产原值2350万元，1993年产值突破了亿元大关，销售收入近9000万元，利税340余万元，出口创汇860万元人民币；1994年力争工业总产值在1993年度基础上再度翻番，预计可达2亿元，销售收入1.8亿元，利税1000万元，是武进县的百强企业和常州市的明星企业。　地址：常州市南门外前黄镇

电话：511150

走联合联营之路　向企业集团发展

江苏省溧阳市中信实业公司、电子仪器厂　总经理兼厂长　蒋洪清

我公司是在始建于1971年的新昌农修厂的基础上，建立起来的。是江苏省电子工业厅归口企业，也是南京电力仪表厂联营企业，已成为溧阳市电子行业骨干企业。公司下属单位有：江苏省溧阳市电子仪器厂，溧阳市中信经营公司，南京电力仪表厂电表分厂，溧阳市广播电视设备厂，溧阳市发达紧固件厂，溧阳市华新五金电器厂。现有职工580人，工程技术人员83名，占地面积12600平方米，建筑面积10200平方米。固定资产500万元配有先进的生产流水线五条，各种机械设备100余台(套)，专用测试仪器，试验仪器配套齐全。年产值超5000万元，年创利税500万元公司的经营宗旨是：坚持"质量第一、信誉第一、用户第一"。公司连续四届被评为常州市"明星企业"、"先进集体"、"重合同、守信用"单位和"文明单位"。银行信用评估"一级"企业。

公司主要产品有四大系列

1　电度表系列产品有单相DD862、DD28型；三相电度表有DT862、DS862以及电度表用各种规格的电流，电压总成系列。

2　扩大机系列产品有：250W Ⅰ型、Ⅲ型、150W、100W、50W、25W、2×50W、二合一3型、4型的播控桌和乡级广播站配套设备。

3　有线电视系列产品有：干线放大器、分支器、分配器、线路延长放大器、用户终端盒、衰减器、均衡器、交流恒压电源。

4　铝合金门窗配件和火车窗平衡机构

公司个体员工精诚团结，励精图治，锐意改革，开拓创新，竭诚欢迎国内外朋友莅指导，同仁合作。

厂址：溧阳市新昌镇

电话：247258　247300　247257　247256

鸿联灯饰千姿百态　照耀世界五光十色

鸿联灯饰有限公司　董事长兼总经理　周金清

鸿联灯饰有限公司成立于1987年，是由常州红联灯具厂与香港天安工业投资有限公司合资组成，是武进县内开办的第一家中外合资企业，是香港"天安"公司在常州地区的第一个投资项目。

公司现有员工1200人，其中专业技术人员68人，占地面积40000m²，现有建筑面积35000m²。1993年完成工业总产值12300万元，销售收入11080万元，出口创汇660万美元(其中自营出口创汇526万元美元)。外贸收购额1180万元，实现利税1220万元。1993年被评为常州市外商投资企业实现利润超百万及自营出口创汇超百万美元的企业。

鸿联公司发挥传统的技术优势，提高工艺技术水平，引进全自动玻璃磨边机、花管机等先进设备和玻璃磨边、刻花、喷砂、烘弯、水晶珠饰加工、表面处理等先进技术"在国内外激烈市场竞争中不断完善了"红联"牌产品形象，已逐步完善了建筑装饰、民用、工矿道路、应急、节能等五大类1600余品种功能系列灯具，HBG型装饰灯和HOL型户外灯等二大类出口系列灯具已获得了美国UL电气安全标准认可。此外，红联公司还将产品范围扩展到铝合金吊顶板、超轻隔热夹芯板等建筑装饰材料及豪华型仿金金属家具、水晶摆件饰品等方面，形成了以鸿联公司为龙头的"红联"牌产品生产企业群。

开展兽药品生产促进副食品发展

江苏华夏动物药品厂 厂长 史荣根

华夏动物药品厂是生产兽药的专业化工厂，创建于1970年，全厂占地面积24800平方米，建筑面积13500平方米，固定资产1076.84万元，现有职工250人，其中各类工程技术人员38人。厂内设有“武进县动物药品研究所”和武进县科华水产药开发公司”，主要从事动物药品和化学合成药品的研制、开发、生产，共有合成原料药、农药、食品添加剂和各种兽药制剂四大类八十多个品种。主产品鱼服康、双甲脒获部优产品称号。产品畅销全国二十多个省、市、自治区，其中双甲脒、牛磺酸出口德国、泰国、日本、新加坡和澳大利亚等十多个国家和地区。企业1993年完成产值5279万元，实现利税340.12万元，分别比1992年递增64.97%和54.31%预计1994年可实现产值8000万元，利税600万元，出口额4000万元。

为了发展外向型经济，于1993年6月与泰国成立了中泰合资“武进神泰化工有限公司”，生产经营牛磺酸产品。

企业在发展生产的同时，十分注重企业内部管理，先后获农业部质量管理奖、省级先进企业、省明星企业、省先进集体、省现场管理优秀企业、市科研型工厂和省农行AAA级信用企业。

厂址：江苏省武进县夏溪镇

电话：(0519)3318014 3318024

以改革求发展 从市场找出路

戚墅堰机车车辆厂工业公司 经理 王尚祯

我公司创建于1978年12月，是戚墅堰机车车辆厂下属集体所有制企业。现有职工1407人，生产厂房面积20478平方米，固定资产1002万元，产值、利税每年以20.7%与11.9%的速度递增，职工年收入平均以17.26%的速度增长。目前已形成为戚厂东风4，东风8内燃机车修理和新制提供配件与另部件生产的能力。产品覆盖面已向路内三十多个机务段八个车辆厂和物资办事处提供产品服务，成为铁道部和戚机厂生产机车、货车配件的定点单位之一。

公司实行经理，书记一肩挑的领导体制，以加速转换经营机制，全方位走向市场为指导思想，立足铁路，面向市场，推出简政，放权，奖励等一系列配套改革措施，开创创造效益的良好局面，1994年力争实现年产值再比上年增长20%的奋斗目标。

电话：8772550

发展钢铁工业 满足市场需求

溧阳市钢铁厂 厂长 王锁金

溧阳市钢铁厂建于1970年，位于溧城西郊小山头，南近宁杭公路，北靠濑江河，工厂占地面积70000平方米，现有职工650多名，其中中级技术职称10名，初级技术职称24名，企业拥有固定资产600多万元。

主要生产产品有：生铁、氧气、氮气、热镀锌件、高频焊管。企业主要设备有22立方米的高炉一座，生产各类牌号铸造生铁，年生产能力20000吨，经江苏省标准局“采标”验收合格，并颁发证书；有150立方米/时制氧机组一套，年产氧气 120 万立方米;热镀锌设备一套,年产热镀锌产品 10000 吨,产品具有耐腐蚀,使用寿命长等特点,适用于高层建筑用管道、高压输电线铁塔等;高频焊管 φ35 机组一套,各类设备配套齐全,年产 1/2"～1"焊接钢管 20000 吨。

企业本着质量第一、信誉第一的宗旨,优质高产,热忱欢迎各用户产单位来人来函联系洽谈。

攻克国家重点项目　建成同轴电缆基地

常州市特种电缆厂　　厂长　王振国

常州特种电缆厂是机电部生产特种电缆的专业定点企业,全厂占地面积 60000m²,建筑面积 24000m²,拥有固定资产 3700 万元。主要产品有:耐高温补偿导线(电缆),本安型防爆屏蔽信号控制电缆,计算机用信号控制电缆,低烟低卤阻燃信号控制电缆,耐火控制(电力)电缆,CATV 物理发泡用轴射频电缆等。年产量达 86000 公里,1993 年总产值达 6000 万元,比 1992 年翻一番,实现利税 1013 万元,列同行中前茅。耐高温补偿导线荣获机电部优质产品称号,并在机电部行业评比中获二等奖;计算机用屏蔽电缆经国家科委、经委评定为国家级科技新产品。该厂产品经销全国 29 个省、市、自治区,并远销巴基斯坦、印尼、伊朗等国。1993 年又与上海电缆研究所合作,研制成功"八五"期间国家重点攻关项目——物理发泡同轴射频电缆,并已投产,年产值可达 1.2 亿元,将成为我国最大的同轴电缆生产基地。

企业连续五年被评为江苏省常州市"明星企业",常州市"文明单位","重合同、守信用"企业。

福利工厂再显身手　经济效益又上台阶

常州市东风汽车车身厂　　厂长　蒋茂栋

常州市东风汽车车身厂系民政福利企业,位于常州西郊二十五公里处夏溪镇,西靠古运河道,南襟常宜公路,北临常锡公路,距 312 国道和建设中沪宁高速公路二十公里,距中国民航常州机场三十公里,水陆交通方便。

工厂占地面积 10.5 万平方米,建筑面积 6.2 万平方米,现有职工 800 余人,主要产品有车身、车架、玻璃集装箱。各种专用汽车等,1993 年产值 6000 万元,利税 600 万元。

在民政部及各级政府大力支持下,工厂拟征地 800 亩,投资 3000 万美元,成立民政部常州市民福实业总公司,下辖六个分厂一个公司,中汽公司专门特批"中汽专用汽车常州东方有限公司"的牌子生子各种系列专用汽车,总体规划单班年产三万辆,一期规划单班年产　万辆,1994 年预计产值 1.2 亿元,税利 1440 万元。

办好校办工厂　发展教育事业

武进县奔牛中学五金电器厂　　厂长　沙良荣

武进县奔牛中学五金电器厂,专业生产教学仪器,是江苏省教学仪器行业协会首批会员。本厂以提高教育质量,发展教育事业为宗旨,认真研制适合中小学教学的各类教学仪器,主要产品有"风力风向计"、"演示滑轮"、"固体缩力演示器"等产品,并获得了江苏省教育仪器公司组织的专家鉴定和国家教委的检测证书。

本厂坚持"质量第一,用户至上",以可靠的产品质量，热忱的服务态度，赢得了广泛的销售市场和顾客。目前本厂产品畅销全国二十多个省市，并且出口到东南亚一些国家和地区，既服务了教育事业，又创造了一定的经济效益。

厂小产品质量好　出口创汇效益高

武进县小轮车厂　厂长　贺伟成

武进县小轮车厂（武进县大成电动工具厂）紧靠常锡公路，南濒隔湖之滨，位于常州南门，建厂于1976年。现有职工368人，工程技术人员18名。厂区占地面积5800m²，建筑面积28600m²，现有固定资产1180万元，各类通用设备齐全，年生产总值超亿元，年利税总额680余万元，年出口总额6000余万元。工厂连年被市、县评为先进企业，出口供货先进单位和重合同守信誉企业，并通过了市、县的全面质量管理和三级计量合格验收。

工厂主要产品小轮童车和电动磨光机，产品严格按照国际标准试制和生产的。其结构、强度、外观和安全性能均能达到国家A级水平。产品运销美、英、法和港澳、中东、中、南美等国家和地区。目前工厂已具有年产50万辆小轮童车和30万台电动磨光机的生产能力。

工厂坚持以国内市场为依托，国际市场为导向，实行跨地区，跨国界的战略，向产业化、多元化、集团化，国际化方向发展。重信誉、讲效益，努力开创最优业绩。

工厂地址：常州南门牛塘桥

电话：6551360　6553344　6553420

争取外商来合资　发展化医中间体

常州利源化工有限公司　总经理　陈全林

武进县常武化工厂系镇办企业，座落于江苏省常州市马杭镇西。1991年与香港麒麟湾有限公司合资经营，成立中外合资常州利源化工有限公司，总投资100万美元。现拥有固定资产2850万元，职工200余人，其中工程技术人员20人。

工厂主要生产、经营化工医药中间体、其中西米替丁及其中间体是传统产品，主要用于治疗十二指胃溃疡、亦可用作化妆品原料，年产值为8000万元，工厂生产工艺已达到国际水平，产品质量达到和超过国际质量标准，产品90%以上外销，国际市场形势十分看好。

目前，工厂旨在放眼未来，进一步拓宽经营渠道，开发新产品，研究新项目，热忱欢迎广大新老客户来人来函洽谈业务，携手合作！

求实创新　开拓前进

武进水泥厂　厂长　唐良度

武进水泥厂座落在武进小河镇黄山脚下，工厂始建于1976年，是常州地区水泥生产的中型企业。占地63万平方米，现有职工1200余人，各类专业技术人员113人，固定资产原值2663万元。拥有二条旋窑及一条塔式立窑的生产流水线，年生产能力达20万吨：一个发电分厂，一个初具规模的农房构件生产基地和一个年开采35吨能力的矿山开采区。1993年实现销售收入4515万元。先后荣获国家二级计量单位、省级先进企业、市文明单位、明星企业、县文明单位标兵等称号。

工厂主产品“剪龙牌”425＃普通硅酸盐水

泥，1988年被评为省优产品，1990年又被评为国家建材局优质产品。是第一批国家质量认证单位。1993年，被常州市评为免检产品进入省高速公路大型建设工地。具有混凝土强度发挥快，施工周期短，可靠安全等特点。适用于各类大型滑模工程，预制高强度混凝土构件和国家重点项目等。深受用户欢迎。

百宝力鞋　走向世界

常州百宝力鞋业有限公司　　总经理　陈家祥

公司位于常州西门外九里镇，是武进县第一皮鞋厂与香港百宝力实业有限公司合资建成的中外合资企业。总投资额140万美元，主要设备引进两套意大利国际先进生产流水线，是同类行业规模较大，技术力量雄厚的现代化企业。

公司主要生产经营男女四季皮鞋，其中以女鞋为主。年生产能力总量80万双，销往世界各国，深受外商好评。现与美国皮鞋贸易公司建立了长期生产业务关系，预计年产值可达300万元，创汇300万美元。

搞好产品装璜　发展包装工业

常州五星包装装璜厂　　厂长　周东明

五星包装装璜厂是五星乡乡办企业，创建于1984年，1991年与常州金狮自行车(集团)股份有限公司和常州金狮信息公司联营，亦是股东成员厂之一，并为金狮集团配套定点生产包装纸箱，多年来在为金狮自行车配套协作过程中、无论在配套产品的质量，规格、数量和交货期上，都能满足其需要，并受到好评。

工厂在1990年荣获江苏省“绿色明星企业”称誉，1991年在市开展的包装行业评比中获“纸箱行业质量评比优秀奖”。企业现有固定资产700多万元。占地面积32683平方米，建筑面积8000平方米。

新兴开发业——机冶房开

常州市机械冶金房屋开发公司　　总经理　胡琪成

始建于一九九二年九月，隶属常州市机械冶金工业局，是自主经营、独立核算、自负盈亏的全民所有制企业。集设计、施工、安装、装潢于一体的叁级资质城市综合开发公司。

公司主营厂房、土建设计、基础建设、民用商品住宅等开发业务；兼营建筑材料的批发、零售及工程项目前期工作调研、立项、可行性研究等咨询服务工作。

公司现有职工40人。大、中专以上学历32人，其中本科生10名、硕士生1名；建筑工程技术、经济、财务等专业技术职称29名，其中高级2名、中级8名，平均年龄33.5岁，是一支年轻化、知识化、技术精湛、专业结构完备的职工队伍。

公司有独立健全的组织管理机构、明确的章程和固定的办公地点。本着加快机冶工业发展，改善职工住宅条件，促进住房制度改革和住宅商品的宗旨。九三年已竣工3851.78平方米的房屋建筑面积，建筑工程质量合格率100%，并已全部销售。九四年实施18000余平方米，在三堡街施工1万余平方米，北新花苑施工8000余平方米。

公司注重质量，讲求社会信誉，在趋于实用、安全、经济、美观的原则上，充分突出结构合理，造型新颖，功能齐全。

回顾过去，成绩斐然，展望未来，前程似锦。机冶房屋开发公司将在改革的大潮中阔步前进。

地址：常州万福路一号
电话：6632066　　6622654
邮编：213002

审时度势　　稳步发展

中国房地产开发常州公司　　总经理　王锁荣

1993年，中国房地产开发常州公司经受了经济宏观调控，市场形势多变等考验，合理调整开发计划，优化资金投向，较好地完成了各项任务，得到了继续稳步发展。公司全年房屋竣工面积15.41万平方米，完成开发工作量10429万元，实现利税480万元，工程合格品率100%，优良品率50%。

1993年，公司集中力量抓了全国住宅试点小区——红梅西村的建设工作。红梅西村以质量预控为重点，全面推行工程监理制度，使工程质量和工程管理水平都上了一个台阶，为此，江苏省建委专门召开现场会，向全省推广红西的经验和做法。

与此同时，做好市内其他工程的建设工作，江南豪华花园17幢别墅土建已基本结束，市老干部活动室已竣工交付，迎春大楼辅房、市图书馆、高新技术开发区住宅代建工程已基本竣工。红东三期、白云新村续建工程已部分竣工。

公司把发展外向型经济作为创造高效益、跻身国际市场、取得市场竞争优势的重要手段，外向型经济在1993年获得稳步发展，逐步形成了规模经营，并且正在从单一的房地产开发向对外经济合作和对外贸易的领域拓展。

在海南特区，与华美房地产有限公司合作建造70多层商办楼“中华国际大厦”已取得令人满意的效益。同时，又正式成立了海南大都房地产(香港)有限公司，并为海甸岛公寓别墅区项目的报批及方案审定做了大量工作，7500平方米的天都大厦已开工建设。

驻泰公司的业务日益扩大，一方面抓紧做好占地1.5万平方米的办公楼的开工准备工作；另一方面投资商贸行业，拓展了经营业务。

在黑河，开发建设的7000平方米的两幢住宅楼，主体工程已基本结束。

在杭州，精心规划设计的金沙港旅游文化村二期工程即将开工建设。

与台商合资创办的天威摩托车链条有限公司即将投产运行。

公司所属“三产”企业，在93年激烈的市场竞争中得到继续发展，取得了较好的效益。

为全面提高企业管理素质，公司积极探索科学管理模式，一是针对开发项目多、较分散的特点，试行项目经理负责制。项目经理负责制的实行，调动了工程管理人员的积极性，提高了工作效率，它标志着公司在适应市场经济发展、转换经营机制方面迈出了新的一步；二是推行工程建设监理制度，与国际工程管理模式接轨；三是抓好计算机辅助小区管理的科研工作，其中“计算机辅助小区管理信息系统”软件通过了省级鉴定。

利用人防工程　　搞好综合经营

常州江南商业总公司　　总经理　庄建南

常州江南商业总公司是根据国务院、中央军委关于人防建设要“平战结合”，“以洞养洞”的精神，利用人防地下工程建成的国有企业，总建筑面积为6800平方米，现有职工200人。公司成立五年来,取得了明显的经济效益和社会效益,销售累计达 12350 万元,实现利税 1320 万元。1991 年跨进了市先进企业行列,并连续四年被市委、市政府命名为文明单位。

总公司下设:江南商场、主营百货、针纺织品、五化交、副食品等;物资公司,主营建材、有色金属等;摩托车公司,主营摩托车及配件;娱乐公司,设有舞厅、OK 厅、游艺室;服装批发交易市场,承租给 100 多家集体、个体户经营。

江南商业总公司将以"团结、开拓、求实、奉献"的企业精神,进一步提高经济效益和社会效益,为振兴常州经济作出更大的贡献。

适应市场经济发展　发挥企业整体优势

金坛市物资实业总公司　总经理　陈建忠

金坛市物资实业总公司成立一九九二年元月,是以工贸合营,以营销金属材料为主,跨钢材、运输金属制品、服务等行业的多元化经济实体。

总公司下设本溪钢铁公司产品金坛经销处、金坛市金属制品公司、天津港保税区金沙国际贸易公司。在邓小平同志南巡讲话精神鼓舞下,总公司依靠市场经济运行的规律,努力奋斗,使企业得到飞跃发展。1993 年完成销售 5.89亿元,毛利 2413 万元,实现利税总额达 767 万元。到目前为止,总公司拥有资本金 5280 万元,其中固定资产 2900 万元,自有流动资产 2380 万元,使企业具备了比较雄厚的物资基础。

由于企业的迅猛发展,总公司连续两年被金坛市政府评为"优秀企业",连续两年被授予"重合同、守信用"企业,连续两年被银行授予"特级信用企业",九三年荣获"常州市流通企业批发十强"第三名。

目前,总公司根据自身的条件和企业发展需要,为进一步适应市场经济的发展,发挥企业整体优势,拟将调整结构,实现第二次创业战略,从体制方面扫除障碍,从机制方面注入活力,计划 1994 年销售突破 10 亿元,利税 1000 万元;1995 年计划实现销售 15 亿元,利税 1500 万元,力争通过三年的努力构建起新的生产经营格局,在常州流通企业中继续处于领先地位。

坚持专卖　开拓前进

江苏省烟草公司常州分公司　经理　邹津汉

江苏省烟草公司常州分公司是批发经营卷烟的专业公司。1993 年销售额和实现利税分别达 34340 万元和 882.7 万元,与组建初期比,增长率分别近 8 倍和 10 倍。1993 年人均销售额和税利额分别达 602.46 万元和 15.49 万元,在常州市 1993 年流通企业批发 10 强之中名列第五。公司坚持开拓卷烟经营业务和加强烟草专卖管理及精神文明建设并重的方针,先后与全国 79 家烟厂、烟草公司、卷烟调拨站和烟草贸易中心,建立了广泛的业务联系,截止 1993 年,累计销售卷烟 45.36 万箱,销售额达 124516 万元;查处各类违章违法案件 6154 起,查获各类卷烟 80.02 万条,其中假冒烟 2.84 万条,罚没金额 1050.08 万元,销毁假烟 27750 条,为消费者挽回损失 200 余万元;先后获得国家烟草专卖局、省烟草专卖局(公司)地方党政部门等授予的各种荣誉 52 次,自 1989 年起连续五年保持市文明单位的光荣称号,为常州地区卷烟市场的稳定和经济建设的发展,作出了应有的贡献。

随着党的十四大建立社会主义市场经济体系构想的提出和经济体制改革的不断深化,使卷烟经营面临新情况和新问题。公司将在坚持烟草专卖的前提下，不断开拓前进，努力探索在新形势下发挥垄断经营优势的新途径，用实际行动，为常州地区经济建设和改革开放的顺利进行，作出新贡献。

食品加工大有作为　三美熟食香飘龙城

常州市三美食品有限公司　　经理　邱峰

三美肉禽有限公司前身是原斌记南京板鸭店，至今已渡过了十个年头。在十年中从一个只有2000元资金的个体熟食店发展成为拥有40名员工、上百万固定资产，前店后工场的私营肉禽有限公司，1993年营业额突破200万元，成为全市熟食行业的排头兵，多次被评为市级先进私营企业，被市贸易办、统计局评为常州市流通企业中私营企业十强称号。

为了丰富市民菜蓝子，加快食品行业的发展。1993年我公司投资100万元在五星桥南征地5亩，建造了一个生产熟食加工厂，来进一步满足人民生活不断提高的需要。同时，为了确保熟食行业立於不败之地，着重抓住三个环节：一是抓资源质量。坚持进货验收制度，质量不合格的不进，坚决退货；二是抓好出售食品保新鲜，每天烹调二次，凌晨一点烧的食品上午供应，中午烧的食品下午供应；三是抓好满足市场供应需求，加快加工厂的发展，不断推陈出新，增加品种，逐步建成为一个人民信赖的大厨房，为丰富人民的菜蓝子工程作出一份贡献！

抓住机遇争市场　石油经营当龙头

常州石油公司　　总经理　胡汝庆

近年来，本公司充分发挥常州市石油供应主渠道作用，抓住机遇，在深化改革和市场竞争中不断发展，现公司已拥有3.7万M3油库一座、二个营业处、五个门市部、七座加油站、十二辆油罐车、二辆液化气罐车等雄厚的经营设施，固定资产已达1403万元，1993年全年实现销售额超4亿元、综合经营效益1793万元，已成为常州地区石油经营龙头企业，对常州地区的国民经济发展作出了积极贡献！

地址：常州市延陵西路66号新龙大厦
电话：6600017

农民的愿望　丰收的保证

江苏省武进县农业生产资料总公司　　总经理　张纪良

总公司位于常州市古运河畔的武进县供销社大厦内。公司始建于1953年，是经营化肥、农药、农膜等主要农业生产资料的专业公司。同时经营化工原料、建筑材料、金属材料、包装材料、日用杂品、其它食品等业务。1987年被原商业部授予全国农资供应工作先进单位；1986年以来，连续八年被省委、省政府命名为“文明单位”，同时，被武进县工商行政管理局命名为“重合同守信用”企业；1992年被武进县人民政府命名为“物价计量质量信得过单位”；1993年被评为省级“农资商品质量信得过企业”等荣誉。

总公司下设化肥公司、农药公司、农用物资公司，化工公司，批发公司、建材装璜物资经营部、物资经营部，并办有特种肥料厂和农药分装厂。现有经营场所1500平方米，仓库面积20000平方米，自有资金629万元，固定资产

602万元。

在改革开放的新形势下，公司不断拓宽经营范围，积极参与市场竞争，坚持物质文明和精神文明两手抓，取得了明显成效。1993年实现销售3.7亿元，综合经济效益355万元。

总公司实力雄厚，经营方式灵活多样，坚持“质量第一、信誉第一、支农第一、服务第一”的经营宗旨，热忱欢迎各界朋友、新老客户前来洽谈、贸易，为繁荣市场，促进发展携手合作。

地址：江苏省常州市西河沿51号

电话：0519—6600511

勇于开拓　稳步发展

中联贸易公司　　总经理　吉洪法

常州市中联贸易公司是常州市第一家开放式、多功能、综合性、大中型的新型商业企业。1985年由江苏省供销合作总社、常州市供销合作总社、中国人民保险总公司、上海保险投资有限公司四家集资组建，系国集合营性质的中中合资企业。集资金额1200万元(原值)，建有主楼为十二层的大厦一幢，建筑面积为11300平方米。企业经营范围集批发，零售、餐饮，客房、舞厅、租赁、房地产、外贸于一体。

公司经营部门设“中联工业品批发公司”、“中联商场”、“中联大酒店”、“中联物资供销公司”等。在广东设有“常禺经济发展公司”。

公司坚持“诚招天下客，满意在中联”的服务宗旨，在1991—1993年的三年中，企业抓住时期，发展自己，实现经济效益累计2722万元，占企业开业以来经济效益总额的68.20%，为公司总投资额1200万元的2.27倍，比“七五”末的1990年翻了两倍。公司批发、零售先后荣获市“重合同、守信用”单位；市物价、计量、质量信得过”单位；市“最佳企业精神”奖等荣誉称号。商场被列为“全国文明经营示范”单位；营业员包文霞先后被评为“市十佳四职明星”，“市十佳青年”，“省劳动模范”，“省十大杰出职工”，“全国十佳营业员”。企业正呈现出高速发展，一年一个样，三年大变样的喜人形势。

在股份制道路上走向辉煌

常州药业股份有限公司董事长　　总经理　马晓鹏

常州药业股份有限公司，是在江苏省常州医药药材公司(又名江苏省医药公司常州采购供应站)的基础上，经江苏省体改委批准组建的股份有限公司。

公司现为经营各类医药产品及其相关产品的大型专业经贸公司，现有职工800多名，总股本5500万元，拥有净资产8145万元，下设八个分公司，十三个零售药店遍布全市。

1993年，股份制改造后形成的科学的经营管理机制为企业带来了蓬勃的发展生机，销售收入达到44103万元，较去年同期增长22.47%，实现利税2475万元，利润1801.5万元，分别比上年增长了100.5%和140.2%，包括上述三项指标在内的各大经济指标从上年的全省第三位跃居第一位。

常州药业股份有限公司日前已正式全资收购了国营常州健民制药厂，开始了股份制后“纵向发展医药科、工、贸的一体化，横向参与地方市场建设的多元化”的新的征程，争取在十年内将公司建设成为具有雄伟医药产业和雄厚地方市场的现代化、多元化集团公司。

在改革中高速发展的武进县供销合作社

供销合作总社　　主任　苏杨波

改革开放以来，武进县供销社飞速发展，已形成了一个规模大、实力强、商路宽、朋友多、经营活、服务好的经营群体。现有遍布全县农村集镇的区供销联社 8 个，基层供销社 61 个，商业合作社 54 个，商办厂 48 个(其中三家为中外合资企业)，供销干部学校 1 所，并在常州市区设有专营各类工业品批发的总公司 12 个、专业公司 86 个。1992 年 7 月和 1993 年 5 月相继成立了武进供销社(集团)公司和武进龙宇商业(集团)公司，整体综合优势进一步增强。全系统共有干部职工 7850 人，拥有固定资产(净值)1.47 亿元，自有流动资金 3.95 亿元，经营网点 2172 个，经营设施 40 万余平方米，购销渠道四通八达，批发业务辐射全国，遍布各地的横向经济联系单位 1 万余个。

全系统不断深化改革，进一步完善企业激励机制、业务经营机制和内部管理机制，经济得到了较快发展。1993 年实现商品销售 68.92 亿元，比上年净增 28 亿元，增长 68.4%，实现综合经济效益 8530 万元，比上年增长 51.3%，继续名列全省同行业前茅，被省总社评为“明星企业”，并被推荐为受国内贸易部表彰的“全国国内贸易优秀企业”。

强化管理求发展　开拓创新增效益

局长　黄生富　经理　严　飞

金坛市烟草专卖局、烟草公司位于金城镇西门大街 99 号，既是全市烟草专卖的管理机构，又是经营烟草业务的经济实体。一九九三年，该局(公司)和全国烟草行业一样，坚决贯彻落实国务院关于烟草专卖管理的指示精神，深化企业改革，狠抓扭亏增盈，积极开展反腐败斗争，强化内部管理，有效地促进了企业的健康发展。全年销售额达 20639.6 万元，人均销售额 738.9 万元；实现利润 318.11 万元，比上年增长 52.62%；利税总额达 402 万元，比上年增长 46%，人均利税额 14.36 万元。除连续四年保持常州市文明单位和文明单位标兵外，再度被金坛市政府授予“优秀企业”称号；同时还被授予“销售综合效益双达标企业”。

以文明建设为龙头，内部管理出现新面貌。一年来，坚持狠抓企业的精神文明建设和三项制度改革，建立并完善了内部机制，充分调动了职工的积极性，有力地推动了各项工作的开展，在全市开展的“创优评先”竞赛活动中被市委评为“一级窗口”。

以扭亏增盈为中心，经济效益又上新台阶。深化内部机制改革，提高企业经济效益和现代化管理水平为方针，全方位抓好扭亏增盈工作，做到指标到位，工作到位，措施到位，使全年的营销工作取得了明显成效。全年共销地产烟 5441 大箱，完成省公司下达指标的 109.37%。

以专卖法规为武器，市场管理有了新突破。在继续贯彻执行《烟草专卖法》的同时，认真落实国务院(93)7 号文件精神，采取有力措施，真抓实干，形成了依法管理，依法经营的新局面。全年共查处违章案件 120 余起，罚没款 41260 元，查处假冒名牌卷烟 37331.4 条。严厉打击违法分子，维护了《烟草专卖法》的尊严和广大消费者的利益。

以新鲜为特色　以满意为原则

总经理　张洪福

常州市副食品总公司(原副食品大楼)位于我市中心繁华商业区,经营各类副食品计15个大类2800余个品种。近年来,公司实行以"新鲜为特色,以满意为原则"的优质服务新宗旨,深受广大消费者欢迎,经济效益和社会效益逐年上升,1993年总销售额达5533万元,利税总额260万元,被市贸易办、统计局评为常州市零售企业十强之一。

全体员工本着"团结务实、优质创新、发奋创业"的敬业精神,坚持优质服务,弘扬特色经营,切实维护广大消费者的合法权益,公司连续八年获市"物价、计量、质量"信得过单位,连续六年被市评为"文明单位"和"文明单位标兵"、全国执行《食品标签通用标准》优秀企业、省供销社廉洁经商先进企业,1993年又荣获"中国保护消费者基金会93保护消费者杯"光荣称号,去年被国内贸易部评为"中华老字号"企业。

发挥农业供销桥梁作用　更好为工农业生产服务

主任　甘培棣

武进县小河供销社是集贸、工为一体,经营方式灵活、经营品种齐全的经济实体。1993年实现销售额10872万元,创综合经济效益84万元。全社现有固定资产164万元,企业积累达360万元。

供销社自觉维护消费者的利益,严把进货质量关,在广大顾客中赢得了良好的信誉。1993年零售额超过1000万元。在为乡镇工业企业服务中,全年提供原辅材料价值达4492万元,组织供应钢材2107吨,塑料粒子3039吨,为当地汽车灯具工业的发展起了积极的引导和推进作用;在为农业生产服务中更具特色,连续两年荣获县社颁发的千秋杯。全年供应化肥4188吨,农药36吨,农用柴油630吨。

自1986年以来,供销社连续被评为县级文明单位,物价、计量、质量信得过单位,窗口服务十佳单位。

大力开拓经营　雄心争创事业

总经理　赵斌

常州市钟楼区大雄体育用品有限公司是在改革开放中发展起来的一个私营体育用品企业,经营的商品主要是各类体育器材、运动器械和各类健身器、运动服装、文体及文娱用品等,品种达三千余种。经过十年的艰苦努力,公司由一个小小的体育用品商店发展到如今的体育用品有限公司,蜚声龙城,连年被评为先进企业,1993年光荣列入常州流通企业40强。

为振兴体育事业,发展我市体育运动,进一步扩展业务范围,公司已投资200万元,购置建造了200多m^2的营业大楼,预计在1995年上半年竣工,届时将以现代商业企业的店貌,一流的服务,上乘的商品,雄居龙城。

强化烟草专卖管理　提高烟草经营效益

局长、经理　柏福根

1993年，武进县烟草专卖局、武进县烟草公司以市场为导向，以效益为中心，积极组织营销力量，扩大货源，以地产烟的扭亏增盈为经营重点，强化烟草专卖管理，初步形成卷烟购销两旺的局面。

公司1993年卷烟总销售额达2.31亿元，比上年增63.33%，人均销售达798万元；实现利税506万元，比上年增62.7%，人均创利17.45万元；每百平方米营业面积完成销售额1260万元，实现利税28万元。全年查处各类违章违法案件22起，罚没款65.1万元，没收走私烟187件，查获假冒烟100件。

本公司连续7年被武进县人民政府命名为“文明单位”。1993年被常州市财贸办公室、常州市统计局评为“常州市流通企业批发10强”；1993年10月被国家烟草总局批准为“享受跨省经营的二级批发企业”。

开辟多种渠道　　搞活对外贸易

常州市纺织品进出口公司　　总经理　高德新

常州市纺织品进出口公司是具有直接对外口经营权的外贸专业公司，承担针纺织品的出口、收购、储运及“三来一补”、代理出口等业务，主要经营出口纺织品、针织品、家用纺织品和服装等系列数百个品种，拥有一支较强的自营出口和货源组织业务力量，出口商品遍及世界80多个国家和地区，树立了良好的公司形象和贸易信誉。被评为市“重合同、守信用”单位，并多次获得部、省、市级各类先进荣誉称号。公司已兴办合营合资和独资企业6家。

在新形势下公司本着“平等互利、客户至上、信守合同、灵活贸易、优质服务”的经营宗旨，竭诚欢迎中外客商前来洽谈业务、合资合作、相互促进，共同发展。

加快经营机制转换步伐　　经营范围规模不断扩大

常州市燃料总公司　　总经理　陈焕荣

常州市燃料总公司专营煤炭、石油制品，兼营金属材料、木材、化工原料、矿山机械设备、节能器材等；经营方式为批发、零售、代购、代销。公司实力雄厚：总注册资金3342万元，资产总额13812万元；拥有戚墅堰、青龙、连江桥三个储煤场，储存面积15万平方米，自备煤炭专用铁路线4条，卸煤机4台、吊机5台、装卸港口口岸线一条616米，年吞吐量达280万吨；拥有801油库一个。储油容积2万立方米，自有卸油铁路专用线2条，并配套水、陆卸油设备，年吞吐量达40万吨；拥有液化气储气库一个，储气容积1300立方米，自备灌装设备；拥有一支年运输能力12万吨的汽车运输队。公司进货渠道稳固可靠：与大同、徐州矿务局、南京、上海炼油厂等全国大中型工矿企业都有长年供需合作关系。

近几年来，公司加大企业改革力度，加快经营机制转换步伐，经营规模不断扩大，销售总额年平均递增50%以上，1993年购销总额达9亿元，创历史最好水平。几年来，公司始终坚持“两手抓”,文明建设年年迈新步:连续三年被常州市评为标兵文明单位;连续七年被常州市评为“重合同,守信用”单位。

电话:6601488
传真:0519—6601499

面向市场　不断进取

武进能源物资发展总公司　总经理　任纪良

武进能源物资发展总公司是在原武进县燃料公司基础上组建的全民所有制物资流通企业,拥有2560万元固定资产、2640万元流动资金,注册资金2800万元。总公司现有六个具有独立法人资格的下属公司,主要经营煤炭、焦炭、有、黑色金属材料,石油制品、液化气等生产、生活资料和仓储、运输等业务。仓储总面积20.7万平方米,年物资吞吐量135万吨。位于常州市关河西路66号的总公司综合大楼,集办公、营业、娱乐和后勤服务于一体,建筑面积6000多平方米,地理位置优越,交通十分便利。

几年来,总公司以“面向市场,团结进取,竞争搞活”为宗旨,努力提高经营决策水平,不断拓宽营销渠道,积极发展横向联合,广泛建立资源基地,经济效益得到较快增长。1993年,营销规模创历史最好水平,销售总额和综合经济效益分别达到4.65亿元和1115万元,名列中国最大服务业企业物资业第202位,被评为常州市10强批发企业之一。总公司连续六年获得了武进县“重合同,守信誉”企业称号,多次被评为江苏省燃料系统和常州市、武进县先进单位。

荣誉代表过去,更要放眼未来。总公司竭诚希望与国内外各界客商广泛合作,互惠互利,为进一步搞活物资流通,繁荣社会主义市场经济创新业绩、求新发展、作新贡献。

搞活流通　赢得市场

总经理　尹建荣

武进县机电设备总公司,创建于六十年代初期,是物资系统经销机电设备的专业公司。三十多年来,总公司已发展成拥有固定资产1000万元,流动资金2000万元的较大规模企业,下辖汽车销售公司、机床公司、电工仪表公司、摩托车公司、轴承公司、标准件公司、工具公司、汽配公司、机电物资公司、能源炉料公司、荣昌公司、综合物资经营部等十二个经营公司,经销汽车、机床、摩托车、电线、电缆、电机、电器仪表、工具、刃具、量具、刀具、轴承、标准件、汽车配件、二类机械等机电产品;同时经销有色金属材料,黑色金属材料、化工原料及产品、炉料、煤炭、焦炭、生铁、废钢等原材料,物资经销额在全国同级同行中名列前茅,1993年经销额达7亿多元。

公司的服务宗旨:顾客至上,服务第一。多年来,总公司以优质名牌,合理的价格,周到的服务,赢得了市场,取得了较好的社会效益和经济效益。

开拓新品启市场　优化服务奉“上帝”

武进县医药总公司　总经理　张维中

武进县医药总公司是经营六大类医药商品的国有医药商业批发企业,前身是江苏省医药公司武进县公司，创建于1955年9月，现由12家公司和一个经营部组成，下辖54个批零医药商店，担负着全县129万人民群众防病冶病，康复保健、计划生育用药的供应工作。现有职工535人，其中，各类专业技术人员255人，占职工总数的48%；拥有固定资产1000多万元；生产经营用房30000平方米。

公司面对竞争日趋激烈的医药市场，为适应市场经济发展，一以开拓新品启市场，大力组织适销新、特、名、优商品应市、全年共开拓帕尔克、再林、三九胃泰胶丸等新品100余种满足市场需求，并对疗效高、市场前景好的帕尔克、萘普酮、再林等实行常州地区总经销。二变生商为行商，开展多层次、全方位、立体化服务、走上门了解需求、介绍信息，调剂余缺，征求用户意见和建议等形式联系感情，赢得了用户的信赖。三坚持走集约化集团经营之路，进一步发挥上下一体的优势，完善联购，联销、联利、联奖责任制、宏观控制、微观搞活。从而，较好地发挥了国有医药商业主渠道作用，保证了药品质量，杜绝了假劣药品入侵。四改造网点，发展市场。不惜投入近500万元资金用于湖塘、横林、前黄、西夏市等10个基层网点的建设和改造，改善了经营环境，增强了企业后动。1993年，完成药品总销售1.38亿元，实现利税136万元、分别比上年增长36%和15%。其它销售收入1700万元、实现利税15万元。

地址：常州市电子新村、邮编：213015

电话：总经理室：6623648、办公室：6600515

电挂：9417

附：

主要统计指标解释

一、综　　合

国民生产总值　是一个国家或地区的领土范围内，本国居民和外国居民在一定时期内所生产和提供最终使用的产品和劳务的价值。它不仅能够反映物质生产的发展情况，还能够反映各种劳务的增长情况，即它能够反映国民经济和社会发展的规模和水平。国民生产总值，从生产角度来说，它是国民经济各部门的增加值之和；从分配角度来说，是这些部门的劳动者报酬、固定资产折旧、生产税净额与营业盈余之和；从使用角度来说，它是最终使用于消费、固定资产投资、增加流动资产以及净出口的产品和劳务。

三次产业　根据社会生产活动历史发展的顺序对产业结构的划分，产品直接取自自然界的部门称为第一产业，对初级产品进行再加工的部门称为第二产业，为生产和消费提供各种服务的部门称为第三产业。这是世界上通行的产业结构分类，但各国的划分不尽一致。1985年4月国家统计局对我国产业划分的规定是：

第一产业：农业（包括林业、牧业、渔业等）。

第二产业：工业（包括采掘业、制造业、电力、煤气及水的生产和供应业）和建筑业。

第三产业：除第一、第二产业以外的其他各业。由于第三产业包括的行业多、范围广，根据我国的实际情况，将第三产业分为两大部门：一是流通部门；二是服务部门。具体又分为四个层次：

第一层次：为流通部门，包括交通运输、仓储及邮电通讯业，批发和零售贸易、餐饮业等。

第二层次：为生产和生活服务的部门，包括地质勘查业、水利管理业，金融、保险业，房地产业，社会服务业等。

第三层次：为提高科学技术文化水平和居民素质服务的部门，包括卫生、体育和社会福利事业，教育、文化艺术和广播电影电视业，科学研究和综合技术服务业等。

第四层次：为社会公共需要服务的部门，包括国家机关、政党机关和社会团体等。

工农业总产值　是工业和农业两个物质生产部门在一定时期内所生产的全部产品的价值总和。它既包括生产过程中消耗掉的原材料、燃料、动力、设备折旧价值，又包括生产劳动新创造的价值。它反映了工农业生产的总规模和总水平，是研究工农业生产增长速度和农、轻、重比例关系的综合指标。国家统计局规定，从1990年1月开始，公开发表时，产值按当年价格计算，增长速度按不变价格计算。

当年价格　指报告期的实际价格。如工业品的出厂价格、农产品的收购价格和商业的零售价格等。按当年价格计算的一些总量指标，如国民生产总值、国民收入、工农业总产值、固定资产投资完成额和社会消费品零售总额等，反映当年的实际情况，使国民经济各项指标互相衔接，便于考察社会经济效益，便于对生产、流通、分配和消费之间进行综合平衡。按当年价格计算的价值指标，在不同年份之间进行对比时，因为包含各年间价格变动的因素，不能确切地反映实物量的增减变化动态，必须消除价格变动因素后对比，才能真实地反映经济发展动态。

可比价格　指在不同时期的价值量进行对比时，扣除了价格变动的因素。以确切反映物量的变化情况。按可比价格计算的方法有两种：一是直接按产品产量乘不变价格计算；二是用物价指数换算。

不变价格 指用某一时期同类产品的平均价格作为固定的价格。它用来计算各个时期的产品价值，目的是为了消除各时期价格变动的因素，以取得前后时期之间、地区之间、计划与实际之间指标的可比性。

不变价格并不是永恒不变的价格，新中国建立以来，随工农业生产价格水平的变化，国家统计局已先后五次制定全国统一的工业产品和农产品的不变价格：(1)从 1949—1957 年使用 1952 年不变价格；(2)从 1957—1971 年使用 1957 年不变价格；(3)1971—1981 年使用 1970 年不变价格；(4)从 1981—1990 年使用 1980 年不变价格；(5)从 1990 年开始使用 1990 年不变价格。

经济类型 指对国民经济中的国有经济、集体经济、私营经济、个体经济、联营经济、股份制经济、外商投资经济、港澳台投资经济以及其他经济的分类。

国有经济 指生产资料归国家所有的一种经济类型，是社会主义公有制经济的重要组成部分。包括中央和地方各级国家机关、事业单位和社会团体使用国有资产投资举办的企业，也包括实行企业化经营，国家不再核拨经费或核拨部分经费的事业单位和从事经营性质活动的社会团体，以及上述企业、事业单位和社会团体使用自有资金投资举办的企业。

集体经济 指生产资料归公民集体所有的一种经济类型，是社会主义公有制经济的组成部分。包括城乡所有使用集体投资举办的企业，以及部分个人通过集体自愿放弃所有权并依法经工商行政管理机关认定为集体所有制的企业。

集体所有制企业可再划分为城镇集体所有制企业和乡村集体所有制企业。

私营经济 指生产资料归公民私人所有、以雇佣劳动为基础的一种经济类型，包括所有按照《中华人民共和国私营企业暂行条例》规定登记注册的私营独资企业、私营合伙企业和私营有限责任公司。

私营独资企业是指由一人投资经营，投资者对企业债务负无限责任的企业。

私营合伙企业是指二人以上按照协议共同投资，共同经营，共负盈亏，由投资人对企业债务，承担连带无限责任的企业。

私营有限责任公司是指投资者以其出资额对公司负责，公司以其全部资产对公司债务承担责任的企业。

个体经济 指生产资料归劳动者个人所有，以个体劳动为基础，劳动成果归劳动者个人占有和支配的一种经济类型。包括所有按照《民法通则》和《城乡个体工商户管理暂行条例》规定登记注册和个体工商户和个人合伙。

个体工商户是指公民在法律允许的范围内，依法经核准登记，从事工商业经营活动的个体劳动者。

个人合伙是指两个以上公民按照协议，各自提供资金、实物、技术等，合伙经营，共同劳动。

联营经济 指不同所有制性质的企业之间或者企业、事业单位之间共同投资组成新的经济实体的一种经济类型。联营经济只包括具备法人条件的紧密型联营企业，不具备法人条件的半紧密型联营企业和松散型联营企业，仍按其各自的所有制性质划归经济类型。相同所有制性质的企业之间或者企业、事业单位之间共同投资组成的紧密型联营企业，不列此类，按其所有制性质划分相应的经济类型。

股份制经济 指全部注册资本由全体股东共同出资，并以股份形式投资举办企业而形成的一种经济类型。股份制经济主要存在股份有限公司和有限责任公司两种组织形式。

股份有限公司是指全部注册资本由等额股份构成并通过发行股票(或股权证)筹集资本，股东以其认购的股份对公司承担有限责任，公司以其全部资产对其债务承担责任的企业法人。

有限责任公司是指两个以上股东共同出

资，每个股东以其所认缴的出资额对公司承担有限责任，公司以其全部资产对其债务承担责任的企业法人。

全民、集体、联营、私营企业等经济组织虽以股份制形式经营，但不以股份有限公司或有限责任公司登记注册的，仍按原有所有制性质划分经济类型。

虽以有限责任公司名义登记注册，但由一个全民所有制或集体所有制股东投资的有限责任公司，暂按其股东所有制性质划归经济类型。

外商投资经济　指外国投资者根据中华人民共和国有关涉外经济的法律、法规，以合资、合作或独资的形式在中国大陆境内开办企业而形成的一种经济类型。外商投资经济包括中外合资经营企业、中外合作经营企业和外资企业三种形式。

中外合资经营企业是指外国合营者与中国合营者依照《中华人民共和国中外合资经营企业法》的规定，按一定的比例共同投资，共同管理，分享利润，共担风险，在中国大陆境内共同举办的企业。

中外合作经营企业是指外国合作者与中国合作者依照《中华人民共和国中外合作经营企业法》的规定，通过签订合同明确双方的责任、权利和义务，在中国大陆境内共同举办的企业。

外资企业是指依照《中华人民共和国外资企业法》的规定，在中国大陆境内设立的全部资本由外国投资者投资的企业，外国企业或其他经济组织在中国大陆境内合作开发资源、承包工程或承包经营管理的，也列入此类。

港、澳台投资经济　指港、澳、台地区投资者参照中华人民共和国有关涉外经济的法律、法规，以合资、合作或独资的形式在大陆举办企业而形成的一种经济类型，港、澳、台投资经济参照外商投资经济可以分为合资经营企业、合作经营企业和独资企业三种形式。

其他经济　指明确列出经济类型之外的其他经济类型。

平均每年增长速度　指反映社会经济现象在一个较长时期内平均每个时期增长速度的指标。计算平均每年增长速度的方法有两种：(1)水平法，又称几何平均法，它是以间隔期最后一年的水平同基期水平对比来计算平均每年增长或下降速度的；(2)累计法，又称代数平均法或方程法，是以间隔期内各年水平的总和同基期水平对比来计算平均每年增长或下降速度的。两种方法在一般情况下，计算结果较接近，但在经济发展出现大起大落时，则差别较大。

本《年鉴》内所列的平均每年增长速度，都是按水平法计算的。从某年到某年平均每年增长速度的年份，均不包括基期年在内。如1979—1993年党的十一届三中全会以来的15年，平均每年增长速度，是以1978年为基期计算的。

二、人　　口

人口数　指一定时点，一定地区范围内的有生命的个人的总和。年度统计的年底人数，是指当年12月31日24时的常住户籍人口数，不包括户口不在本市的临时户口人数。人口普查数均为普查的7月1日零时，普查口径范围与常住户籍人口数不同，它不包括有常住户口外出一年以上的人口数，但包括常住本市一年以上而户口不在本市的人口数。

出生率　指在一定时期(通常为一年)一定地区所出生的人数与同期平均人数的比例，一般有千分率表示。出生人数是指活产婴儿，即胎儿脱离母体时(不管怀孕月数)，有过呼吸或其他生命现象的人数。

死亡率　指在一定时期内(通常为一年)一定地区的死亡人数与同期平均人数的比例，一般用千分率表示。

人口自然增长率　指在一定时期内(通常为一年)人口自然增加数(出生人数减死亡人数)与同期平均人数的比率，一般用千分率表示。

育龄妇女　指在生育年龄范围内的妇女，通常指19—49岁的妇女，不论是否结婚。

三、劳动力和职工工资

从业人员 指在国民经济各部门中工作，并取得劳动报酬的全部人员。包括职工、再就业的离退休人员、民办教师以及在企业、事业中工作的外方人员和港、澳、台方人员。

职 工 指在国有经济、城镇集体经济、联营经济、股份制经济、外商和港、澳、台投资经济、其他经济类型企业、事业、机关及其附属机构工作，并由其支付工资的各类人员。

职工年底人数 指年底最后一天的实有人数。已经招用但年底尚未报到的人员和尚未用完的招工指标，均不得作为年底人数统计。

职工平均人数 指报告期内每天平均拥有的人数。

城镇待业人员 指有非农业户口，在一定的劳动年龄内(16岁以上及男50岁以下、女45岁以下)，有劳动能力，无业而要求就业，并在当地就业服务机构进行待业登记的人员。包括：待业青年、待业职工和其他待业人员。

待业青年 指年龄在16—25岁的初、高中和职业中学毕业未能升学、参军的待业人员和其他社会青年。

待业职工 指宣告破产的国有企业人员、濒临破产的国有法定整顿期间被精减的人员，国有企业终止解除劳动合同的人员、国有企业辞退的人员。

其他待业人员 指待业青年和待业职工以外，年龄在25岁以上及男50岁以下、女45岁以下的社会闲散人员。

职工工资总额 指各单位在一定时期内直接支付给本企业、事业全部职工的劳动报酬总额。包括：计时工资、计件工资、奖金、津贴和补贴、加班加点工资和其他工资。

职工平均工资 指各单位的职工在一定时期内平均每人所得的货币工资额。

四、固定资产投资和建筑业

固定资产投资额 指以货币表现的建造和购置固定资产的工作量。它既是反映固定资产投资规模、速度、比例关系的综合性指标，又是观察工程进度、检查投资计划和考核投资效果的一个重要依据。按照我国计划管理体制，全民所有制单位固定资产投资主要包括基本建设和更新改造两部分；此外，还包括其他固定资产投资(即未列入基本建设和计划管理的更新改造投资)。全社会固定资产投资额还包括城镇集体所有制单位和农村集体所有制单位的投资，以及城乡私人投资。

固定资产投资额的计算方法，建筑安装工程投资按工程完成的实物工程量乘以预算单价，再加一定比例的间接费、法定利润进行计算；需要安装的设备投资，从设备正式开始安装时计算；不需要安装的设备、工具、器具的投资，从这些物资到货验收合格后计算；其他费用按实际支出数计算。到货后还没有用到工程实体上的建筑材料、需要安装尚没有安装的设备，以及工程预付款等，都不计算投资完成额。

基本建设投资 指以货币形式表现的基本建设工作量。其主要内容是以扩大生产能力或新增工程效益为主要目的的新建、扩建工程及有关工作。

更新技术改造投资 指以货币形式表现的现有企业更新改造工作量。其内容是对现有企业、事业单位的原有设施进行固定资产更新和技术改造，以及相应配套的辅助性生产、生活福利设施等工程和有关的工作。其目的是要在技术进步的前提下，通过采用新技术、新工艺、新设备、新材料，努力提高产品质量，增加花色品种，促进产品升级换代，降低能源和原材料消耗，加强资源综合利用和治理污染等，提高社会综合经济效益和实现以内涵为主的扩大再生产。

城镇集体经济固定资产投资 指乡村以外的全部集体所有制企业和事业单位(即城市、县、镇以及街道举办的集体企业、事业单位)在进行建造和购置固定资产活动中完成的以货币表现的工作量。

房地产开发投资额 又称房地产开发工作量,是指房地产开发公司、商品房建设公司及其他房地产开发单位进行土地开发工程、商品房屋建设工程所完成的投资额。

新增固定资产 指通过投资活动所形成的新的固定资产价值。包括已经建成投入生产或交付使用的工程和达到固定资产标准的设备、工具、器具的投资以及有关的应摊入的费用。

施工房屋建筑面积 指报告期内施工的全部房屋建筑面积。包括本期新开工的面积和上期开工跨入本期继续施工的房屋建筑面积,以及上期已停建在本期继续施工的房屋建筑面积。

竣工房屋建筑面积 指在报告期内房屋建筑按照设计要求,已全部完工,达到住人或使用条件,经验收鉴定合格,正式移交给使用或建设单位的房屋建筑面积总和。

建设项目投产率 指一定时期内全部建成投产项目与同期正式施工项目个数的比率。

建设周期 指报告期(年)所有正式施工项目全部建成平均需要的时间。其计算方法有两种:

(1) 按建设项目计算

$$建设周期=\frac{报告期正式施工项目个数}{报告期全部建成投产项目个数}$$

(2) 按投资额计算

$$建设周期=\frac{报告期正式施工项目计划总投资之和}{报告期正式施工项目完成投资之和}$$

固定资产交付使用率 又称固定资产运用动用系数,指一定时期新增固定资产与同期完成投资额的比例。

未完工程占用率 指年底未完工程累计完成投资占全年实际完成投资额的比率。

房屋建筑面积竣工率 指一定时期内房屋竣工面积与施工面积的比率。

平均投资规模 指每一个施工项目平均占用计划总投资的数额。

建筑业总产值 是以货币表现的建筑安装企业和附营施工单位在一定时期内生产的建筑产品的总和。

竣工产值 是以货币表现的建筑业生产所形成的成品的价值,反映建筑业的成就之一。

建筑业增加值 是建筑业企业在报告期内以货币表现的建筑业生产经营活动的最终成果。

五、能源原材料消费与库存

消　费 指独立核算的企业在报告期内实际使用的原材料、能源的数量,包括主营活动和附营活动实际使用的原材料、能源的数量;并包括由本企业(作为投资单位)代填的乡镇建筑企业为完成本企业建设项目而实际使用的原材料、能源的数量。

消费的核算方法是:原材料、能源进入第一道生产工序、改变了原来的形态或性能,或者已经实际投入使用,即作消费统计。

主营活动用 指企业为进行生产、经营活动所使用的原材料、能源的数量和价值。

附营活动用 指企业不从事生产、经营活动的非独立核算单位(又称附营活动单位)所使用的原材料、能源的数量和价值。

六、财政和金融、保险

财政收入 指国家为实现其职能,运用税金、公债等手段集中起来的归国家掌握和支配的资金。主要包括:各项税收、企业收入,国家预算调节基金、债务收入、专款收入等。

财政支出 指国家对筹集的财政资金有计划的分配使用到各种用途上去的数额。它体现政府的活动范围和方向,反映财政资金的分配关系。

存　款 指企业、机关、团体或居民根据可以收回的原则，把货币资金存入银行或其他信用机构保管、并取得一定利息的一种信用活动形式。按存款对象不同可分为：企业存款、财政存款、机关团体存款、城镇居民储蓄存款、农村存款等科目。

城乡居民储蓄存款 指某一时点城镇居民储蓄存款和农村居民储蓄存款余额之和。不包括工矿企业、事业、机关团体等集团存款。

贷　款 指银行或其他信用机构根据必须归还的原则，按一定的利率，为企业、个人等提供资金的一种信用活动形式，按贷款项目不同可分为：短期贷款、中长期贷款、信托类贷款、其他类贷款和国家投资债券贷款等科目。

保险金额 指保险人对被保险人负担损失补偿或约定给付的金额，又称承保额。它是保险合同上的最高合同额，也是计算保费的依据。保费是被保险人按其得到保险利益的保障程度(保险金额)的一定比率向保险人缴付的费用。

七、物价和人民生活

物价指数 是说明两个时期商品价格水平变动趋势和程度的相对数指标。它是以报告期的价格水平与基期的价格水平进行直接对比计算的。通常用百分数表示，在实际应用时，一般均省略百分号。当物价指数大于100时，说明价格水平上涨，反之，则说明价格水平下跌。

居民消费指数 是反映一定时期内城乡居民所购买的生活消费品价格和服务性项目支出价格变动趋势和程度的相对数。该指标可以观察和分析价格变动对城乡居民实际生活费用支出的影响程度。

商品零售价格指数 是全面反映市场商品零售价格总水平变动趋势和程度的相对数。该指标可以观察国营商业零售价格和集市贸易价格的总的升降水平，以及物价变动对城乡人民生活支出的总影响。

城镇居民家庭就业人口 指从事社会劳动并取得劳动报酬或经营收入的人口。包括各种经济类型的从业人员。

城镇居民实际收入 指调查户家庭的全部实际的现金收入。不包括借贷收入。如提取银行存款、向亲友借入款、收回借出款以及其他各种暂收款。

城镇居民生活费收入 指调查户家庭实际收入中能够用于安排日常生活的收入。即实际收入中减掉“赡养支出”、“赠送支出”等款的数额。

农民总收入 指农村住户在一定时期内从各种来源中得到的全部实际收入。包括劳动者的报酬收入、家庭经营收入、转移性收入、财产性收入等。

农民纯收入 是总收入扣除相对应的各项费用支出后，归农民所有的收入。它可以用于生产、非生产性投资，改善物质和文化生活，以及用于再分配的支出和结余的收入，其中既包括了农民获得的现金收入，也包括农民实物产品的折价纯收入。

八、城乡建设

城区实有房屋建筑面积 指座落在城区范围内的各类房屋建筑面积之和，包括私有房屋。

住宅居住面积 指住宅中专供日常生活起居使用的卧室、起居室的房间面积。

年底水厂生产能力 指年底城建部门管理的自来水厂和社会单位自备水源的取水、净化、送水、出厂输水干管等环节的实际生产能力。

供水总量 指公用自来水和社会单位自备水源的供水总量。包括有效供水量和损失水量。

生活用水量 指居民日常生活与公共福利设施的用水量。包括饮食店、旅游、医院、理发店、浴池、洗衣店、游泳池、商店、学校、机关、部队等单位的用水量。

人工煤气综合生产能力 指城市煤气厂制气、净化、输送等环节的综合实际生产能力。

煤气供气总量 指售给各类用户的全部煤气量。包括工业用量、家庭用量和其它用量。

年底实有铺装道路长度 指除土路外，路面经过铺装，宽度在3.5米以上的道路。包括高级、次高级道路和普通道路。

城市桥梁 指市区范围内，修建在河道上的桥梁和道路与道路立交、道路跨越铁路的立交桥。包括永久性桥和半永久性桥。不包括临时性桥、铁路桥和涵洞。

城市下水道总长度 指所有排水总管、干管、支管及暗渠、检查井、连接井进出水口等长度之和。

年底实有公共汽车数 指年底可以参加营运的全部车辆数。包括年底营运车辆数和库存查封未参加营运的车辆数。不包括非营运车辆，如架线车、油罐车、工程车、货车和其他专用车辆及借入的客运车辆数。

营运线路长度 指设置的固定营运线路长度。包括郊区营运线路长度。不包括临时行驶的线路长度。

园林绿地面积 指城市公共绿地、专用绿地、生产绿地、防护绿地和郊区风景名胜区全部面积。

公共绿地 指供游览休息的各种公园、动物园、植物园、陵园和花园、游园及游览休息用的林荫道绿地、广场绿地。不包括一般栽植的人行道树和林荫道树的面积。

工业废水排放总量 指经过工业企业所有排放口排到企业外的生产废水总量。包括外排的直接冷却水和矿区超标排放的有毒有害矿井地下水。不包括外排的间接冷却水。

废气排放总量 指燃料燃烧和生产工艺过程中排放的各种废气总量。

净化处理的废气量 指生产工艺过程中排放的废气经过各种处理装置净化、处理的数量。

工业粉尘排放量 指生产工艺过程中排放的固体微粒重量。

工业粉尘回收量 指经过各种回收处理装置回收的工业粉尘和尘泥量。

“三废”综合利用产品产值 指企业利用“三废”作为主要原料生产和回收利用的产品产值。

“三废”综合利用利润 指企业销售“三废”综合利用产品所得的利润额。

九、农　业

乡村户数 指户口在农村的常住户数。包括全部从事农、林、牧、渔业生产并从中直接取得实物、现金收入和从承包的生产任务中获得实物、现金收入的农业家庭户数，还包括参加乡村各级举办的工业(或手工业)厂社、建筑队、交通运输队、批发零售贸易业、餐饮业、乡村文教卫生等非农业户。

乡村人口 指乡村户数中的常住人口。包括常住人口中外出的民工、工厂合同工以及户口在家的在外学生。但不包括户口在家领取工资的国家正式职工。

乡村劳动力 指乡村人口中经常参加合作经济组织和从事家庭经营生产劳动的整、半劳动力。凡是在农村由合作经济组织分配劳动任务或者承包各种生产任务，并从中直接取得实物、现金收入的劳动力，不管他们从事何种劳动，均为乡村劳动力。但16周岁及以上的在校学生和国家支付工资的职工都不作为乡村劳动力。

农村用电量 指在一定时期内，扣除在农村中的国有工业、交通、基建单位用电量以后的农村生产和生活上的全部用电总量。从电的来源看，既包括国家电网的供电量，也包括农村自办电站的供电量。

农业机械总动力 指主要用于农、林、牧、渔业生产和运输的所有动力机械的动力总和。包括耕作机械、排灌机械、收获机械、农产品加工机械、运输机械、植保机械、牧业机械、林业机械、渔业机械和其他农业机械。

农业总产值 是以货币表现的农、林、牧、渔业全部产品的总量。它反映一定时期内农业生产的总规模和总水平。

十、工　业

工业总产值　是以货币表现的工业企业在报告期内生产的工业产品总量。它是反映一定时期内工业生产总规模和总水平的重要指标，是计算工业生产发展速度、主要比例关系、工业产品销售率和其他经济指标的重要依据。

工业增加值　是工业企业在报告期内以货币表现的工业生产活动的最终成果。

工业销售产值　是以货币表现的工业企业在一定时期内销售的本企业生产的工业产品总量。包括已销售的成品、半成品价值、对外提供的工业性作业价值和对本企业基本建设部门、生活福利部门等提供的工业性作业及自制设备的价值。

资本金　是企业在工商行政管理部门登机的注册资金。主要分为国家资本金、法人资本金、个人资本金以及外商资本金等。

固定资产原价　指企业在建造、购置、安装、改建、扩建、技术改造某项固定资产时所支出的全部货币总额。它一般包括买价、包装费、运杂费和安装费等。

固定资产净值　指固定资产原价减去历年所提折旧后的净额。

流动资产平均余额　指全部流动资产报告期的平均余额。流动资产，指可以在一年或者超过一年的一个营业周期内变现或者耗用的资产，包括现金及各种存款、短期投资、应收及应付货款、存货等。其重要特点是它在参与生产经营时，其价值一次转移到产品成本或费用中去。

实现利税总额　指企业产品销售税及附加和利润总额之和。

工业产品销售率　指报告期工业销售产值与同期全部工业总产值之比。是反映工业产品生产已实现销售的程度，分析工业产销衔接情况，研究工业产品满足社会需求程度的重要分析指标。

工业资金利税率　指报告期已实现的利润、税金总额与同期的资产(流动资产平均余额和固定资产净值平均余额)之比，是反映工业企业资金运用的经济效益，分析资金投入效果的主要分析指标。

工业增加值率　指报告期现价工业增加值与同期现价工业总产值之比，是反映工业生产降低中间消耗的经济效益指标。

工业成本费用利润率　指报告期实现利润总额与同期成本费用总额之比，是反映工业生产成本及费用投入的经济效益指标，同时也是反映企业降低成本的经济效益指标。

工业全员劳动生产率　指报告期工业企业平均每个职工创造的工业增加值，是反映工业活劳动投入的经济效益指标。

流动资产周转率　指一定时期内流动资产完成的周转次数，是报告期累计产品销售收入与同期流动资产平均余额之比，为反映工业企业投入流动资产的周转速度的指标。

十一、交通运输邮电通讯业

客运量和货运量　指在报告期内实际运送的旅客或货物数量。客运量按人计算，旅客不论行程远近或票价多少，均按一人购一张票统计。货运量按吨计算，货物不论运输距离长短、货物类别，均按实际重量统计。

旅客周转量和货物周转量　指运输企业把旅客或货物运送到目的地所完成的工作。计算周转量是以每批旅客或货物乘以运输距离然后加总求得。

港口吞吐量　港口吞吐量分旅客吞吐量和货物吞吐量两种。前者指经由水路乘船进出港区范围内的旅客人数；后者指经由水路进出港区范围并经过装卸的货物数量。

邮电业务总量　指以货币表现的邮电部门为社会提供邮电通信服务的总量。包括计费和不计费两部分。它用各种邮电分类业务量，如函件数、电报份数、长话张数、市内电话和农村电话年平均用户、订销报刊累计份数等，分别乘以相应的平均单价，加总后再加上出租电路和设备的收入、代用户维护电话交换机和线路等设备的收入、其他业务收入求得。

十二、批发零售贸易和餐饮业

社会消费品零售额 指各种经济类型的批发零售贸易业、餐饮业、制造业和其他行业对城乡居民和社会集团的消费品零售额和农民对非农业居民零售额的总和。它反映通过各种商品流通渠道向居民和社会集团供应的生活消费品来满足他们生活需要，是研究人民生活、社会消费品购买力、货币流通等问题的重要指标。

对居民的消费品零售额 指售给城乡居民用于生活消费的商品金额。

对社会集团的消费品零售额 指售给机关、团体、部队、学校、企业、事业单位和城市街道居民委员会、农村村民委员会用公款购买的用作非生产、非经营使用的消费品金额。

商品购进总额 指从本企业以外的单位和个人购进(包括从国外直接购进)作为转卖或加工后转卖的商品。它反映批发零售贸易企业从国内、国外市场上购进商品的总量。

商品销售总额 指对本企业以外的单位和个人出售(包括对国外或境外直接出口)的商品(包括售给本单位消费用的商品)。它反映批发零售贸易企业在国内市场上销售商品以及出口商品的总量。

期末库存 指批发零售贸易企业已取得所有权的全部商品。它反映批发零售贸易企业的商品库存情况，对市场商品供应的保证程度。

社会消费品零售量 指某一种消费品由各行业售给居民生活用和社会集团公共消费用的数量，以及农民售给非农业居民数量的总和。它反映一定时期零售市场上某一消费品供应总量，也就是城乡居民和社会集团商品性消费总量。

社会消费品零售量，包括各种经济类型的商业、饮食业、工业和其他行业通过货币作价售给居民和社会集团的消费品，农民对非农业居民零售的消费品；不包括工业生产用量、服务行业用量、售给外贸部门直接出口和加工出口商品的用量以及农民自给性消费量。

十三、对外经济贸易和旅游业

外贸收购总值 指以货币表示的一个国家或地区在一定时期内购进供应出口商品和经过加工后再供应出口的商品总额。

利用外资 指我国各级政府、部门、中国银行和其它单位通过对外借款、吸收客商直接投资和外商其他投资方式，从国外和港澳地区借用筹措的资金。

对外借款 指我国通过外国政府贷款、国际金融组织贷款、外国银行商业贷款、出口信贷以及对外发行证券等方式，从国外和港澳地区借用的资金。

外商直接投资 指外国企业和经济组织或个人(包括华侨、港澳同胞以及我国在境外注册的企业)按我国有关政策、法规，在我国境内开办外商独资企业、与我国境内的企业或经济组织共同举办的中外合资企业、合作经营企业或合作开发资源的投资以及外商从企业得到收益的再投资。

对外承包工程 指对外承包的建设工程项目。具体包括:(1)对外承包公司承包的国外建设项目;(2)援外成套项目和承包我国驻外机构的工程项目;(3)以服务成果向业主收费的技术服务项目;(4) 由各对外承包公司提供的成套设备(工厂成套、车间成套或生产线成套)、工程物资等;(5)对外承包公司在国内承包的三资企业的或其他利用外资中的各种全部或部分收取外汇的建设工程项目。上述承包工程项目，包括新建、扩建、改建和大修项目。

对外劳务合作 指各对外承包公司派出的工程技术人员、工人、海员、厨师、教师、医务人员等以收取工资及其他费用的形式向雇主提供的劳务。劳务合作营业额是报告期实际从雇主收取的工资及其他费用收入。

旅游人数 指进入我国国境到我国进行旅行、访问、考察、探亲，以及从事贸易、体育、技术交流活动的国际旅游人数。不包括外国在我国的常驻的机构，如使领馆、通讯社、企业办事处的工作人员和来我国常住的外国专家、留学生等。

旅游外汇收人 指为旅游者提供食宿、国际、国内长途交通工具、邮政、电报、电话、商品、文娱、导游等游览观光服务所得的外汇收入。其中主要的是商品性收汇和劳务性收汇。

十四、教育、科技及文化事业

普通高等学校 指按照国家规定的审批程序批准举办，通过全国统一招生考试，招收高级中等学校毕业生和具有同等学历者，实施高等教育，培养高等专门人才的学校。包括大学、专门学院、专科学校和短期职业大学。

成人高等学校 指按照国家规定的审批程序批准举办，招收在职高中毕业生或同等学历者，利用多种形式对成人实施高等教育，培养相当普通高等学校专科或本科毕业水平的专门人才的学校。包括广播电视大学、职工高等学校、农民高等学校、干部管理学院、教育学院、独立函授学院以及普通高等学校举办的函授、夜大学等。

专任教师数 指主要从事教育工作的人员数。包括临时(一年以内)调出帮助做其它工作的教学人员。不包括调离教学岗位、担任行政领导工作或其他工作的原教学人员。

各级各类专业技术人员 指在国民经济各行业中从事专业技术工作的人员，该人员必须具备下列条件之一者：(1)具有中专、大专毕业及以上学历者：(2)虽无上述学历，但受过培训或具有专业经验，被社会承认为相当于中专、大专毕业及以上水平，已取得专业职称者。

技术开发 指以工业企业为主体开展的科学技术活动，包括工业企业内部开展的科学研究以及运用科学研究的结果和以经验为根据的知识，去创造新产品、新设计、新材料、新方法、新工艺流程和新装置，或对现有产品、材料、设计、工艺方法、工艺流程以及装置进行技术上的重大改进，使其在一项指标或几项指标上有明显革新或创新的实验发展活动。

技术开发人员 指企业在报告年内，从事技术开发活动的时间(不包括加班时间)占年工作时间在10%及以上的工程技术人员、管理人员、工人及其他人员。

新产品 指采用新技术原理，新设计构思而研制、生产的全新产品或在结构、材质、工艺等某一方面比老产品有明显改进，从而显著提高了产品性能或扩大了使用功能的产品。

技术开发机构 指企业自办或与外单位合办，管理上同生产系统相对独立的或单独核算的专门技术开发机构。

科学论文 指在学术刊物上以书面形式最初发表的科学研究成果。它必须具备三个条件：一是首先发表的研究成果；二是作者的结论和试验能被同行业重复并验证；三是发表后科技界能够引用。

高新技术企业 指产品以高新技术为主导、人均劳动生产率高、科技开发能力强、技术和智力密集的企业。

电影放映单位 指有放映机器设备、有固定或不固定的放映场所，有专职或兼职的电影放映技术人员，经文化行政部门批准，经常为观众放映电影的单位。包括电影院、影剧院、电影放映队、对外开放俱乐部等。

十五、体育、卫生及其他事业

等级运动员人数 指经过考核正式批准授予等级运动员称号的人数。运动员等级分为：国际级运动健将、运动健将、一级运动员、二级运动员、三级运动员、和少年运动员。

等级裁判员人数 指经过考核批准授予等级裁判员称号的人数。裁判员等级分为：国际裁